MW01627726

SCRIPTORVM CLASSICORVM

BIBLIOTHECA OXONIENSIS

OXONII

E TYPOGRAPHEO CLARENDONIANO

M. TVLLI CICERONIS

EPISTVLAE

VOL. II

EPISTVLAE AD ATTICVM

PARS POSTERIOR LIBRI IX–XVI

RECOGNOVIT
BREVIQVE ADNOTATIONE CRITICA INSTRVXIT
D. R. SHACKLETON BAILEY

OXONII
E TYPOGRAPHEO CLARENDONIANO

Oxford University Press, Great Clarendon Street, Oxford OX2 6DP

Oxford New York
Athens Auckland Bangkok Bogota Bombay
Buenos Aires Calcutta Cape Town Dar es Salaam
Delhi Florence Hong Kong Istanbul Karachi
Kuala Lumpur Madras Madrid Melbourne
Mexico City Nairobi Paris Singapore
Taipei Tokyo Toronto

and associated companies in
Berlin Ibadan

Oxford is a trade mark of Oxford University Press

Published in the United States
by Oxford University Press Inc., New York

ISBN 0-19-814641-8

7 9 10 8

Printed in Great Britain
on acid-free paper by
Ipswich Book Co. Ltd.,
Suffolk

M. TVLLI CICERONIS

EPISTVLARVM AD ATTICVM LIBRI IX–XVI

PRAEFATIO

QVAE nuper de harum epistularum codicibus nec non editionibus ad tertium huius editionis volumen praefatus est W. S. Watt denuo perscribere nihil attinet. Sed codicum qui hodie exstant in duas familias, *Σ* et *Δ*, digestorum stemmata ex editione Sjögreniana mihi quoque ad legentium utilitatem proferenda sunt; quos omnes ad idem archetypum *Ω* redire constat:

(i)

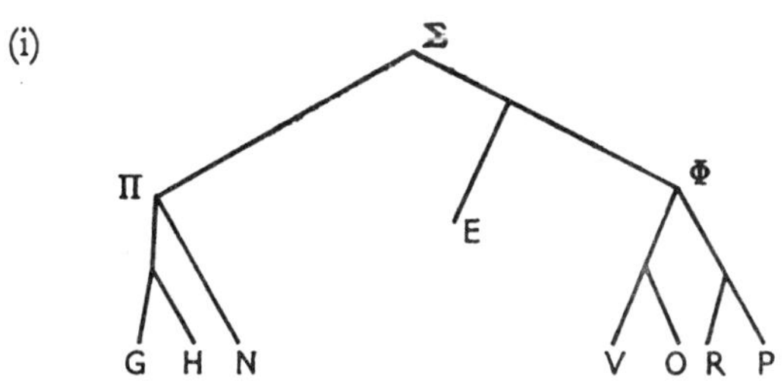

(ii)

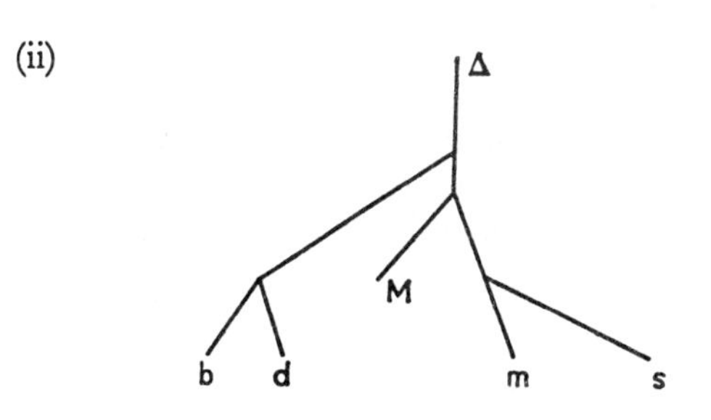

De altero tamen neque valde confidebat Sjögren neque nos confidere debemus. Illud monendum, quattuor codices bdms, quos ex deteriorum numero elegerat, contra Mediceum saepissime conspirare; quorum consensum, accedente plerumque codicum M et O manu posteriore, nova nota, quae est δ, complexus sum. Hac autem in discrepantia multa et M et δ communia habent cum alterius classis Σ codicibus sive pluribus seu singulis; certas tamen ut codicum haud dubie contaminatorum adfinitates inde eruerem mihi quidem non contigit. Lectiones et quas proprias exhibent δ et quas cum uno alterove ex familia Σ codice contra ceterorum testimonia consociaverunt etsi non omnes at certe plurimas ex emendatore aliquo manasse pro certo habeo; qui quamvis verum haud raro invenerit nonnumquam et se ipsum et posteros fefellit, ut in illo Sexto Cloelio cui nomen tot saeculis totque in libris depravatum tandem restitui. Ceterum de codicis b manu correctrice (b^2) pauca habeo quae dicam. Nam in libris xiii–xvi, quos ipse contuli, vim magnam correctionum qua in textu qua in margine positarum inveni, in his nonnullas editionibus veteribus, paucas etiam Victorio aliisque viris doctis, vulgo tributas. Hae sive ex codicibus hodie deperditis sive ex editionibus excusis (neque ulli, ut opinor, uni omnia imputari possunt) sive ex ipsius emendatoris ingenio ortae habentur, quin merae sint coniecturae vix est quod dubitemus.[1] Num prioribus etiam in libris occurrant silente Sjögrenio neque certum scio neque ut investigarem operae pretium putavi.

Sed classis Δ codices quorum mentionem fecimus ad omnes epistularum ad Atticum libros praesto sunt, Σ contra ad perpauca iam exempla rediit. Codices enim GHN libris ix–xvi omnino carent, V quinque tantum libri noni epistulas

[1] Codicem b saeculo XV iam in medium vergente scriptum videri benevole me monuit vir harum rerum peritissimus, Ricardus Hunt.

servavit. Omnes olim libros complexus erat codex O, sed anno 1904 bibliothecae Taurinensis incendio violatus quattuor ultimos prope totos deperdidit; quamquam ex his quoque lectiones nonnullae C. A. Lehmannii testimonio conservantur. Integram igitur seriem his in libris soli exhibent codices R et P, mendosiores illi quidem atque artissime inter se coniuncti. Quapropter hunc cum fratre R consentientem Wattii exemplum secutus numquam fere, discrepantem, quod ad libros ix–xii attinet, non semper citavi; sed in sequentibus quotiens R solum commemoro ambo concinere intellegendum est. Eclogae denique Ambrosianae (E) ad finem appropinquando angustiores fiunt ita ut sex ultimi libri in duo colligantur.

Traditionis Italicae damna Transalpinae reliquiis, quam nostrorum codicum archetypo ipsi et aetate et sinceritate antecellere constat, magna ex parte resarciuntur. Huc pertinent codicis Wurceburgensis fragmenta (W) nec non lectiones editionis Cratandrinae margini adscriptae (C).[1] Longe tamen plurimum confert praeclarus ille codex, ut Sjögrenii verba referam, Tornesianus, cuius vestigia, cum ipsius fata iam a fine saeculi xvi ignoremus, quattuor tamen in sedibus deprehenduntur. Sunt autem haec:

(i) D. Lambini adnotationes quas editionibus 1565 et 1572–3 prolatis addidit (Z^l).

(ii) S. Bosii commentarius qui anno 1580 prodiit (Z^b). Constat enim Bosium, testem alioquin fraudulentum, de Tornesiano sincera fide egisse.

(iii) Eiusdem animadversiones in codice Parisino Lat. 8538 A adscriptae et anno 1901 ab A. C. Clarkio primum editae (Z^β).[2] Has in siglorum indice sub mentione 'codicis Tornesiani teste Clarkio' vix prudenter indicavit Sjögren.

[1] Vide quae scripsit Watt, l.c., pp. 7 sqq.

[2] In *Philologo*, lx, pp. 195 sqq.

(iv) A. Turnebi animadversiones ad libros xiv–xvi spectantes, in editionis Stephanianae exemplari ab eodem Clarkio repertae unaque cum supra dictis editae (Z^t).

Itaque Z littera simplici Lambini, Bosii, Turnebi, aut omnium aut duorum, consensum significavi. Lectionibus autem quibus a Clarkio stellula apponitur[1] ego sigla $Z^{(\beta)}$, $Z^{(t)}$ adhibui, similibus ($Z^{(l)}$, $Z^{(b)}$) in eis etiam usus quae a Lambino vel Bosio non ex ipso Tornesiano nominatim sed ex codicibus 'antiquis suis' vel sim. proferuntur.

Atque hos quos enumeravi fontes, quamvis turbido illo Italico lucidiores fluxisse summa sit consensio, ne ipsum quidem Sjögrenium, virum certe diligentem, exhausisse miratus sum; alium largioremque prorsus neglexisse nunc demonstrare pergam. Nam spretis ille quae olim in alteram partem disputaverat Lehmann[2] lectiones editionis Lambinianae alterius in margine adscriptas meris confisus nugis[3] in unum fudit perexiguoque in pretio locavit. Sjögrenium ducem, ne dicam pastorem, recentiores ut solent fideliter secuti sunt, Lehmannium sanius et verius iudicasse res ipsa docebit. Lambinum enim, seu potius eum qui has adnotatiunculas post eius decessum excudendas curavit, ut uno atque altero loco incuria peccasse verisimile est, ita verba 'v.c.' ('vetus codex') quaeque alia praeposita videmus temere omnino sparsisse quis prudentium adducetur? Quamquam Lehmannio, cum lectiones v.c. attributas (has littera λ notabo) ex ipso Tornesiano saepe provenisse luculente demonstrasset, ne tamen id semper ita fuisse statueret unum discrepantiae exemplum obstitit; scilicet ad xvi. 15. 5 pro Tornesiani lectione *ut fide sua*, ex Lambini (iam et Turnebi) testimonio

[1] Ipsius in re nodosiore verba vide, ibid., pp. 195 et 201.

[2] In libro 'De Ciceronis ad Atticum epistulis recensendis et emendandis', pp. 91 sqq.

[3] Vide *Eranon* xvi (1916), pp. 1–6.

probata, diversam, quae est *uti de suo*, praebere veterem codicem. At verum si quaerimus, in illa notissima virorum doctorum typographorumque neglegentia quid est quod exemplis singulis vel etiam pluribus, dummodo ex omni numero paucis, fidem impertiamus? Immo indagatis perpensisque omnibus huius v.c. lectionibus quae cum Tornesiani alicunde cognitis componi possunt, tum demum ad liquidum pervenietur. Feci igitur, locosque numeravi 285. Consentit λ cum Z in 256, in 29 vel discrepat vel discrepare videtur; et, quod caput est, ex illis quas communes habent lectionibus alibi nusquam exstant 114, nisi quod paucas praebent etiam C et W, permultae autem eae sunt quas casu congruisse nullo modo suspicari liceat. Iam ex discrepantiis tres,[1] quibus nota 'L. ex v.c.' antecedit, in alterum coetum transferre pro meo iure possum. Ita enim intellego, Lambinum non integram codicis lectionem expressisse sed aliquid etiam proprii importasse. Quod si ad xiii. 21a. 2 vetus codex *homo a meis*, Tornesianus autem *(homo) a mis* praebuisse traditur, id non tam in discidii loco quam in consensionis, conlato quidem ex Italicis illo *humanus* vel *homo annis*, recte posueris. Atque ex eo quod ad iv. 11. 2 veteri codici in margine adtributum legimus *quo opere, delector*, at in Lambini adnotationibus sic: 'etiam codex Turnes. ita legit, quo opere delector. quin etiam abest, quo', numquid aliter conligemus? Iam ut ad illud capitale exemplum redeam, xvi. 15. 5 *ut fide sua*, quid re vera acciderit, modo si ad marginem ipsum Lambinianum recurreris, facile intelleges. Scriptum est enim sic: '*L.* ut fide sua. *v.c.* uti de suo.' Illa 'L.' et 'v.c.' locum inter se mutasse quem fallit? Reliqua in minimis, velut litteris singulis eisque quae inter se vulgo in codicibus confundi solent, fere omnia versantur.[2] Quod si iam Lambini, Bosii, Turnebi inter se

[1] Vide infra, p. 285. 1 *quorsus*, 287. 5 *recens. is*, 6 *in . . . abunde.*

[2] Sunt autem haec: i. 13. 3 *atqne ad* Z^1: *atque* λ; iii .7. 2 *iam* Z^b: *tam*

testimonia atque adeo Z^b cum Z$^\beta$ vel Lambini apud primam editionem animadversiones cum posterioribus contuleris, in talibus haud raro testem testi repugnare invenies. Quam ob rem λ lectiones, neglegentiae errorisque ratione habita, pro Tornesiani habendas esse decrevi. Solis quoque pondus haud leve tribui; quotiens vero alio testimonio fulciri vidi, tum demum certam et genuinam illius codicis lectionem agnovi, contra *Ω*, nisi res et ratio se opposuerint, sustinendam. Id mihi in textu constituendo quid momenti habuerit ex apparatu critico perspicies.[1]

Lectiones quibus 'q.v.c.' ('quidam vetus codex' vel 'quidam veteres codices') praefigitur aliam habent rationem. Numero multo sunt minores, neque ad Tornesianum pertinere satis liquet; quippe ex quindecim locis in quattuor discrepant. His suam dedi notam quae est λλ. Ad eas autem quibus littera 'L'. ('Lambinus') antecedit, mixtae ut videntur prosapiae, 'Lamb. (marg.)' ita posui; quibus 'al.' ('alii') et 'fort.', has pro coniecturis aliorum et Lambini habeo. Nec non si qua in textu editionis primae Lambinianae neque alibi quod scio prius reperiuntur Lambini ipsius ingenio accepta rettuli, quamquam nonnulla ex codice aliquo sumpta fuisse coniectura non aberrat.

λ; v. 8. 2 *secura* Z^b: *secuta* λ; v. 11. 4 *ΕΠΙΚΟΝΔΕΙ* Z^b: *ἐπὶ πόνδει* λ (*sed in exemplo anno 1584 excuso ἐπι κὸνδει* (*sic*) *inveni*); vii. 2. 3 *exlibertum me extaruacus* Z^{bl} (*me* om. Z^b): *exlibratum, me exartuatum* λ. Cetera infra require ad pp. 120. 1 *conturbat*, ibid. *me . . . Fanniana*, 157. 5 *occultius*, 166. 17 *fecisti*, 167. 7 *facetis*, 171. 1 *et*, 186. 20 *ergo*, 191. 20 *erues*, 196. 12 *coaedificari*, 200. 17 *tibi*, 218. 15 *Caieta*, 224. 4 *poenam*, 258. 4 *calidius*, 276. 13 *ea te res*, 283. 5 *o*, 286. 9 *audiebam*, 303. 9 *quae*, 304. 1 *v Id.*

[1] Adfert λ in rebus etiam orthographicis relatu digna. Quae in apparatu praeterii (in textu enim normam Purserianam, quam secutus est Watt, deserere nolui) hic posui: pp. 63. 19 et passim *benivolentia* (item *maliv-*), 85. 3 et passim *quoi*, 140. 12 *mancupiis*, 145. 1 et 236. 11 *valitudo*, 168. 8 *decumam*, 186. 12 et passim *mercule*, 187. 24 et passim *epistola*, 194. 7 *Popillio*, 305. 14 et 310. 19 *gravido*, 311. 17 *vementer*. Pro *est* post vocalem constanter scribitur *'st*, pro *deest*, *deerit*, etc. *dest*, *derit*, etc.

Ceterum quibus litteram *κ* adposui ex Sebastiani Corradi libro quem anno 1544 protulit codicibus antiquis sine nomine attributa deprompsi. Sunt praeterea quae ex aliis codicibus rettulerim, velut Antoniano et Faërni, quos ex L. Malaespinae, hunc autem etiam ex F. Vrsini indiciis aliquatenus cognitos habemus. Ambo codicibus VORP erant simillimi. Ex eis qui classi *Δ* subiciuntur, Balliolensis[1] et Helmstadiensis collationes ab I. Gronovio factas in variarum lectionum *συναγωγῇ* posuit I. G. Graevius. De ceteris ea videnda quae scripsit Lehmann in libro supra commemorato.

Quod si quis rationem huius editionis requiret, in universum ad ea quae scripsit in praefatione sua (p. 11) W. S. Watt reicere possum. Cuius exemplum secutus in libris ix–xii, quod ad codices hodie superstites attinet, apparatu Sjögreniano fretus sum, in codicibus ORP H. Moriccae etiam testimonii cautissime tamen ratione habita. In postremis quattuor libris qui editione Sjögreniana non continentur, apparatum criticum, ut qui primus in oculos hominum prodierit, pleniorem aliquanto mihi comparandum putavi. Illa enim quae in editione Paraviana anno, ut opinor, 1951 prolata, H. Moricca sive post obitum eius A. Moricca-Caputo congesserat, eo nomine digna non censeo; tanta stant praedita culpa. Nam ut codices bm silentio praetermissos, W his in libris non curatum, aliaque talia taceam, totum opus tam foeda neglegentia inquinatum est ut fide prorsus carere debeat. Itaque codices qui exstant omnes, hoc est ERPMbdms, ex schedis photographicis contuli; de amissis indicia de integro, quod feci etiam in prioribus libris, excussi. Codicis O partem deperditam ante incendium, si modo Moriccae credimus, contulit L. C. Purser; quem neque hoc sibi usquam adseruisse video neque mehercule tam strenue egisse facile crediderim. Re vera lectiones huius codicis

[1] Diversus est ab eo qui in Collegii bibliotheca sub titulo Arch. Ball. 284. c hodie servatur.

ex eis hausisse videtur quas attulerat Lehmann, vel in eo libro quem proxime commemoravi vel in appendice critica quam eclogis a G. Andresen prolatis addidit. Ad hos ipse fontes reversus nonnulla mentione digna quae neglexerat Purser repperi.[1]

Ex hoc conlationis labore fructum, quod ad textum constituendum attinet, quem speraveram, hoc est exiguum sane, percepi. Etenim his quoque in libris non tam apparatu quam acumine indiget res critica. Quo si quid est meum adhibito permulta ex illo vulgato ut ita dicam recentiorum editorum immutanda curavi. Ex coniecturarum cumulo eas fere in apparatu commemoravi quas species saltem aliqua veri commendare videatur; multas igitur iam notas et laudatas amovi, plures ex oblivione vindicavi. De plerisque earum quas ipse attuli vel in libro qui inscribitur 'Towards a text of Cicero, *ad Atticum*' vel in scriptis brevioribus disputavi.[2] Has, ut reliqua, quanti aestiment critici, qui quidem hac studiorum faece et tenebris vel sunt vel fuerint, ipsorum erit iudicium.

Extremum est ut bibliothecarum curatoribus qui mihi opitulati sunt gratias agam, impensissimas etiam amico meo R. G. M. Nisbet, qui operam mihi suam ad schedas recensendas iam iterum benignissime commodavit.

D. R. S. B.

Dabam Cantabrigiae
e collegio Iesu
mense Februario MCMLXI

[1] Quae scripseram reliqui. Sed schedis huius operis iam excusis ultimus editionis Sjögreniani fasciculus post editoris mortem sex et viginti annis in lucem prodiit. Hunc librum cum alibi recensurus sim in praesentia sufficit ut moneam in textu nihil fere me novi invenisse, apparatu diligenter perspecto et cum meo conlato discrepantias omnes ad codicum exempla photographica revocasse, mea ubi mutanda fuerunt mutasse.

[2] *Proc. Cam. Phil. Soc.* clxxxiii (1954–5), pp. 26–31; ibid. clxxxiv (1956–7), pp. 13–18; ibid. clxxxvi (1960), pp. 10–14; *Class. Quart.* liv (1960), pp. 41 f. (de Sexto Cloelio). Vide etiam quae propediem emissurus sum in *Mnemosyne* (de die ep. ix. 8) et *Class. Rev.* (de Fabio Gallo).

INDEX SIGLORVM

E = Ambrosianus E 14 inf. (saec. xiv).
O = Taurinensis Lat. 495 (saec. xv).
V = Palatinus Lat. 1510 (saec. xv).
R = Parisinus Lat. 8538 (anno 1419 scriptus).
P = Parisinus Lat. 8536 (saec. xv); raro citatus (vide p. vii supra).

Σ = consensus codicum EOVR vel EOR.

M = Mediceus 49. 18 (anno 1393 scriptus).
b = Berolinensis ex bibl. Hamiltoniana 168 (saec. xv).
d = Laurentianus ex bibl. aedilium 217 (saec. xv).
m = Berolinensis ex bibl. Hamiltoniana 166 (anno 1408 scriptus).
s = Vrbinas 322 (saec. xv).

δ = consensus codicum bdms, accedentibus plerumque codicum *OM* correctoribus.

Δ = consensus codicis M cum codicibus bdms, aut omnibus aut tribus.

Ω = consensus codicum Σ (vel OR, deficiente E) et Δ.
W = fragmenta codicis Wurceburgensis (saec. xi).
C = lectiones margini editionis Cratandrinae (1528) adscriptae.
Z = Tornesianus (de Z^l, $Z^{(l)}$, Z^b, $Z^{(b)}$, Z^β, $Z^{(\beta)}$, Z^t, $Z^{(t)}$, vide pp. vii sq. supra).
λ = lectiones in margine alterius editionis Lambinianae (1572–3) veteri codici (v.c.) adtributae.
$\lambda\lambda$ = lectiones ibidem quibusdam veteribus codicibus sive cuidam veteri codici (q.v.c.) adtributae.
κ = lectiones a Sebastiano Corrado codicibus antiquis adtributae.

E^1, M^1, etc. = codicum E, M, etc. manus primae.
E^2, M^2, etc. = codicum E, M, etc. manus secundae.
E^c, M^c, etc. = codices E, M, etc. ab incerta manu correcti (de codicis M variis manibus vide quae scripsit W. S. Watt in praefatione ad Vol. iii, pp. 3–4).

De codicibus Faërni, Antoniano (Ant.), Balliolensi (Ball.), Helmstadiensi (Helmst.), etc. vide p. xi supra.

His etiam compendiis usus sum: Bos. = Bosius, Corr. = Corradus, Crat. = Cratander, Faërn. = Faërnus, Iens. = Ienson, Lamb. = Lambinus (vide p. x supra), Mal. = Malaespina, Man. = Manutius, Rom. = editio Romana, Sal.–Reg. = editio Saliceti et Regii (1499), Vrs. = Vrsinus, Vict. = Victorius, Wes. = Wesenberg.

AD ATTICVM

LIBER NONVS

I *Scr. in Formiano prid. Non. Mart. an. 49*

CICERO ATTICO SALVTEM.

Etsi cum tu has litteras legeres putabam fore ut scirem **1** iam quid Brundisi actum esset (nam Canusio viiii Kal. profectus erat Gnaeus; haec autem scribebam prid. Non., xiiii die postquam ille Canusio moverat), tamen angebar singularum horarum exspectatione mirabarque nihil adlatum esse ne rumoris quidem; nam erat mirum silentium. Sed haec fortasse κενόσπουδα sunt, quae tamen iam sciantur necesse est; illud molestum, me adhuc investigare non posse ubi P. **2** Lentulus noster sit, ubi Domitius. Quaero autem, quo facilius scire possim quid acturi sint, iturine ad Pompeium et, si sunt, qua quandove ituri sint.

Vrbem quidem iam refertam esse optimatium audio, Sosium et Lupum, quos Gnaeus noster ante putabat Brundisium venturos esse quam se, ius dicere. Hinc vero vulgo vadunt; etiam M'. Lepidus, quocum diem conterere solebam, cras cogitabat. Nos autem in Formiano morabamur, quo **3** citius audiremus, deinde Arpinum volebamus; inde iter qua maxime ἀναπάντητον esset ad mare superum, remotis sive omnino missis lictoribus. Audio enim bonis viris, qui et nunc et saepe antea magno praesidio rei publicae fuerunt, hanc cunctationem nostram non probari multaque mihi et severe in conviviis, tempestivis quidem, disputari.

4 viiii *Pontedera* [*conl. viii. 14. 1*]: viii *Ω* 17 M'. *Man.*: M. *Ω* 19 qua *Vict.*: quam *Ω* 23 mihi] in me *Aldus* et severe *Rom.*: esse vere *Ω* 24 conviviis *Ascensius*: conviciis [-tiis] *Ω*

Cedamus igitur et, ut boni cives simus, bellum Italiae terra marique inferamus et odia improborum rursus in nos, quae iam exstincta erant, incendamus et Luccei consilia ac
4 Theophani persequamur. Nam Scipio vel in Syriam proficiscitur sorte vel cum genero honeste vel Caesarem fugit iratum. Marcelli quidem, nisi gladium Caesaris timuissent, manerent. Appius et eodem timore et inimicitiarum recentium. Et tamen praeter hunc et C. Cassium reliqui legati, Faustus pro quaestore; ego unus cui utrumvis liceret. Frater accedit quem socium huius fortunae esse non erat aequum. Cui magis etiam Caesar irascetur, sed impetrare non possum ut maneat. Dabimus hoc Pompeio cui debemus. Nam me quidem alius nemo movet, non sermo bonorum, qui nulli sunt, non causa, quae acta timide est, agetur improbe. Vni, uni hoc damus, ne id quidem roganti nec suam causam, ut ait, agenti sed publicam. Tu quid cogites de transeundo in Epirum scire sane velim.

II *Scr. in Formiano Non. Mart. an. 49.*

CICERO ATTICO SALVTEM.

Etsi Non. Mart., die tuo, ut opinor, exspectabam epistulam a te longiorem, tamen ad eam ipsam brevem quam IIII Non. ὑπὸ τὴν διάλειψιν dedisti rescribendum putavi. Gaudere ais te mansisse me et scribis in sententia te manere. Mihi autem superioribus litteris videbare non dubitare quin cederem, ita si et Gnaeus bene comitatus conscendisset et consules transissent. Vtrum hoc tu parum commeministi,

1 simus *ERs*: sumus *OMbdm* 7 et *Ω*: in *m*: est *codd. aliquot teste Verburgio*, *Aldus*, *Madvig* eodem] eodem modo *M* [*sed* modo *del.*]: eodem in *Boot* recentium etiam; praeter *Madvig* 9 licet *Kayser* 10 accedit *C*: accesserit *ΣM*^{2}*ms*: accederet *M*^{1}*bd* 11 irascetur *ΣM*^{c}*d*: -ceretur *Δ* 12 cui [quoi] *Schmidt*: quod *Ω*: quo *M*^{1} 22 IIII *Corr.*: III *Ω* διάλειψιν *Orelli*: ΔΙΑΛΗΨΙΝ *vel sim. Ω* 24 in sup- *OV*

an ego non satis intellexi, an mutasti sententiam? Sed aut ex epistula quam exspecto perspiciam quid sentias aut alias abs te litteras eliciam. Brundisio nihildum erat adlatum.

IIa *Scr. in Formiano viii Id. Mart. an. 49.*

⟨CICERO ATTICO SALVTEM.⟩

O rem difficilem planeque perditam! quam nihil praeter- 1
mittis in consilio dando! quam nihil tamen quod tibi ipsi
placeat explicas! Non esse me una cum Pompeio gaudes ac
proponis quam sit turpe me adesse cum quid de illo detraha-
tur; nefas esse approbare. Certe. Contra igitur? 'Di' inquis
'averruncent!' Quid ergo fiet si in altero scelus est, in altero
supplicium? 'Impetrabis' inquis 'a Caesare ut tibi abesse
liceat et esse otioso.' Supplicandum igitur? Miserum. Quid
si non impetraro? 'Et de triumpho erit' inquis 'integrum.'
Quid si hoc ipso premar? Accipiam? Quid foedius? Negem?
Repudiari se totum, magis etiam quam olim in xxviratu,
putabit. Ac solet, cum se purgat, in me conferre omnem
illorum temporum culpam: ita me sibi fuisse inimicum ut
ne honorem quidem a se accipere vellem. Quanto nunc hoc
idem accipiet asperius! Tanto scilicet quanto et honos hic illo
est amplior et ipse robustior. Nam quod negas te dubitare 2
quin magna in offensa sim apud Pompeium hoc tempore, non
video causam cur ita sit hoc quidem tempore. Qui enim
amisso Corfinio denique certiorem me sui consili fecit, is
queretur Brundisium me non venisse cum inter me et Brundisium Caesar esset? Deinde etiam scit ἀπαρρησίαστον esse
in ea causa querelam suam. Me putat de municipiorum

6 *novam ep. constituit Schütz: cum superiore in codd. cohaeret* 7 in *om. C* 11 aver(r)uncent *O*², *Iens.*: avveruncent cent *O*¹: annerrun(t)cent *EM*: annoerunt centum *R*: annuerũnt *Vδ* 16 xxviratu *M*¹ [*sed* xxv. ir-] *s* [vigintiv-]: -tum *ΣM*ᶜ*bdm*: iratum *V* 20 honos *Wes.*: -or *Ω* 27 ea *ORΔ*: mea *EVm*

imbecillitate, de dilectibus, de pace, de urbe, de pecunia, de Piceno occupando plus vidisse quam se. Sin cum potuero non venero, tum erit inimicus; quod ego non eo vereor ne mihi noceat (quid enim faciet?

Τίς δ' ἐστὶ δοῦλος τοῦ θανεῖν ἄφροντις ὤν;),

sed quia ingrati animi crimen horreo. Confido igitur adventum nostrum illi, quoquo tempore fuerit, ut scribis, *ἀσμενιστὸν* fore. Nam quod ais, si hic temperatius egerit, consideratius consilium te daturum, qui hic potest se gerere non perdite? ⟨Vetat⟩ vita, mores, ante facta, ratio suscepti negoti, socii, vires bonorum aut etiam constantia.

3 Vixdum epistulam tuam legeram cum ad me currens ad illum Postumus Curtius venit, nihil nisi classis loquens et exercitus. Eripiebat Hispanias, tenebat Asiam, Siciliam, Africam, Sardiniam, confestim in Graeciam persequebatur. Eundum igitur est, nec tam ut belli quam ut fugae socii simus. Nec enim ferre potero sermones istorum, quicumque sunt; non sunt enim certe, ut appellantur, boni. Sed tamen id ipsum scire cupio, quid loquantur, idque ut exquiras meque certiorem facias te vehementer rogo. Nos adhuc quid Brundisi actum esset plane nesciebamus. Cum sciemus, tum ex re et ex tempore consilium capiemus, sed utemur tuo.

III

Scr. in Formiano vii Id. Mart. an. 49.

CICERO ATTICO SALVTEM.

1 Domiti filius transiit Formias viii Id. currens ad matrem Neapolim mihique nuntiari iussit patrem ad urbem esse, cum ex eo curiose quaesisset servus noster Dionysius. Nos autem

8 temperatius *V* [*cf. p.* 26. 17]: -antius *Ω* 9 te cons- *Σ*: cons- te *Δ* 10 ⟨vetat⟩ vita *scripsi* [⟨vetant⟩ vita *iam Purser*]: vita *Ω*: quoi vita *V*: vetant *Boot* 11 *post* constantia *add.* nihil impenditur *V*, cogent *Lehmann* 25 *novam ep. faciunt RP*: *in ceteris cum superiore cohaeret* transiit *OVM²ms*: -sit *ERM¹bd* 27 ex *ΣM²bdmλ*: de *M¹*: *om. s*

audieramus eum profectum sive ad Pompeium sive in Hispaniam. Id cuius modi sit scire sane velim. Nam ad id quod delibero pertinet, si ille certe nusquam discessit, intellegere Gnaeum non esse facilis nobis ex Italia exitus, cum ea tota armis praesidiisque teneatur, hieme praesertim. Nam si commodius anni tempus esset, vel infero mari liceret uti. Nunc nihil potest nisi supero tramitti, quo iter interclusum est. Quaeres igitur et de Domitio et de Lentulo.

2 A Brundisio nulla adhuc fama venerat, et erat hic dies VII Id., quo die suspicabamur aut pridie ad Brundisium venisse Caesarem. Nam Kal. Arpis manserat. Sed si Postumum audire velles, persecuturus erat Gnaeum; transisse enim iam putabat coniectura tempestatum ac dierum. Ego nautas eum non putabam habiturum; ille confidebat, et eo magis quod audita naviculariis hominis liberalitas esset. Sed tota res Brundisina quo modo habeat se diutius nescire non possum.

IV

Scr. in Formiano iv Id. Mart. an. 49.

⟨CICERO ATTICO SALVTEM.⟩

1 Ego etsi tam diu requiesco quam diu aut ad te scribo aut tuas litteras lego, tamen et ipse egeo argumento epistularum et tibi idem accidere certo scio. Quae enim soluto animo familiariter scribi solent ea temporibus his excludentur, quae autem sunt horum temporum ea iam contrivimus. Sed tamen, ne me totum aegritudini dedam, sumpsi mihi quasdam tamquam θέσεις, quae et πολιτικαὶ sunt et temporum horum, ut et abducam animum a querelis et in eo ipso de quo agitur exerceat. Eae sunt huius modi:

7 quod *V* 8 et de . . . et de *EΔ*: et de . . . et O^1R: de . . . et *V* 10 ad *Σ*: *om. Δ* 19 *hanc novam ep. 'in aliis exemplis' fuisse monuit Lamb. in marg.*: *in nostris cum superiore cohaeret* 20 egeo O^1Ps^2: ego *ERVΔ* 21 certo *Δ*: -te *Σ* 22 ea *Ascensius*: e *ORΔ*: et *EV*: *om. mλλ* 22 excluduntur *Rom.* 25 πολιτικαὶ *Orelli*: politic(a)e *vel sim. Ω* 26 a *ERbm*: ab *OMds*

2 Εἰ μενετέον ἐν τῇ πατρίδι τυραννουμένης αὐτῆς. Εἰ παντὶ τρόπῳ τυραννίδος κατάλυσιν πραγματευτέον, κἂν μέλλῃ διὰ τοῦτο περὶ τῶν ὅλων ἡ πόλις κινδυνεύσειν. Εἰ εὐλαβητέον τὸν καταλύοντα μὴ αὐτὸς αἴρηται. Εἰ πειρατέον ἀρήγειν τῇ πατρίδι τυραννουμένῃ καιρῷ καὶ λόγῳ μᾶλλον ἢ πολέμῳ. Εἰ πολιτικὸν τὸ ἡσυχάζειν ἀναχωρήσαντά ποι τῆς πατρίδος τυραννουμένης ἢ διὰ παντὸς ἰτέον κινδύνου τῆς ἐλευθερίας πέρι. Εἰ πόλεμον ἐπακτέον τῇ χώρᾳ καὶ πολιορκητέον αὐτὴν τυραννουμένην. Εἰ καὶ μὴ δοκιμάζοντα τὴν διὰ πολέμου κατάλυσιν τῆς τυραννίδος συναπογραπτέον ὅμως τοῖς ἀρίστοις. Εἰ τοῖς εὐεργέταις καὶ φίλοις συγκινδυνευτέον ἐν τοῖς πολιτικοῖς κἂν μὴ δοκῶσιν εὖ βεβουλεῦσθαι περὶ τῶν ὅλων. Εἰ ὁ μεγάλα τὴν πατρίδα εὐεργετήσας δι' αὐτό τε τοῦτο ἀνήκεστα παθὼν καὶ φθονηθεὶς κινδυνεύσειεν ἂν ἐθελοντὴς ὑπὲρ τῆς πατρίδος ἢ ἐφετέον αὐτῷ ἑαυτοῦ ποτε καὶ τῶν οἰκειοτάτων ποιεῖσθαι πρόνοιαν ἀφεμένῳ τὰς πρὸς τοὺς ἰσχύοντας διαπολιτείας.

3 In his ego me consultationibus exercens et disserens in utramque partem tum Graece tum Latine et abduco parumper animum a molestiis et τῶν προὔργου τι delibero. Sed vereor ne tibi ἄκαιρος sim. Si enim recte ambulavit is qui hanc epistulam tulit, in ipsum tuum diem incidit.

V

Scr. in Formiano vi Id. Mart. an. 49.

CICERO ATTICO SALVTEM.

1 [Natali] die tuo scripsisti epistulam ad me plenam consili summaeque cum benevolentiae tum etiam prudentiae. Eam

3 εἰ] ἢ *Lamb.* τὸν . . . πατρίδος (*v.* 14) *om. RP* 4 αἴρηται *Bos.*: ἄρθηται *C*: ἐγέρθηται *O*: ЄΡΡΘΗΤꓮΙ *M*[1]: *om.* δ: ΕΡΕΗΤΑΙ *Z*[b]: ἀρθῇ *Mal.* 5 καιρῷ (-νῷ *O*) καὶ λόγῳ *OZ*: *om. Δ* 7 ἢ *Ascensius*: εἰ *OΔ* ἰτέον *Rom.*: ЄΙΤЄΟΗ *M*[1]: θετέον *O*δ 8 αὐτὴν *Crat.*: ταύτην *vel sim. OΔ* 13 τε τοῦτο *M*[c]*dm*: ΤЄΤΟΥ *M*[1]: δὲ τοῦτο *bs* 15 ἢ *Ascensius*: εἰ *Ω* 16 τὰς] τῆς *Sjögren, auctore Danielsson* 20 ambulavit is *Σ M*[c]*bd*: -verit is *M*[1] [-ritis] *ms, Mueller* 21 incidet *Mueller* *sequentia usque ad* transiit [*p.* 9. 22] *desunt in V* 24 natali *secl. Sternkopf*

mihi Philotimus postridie quam a te acceperat reddidit. Sunt ista quidem quae disputas difficillima, iter ad superum, navigatio infero, discessus Arpinum ne hunc fugisse, mansio Formiis ne obtulisse nos gratulationi videamur, sed miserius nihil quam ea videre quae tamen iam, inquam, videnda erunt.

Fuit apud me Postumus, scripsi ad te quam gravis. Venit
ad me etiam Q. Fufius quo vultu, quo spiritu! properans
Brundisium, scelus accusans Pompei, levitatem et stultitiam
senatus. Haec qui in mea villa non feram †cur tum† in curia
potero ferre? Age, finge me quamvis εὐστομάχως haec feren- 2
tem; quid illa 'Dic, M. Tulli'? quem habebunt exitum?
Et omitto causam rei publicae, quam ego amissam puto cum
vulneribus suis tum medicamentis iis quae parantur, de
Pompeio quid agam? cui plane (quid enim hoc negem?)
suscensui. Semper enim causae eventorum magis movent
quam ipsa eventa. Haec igitur mala (quibus maiora esse quae
possunt?) considerans vel potius iudicans eius opera accidisse
et culpa inimicior huic eram quam ipsi Caesari. Vt maiores
nostri funestiorem diem esse voluerunt Alliensis pugnae quam
urbis captae, quod hoc malum ex illo (itaque alter religiosus
etiam nunc dies, alter in vulgus ignotus), sic ego decem
annorum peccata recordans, in quibus inerat ille etiam annus
qui nos hoc ⟨non⟩ defendente, ne dicam gravius, adflixerat,
praesentisque temporis cognoscens temeritatem, ignaviam,
neglegentiam suscensebam. Sed ea iam mihi exciderunt; bene- 3
ficia eiusdem cogito, cogito etiam dignitatem; intellego, serius
equidem quam vellem propter epistulas sermonesque Balbi,
sed video plane nihil aliud agi, nihil actum ab initio, ⟨nisi⟩

5 iam ⟨iam⟩ *Aldus* 10 cur tum *ΣM¹ms*: cur eum *PM²bd*: Curtium *anon. ap. Corr.*: *del. Boot* 16 enim ⟨me⟩ *Casaubon* 19 huic eram *Σbs*: eram huic *Mdm* 24 non *Vict.*: *om. ΩZ*⁽ˡ⁾ 29 nihil [*prius*] *bs*: mi(c)hi *ORMdm* ⟨nisi⟩ ut *Wes.*: ⟨quam⟩ ut *Sal.–Reg.*

ut hunc occideret. Ego igitur, sicut apud Homerum cui et mater et dea dixisset,

Αὐτίκα γάρ τοι ἔπειτα μεθ' Ἕκτορα πότμος ἑτοῖμος,

matri ipse respondit,

Αὐτίκα τεθναίην, ἐπεὶ οὐκ ἄρ' ἔμελλον ἑταίρῳ
κτεινομένῳ ἐπαμῦναι,—

Quid si non *ἑταίρῳ* solum sed etiam *εὐεργέτῃ*, adde tali viro talem causam agenti?—ego vero haec officia mercanda vita puto. Optimatibus vero tuis nihil confido, nihil iam ne

4 inservio quidem. Video ut se huic dent, ut daturi sint. Quicquam tu illa putas fuisse de valetudine decreta municipiorum prae his de victoria gratulationibus? 'Timent' inquies. At ipsi tum se timuisse dicunt. Sed videamus quid actum sit Brundisi. Ex eo fortasse alia consilia nascentur aliaeque litterae.

VI *Scr. in Formiano v Id. Mart. an. 49.*

⟨CICERO ATTICO SALVTEM.⟩

1 Nos adhuc Brundisio nihil. Roma scripsit Balbus putare iam Lentulum consulem tramisisse [me] nec eum a minore Balbo conventum, quod is hoc iam Canusi audisset; inde ad se eum scripsisse; cohortesque sex quae Albae fuissent ad Curium via Minucia transisse; id Caesarem ad se scripsisse et brevi tempore eum ad urbem futurum. Ergo utar tuo

1 ego *ms*: eo *ORMbd* sicut *Faërn.*: si quid *Ω*: si quidem *Vrs.*: sicut is *Iunius*: sicut ille *Schmidt* 4 ipse *OR*: ipsi *Δ* [*sed* matri ipsi resp- *om. bdm*¹] 8 agenti *Iens. Rom.*: -ndi *Ω* ego *C*: et ego *Ω*. officia ... puto *ita Vict.*: officia mercanda puto *C*: officiam [eff- *O*²*Rbms*] ei candida [et canda *R*] vita puto *Ω* 10 vide *m* 14 alia *Lamb.* [nova *prius idem*]: ea *ORM*¹*Z*ˡ: mea *Eδ* 18 *novam ep. agnovit Corr.*: *cum superiore in codd. cohaeret* putari *Orelli* 19 me *del. Crat.* nec ... transisse [*v.* 22] *om. bs* nec eum] nichil enim *R* 21 cohortesque ... scripsisse *om. RP* 22 curium *m*: curtum *EOMd* via *Z*ˡ: in via *EOM*ᶜ*dm*: *om. M*¹

consilio neque me Arpinum hoc tempore abdam, etsi, Ciceroni meo togam puram cum dare Arpini vellem, hanc eram ipsam excusationem relicturus ad Caesarem. Sed fortasse in eo ipso offendetur, cur non Romae potius. Sed tamen, si est conveniendus, hic potissimum. Tum reliqua videbimus, id est et quo et qua et quando.

2 Domitius, ut audio, in Cosano est ⟨et⟩ quidem, ut aiunt, paratus ad navigandum, si in Hispaniam, non improbo, si ad Gnaeum, laudo; quovis potius certe quam ut Curtium videat quem ego patronus aspicere non possum. Quid alios? Sed, opinor, quiescamus, ne nostram culpam coarguamus qui, dum urbem, id est patriam, amamus dumque rem conventuram putamus, ita nos gessimus ut plane interclusi captique simus.

3 Scripta iam epistula Capua litterae sunt adlatae hoc exemplo: 'Pompeius mare transiit cum omnibus militibus quos secum habuit. Hic numerus est hominum milia triginta et consules duo et tribuni pl. et senatores qui fuerunt cum eo omnes cum uxoribus et liberis. Conscendisse dicitur a. d. IIII Non. Mart. Ex ea die fuere septemtriones venti. Navis quibus usus non est omnis aut praecidisse aut incendisse dicunt. De hac re litterae L. Metello tribuno pl. Capuam adlatae sunt a Clodia socru quae ipsa transiit.'

4 Ante sollicitus eram et angebar, sicut res scilicet ipsa cogebat, cum consilio explicare nihil possem; nunc autem, postquam Pompeius et consules ex Italia exierunt, non angor sed ardeo dolore,

7 est ⟨et⟩ quidem *Lamb.*: est quidem *RM*^{1}: est quidam *EOδ*: et quidem *Man.* 8 improbo *scripsi*: probo *Ω* 9 Curtium *Vict.*: Curium *C*: certum *Ω* 14 capua *P*: -u(a)e *Ω* 15 transiit *Iens.*: -sit *Ω* 17 *anne* ⟨et praetores⟩ et tribuni [*i.e.* ⟨et pr.⟩ et tr.] pl. *?* 21 de . . . transiit *Ciceroni dant vulgo* Capuam *Iens.*: capua *ΣMd*^{2}*m*: -u(a)e *bd*^{1}*s* 23 ante] *accedit V. hinc novam ep. incipiunt Σ* cogebat *om. M*^{1} 24 cum [quum] . . . possem *ita C*: quo uti consilio possem *Σδ*: cum consilio possem *M*^{1} [*sed* cum *linea inductum*]

οὐδέ μοι ἦτορ
ἔμπεδον, ἀλλ' ἀλαλύκτημαι.

Non sum, inquam, mihi crede, mentis compos; tantum mihi dedecoris admisisse videor. Mene non primum cum Pompeio, qualicumque consilio usus ⟨est⟩, deinde cum bonis esse, quamvis causa temere instituta? praesertim cum ii ipsi quorum ego causa timidius me fortunae committebam, uxor, filia, Cicerones pueri, me illud sequi mallent, hoc turpe et me indignum putarent. Nam Quintus quidem frater quicquid mihi placeret id rectum se putare aiebat, id animo aequissimo sequebatur.

5 Tuas nunc epistulas a primo lego. Hae me paulum recreant. Primae monent et rogant ne me proiciam, proximae gaudere te ostendunt me remansisse. Eas cum lego, minus mihi turpis videor, sed tam diu dum lego. Deinde emergit rursum dolor et *αἰσχροῦ φαντασία*. Quam ob rem obsecro te, mi Tite, eripe hunc mihi dolorem aut minue saltem, aut consolatione aut consilio aut quacumque re potes. Quid tu autem possis, aut quid homo quisquam? Vix iam deus.

6 Equidem illud molior quod tu mones sperasque fieri posse, ut mihi Caesar concedat ut absim cum aliquid in senatu contra Gnaeum agatur. Sed timeo ne non impetrem. Venit ab eo Furnius. Vt quidem scias quos sequamur, Q. Titini filium cum Caesare esse nuntiat—sed illum maiores mihi gratias agere quam vellem. Quid autem me roget, paucis ille quidem verbis sed *ἐν δυνάμει*, cognosce ex ipsius epistula. Me miserum quod tu non valuisti! una fuissemus; consilium certe non defuisset. "*σύν τε δύ' ἐρχομένω*."

7 Sed acta ne agamus, reliqua paremus. Me adhuc haec duo fefellerunt, initio spes compositionis, qua facta volebam

5 usus ⟨est⟩ *Wes.*: usus *Ω*: usum *s*: uso *Man.*: usust *Sjögren* 14 gaudere te *ΣM^c m*: te g- *Δ* 17 hunc mihi *ER*: mihi *O¹V*: mihi hunc *Δ* 19 vix deus. Iam equidem *Z^l* 23 ut *V*: et *Ω* 24 *sic distinxi*

uti populari via, sollicitudine senectutem nostram liberare; deinde bellum crudele et exitiosum suscipi a Pompeio intellegebam. Melioris medius fidius civis et viri putabam quovis supplicio adfici quam illi crudelitati non solum praeesse verum etiam interesse. ⟨Sed⟩ videtur vel mori satius fuisse quam esse cum his. Ad haec igitur cogita, mi Attice, vel potius excogita. Quemvis eventum fortius feram quam hunc dolorem.

A

Scr. in itinere Arpis Brundisium in. mense Mart. an. 49.

CAESAR IMP. S. D. CICERONI IMP.

Cum Furnium nostrum tantum vidissem neque loqui neque audire meo commodo potuissem, ⟨cum⟩ properarem atque essem in itinere praemissis iam legionibus, praeterire tamen non potui quin et scriberem ad te et illum mitterem gratiasque agerem, etsi hoc et feci saepe et saepius mihi facturus videor; ita de me mereris. In primis a te peto, quoniam confido me celeriter ad urbem venturum, ut te ibi videam, ut tuo consilio, gratia, dignitate, ope omnium rerum uti possim. Ad propositum revertar; festinationi meae brevitatique litterarum ignosces. Reliqua ex Furnio cognosces.

VII *Scr. in Formiano iii Id. Mart. an. 49.*

CICERO ATTICO SALVTEM.

Scripseram ad te epistulam quam darem IIII Id.; sed eo die **1**
is cui dare volueram non est profectus. Venit autem eo ipso

1 uti *Bos.*: ut *Ω* via *Purser*: ut [et *V*] ea *Ω*: vita *Bos.* liberare *Wes.*: -ari *EOPΔ* [*vide Sjögren*]: -arem *RV* 5 sed *addidi* 13 meo *Z*: me *Ω* commodo *Δ*: -de *Σ* ⟨cum⟩ prop- *Vict.* [*post* prop- *distinguens*]: ⟨et⟩ prop- *Koch* 16 et feci M^4 *cod. Helmst.*: effeci O^1 [*?*]*RC*: feci *V*: effecit M^1: officium δ 23 *in inscr. desinit V* 24 darem *s*: parem *Ω* eo *Σ*: eos *Δ* die is *Ps*: dies *RΔ*: die O^1

die ille celeripes quem Salvius dixerat. Attulit uberrimas tuas litteras, quae mihi quiddam quasi animulae instillarunt; recreatum enim me non queo dicere. Sed plane *τὸ συνέχον* effecisti. Ego enim non iam id ago, mihi crede, ut prosperos exitus consequar. Sic enim video, nec duobus his vivis nec hoc uno nos umquam rem publicam habituros. Ita neque de otio nostro spero iam nec ullam acerbitatem recuso. Vnum illud extimescebam, ne quid turpiter facerem vel dicam iam ne fecissem.

2 Sic ergo habeto, salutaris te mihi litteras misisse neque solum has longiores, quibus nihil potest esse explicatius, nihil perfectius, sed etiam illas breviores, in quibus hoc mihi iucundissimum fuit, consilium factumque nostrum a Sexto probari, pergratumque mihi tu fecisti; a quo et diligi me et quid rectum sit intellegi scio. Longior vero tua epistula non me solum sed meos omnis aegritudine levavit. Itaque utar tuo consilio et ero in Formiano, ne aut ad urbem *ἀπάντησις* mea animadvertatur aut, si nec hic nec illic eum videro, devita-
3 tum se a me putet. Quod autem suades ut ab eo petam ut mihi concedat ut idem tribuam Pompeio quod ipsi tribuerim, id me iam pridem agere intelleges ex litteris Balbi et Oppi quarum exempla tibi misi. Misi etiam Caesaris ad eos sana mente scriptas litteras quo modo in tanta insania. Sin mihi Caesar hoc non concedat, video tibi placere illud, me *πολίτευμα* de pace suscipere; in quo non extimesco periculum (cum enim tot impendeant, cur non honestissimo depecisci velim?) sed vereor ne Pompeio quid oneris imponam,

μή μοι γοργείην κεφαλὴν δεινοῖο πελώρου

1 celeriter pes Z^{l}: Callippides *Reid* 2 quasi animulae instillarunt *Lamb.*: quastant mutaet estiliarunt $Z^{(l)}$: qua stant mutae test- Z^{b}: qua [quasi *s*] stant enim [enim *om.* *Δ*] muta est illi aiunt [arunt *Mdm*] *Ω* 9 ne fecissem *Schmidt*: eff- *Ω*: fecissem *E* 14 *post* fecisti *add.* quod me de eius iudicio certiorem fecisti *Lehmann* et [*prius*] *om.* *Δ* 23 litteras *om.* M^{1}

intorqueat. Mirandum enim in modum Gnaeus noster Sullani regni similitudinem concupivit. *Εἰδώς σοι λέγω.* Nihil ille umquam minus obscure tulit. 'Cum hocne igitur' inquies 'esse vis?' Beneficium sequor, mihi crede, non causam, ut in Milone, ut in—sed hactenus. 'Causa igitur non bona est?' **4** Immo optima, sed agetur, memento, foedissime. Primum consilium est suffocare urbem et Italiam fame, deinde agros vastare, urere, pecuniis locupletium ⟨non⟩ abstinere. Sed cum eadem metuam ab hac parte, si illim beneficium non sit, rectius putem quidvis domi perpeti. Sed ita meruisse illum de me puto ut *ἀχαριστίας* crimen subire non audeam, quamquam a te eius quoque rei iusta defensio est explicata.

De triumpho tibi adsentior, quem quidem totum facile et **5** libenter abiecero. Egregie probo fore ut, dum agamus, *ὁ πλόος ὡραῖος* obrepat. 'Si modo' inquis 'satis ille erit firmus.' Est firmior etiam quam putabamus. De isto licet bene speres. Promitto tibi, si valebit, tegulam illum in Italia nullam relicturum. 'Tene igitur socio?' Contra me hercule meum iudicium et contra omnium antiquorum auctoritatem; nec tam ut illa adiuvem quam ut haec ne videam cupio discedere. Noli enim putare tolerabilis horum insanias nec unius modi fore. Etsi quid te horum fugit, legibus, iudiciis, senatu sublato libidines, audacias, sumptus, egestates tot egentissimorum hominum nec privatas posse res nec rem publicam sustinere? Abeamus igitur inde qualibet navigatione; etsi id quidem ut tibi videbitur, sed certe abeamus. Sciemus enim ⟨iam⟩, id quod exspectas, quid Brundisi actum sit.

Bonis viris quod ais probari quae adhuc fecerimus sciri- **6** que ab iis ⟨non sine causa nos⟩ non profectos valde gaudeo, si

8 locupletium *Eλ*: -tum *ORΔ* non *add. Iens.* 9 illim *nescio quis*: illi M^1: -inc *Σδ* [*talia non semper commemorabo*] 16 putaramus *Wes.* 20 ut illa *s*: utilia *Ω* quam *cod. Helmst.*: quamquam *ORMbd*: quam quod *ms* 21 noli *P*: nolui *Ω* 26 iam *add. Wes.* 29 non sine causa nos *addidi* [⟨nos⟩ non pr- *Lamb.*] profectos *P*Z^b*λ cod. Faern.*: -tis *Ω*

est nunc ullus gaudendi locus. De Lentulo investigabo diligentius. Id mandavi Philotimo, homini forti ac nimium optimati.

7 Extremum est ut tibi argumentum ad scribendum fortasse iam desit; nec enim alia de re nunc ulla scribi potest et de hac quid iam amplius inveniri potest? Sed quoniam et ingenium suppeditat (dico me hercule ut sentio) et amor, quo et meum ingenium incitatur, perge, ut facis, et scribe quantum potest.

In Epirum quod me non invitas, comitem non molestum, subirascor. Sed vale. Nam ut tibi ambulandum, ungendum, sic mihi dormiendum. Etenim litterae tuae mihi somnum attulerunt.

A

Scr. Romae vi (?) Id. Mart. an. 49.

BALBVS ET OPPIVS S. D. M. CICERONI

1 Nedum hominum humilium, ut nos sumus, sed etiam amplissimorum virorum consilia ex eventu, non ex voluntate a plerisque probari solent. Tamen freti tua humanitate quod verissimum nobis videbitur de eo quod ad nos scripsisti tibi consilium dabimus. Quod si non fuerit prudens, at certe ab optima fide et optimo animo proficiscetur.

Nos si id quod nostro iudicio Caesarem facere oportere existimamus, ut, simul Romam venerit, agat de reconciliatione gratiae suae et Pompei, id eum facturum ex ipso cognovissemus, ⟨non desineremus⟩ te hortari ut velles iis

9 potest Z^l: -es Ω 13 *sequitur in codd. Ep.* 8 [*uno tenore in* Δ, *nova ep. in* Σ], *deinde* 7C, 7B, 7A: *transp. Schütz* 23 nos si *Tunstall*: nos O^2P M^1: vos *R*: nos id O^1: nisi $E\delta$ 26 non desineremus *hic addidi*, *post* hortari *Madvig* [desineremus *iam Aldus*]: ⟨non desissemus⟩ te h- *Tyrrell–Purser*

rebus interesse, quo facilius et maiore cum dignitate per te,
qui utrique es coniunctus, res tota confieret; aut si ex con-
trario putaremus Caesarem id non facturum et etiam velle
cum Pompeio bellum gerere sciremus, numquam tibi suade-
remus contra hominem optime de te meritum arma ferres,
sicuti te semper oravimus ne contra Caesarem pugnares. Sed 2
cum etiam nunc quid facturus Caesar sit magis opinari quam
scire, non possumus nisi hoc, non videri eam tuam esse
dignitatem neque fidem omnibus cognitam ut contra alter-
utrum, cum utrique sis maxime necessarius, arma feras, et hoc
non dubitamus quin Caesar pro sua humanitate maxime sit
probaturus. Nos tamen, si tibi videbitur, ad Caesarem scribemus ut nos certiores faciat quid ⟨in⟩ hac re acturus sit. A quo
si erit nobis rescriptum, statim quid sentiamus ad te scribemus
et tibi fidem faciemus nos ea suadere quae nobis videntur
tuae dignitati, non Caesaris actioni esse utilissima; et hoc
Caesarem pro sua indulgentia in suos probaturum putamus.

B

Scr. Romae v (?) Id. Mart. an. 49.

BALBVS CICERONI IMP. SAL.

S. V. B. Postea quam litteras communis cum Oppio ad te 1
dedi, ab Caesare epistulam accepi cuius exemplum tibi misi;
ex qua perspicere poteris quam cupiat concordiam et Pompeium reconciliare et quam remotus sit ab omni crudelitate;

3 etiam *E*: etiam alias eum *R*: eum alias eum [*prius* eum *in ras.* O^2, *cetera expuncta*] *O*: etiam eum *P*: eum δ: te M^1 7 sit caesar magis *R*: C- m- s- *Hellmuth* 8 scire ⟨possimus⟩ *Ascensius*: scire ⟨possimus, scribere⟩ *Wes.* 13 in hac re *P*: hac re *Ω* [*post* nos *m*]: hac de re *s* [*post* nos]: de hac re *Baiter* 14 quid *Wes.*: quod *Pλ*: quo *R*: quae δ: cum M^1 sentiemus δ 16 actioni *ΩC*: rationi *P*, *fort. recte* 21 S.V.B. *Mueller*: S.V.B.⟨E.⟩ *Rivius*: sub *Ω* 23 ⟨suam⟩ et *Wes.* pompei M^1, *Wes.*

quod eum sentire, ut debeo, valde gaudeo. De te et tua fide et pietate idem me hercule, mi Cicero, sentio quod tu, non posse tuam famam et officium sustinere ut contra eum arma feras a quo tantum beneficium te accepisse
2 praedices. Caesarem hoc idem probaturum exploratum pro singulari eius humanitate habeo, eique cumulatissime satis facturum te certo scio cum nullam partem belli contra eum suscipias neque socius eius adversariis fueris. Atque hoc non solum in te, tali et tanto viro, satis habebit, sed etiam mihi ipse sua concessit voluntate ne in iis castris essem quae contra Lentulum aut Pompeium futura essent, quorum beneficia maxima haberem, sibique satis esse dixit si togatus urbana officia sibi praestitissem quae etiam illis, si vellem, praestare possem. Itaque nunc Romae omnia negotia Lentuli procuro, sustineo, meumque officium, fidem, pietatem iis praesto. Sed me hercule rursus iam abiectam compositionis spem non desperatissimam esse puto, quoniam Caesar est ea mente qua optare debemus.

Hac re mihi placet, si tibi videtur, te ad eum scribere et ab eo praesidium petere, ut petisti a Pompeio me quidem adprobante temporibus Milonianis. Praestabo, si Caesarem bene novi, eum prius tuae dignitatis quam suae utilitatis rationem habiturum.

3 Haec quam prudenter tibi scribam nescio, sed illud certe scio, me ab singulari amore ac benevolentia quaecumque scribo tibi scribere, quod te (ita incolumi Caesare moriar!) tanti facio ut paucos aeque ac te caros habeam. De hac re cum aliquid constitueris, velim mihi scribas. Nam non mediocriter laboro ⟨ut⟩ utrique, ut vis, tuam benevolentiam praestare possis quam me hercule te praestaturum confido. Fac valeas.

7 certo *O*[2]*s*: -te *Ωλ* 16 iam *Corr.*; tam *Ω* 18 qua *O*[1][?]*RM*[1]: quam ***EPδ*** 25 ac *om. Δ* 29 ut *add. Man.* 30 fac ut v- ***Rbds***

C

Scr. in itinere c. iii Non. Mart. an. 49.

CAESAR OPPIO CORNELIO SALVTEM.

Gaudeo me hercule vos significare litteris quam valde 1
probetis ea quae apud Corfinium sunt gesta. Consilio vestro utar libenter et hoc libentius quod mea sponte facere constitueram ut quam lenissimum me praeberem et Pompeium darem operam ut reconciliarem. Temptemus hoc modo si possimus omnium voluntates reciperare et diuturna victoria uti, quoniam reliqui crudelitate odium effugere non potuerunt neque victoriam diutius tenere praeter unum L. Sullam, quem imitaturus non sum. Haec nova sit ratio vincendi ut misericordia et liberalitate nos muniamus. Id quem ad modum fieri possit non nulla mihi in mentem veniunt et multa reperiri possunt. De his rebus rogo vos ut cogitationem suscipiatis.

N. Magium, Pompei praefectum, deprehendi. Scilicet meo 2
instituto usus sum et eum statim missum feci. Iam duo praefecti fabrum Pompei in meam potestatem venerunt et a me missi sunt. Si volent grati esse, debebunt Pompeium hortari ut malit mihi esse amicus quam iis qui et illi et mihi semper fuerunt inimicissimi, quorum artificiis effectum est ut res publica in hunc statum perveniret.

VIII

Scr. in Formiano prid. Id. Mart. an. 49.

CICERO ATTICO SALVTEM.

Cenantibus III Id. nobis ac noctu quidem Statius a te 1
epistulam brevem attulit. De L. Torquato quod quaeris,

9 possimus *Petrarcha*: -sumus *Ω* 17 N. *ERM*: CN. [Cn., GN., Gneum] *OP* scilicet E^2 [*vel* sed: *deest hic* E^1] O^1R: scilicet et *ΔC*[?] 19 fabrum *Δ*: partium E^2OR 26 III *scripsi*: II $\Sigma M^c msZ^l$: H. [*vel* .II.] d *M*: H II *bd*

non modo Lucius sed etiam Aulus profectus est, alter multos ⟨ante dies, alter paucos⟩. De Reatinorum corona quod scribis, moleste fero in agro Sabino sementem fieri proscriptionis. Senatores multos esse Romae nos quoque audieramus. Ecquid
2 potes dicere cur exierint? In his locis opinio est coniectura magis quam nuntio aut litteris Caesarem Formiis a. d. XI Kal. Apr. fore. Hic ego vellem habere Homeri illam Minervam simulatam Mentori cui dicerem,

Μέντορ, πῶς τ' ἄρ' ἴω, πῶς τ' ἄρ προσπτύξομαι αὐτόν;

Nullam rem umquam difficiliorem cogitavi, sed cogito tamen, nec ero, ut in malis, imparatus. Sed cura ut valeas. Puto enim diem tuum heri fuisse.

IX *Scr. in Formiano xvi Kal. Apr. an. 49.*

CICERO ATTICO SALVTEM.

1 Tris epistulas tuas accepi postridie Id. Erant autem IIII, III, prid. Id. datae. Igitur antiquissimae cuique primum respondebo. Adsentior tibi, ut in Formiano potissimum com-
2 morer, etiam de supero mari, temptaboque, ut antea ad te scripsi, ecquonam modo possim voluntate eius nullam rei publicae partem attingere. Quod laudas quia oblivisci me scripsi ante facta et delicta nostri amici, ego vero ita facio. Quin ea ipsa quae a te commemorantur secus ab eo in me ipsum facta esse non memini. Tanto plus apud me valet benefici gratia quam iniuriae dolor. Faciamus igitur ut censes,

1 sed *om. C* alter . . . paucos *ita scripsi, Castiglioni secutus, qui* alter multos, ⟨alter paucos ante dies⟩ 4 ecquid *Hervagius*: et quid *Ω* [*sic fere semper; itaque talia rarius commemorabo*] 15 IIII *Iens.*: illi [-e, -ic] *Ω* 17 adsentior *R*: -tio *EOΔ* commorer *P*: -rem *Σ*M^1*m*: -remur M^2*bds* 18 temptaboque *Nipperdey*: plaboque *OΔ*: płabo que *R*: postulaboque *P*: laboque λ, *liber 'Lolgii'* [*Longolii?*] *teste Mal.*: praelabor *cod. Faërn.* 19 possim *Corr.*: -sem *Ω* voluntate *Rom.*: -ati *Ω* 22 a te *Hervagius*: ante *Ω* 23 valet *Σ* [-ent O^2*R*]λ: -ete M^1 · -ere δ 24 gratia . . . dolor *Σ*λ: -tiam . . . -rem volo [volo *non habet* M^1] *Δ*

conligamusque nos. *Σοφιστεύω* enim simul ut rus decurro atque in decursu *θέσεις* meas commentari non desino. Sed sunt quaedam earum perdifficiles ad iudicandum. De optimatibus sit sane ita ut vis, sed nosti illud "*Διονύσιος ἐν Κορίνθῳ*." Titini filius apud Caesarem est. Quod autem quasi vereri videris ne mihi tua consilia displiceant, me vero nihil delectat aliud nisi consilium et litterae tuae. Qua re fac ut ostendis. Ne destiteris ad me quicquid tibi in mentem venerit scribere. Nihil mihi potest esse gratius.

2 Venio ad alteram nunc epistulam. Recte non credis de numero militum; ipso dimidio plus scripsit Clodia. Falsum etiam de corruptis navibus. Quod consules laudas, ego quoque animum laudo sed consilium reprehendo; dispersu enim illorum actio de pace sublata est, quam quidem ego meditabar. Itaque postea Demetri librum de concordia tibi remisi et Philotimo dedi. Nec vero dubito quin exitiosum bellum impendeat, cuius initium ducetur a fame. Et me tamen doleo non interesse huic bello! In quo tanta vis sceleris futura est ut, cum parentis non alere nefarium sit, nostri principes antiquissimam et sanctissimam parentem, patriam, fame necandam putent. Atque hoc non opinione timeo sed interfui sermonibus. Omnis haec classis Alexandria, Colchis, Tyro, Sidone, Arado, Cypro, Pamphylia, Lycia, Rhodo, Chio, Byzantio, Lesbo, Smyrna, Mileto, Coo ad intercludendos commeatus Italiae et ad occupandas frumentarias provincias comparatur. At quam veniet iratus! et iis quidem maxime qui eum maxime salvum volebant, quasi relictus ab iis quos reliquit. Itaque mihi dubitanti quid me facere par sit, permagnum pondus adfert benevolentia erga illum; qua dempta

1 *σοφιστεύω* . . . rus *ita Bos.*: festivo [-ino *Pbs*] enim simili urus [similimus *s*: simili *b*] *ΩZ* 2 in decursu Z^l *codd. Mal. nonnulli*: cursu *Ω* 9 ni(c)hil mihi *Σ*: m- n- *Δ* 12 consulem M^1 [*ut vid.*] *C* 13 dispersu *Ωλ*: dispersione *P cod. Faërn.*: discessu *s* 17 ducetur *EP*: -eretur *ORΔ* 26 at *Vict.*: ad *Ω* veniet *ER*: venit et *O*: venit *Δ*

perire melius esset in patria quam patriam servando evertere. De septemtrione plane ita est. Metuo ne vexetur Epirus; sed quem tu locum Graeciae non direptum iri putas? Praedicat enim palam et militibus ostendit se largitione ipsa superiorem quam hunc fore. Illud me praeclare admones, cum illum videro, ne nimis indulgenter et ut cum gravitate potius loquar. Plane sic faciendum. Arpinum, cum eum convenero, cogito, ne forte aut absim cum veniet aut cursem huc illuc via deterrima. Bibulum, ut scribis, audio venisse et redisse prid. Id.

3 Philotimum, ut ais epistula tertia, exspectabas. At ille Idibus a me profectus est. Eo serius ad tuam illam epistulam, cui ego statim rescripseram, redditae sunt meae litterae. De Domitio, ut scribis, ita opinor esse, ut et in Cosano sit et consilium eius ignoretur. Iste omnium turpissimus ac sordidissimus qui consularia comitia a praetore ait haberi posse est idem qui semper in re publica fuit. Itaque nimirum hoc illud est quod Caesar scribit in ea epistula cuius exemplum ad te misi, [et] se velle uti 'consilio' meo (age, esto; hoc commune est), 'gratia' (ineptum id quidem sed, puto, hoc simulat ad quasdam senatorum sententias), 'dignitate' (fortasse sententia consulari); illud extremum est, 'ope omnium rerum'. Id ego suspicari coepi tum ex tuis litteris aut hoc ipsum esse aut non multo secus. Nam permagni eius interest rem ad interregnum non venire. Id adsequitur, si per praetorem consules creantur. Nos autem in libris habemus non modo consules a praetore sed ne praetores quidem creari ius esse idque factum esse numquam; consules eo non esse ius quod maius imperium a minore rogari non sit ius, praetores autem cum

9 teterrima λ   11 ut ais δ: ut aliis M^{1}: ut $O^{1}R$: in *P*   12 ad Δ: tibi ad $O^{1}R$ 13 cui [quoi] δ: qui M^{1}: quoniam $O^{1}R$ 15 ac Σ: et Δ   17 idem] ille M^{1}: ille idem *Orelli*   19 se *Iens.*: et se Ω   20 hoc Δ: id Σ   22 consulari *Corr.*: -is Ω   illud *Pms*: -um *ΣMbd*   23 cepi tum *ms*: c(a)eptum *ΣMbd*   28 numquam *Man.*: nusq- Ω

ita rogentur ut conlegae consulibus sint, quorum est maius imperium. Aberit non longe quin hoc a me decerni velit neque sit contentus Galba, Scaevola, Cassio, Antonio:

τότε μοι χάνοι εὐρεῖα χθών.

Sed quanta tempestas impendeat vides. Qui transierint 4
senatores scribam ad te cum certum habebo. De re frumentaria recte intellegis quae nullo modo administrari sine vectigalibus potest; nec sine causa et eos qui circum illum sunt omnia postulantis et bellum nefarium times. Trebatium nostrum, etsi, ut scribis, nihil bene sperat, tamen videre sane velim. Quem fac horteris ut properet; opportune enim ad me ante adventum Caesaris venerit. De Lanuvino, statim ut audivi Phameam mortuum, optavi, si modo esset futura res publica, ut id aliquis emeret meorum, neque tamen de te, qui maxime meus, cogitavi. Sciebam enim te quoto anno et quantum in solo solere quaerere, neque solum Romae sed etiam Deli tuum digamma videram. Verum tamen ego illud, quamquam est bellum, minoris aestimo quam aestimabatur Marcellino consule, cum ego istos hortulos propter domum Anti quam tum habebam iucundiores mihi fore putabam et minore impensa quam si Tusculanum refecissem. Volui HS Q. Egi per praedem, ille daret tanti, cum haberet venale. Noluit. Sed nunc omnia ista iacere puto propter nummorum caritatem. Mihi quidem erit aptissimum vel nobis potius si tu emeris; sed eiusdem Antias cave contemnas. Valde est venustum. Quamquam mihi ista omnia iam addicta vastitati videntur.

5 sed . . . vides *sic vulgo posita; sed vide ne ad superiora pertineant* 14 aliquis emeret *O¹R*: aliquid *Δ* 15 meus ⟨es⟩ *Lamb.* sciebam enim te *Zˡ*: scribam enim [eum *Δ*] de *Ω* 17 Deli tuum *C*: del(l)ituum *OR*: de[di- *bd*]litium *Mbd*: delitum [-i tum *s*] *ms* digamma *ΩC*: *διάγραμμα Corr.* 20 Anti(i) quam *Vict.*: antiquam *Ω*: antiquam quam *m²s* 22 egi . . . venale *ita distinxit Mueller* predem *Rom.*: -dum *Ω* daret tanti cum *Lehmann*, *duce Marshall*: daret antiquum *Ω* venale *s*: -are *Ω* 25 eiusdem antias [-ci-] *O¹R*: eius dementias *Δ*

Respondi epistulis tribus, sed exspecto alias; nam me adhuc tuae litterae sustentarunt. D. Liberalibus.

X

Scr. in Formiano xv Kal. Apr. an. 49.

⟨CICERO ATTICO SALVTEM.⟩

1 Nihil habebam quod scriberem. Neque enim novi quicquam audieram et ad tuas omnis rescripseram pridie. Sed cum me aegritudo non solum somno privaret verum ne vigilare quidem sine summo dolore pateretur, tecum ut quasi loquerer, in quo uno acquiesco, hoc nescio quid nullo argumento proposito scribere institui.

2 Amens mihi fuisse a principio videor et me una haec res torquet quod non omnibus in rebus labentem vel potius ruentem Pompeium tamquam unus manipularis secutus sim. Vidi hominem XIIII Kal. Febr. plenum formidinis. Illo ipso die sensi quid ageret. Numquam mihi postea placuit nec umquam aliud in alio peccare destitit. Nihil interim ad me scribere, nihil nisi fugam cogitare. Quid quaeris? sicut ἐν τοῖς ἐρωτικοῖς alienat ⟨quod⟩ immunde, insulse, indecore fit, sic me illius fugae neglegentiaeque deformitas avertit ab amore. Nihil enim dignum faciebat quare eius fugae comitem me adiungerem. Nunc emergit amor, nunc desiderium ferre non possum, nunc mihi nihil libri, nihil litterae, nihil doctrina prodest. Ita dies et noctes tamquam avis illa mare prospecto,

1 alias ΣM^2m: tuas M^1: tuas alias *bds* *haec ep. in vocabulo* sustentarunt *desinit in Ems, cum sequenti in ceteris* [*dempta* M^4] *cohaeret* 2 D *Mm* [d *M*]: O *E*: De O^2*Rbds* [*de* O^1 *non liquet*] 5 nihil] *novam ep. incipit* M^4 [*vide supra*] enim *om.* λ 11 a principio videor *Σ*: v- a p- *Δ* 14 Kal. *om.* M^1b 16 ex alio *Ernesti* 17 scribere *Corr.* [scrire *Sal.-Reg.*]: scire *Ω* 18 alienat ⟨quod⟩ *scripsi*: alienantur [-atur *Rb*] *Ω*: -nant *κ*: -namur ⟨si quid⟩ *Madvig* insulse *Madvig* [-sae *iam Vict.*]: insulis [inf- *s*] *Ω* indecore *Madvig* [-rae *Vict.*]: unde [nude *s*] decore *Ω* 21 nunc [*prius*] *EPM*^{c}*bds*: ni(c)hil *ORM*^{1}*m* 23 dies et noctes *Eδ*: die noctes O^1R: dies noctes *P*: die nocte est M^1: dies ac noctes O^2

evolare cupio. Do, do poenas temeritatis meae. Etsi quae fuit illa temeritas? quid feci non consideratissime? Si enim nihil praeter fugam quaereretur, fugissem libentissime, sed genus belli crudelissimi et maximi, quod nondum vident homines quale futurum sit, perhorrui. Quae minae municipiis, quae nominatim viris bonis, quae denique omnibus qui remansissent! quam crebro illud 'Sulla potuit, ego non potero?' Mihi 3
autem haeserunt illa: male Tarquinius qui Porsennam, qui Octavium Mamilium contra patriam, impie Coriolanus ⟨qui⟩ auxilium petiit a Volscis, recte Themistocles qui mori maluit, nefarius Hippias, Pisistrati filius, qui in Marathonia pugna cecidit arma contra patriam ferens. At Sulla, at Marius, at Cinna recte. Immo iure fortasse; sed quid eorum victoria crudelius, quid funestius? Huius belli genus fugi et eo magis quod crudeliora etiam cogitari et parari videbam. Me quem non nulli conservatorem istius urbis parentemque esse dixerunt Getarum et Armeniorum et Colchorum copias ad eam adducere? me meis civibus famem, vastitatem inferre Italiae? Hunc primum mortalem esse, deinde etiam multis modis posse exstingui cogitabam, urbem autem et populum nostrum servandum ad immortalitatem, quantum in nobis esset, putabam, et tamen spes quaedam me oblectabat fore ut aliquid conveniret potius quam aut hic tantum sceleris aut ille tantum flagiti admitteret. Alia res nunc tota est, alia mens mea. Sol, ut est in tua quadam epistula, excidisse mihi e mundo videtur. Vt aegroto, dum anima est, spes esse dicitur, sic ego, quoad Pompeius in Italia fuit, sperare non destiti. Haec, haec me fefellerunt et, ut verum loquar, aetas iam a diuturnis laboribus devexa ad otium domesticarum me rerum

6 nominatim *Vict.*: nomina [omina M^2: omnia *bd*] etiam *Ω* 9 ⟨concitavit⟩ contra *Lehmann* qui *add. Rom.*: *om.* *Ωλ* 16 parentemque *Σ*: quem parentem *Δ* 19 hunc PM^c: nunc *Ω* 20 cogitabam M^c: -aram *Ω* 22 oblectabat *Moser*: obtent- [-empt- *EP*] *Ω* [-bant *E*] *λ*: sustent- *anon. ap. Corr.* 28 haec haec $EO^1Z^b\lambda$: haec *RΔ*

delectatione mollivit. Nunc si vel periculose experiundum erit, experiar certe ut hinc avolem. Ante oportuit fortasse; sed ea quae scripsi me tardarunt et auctoritas maxime tua.
4 Nam cum ad hunc locum venissem, evolvi volumen epistularum tuarum quod ego ⟨sub⟩ signo habeo servoque diligentissime. Erat igitur in ea quam x Kal. Febr. dederas hoc modo: 'Sed videamus et Gnaeus quid agat et illius rationes quorsum fluant. Quod si iste Italiam relinquet, faciet omnino male et, ut ego existimo, *ἀλογίστως*, sed tum demum consilia nostra commutanda erunt.' Hoc scribis post diem quartum quam ab urbe discessimus. Deinde VIII Kal. Febr.: 'Tantum modo Gnaeus noster ne, ut urbem *ἀλογίστως* reliquit, sic Italiam relinquat.' Eodem die das alteras litteras quibus mihi consulenti planissime respondes. Est enim sic: 'Sed venio ad consultationem tuam. Si Gnaeus Italia cedit, in urbem redeundum puto; quae enim finis peregrinationis?' Hoc mihi plane haesit, et nunc ita video, infinitum bellum iunctum
5 miserrima fuga quam tu peregrinationem *ὑποκορίζῃ*. Sequitur *χρησμὸς* VI ⟨Kal.⟩ Febr.: 'Ego, si Pompeius manet in Italia nec res ad pactionem venit, longius bellum puto fore; sin Italiam relinquit, ad posterum bellum *ἄσπονδον* strui existimo.' Huius igitur belli ego particeps et socius et adiutor esse cogor quod et *ἄσπονδον* est ⟨et⟩ cum civibus? Deinde VII Id. Febr., cum iam plura audires de Pompei consilio, concludis epistulam quandam hoc modo: 'Ego quidem tibi non sim auctor, si Pompeius Italiam relinquit, te quoque profugere. Summo enim periculo facies nec rei publicae proderis; cui quidem posterius poteris prodesse, si manseris.' Quem *φιλόπατριν* ac *πολιτικὸν* hominis prudentis et amici tali admonitu

1 si vel *Corr.*: sive *ΣMmZ*[l]: sine *bds* periculose *ΣZ*[l]: -culo *Δ* 3 scripsi *codd. Ball. Helmst.*: -psisti *Ω* 5 sub *add. Rom.* 19 Kal. *add. Iens.* 22 huius . . . civibus *pro interrogatione agnovit Mueller* 23 est ⟨et⟩ *Lamb.*: est *Ω*: et *Vict.* 25 sim] sum *R* 27 facies *Rom.*: facis *Ω* quoi *λ*: quod *Ω*

non moveret auctoritas? Deinde III Id. Febr. iterum mihi 6
respondes consulenti sic: 'Quod quaeris a me fugamne foedam an moram nefandam utiliorem putem, ego vero in praesentia subitum discessum et praecipitem profectionem cum tibi tum ipsi Gnaeo inutilem et periculosam puto et satius esse existimo vos dispertitos et in speculis esse; sed medius fidius turpe nobis puto esse de fuga cogitare.' Hoc turpe Gnaeus noster biennio ante cogitavit. Ita sullaturit animus eius et proscripturit iam diu. Inde, ut opinor, cum tu ad me quaedam γενικώτερον scripsisses et ego mihi a te quaedam significari putassem ut Italia cederem, detestaris hoc diligenter XI Kal. Mart.: 'Ego vero nulla epistula significavi, si Gnaeus Italia cederet, ut tu una cederes, aut si significavi, non dico fui inconstans sed demens.' In eadem epistula alio loco: 'Nihil relinquitur nisi fuga, cui te socium neutiquam puto esse
oportere nec umquam putavi.' Totam autem hanc delibera- 7
tionem evolvis accuratius in litteris VIII Kal. Mart. datis: 'Si M'. Lepidus et L. Vulcatius remanent, ⟨manen⟩dum puto, ita ut, si salvus sit Pompeius et constiterit alicubi, hanc **νέκυιαν** relinquas et te in certamine vinci cum illo facilius patiaris quam cum hoc in ea quae perspicitur futura colluvie regnare.' Multa disputas huic sententiae convenientia. Inde ad extremum: ' "Quid si" inquis "Lepidus et Vulcatius discedunt?" Plane ἀπορῶ. Quod evenerit igitur et quod egeris id

1 deinde *EPδ*: deindceps *M*[1]: deinceps *O*[1]*R* 2 fugamne . . . putem *haec ita Lamb.*, *varie a posteris depravata* fedam *M*[1], *ut vid.*: fidam [-dem *b*] *Σδλ* 3 nefandam *Lamb.*: defendam *Ωλ* 6 dispertitos et *Rom.*: dispertim eos et *Ωλ* [-ti meos] 8 sullaturit *Quint. Inst. viii. 3. 32*, *Aldus*: -turi *Ω* proscripturit *Aldus*: -turi *Ω* 10 γενικ- *Vict.*: PЄNIK- *ERM*[1]: ἀρρενικ- *Oδ* quaedam *del. Schütz*: quodammodo *Orelli* [*sed cf. p.* 159. 19] 13 si *ERms*: *om. OMbd* 15 neutiquam *Aldus*: -que *Ω* 17 si M'. *Graevius*: si M. *Δ*: sin *Σ* 18 remanent manendum *P*: remanent dum *Ω* 19 νεκυίαν [*sic*] *C*: HЄKYЄIHA *et sim. Ω* [*talia ad pp.* 27. 14, 41. 23 *praeteribo*] 23 quid si *M*[1]*C*: si *Σδ* *vocabulum* inquis, *quod Attici est*, *Ciceroni tribuunt vulgo*

στερκτέον putabo.' Si tum dubitares, nunc certe non dubitas
8 istis manentibus. Deinde in ipsa fuga v Kal. Mart.: 'Interea
non dubito quin in Formiano mansurus sis. Commodissime
enim *τὸ μέλλον* ibi *καραδοκήσεις*.' At Kal. Mart., cum ille
quintum iam diem Brundisi esset: 'Tum poterimus delibe-
rare, non scilicet integra re sed certe minus infracta quam si
una proieceris te.' Deinde IIII Non. Mart., *ὑπὸ τὴν διάλειψιν*
cum breviter scriberes, tamen ponis hoc: 'Cras scribam plura
et ad omnia; hoc tamen dicam, non paenitere me consili de
tua mansione, et, quamquam magna sollicitudine, tamen quia
minus mali puto esse quam in illa profectione, maneo in
9 sententia et gaudeo te mansisse.' Cum vero iam angerer et
timerem ne quid a me dedecoris esset admissum, III Non.
Mart.: 'Te tamen non esse una cum Pompeio non fero
moleste. Postea, si opus fuerit, non erit difficile, et illi, quoquo tempore fiet, erit *ἀσμενιστόν*. Sed hoc ita dico, si hic qua
ratione initium fecit eadem cetera aget, sincere, temperate,
prudenter, valde videro et consideratius utilitati nostrae
10 consuluero.' VII Id. Mart. scribis Peducaeo quoque nostro
probari quod quierim, cuius auctoritas multum apud me
valet.

His ego tuis scriptis me consolor ut nihil a me adhuc delictum putem. Tu modo auctoritatem tuam defendito; adversus me nihil opus est sed consciis egeo aliis. Ego si nihil peccavi, reliqua tuebor. Ad ea tute hortare et me omnino tua cogitatione adiuva. Hic nihildum de reditu Caesaris audiebatur. Ego his litteris hoc tamen profeci: perlegi omnis tuas et in eo acquievi.

1 dubitaras *Bos.*: -abas *Ernesti* 4 at *Sjögren*: ad *Ω*: atque *Wes.* 6 integra *Rδ*: in int- *EOM* 7 *ὑπὸ τὴν δ-* *Gurlitt*: ΥΠΟΤΠΑΠΨΙΝ *ORM*[1]*m*: *ὑπογραφὴν* *C* 14 te tamen *ΣM*[1][?]: tamen te δ una *om.* λ 18 *ante* valde *plenius distinguunt edd. recc.* [*cf. Fam.* v. 19. 2 *sed ita . . . si*] 24 opus . . . aliis *ita Bos.*: opus esse [esse *om. s*] consciis [-ius *Δ*] ego aliis *Ω*: consciis aliis [*pro* c- ego al-] *C*

XI

Scr. in Formiano xiii Kal. Apr. an. 49.

⟨CICERO ATTICO SALVTEM.⟩

Lentulum nostrum scis Puteolis esse? Quod cum e viatore 1
quodam esset auditum qui se diceret eum in Appia via, cum is paulum lecticam aperuisset, cognosse, etsi vix veri simile ⟨uisum est⟩, misi tamen Puteolos pueros qui pervestigarent et ad eum litteras. Inventus est vix in hortis suis ⟨se⟩ occultans litterasque mihi remisit mirifice gratias agens Caesari; de suo autem consilio C. Caecio mandata ad me dedisse. Eum ego hodie exspectabam, id est XIII Kal. Apr.

Venit etiam ad me Matius Quinquatribus, homo me her- 2
cule, ut mihi visus est, temperatus et prudens; existimatus quidem est semper auctor oti. Quam ille haec non probare mihi quidem visus est, quam illam νέκυιαν, ut tu appellas, timere! Huic ego in multo sermone epistulam ad me Caesaris ostendi, eam cuius exemplum ad te antea misi, rogavique ut interpretaretur quid esset quod ille scriberet 'consilio meo se uti velle, gratia, dignitate, ope rerum omnium'. Respondit se ⟨non dubitare⟩ quin et opem et gratiam meam ille ad pacificationem quaereret. Vtinam aliquod in hac miseria rei publicae πολιτικὸν opus efficere et navare mihi liceat! Matius quidem et illum in ea sententia esse confidebat et se auctorem fore pollicebatur.

Pridie autem apud me Crassipes fuerat, qui se prid. Non. 3
Mart. Brundisio profectum atque ibi Pompeium reliquisse dicebat, quod etiam qui VIII Id. illim profecti erant nuntiabant;

3 *novam ep. faciunt Ems*: *cum superiore in ceteris cohaeret* 4 via *om.* M^{1} 6 visum est *addidi*: videbatur *add. Aldus* [*et ante* veris- *Rom.*], est *Reid* 7 se *add. Vict.* 9 Caecio *Man.*: cetio [-cio] *Ω*: C(a)elio O^{2} *Iens.*: Caesio *Schmidt* 10 XIII *Bos.*: XIIII *Ω* 11 *exspectares* Matius cum Trebatio 19 non dub- M^{4}: *om.* *Ω* [non dub- *post* quaereret *P*] 20 aliquod in hac *s*: in hac [hoc *R*] aliquod [-uid *bd*] *Ω*

illa vero omnes, in quibus etiam Crassipes qui ⟨pro sua⟩ prudentia potuit attendere, sermones minacis, inimicos optimatium, municipiorum hostis, meras proscriptiones, meros Sullas; quae Lucceium loqui, quae totam Graeciam, quae
4 vero Theophanem! Et tamen omnis spes salutis in illis est, et ego excubo animo nec partem ullam capio quietis et, ut has pestis effugiam, cum dissimillimis nostri esse cupio! Quid enim tu illic Scipionem, quid Faustum, quid Libonem praetermissurum sceleris putas quorum creditores convenire dicuntur? quid eos autem, cum vicerint, in civis effecturos? quam vero *μακροψυχίαν* Gnaei nostri esse? Nuntiant Aegyptum et Arabiam *εὐδαίμονα* et *Μεσοποταμίαν* cogitare, iam Hispaniam abiecisse. Monstra narrant; quae falsa esse possunt, sed certe et haec perdita sunt et illa non salutaria.

Tuas litteras iam desidero. Post fugam nostram numquam tantum earum intervallum fuit. Misi ad te exemplum litterarum mearum ad Caesarem, quibus me aliquid profecturum puto.

A

Scr. in Formiano xiv aut xiii Kal. Apr. an. 49.

CICERO IMP. S. D. CAESARI IMP.

1 Vt legi tuas litteras quas a Furnio nostro acceperam, quibus mecum agebas ut ad urbem essem, te velle uti 'consilio et dignitate mea' minus sum admiratus; de 'gratia' et de 'ope' quid significares mecum ipse quaerebam, spe tamen

1 pro sua *add. Lehmann* [pro *iam Madvig*] 2 potuit *Hervagius*: potius *ΩZ*$^{(l)}$ 6 has pestis *Rom.*: has petis *OΔ*: aspectis *R* 7 nostri *Man.*: -ris *Ωλ* 8 [quid] Faustum *C*: quidem austum *M*^{1}: quid emastium [-trum] δ: quid enustum *R* [*de O silet Sjögren*] praeterm- *M*^{c}*s*: pr(a)em- *Ω* 9 sceleris *M*^{c}*m*^{2}*s*: cel- *Ω* 11 Gnaei *Vict.*: nec *Δ*: nam *O*: nec enim *R* 12 et *μεσοποταμίαν P* [-HꝺV]*Z*$^{(b)}$λ: et [*spat.*] *O*: *om. RΔ* iam *Wes.*: in *Ω*: iter in *Sjögren* 16 tantum *scripsi*: iam nostrum *Ω*: iam tantum *Muretus*: tam longum *Corr.* earum *om. E*

deducebar ad eam cogitationem ut te pro tua admirabili ac singulari sapientia de otio, de pace, de concordia civium agi velle arbitrarer, et ad eam rationem existimabam satis aptam esse et naturam et personam meam. Quod si ita est et si qua de **2** Pompeio nostro tuendo et tibi ac rei publicae reconciliando cura te attingit, magis idoneum quam ego sum ad eam causam profecto reperies neminem, qui et illi semper et senatui cum primum potui pacis auctor fui nec sumptis armis belli ullam partem attigi iudicavique eo bello te violari contra cuius honorem populi Romani beneficio concessum inimici atque invidi niterentur. Sed ut eo tempore non modo ipse fautor dignitatis tuae fui verum etiam ceteris auctor ad te adiuvandum, sic me nunc Pompei dignitas vehementer movet. Aliquot enim sunt anni cum vos duo delegi quos praecipue colerem et quibus essem, sicut sum, amicissimus.

Quam ob rem a te peto vel potius omnibus te precibus oro **3** et obtestor ut in tuis maximis curis aliquid impertias temporis huic quoque cogitationi ut tuo beneficio bonus vir, gratus, pius denique esse in maximi benefici memoria possim. Quae si tantum ad me ipsum pertinerent, sperarem me a te tamen impetraturum, sed, ut arbitror, et ad tuam fidem et ad rem publicam pertinet me, et pacis et utriusque vestrum ⟨amicum, et ad vestram⟩ et ad civium concordiam per te quam accommodatissimum conservari. Ego, cum antea tibi de Lentulo gratias egissem, cum ei saluti qui mihi fuerat fuisses, tum lectis eius litteris quas ad me gratissimo animo de tua liberalitate beneficioque misit, *** eandem me salutem a te accepisse quam ille. In quem si me intellegis esse gratum, cura, obsecro, ut etiam in Pompeium esse possim.

3 esse et O^1*Ms*: esse ei O^2*bdm*: esse *ER* 8 belli ullam *Eδ*: bella in ul- O^1*R*: bellis nul- M^1 11 fautor $Z^{(b)}$: au(c)tor *Ω*: adiutor *cod. Vrs.* 16 te pr- *Σ*: et pr- *Δ* [et *om. s*] 23 am- et ad v- *suppl. Lehmann* 26 tum *Σ*M^1: tamen *δ* 27 *lacunam hic indicavi, versum ex archetypo excidisse ratus. alii* putavi *vel sim. inferius addunt*

XII *Scr. in Formiano xiii Kal. Apr. an. 49.*

⟨CICERO ATTICO SALVTEM.⟩

1 Legebam tuas litteras XIII Kal., cum mihi epistula adfertur a Lepta circumvallatum esse Pompeium, ratibus etiam exitus portus teneri. Non medius fidius prae lacrimis possum reliqua nec cogitare nec scribere. Misi ad te exemplum. Miseros nos! cur non omnes fatum illius una exsecuti sumus? Ecce autem a Matio et Trebatio eadem, quibus Minturnis obvii Caesaris tabellarii. Torqueor infelix, ut iam illum Mucianum exitum exoptem. At quam honesta, at quam expedita tua consilia, quam evigilata tuis cogitationibus, qua itineris, qua navigationis, qua congressus sermonisque cum Caesare! Omnia cum honesta tum cauta. In Epirum vero invitatio quam suavis, quam liberalis, quam fraterna!

2 De Dionysio sum admiratus, qui apud me honoratior fuit quam apud Scipionem Panaetius; a quo impurissime haec nostra fortuna despecta est. Odi hominem et odero; utinam ulcisci possem! Sed illum ulciscentur mores sui.

3 Tu, quaeso, nunc vel maxime quid agendum nobis sit cogita. Populi Romani exercitus Cn. Pompeium circumsedet, fossa et vallo saeptum tenet, fuga prohibet: nos vivimus, et stat urbs ista, praetores ius dicunt, aediles ludos parant, viri boni usuras perscribunt, ego ipse sedeo! Coner illuc ire ut insanus, implorare fidem municipiorum? Boni non sequentur, leves inridebunt, rerum novarum cupidi, victores praesertim
4 et armati, vim et manus adferent. Quid censes igitur? ecquidnam est tui consili ad finem huius miserrimae vitae? Nunc

3 *novam ep. faciunt* O^2PM^c*ms*: *superiori coniungunt* O^1RM^1*bd* legerem M^1: -eram *Orelli* 5 possum *Man.*: -sem *Ω* 9 illum *P*: ille *Ω* 16 haec O^2R: h(a)ec h(a)ec $O^1Δ$ 20 circumsedet RM^1 [-um sed et]: -sidet O^2Pδ 21 nos *Ps*: non *Ω* 24 consequentur *C* 27 ad finem *P cod. Faërn.*: ad finis [-nes M^1] *Ω*: ac finis *cod. Vrs.*: ecquis f- *cod. Graevii*: qui [*vel* quae] f- *Schmidt*

doleo, nunc torqueor, cum cuidam aut sapiens videor quod una non ierim aut felix fuisse. Mihi contra. Numquam enim illius victoriae socius esse volui, calamitatis mallem fuisse. Quid ego nunc tuas litteras, quid tuam prudentiam aut benevolentiam implorem? Actum est; nulla re iam possum iuvari, qui ne quid optem quidem iam habeo nisi ut aliqua inimici misericordia liberemur.

XIII *Scr. in Formiano x Kal. Apr. an. 49.*

⟨CICERO ATTICO SALVTEM.⟩

Οὐκ ἔστ' ἔτυμος λόγος, ut opinor, ille de ratibus. Quid 1
enim esset quod Dolabella iis litteris quas III Id. Mart. a Brundisio dedit hanc quasi *εὐημερίαν* Caesaris scriberet, Pompeium in fuga esse eumque primo vento navigaturum? Quod valde discrepat ab iis epistulis quarum exempla antea ad te misi. Hic quidem mera scelera loquuntur; sed non erat nec recentior auctor nec huius rei quidem melior Dolabella.

Tuas XI Kal. accepi litteras quibus omnia consilia differs 2
in id tempus cum scierimus quid actum sit. Et certe ita est, nec interim potest quicquam non modo statui sed ne cogitari quidem. Quamquam hae me litterae Dolabellae iubent ad pristinas cogitationes reverti. Fuit enim pridie Quinquatrus egregia tempestas; qua ego illum usum puto.

Συναγωγὴ consiliorum tuorum non est a me conlecta ad 3
querelam sed magis ad consolationem meam. Nec enim me tam haec mala angebant quam suspicio culpae ac temeritatis meae. Eam nullam puto esse, quoniam cum consiliis tuis mea

1 cuidam *Klotz*: quidam O^1RM^1: quidem *Pδ* 7 liberemur *cod. Helmst.*: -rentur *R*: -retur *OPΔ* 10 *novam ep. constituit Schütz: cum superiore in codd. cohaeret* 11 esset *Wes.*: est *Ω* iis . . . iis [*v.* 14] *O*: is . . . is *R*: his . . . his [iis *m*] *PΔ* 12 quasi εὐ- C- *Lamb.*: εὐ- q- c- *Ω*: q- C- εὐ- *Rom.*: εὐ- C- q- *Iens.* 16 quidem rei *Wes.* 20 me *Corr.*: mihi *Ω*

facta et consilia consentiunt. Quod mea praedicatione factum esse scribis magis quam illius merito ut tantum ei debere viderer, est ita. Ego illa extuli semper et eo quidem magis ne quid ille superiorum meminisse me putaret. Quae si maxime meminissem, tamen illius temporis similitudinem iam sequi deberem. Nihil me adiuvit cum posset; at postea fuit amicus, etiam valde, nec quam ob causam plane scio. Ergo ego quoque illi. Quin etiam illud par in utroque nostrum, quod ab eisdem inlecti sumus. Sed utinam tantum ego ei prodesse potuissem quantum mihi ille potuit! Mihi tamen quod fecit gratissimum. Nec ego nunc eum iuvare qua re possim scio nec, si possem, cum tam pestiferum bellum pararet, adiuvandum

4 putarem. Tantum offendere animum eius hic manens nolo, nec me hercule ista videre quae tu potes iam animo providere nec interesse istis malis possem. Sed eo tardior ad discedendum fui quod difficile est de discessu voluntario sine ulla spe reditus cogitare. Nam ego hunc ita paratum video peditatu, equitatu, classibus, auxiliis Gallorum, quos Matius ἐλάπιζεν, ut puto, sed certe dicebat peditum ***, equitum sex polliceri sumptu suo annos decem. Sed sit hoc λάπισμα; magnas habet certe copias et habebit non †alie† vectigal sed civium bona. Adde confidentiam hominis, adde imbecillitatem bonorum virorum qui quidem, quod illum sibi merito iratum putant, oderunt, ut tu scribis ludum. Ac vellem †scribis quisnam hic significasset.† Sed et iste, quia plus

3 illa *bdsλ*: illam *ORMm*: illum *P* 6 me . . . posset δ: mea . . . possem O^1RM^1 at *Corr.*: et *Ω*: sed *Wes.*: *secl. Boot* 7 etiam *Bos.*: et tam *Ω*: et quam *P* nec *Madvig*: et *Ω* 9 illecti sumus *Lamb.*: -tissimus M^1: lecti sumus PZ^l: dilecti s- *OR*δ tantum *Rom.*: tum *Ω* ei δ: et O^1RM^1: *om. P* 11 possim *P*: -sum *Ω* 13 offendere *P*δ: -rem RM^1: *om.* O^1 15 possum *Orelli* 19 ЄΛΑΠΙΖЄΝ *Z*: CⲆⲆΠ- *vel* CⲆΛΠ- *Ω* ped- ⟨ccıↄↄ⟩ *Bos.* sex *Bos.*: se $ΩZ^b$ 21 alie O^1RM^1: ille *P*δ: ut ille *Bos.*: Italiae *Madvig*: Galliae *Frank*: alienum *Reid*: *anne* Asiae? 24 ludere *R* 25 *obelis inclusa melius quam ceteri refinxit Boot* scripsisses [scriberes *Sedgwick*] q- hoc s-

ostenderat quam fecit, et vulgo illum qui amarunt non amant; municipia vero et rustici Romani illum metuunt, hunc adhuc diligunt. Qua re ita paratus est ut, etiam si vincere non possit, quo modo tamen vinci ipse possit non videam. Ego autem non tam *γοητείαν* huius timeo quam *πειθανάγκην*. "*Αἱ γὰρ τῶν τυράννων δεήσεις*" inquit *Πλάτων* "*οἶσθ' ὅτι μεμιγμέναι ἀνάγκαις*."

Illa *ἀλίμενα* video tibi non probari. Quae ne mihi quidem **5**
placebant; sed habebam in illis et occultationem et *ὑπηρεσίαν* fidelem. Quae si mihi Brundisi suppetant, mallem; sed ibi occultatio nulla est. Verum, ut scribis, cum sciemus.

Viris bonis me non nimis excuso. Quas enim eos cenas et **6**
facere et obire scripsit ad me Sextus, quam lautas, quam tempestivas! Sed sint quamvis boni, non sunt meliores quam nos. Moverent me, si essent fortiores.

De Lanuvino Phameae erravi; Troianum somniaveram. Id ego volui Q., sed pluris est. Istuc tamen [me] cuperem emeres, si ullam spem fruendi viderem.

Nos quae monstra cotidie legamus intelleges ex illo libello **7**
qui in epistulam coniectus est. Lentulus noster Puteolis est, *ἀδημονῶν*, ut Caecius narrat, quid agat. *Διατροπὴν* Corfiniensem reformidat. Pompeio nunc putat satis factum, beneficio Caesaris movetur, sed tamen movetur magis prospecta re.

7 *ἀνάγκαις* *Aldus* [*sic Plat. Ep. vii. 329 D*]: *-κῃ* *C*: *vel omittunt vel vestigia tantum praebent codd.* 9 occ- *Vict.*: occulte fio onem *vel sim.* *Ω* 10 suppeterent *Ernesti* 11 sciemus *Corr.*: scimus *Δ*: simus *OR* 15 me *Ps*: ne *Ω*: *fort. delendum* 16 Phameae *Vict.*: -mea *Ω* somniabam *λ* 17 volui Q. *Bos.*: voluique [nol- *OP*] *Ω* cuperem emeres, si *Man.*: me cupere memor est *O*[1][*?*]*R*: me cuperem me mei est *Δ*: mi cuperem emeres, si *Orelli*: cup- emere, si *Ernesti*: *anne* te cup- emere, si [*cf. p.* 21. 14]*?* 18 viderem *Man.*: ut de re m [*vel* in] *Δ*: veterem *O*[1][*?*]*R* 19 legamus intelliges *Wes.*: intelligamus *Ω* [-gebamus *O*[1]] ex illo libello *Beroaldus*: exilio libelli *Ω* 20 qui in *ms*: quin *ORMbd* 21 ut *OM*[c]*bds*: is ut *RM*[1]*m* Caesius *Schmidt* 23 prospecta re [-tare *s*] *bs*: -taret *RMdm*: praespectarеt *O*: perspecta re *Lamb.*, *fort. recte*

XIII a

Scr. in Formiano ix Kal. Apr. an. 49.

⟨CICERO ATTICO SALVTEM.⟩

(8) Mene haec posse ferre? Omnia misera, sed hoc nihil miserius. Pompeius N. Magium de pace misit et tamen oppugnatur. Quod ego non credebam, sed habeo a Balbo litteras quarum ad te exemplum misi. Lege, quaeso, et illud infimum caput ipsius Balbi optimi, cui Gnaeus noster locum ubi hortos aedificaret dedit, quem cui nostrum non saepe praetulit? Itaque miser torquetur. Sed ne bis eadem legas, ad ipsam te epistulam reicio. Spem autem pacis habeo nullam. Dolabella suis litteris III Id. Mart. datis merum bellum loquitur. Maneamus ergo in illa eadem sententia misera et desperata, quando hoc miserius esse nihil potest.

A.

Scr. Romae xi vel x Kal. Apr. an. 49.

BALBVS CICERONI IMP. SAL. DIC.

1 Caesar nobis litteras perbrevis misit, quarum exemplum subscripsi. Brevitate epistulae scire poteris eum valde esse distentum qui tanta de re tam breviter scripserit. Si quid praeterea novi fuerit, statim tibi scribam.

'CAESAR OPPIO CORNELIO SALVTEM.

A. d. VII Id. Mart. Brundisium veni, ad murum castra posui. Pompeius est Brundisi. Misit ad me N. Magium de pace. Quae visa sunt respondi. Hoc vos statim scire volui.

3 *novam ep. constituit Sternkopf*: *cum superiore in codd. cohaeret* mene *Pius*: nec *Ω*: ne *cod. Helmst.*: tene *Bos.* 4 numerium *R*: -rum M^1 [nūm] O^1[?]*P*: Numatium *C*: CN. [Cn., gneum] *δ* 7 balbi O^2*Pb*: albi *Ω* 11 III O^1*R*: *om. Δ* merum *P*: mecum *Ω* 21 CORNELIO *O*M^1: -LIOQVE *Rδ* 23 N. *vulg.*: CN. [Cn., GN.] *Ω*

Cum in spem venero de compositione aliquid me conficere, statim vos certiores faciam.'

Quo modo me nunc putas, mi Cicero, torqueri, postquam 2
rursus in spem pacis veni, ne qua res eorum compositionem impediat? Namque, quod absens facere possum, opto. Quod si una essem, aliquid fortasse proficere posse mihi viderer. Nunc exspectatione crucior.

XIV *Scr. in Formiano viii Kal. Apr. an. 49.*

CICERO ATTICO SALVTEM.

Miseram ad te VIIII Kal. exemplum epistulae Balbi ad me 1
et Caesaris ad eum. Ecce tibi eodem die Capua litteras accepi a Q. Pedio Caesarem ad se prid. Id. Mart. misisse hoc exemplo:

'Pompeius se oppido tenet. Nos ad portas castra habemus. Conamur opus magnum et multorum dierum propter altitudinem maris. Sed tamen nihil est quod potius faciamus. Ab utroque portus cornu moles iacimus, ut aut illum quam primum traicere quod habet Brundisi copiarum cogamus aut exitum prohibeamus.'

Vbi est illa pax de qua Balbus scripserat torqueri se? Ec- 2
quid acerbius, ecquid crudelius? Atque eum loqui quidam αὐθεντικῶς narrabat Cn. Carbonis, M. Bruti se poenas persequi omniumque eorum in quos Sulla crudelis hoc socio fuisset; nihil Curionem se duce facere quod non hic Sulla duce fecisset; a ⟨se⟩ dam⟨natos am⟩bitus nomine, quibus exsili poena superioribus legibus non fuisset, ab illo patriae proditores de exsilio reductos esse; queri de Milone per vim expulso; neminem tamen se violaturum nisi qui arma

1 conf- ⟨posse⟩ *Lamb.* 5 namque] *anne* nempe? 6 proficere *ORM*^{c}*m*: -ciscere *M*^{1}: *om. bds* posse mihi viderer *Madvig*: -sem videri *ORM*^{c}*d*: -sum videre *M*^{1}: -sem *bms* 11 a *ER*: ab *OΔ* 18 exitu *Sal.–Reg.* 24 a ... nomine [*i.e.* a ⟨se⟩ dam⟨natos am⟩bit' nōie] *scripsi* [damnatos ambitus *iam Gronovius*, a se *iam Graevius*]: ad ambitionem *Ω*

contra. Haec Baebius quidam a Curione III Id. profectus, homo non infans sed †quis ulli† non dicat. Plane nescio quid agam. Illim equidem Gnaeum profectum puto. Quicquid est biduo sciemus. A te nihil ne Anteros quidem †quin te† litterarum; nec mirum. Quid enim est quod scribamus? Ego tamen nullum diem praetermitto.

3 Scripta epistula litterae mihi ante lucem a Lepta Capua redditae sunt Id. Mart. Pompeium a Brundisio conscendisse, Caesarem a. d. VII Kal. Apr. Capuae fore.

XV *Scr. in Formiano viii Kal. Apr. an. 49.*

CICERO ATTICO SALVTEM.

1 Cum dedissem ad te litteras ut scires Caesarem Capuae VII Kal. fore, adlatae mihi Capua sunt et hic VI et in Albano apud Curionem V Kal. fore. Eum cum videro, Arpinum pergam. Si mihi veniam quam peto dederit, utar illius condicione; si minus, impetrabo aliquid a me ipso. Ille, ut ⟨Lepta⟩ ad me scripsit, legiones singulas posuit Brundisi, Tarenti, Siponti. Claudere mihi videtur maritimos exitus et tamen ipse Graeciam spectare potius quam Hispanias. Sed haec longius absunt.
2 Me nunc et congressus huius stimulat (is vero adest) et prima eius actionis horreo. Volet enim, credo, senatus consultum facere, volet augurum decretum (rapiemur aut absentes vexabimur) vel ut consules roget praetor vel dictatorem

1 contra. Haec *Lamb.*: h(a)ec c- *ORΔ*: habeat c- *EP*: haec coram *Gronovius* b(a)ebius $M^{2}ms$: barb- $O^{1}RM^{1}bd$: berb- O^{2} 2 quis ulli O^{2} $Mdm^{2}s$: quis illi $m^{1}Z^{l}$: quid si illi O^{1}[?]*R cod. Vrs.* [*sed* ille]: quis homo *b*: *coniecturae ne speciem quidem veri habent praeter Lambini* quis illa non dicat? 3 illim eq- *Vict.*: illi me q- *Ω* 4 Anteros *Bos.*: ante pros. *cod. Ant.*: a- pios *Δ*: a- prorsus *OR* quin te *del. anon. ap. Corr.*: *an* Quinti? 7 Capua *Man.*: -u(a)e *Ω* 9 caesarem *Σbds*: ad c- M^{1}: at c- *m* capu(a)e *Rbs*: -ua *EOMdm* 12 capua *Σs*: -u(a)e *Δ* 13 et hic VI *Sjögren*: et hoc mihi *Ω*: eum hic VI Kal. *Schmidt* 16 Lepta *add. Zieben, sed post* scripsit 20 is] id M^{1} 21 primam e- actionem *P*: -mas e- -nes *Iens.* 23 vel ⟨ut⟩ dict- *Lamb.*

dicat; quorum neutrum ius est. Sed si Sulla potuit efficere ab interrege ut dictator diceretur [et magister equitum], cur hic non possit? Nihil expedio nisi ut aut ab hoc tamquam Q. Mucius aut ab illo tamquam L. Scipio.

Cum tu haec leges, ego illum fortasse convenero. "*Τέτλαθι.*" 3
"*Κύντερον*" ne illud quidem nostrum proprium. Erat enim spes propinqui reditus, erat hominum querela. Nunc exire cupimus, qua spe reditus mihi quidem numquam in mentem venit. Non modo autem nulla querela est municipalium hominum ac rusticorum sed contra metuunt ut crudelem, iratum. Nec tamen mihi quicquam est miserius quam remansisse nec optatius quam evolare non tam ad belli quam ad fugae societatem. Sed tu ⟨quid⟩, omnia qui consilia differebas in id tempus cum sciremus quae Brundisi acta essent? Scimus nempe; haeremus nihilo minus. Vix enim spero mihi hunc veniam daturum, etsi multa adfero iusta ad impetrandum. Sed tibi omnem illius meumque sermonem omnibus verbis expressum statim mittam.

Tu nunc omni amore enitere ut nos cura et prudentia 4
iuves. Ita subito accurrit ut ne Trebatium quidem, ut constitueram, possim videre; omnia nobis imparatis agenda. Sed tamen "*ἄλλα μὲν αὐτός,*" ut ait ille, "*ἄλλα δὲ καὶ δαίμων ὑποθήσεται.*" Quicquid egero continuo scies. Mandata Caesaris ad consules et ad Pompeium quae rogas, nulla habeo †et descripta attulit illa est via† misi ad te ante; e quibus mandata

1 sed si Z^bλ: et si [etsi] *Ω* 2 et mag- eq- *om. m, codd. Ball. Helmst. et Malaespinae nonnulli* 5 *τέτλαθι praeeunte Victorio Lamb., qui recte distinxit*; ΤЄΤⲇΛ [-ⲇⲇ] *ORMm* 6 ⟨at⟩ *κύν- Schütz*: ⟨sed⟩ *κύν- Castiglioni* erat *Rom.*: erit *Ω* 13 sed . . . qui *ita scripsi*: sed tu omnia qui *Ω* [qui *om. ms*]: sed quid tu? omnia *Tyrrell–Purser*: sed heus tu, omnia qui *Schmidt* 20 trebatium *cod. Maffei unus*: trabilius [cr- *R*] *Ω*: tralibus *s*: rabirium *cod. Faërn.*: trebillum Z^b: T. Rebillum [C. Rebilum *debuit*] *Bos.* 24 habeo] ab eo M^1 25 est via] estiva *s*: levia Z^b: e via *Rom.* habeo: set rescripta attulit Matius [*vel aliud nom. propr.*]; ea misi *Madvig*: *alii alia* ante ORZ^bλ: *om. Δ*

puto intellegi posse. Philippus Neapoli est, Lentulus Puteolis. De Domitio, ut facis, sciscitare ubi sit, quid cogitet.

5 Quod scribis asperius me quam mei patiantur mores de Dionysio scripsisse, vide quam sim antiquorum hominum. Te medius fidius hanc rem gravius putavi laturum esse quam me. Nam praeter quam quod te moveri arbitror oportere iniuria quae mihi a quoquam facta sit, praeterea te ipsum quodam modo hic violavit cum in me tam improbus fuit. Sed tu id quanti aestimes tuum iudicium est; nec tamen in hoc tibi quicquam oneris impono. Ego autem illum male sanum semper putavi, nunc etiam impurum et sceleratum puto, nec tamen mihi inimiciorem quam sibi. Philargyro bene curasti. Causam certe habuisti et veram et bonam, relictum me esse potius quam reliquisse.

XV a *Scr. in Formiano viii Kal. Apr. an. 49*

⟨CICERO ATTICO SALVTEM.⟩

(6) Cum dedissem iam litteras a. d. VIII Kal., pueri quos cum Matio et Trebatio miseram epistulam mihi attulerunt hoc exemplo:

'MATIVS ET TREBATIVS CICERONI IMP. SAL.

Cum Capua exissemus, in itinere audivimus Pompeium Brundisio a. d. XVI Kal. Apr. cum omnibus copiis quas habuerit profectum esse; Caesarem postero die in oppidum

4 sim *Vict.*: sit *Ω* 5 te medius f- δ: te medius M^1: timid- $O^1\dot{R}$ 7 quoquam *bds*: quoque *ORMm* 8 quodam *Crat.*: quonam *Ω* 12 puto *Iens. Rom.*: toto *OPΔ* [*om. s*]: toti *R* mi(c)hi *Ps*: militi *RΔ*: milit. *O* 13 curasti $Z^b\lambda$: *om. Ω* relictum me esse *OR*: r- e- me *Δ*: me r- e- *s* 17 *novam ep. agnovit Zieben*: *cum superiore in codd. cohaeret* VIII *Δ*: VII O^1R pueri *hic Mal.* [*sed* cum *om.*]: *post* Matio *Ωλ*: *post* cum *s* [pueris]: *post* miseram *P* quos] quas O^2s 23 habuit *λ*

introisse, contionatum esse, inde Romam contendisse, velle ante Kalendas esse ad urbem et pauculos dies ibi commorari, deinde in Hispanias proficisci. Nobis non alienum visum est, quoniam de adventu Caesaris pro certo habebamus, pueros tuos ad te remittere, ut id tu quam primum scires. Mandata tua nobis curae sunt eaque ut tempus postularit agemus. Trebatius sedulo facit ut antecedat.

Epistula conscripta nuntiatum est nobis Caesarem a. d. viii Kal. ⟨Apr. Beneventi mansurum, a. d. vii Kal.⟩ Capuae, a.d. vi Sinuessae. Haec pro certo putamus.'

XVI *Scr. in Formiano vii Kal. Apr. an. 49.*

⟨CICERO ATTICO SALVTEM.⟩

Cum quod scriberem ad te nihil haberem, tamen ne quem 1
diem intermitterem has dedi litteras. A. d. vi Kal. Caesarem Sinuessae mansurum nuntiabant. Ab eo mihi litterae redditae sunt a. d. vii Kal. quibus iam 'opes' meas, non ut superioribus litteris 'opem', exspectat. Cum eius clementiam Corfiniensem illam per litteras conlaudavissem rescripsit hoc exemplo:

'CAESAR IMP. CICERONI IMP. SAL. DIC.

Recte auguraris de me (bene enim tibi cognitus sum) nihil 2
a me abesse longius crudelitate. Atque ego cum ex ipsa re magnam capio voluptatem tum meum factum probari abs te triumpho gaudio. Neque illud me movet quod ii qui a me

2 pauculos δ: paulos M^1C: paucos O^1R 3 Hispanias *Or*: -am M^1[?] δ 4 habebamus *ms*: -eamus *ORMbd* 5 tuos *R*δ: *om.* OM^1 λλ 7 sedulo *Crat.*: sc(a)evola $O^2R\Delta$ [*de* O^1 *non liquet*]: sevola *P* 9 Apr. . . . Kal. *add. Lamb.* (*marg.*) [*sed* ad *pro* a.d.], *Bos.*, *praeeunte Crat.* 13 *novam ep. faciunt* O^2*ms* [*inscr. om. m*]: *cum superiore cohaeret in* O^1*RM bd* quod *cod. Maffei*: quid Ω 17 expectat *E*δ: -cto O^1RM^1C 21 auguraris *E*δ: -raturis *OR*: -raturi M^1: -raris tu *Iens.* 24 gaudio *Lamb.*: gaudeo M^1Z: et gaudeo Σδ

dimissi sunt discessisse dicuntur ut mihi rursus bellum inferrent. Nihil enim malo quam et me mei similem esse et illos sui.

3 Tu velim mihi ad urbem praesto sis ut tuis consiliis atque opibus, ut consuevi, in omnibus rebus utar. Dolabella tuo nihil scito mihi esse iucundius. Hanc adeo habebo gratiam illi; neque enim aliter facere poterit. Tanta eius humanitas, is sensus, ea in me est benevolentia.'

XVII *Scr. in Formiano vi Kal. Apr. an. 49.*

CICERO ATTICO SALVTEM.

1 Trebatium VI Kal., quo die has litteras dedi, exspectabam. Ex eius nuntio Matique litteris meditabor quo modo cum illo loquar. O tempus miserum! Nec dubito quin a me contendat ad urbem veniam. Senatum enim Kalendis velle se frequentem adesse etiam Formiis proscribi iussit. Ergo ei negandum est. Sed quid praeripio? Statim ad te perscribam omnia. Ex illius sermone statuam Arpinumne mihi eundum sit an quo alio. Volo Ciceroni meo togam puram dare, istic

2 puto. Tu, quaeso, cogita quid deinde; nam me hebetem molestiae reddiderunt. A Curio velim scire ecquid ad te scriptum sit de Tirone. Ad me enim ipse Tiro ita scripsit ut verear quid agat. Qui autem veniunt inde, κινδυνώδη admodum

1 dicuntur *ERM*^{c}: se d- *M*^{1}: se dicunt *O*δ   11 VI] V *m*λλ   12 matiique *P*: maliq- *OM*^{1}: malimq- *R*: manli(i)q- δ   13 loquamur *M*^{1} 14 ut ad urbem *s*: ad urbem ut *codd. Maffei duo*   16 *signum interrogationis post* negandum est *ponunt vulg.*   praeripio *quidam codd., teste Lamb.*: -ripi *OM*^{1}: -rupi *R*: pr(a)ecipit δ: -cipiat *cod. Vrs.*: percipiam *P*: praeripui *Schmidt*   18 istic *Rom.*: istum *Ω*   20 Curio *Hervagius*: curione *Ω*   21 ita *s*: ista *Ω*   22 inde, κινδυνώδη adm- *scripsi, ducibus Ernesti* [*qui* inde, κινδυνώδη: inde κινδυνωδῶς *iam Bos.*] *et Lambino* [*qui* inania adm-: inania *iam Mal.*]: inni admodo *Z*^{l}: in id modo *bZ*^{b}: ni ad-[?]modo *O*^{1}: ni [mihi *s*] id modo *Δ*: inanio *R codd. Faërn. Ant.*: indumodo *cod. quidam ap. Graevium*: inde id modo *Rom.*

nuntiant. Sane in magnis curis etiam haec me sollicitat. In hac enim fortuna perutilis eius et opera et fidelitas esset.

XVIII *Scr. in Formiano v Kal. Apr. an. 49.*

⟨CICERO ATTICO SALVTEM.⟩

Vtrumque ex tuo consilio; nam et oratio fuit ea nostra ut 1
bene potius ille de nobis existimaret quam gratias ageret, et in eo mansimus, ne ad urbem. Illa fefellerunt facilem quod putaramus; nihil vidi minus. Damnari se nostro iudicio, tardiores fore reliquos, si nos non veniremus, dicere. Ego dissimilem illorum esse causam. Cum multa, 'Veni igitur et age de pace.' 'Meone' inquam 'arbitratu?' 'An tibi' inquit 'ego praescribam?' 'Sic' inquam 'agam, senatui non placere in Hispanias iri nec exercitus in Graeciam transportari, multaque' inquam 'de Gnaeo deplorabo'. Tum ille, 'Ego vero ista dici nolo.' 'Ita putabam,' inquam, 'sed ego eo nolo adesse quod aut sic mihi dicendum est aut non veniendum, multaque quae nullo modo possem silere si adessem.' Summa fuit ut ille, quasi exitum quaerens, 'ut deliberarem.' Non fuit negandum. Ita discessimus. Credo igitur hunc me non amare. At ego me amavi, quod mihi iam pridem usu non venit.

Reliqua, o di! qui comitatus, quae, ut tu soles dicere, 2
νέκυια! in qua erat heros Celer. O rem perditam! o copias desperatas! Quid quod Servi filius, quod Titini in iis castris

1 in *Sal.–Reg.*: eo *Ω* sollicitat *Lamb.*: -ant *Ω* 5 *novam ep.* [*inscr. om.*] *faciunt ms*: *continuant ORMbd* 8 vidi minus *Δ*: vidimus *O*[?]*R* 9 reliquos *Vict.*: belli quos *Ω* si nos *codd. Faërn. Helmst.*: sinus *ORM*[c]*m*[2]: si in his *Δ*: sinuessam *s* veniremus *Faërn.*, *Man.*: venerimus *Ω* 14 de Gnaeo [de Cn.] *Vict.*: digne eo *Ω* 16 aut non ven- *hic O*[1]*RM*[1]: *post* adessem δ possem *Iens.*: -sim *Ω* 20 me amavi *Vict.*: meam aut *M*[1]: mea aut *R*: me amabo δ [*de O*[1] *non liquet*] 22 heros [ἥρως] Celer *Lehmann*: eros celer *Z*[l]: ero sceler *O*[1]*R* [-rum]: (a)ero [eo *s*] sceleri *Δ* 23 quid . . . in iis *ita Z*: quid ser. servi(i) filius quot ut in his [*sed* ser. *om. M*[1]: quotti in iis *R*]*RΔ*: servius servii *et* in iis [*reliqua incerta*] *O*[1]

fuerunt quibus Pompeius circumsederetur? Sex legiones; multum vigilat, audet. Nullum video finem mali. Nunc certe promenda tibi sunt consilia. Hoc fuerat extremum.

3 Illa tamen *κατακλεὶς* illius est odiosa, quam paene praeterii, si sibi consiliis nostris uti non liceret, usurum quorum posset ad omniaque esse descensurum. Vidisti igitur virum, ut scripseras? Ingemuisti certe. 'Cedo reliqua.' Quid? Continuo ipse in †pelanum†, ego Arpinum; inde exspecto equidem *λαλαγεῦσαν* illam tuam. 'Tu malim' inquies 'actum ne agas. Etiam illum ipsum quem sequimur multa fefellerunt.'

4 Sed ego tuas litteras exspecto. Nihil est enim iam ut antea 'Videamus hoc quorsum evadat'. Extremum fuit de congressu nostro; quo quidem non dubito quin istum offenderim. Eo maturius agendum est. Amabo te, epistulam, et *πολιτικήν*. Valde tuas litteras nunc exspecto.

XIX

Scr. Arpini c. Kal. Apr. an. 49.

CICERO ATTICO SALVTEM.

1 Ego meo Ciceroni, quoniam Roma caremus, Arpini potissimum togam puram dedi, idque municipibus nostris fuit gratum. Etsi omnis et illos et qua iter feci maestos adflictosque vidi. Tam tristis et tam atrox est *ἀναθεώρησις* huius ingentis mali. Dilectus habentur, in hiberna deducuntur. Ea quae etiam cum a bonis viris, cum iusto in bello, cum modeste fiunt, tamen ipsa per se molesta sunt, quam censes acerba

1 sex legiones *Rom.*: sed legionis *Ω* 4 *κατακλείς* *Z*: ΚΑΤΑΚΙC *RMm* 6 *ita distinxi*: *at vulgo* 'Vidisti . . . scripseras? ingemuisti?' Certe. ut δ: aut M^1: aut ut O^1P: aut ūt *R* 8 pelanum [pell- *R*] *Ω*: pedanum *codd. Mal. nonnulli*: Pedi Norbanum *Schmidt* ego *R*δ: *om.* O^1M^1 arpinum RM^2m: -no OM^1 in arpinum *bds* *post* inde *aposiopesin statuit Lehmann* equidem *Lamb.*: quidem *Ω* 9 *λαλαγεῦσαν* *Bos.*: *varia, velut* ΛΛΛΤΕΛCΑΝ, *Ω* malim *Boot*: malem *R*: mallem *O*δ: malum M^1 18 *novam ep. faciunt Oms*: *cum superiore cohaeret in RMbd*

nunc esse, cum a perditis in civili nefario bello petulantissime fiant? Cave autem putes quemquam hominem in Italia turpem esse qui hinc absit. Vidi ipse Formiis universos neque me hercule [numquam] homines putavi; et noram omnis, sed numquam uno loco videram.

Pergamus igitur quo placet et nostra omnia relinquamus. 2
Proficiscamur ad eum cui gratior noster adventus erit quam si una fuissemus. Tum enim eramus in maxima spe, nunc ego quidem in nulla; nec praeter me quisquam Italia cessit nisi qui hunc inimicum sibi putaret. Nec me hercule hoc facio rei publicae causa, quam funditus deletam puto, sed ne quis me putet ingratum in eum qui me levavit iis incommodis quibus idem adfecerat, et simul quod ea quae fiunt aut quae certe futura sunt videre non possum. Etiam equidem senatus consulta facta quaedam iam puto, utinam in Vulcati sententiam! Sed quid refert? Est enim una sententia omnium. Sed erit immitissimus Servius, qui filium misit ad effligendum Cn. Pompeium aut certe capiendum cum Pontio Titiniano. Etsi hic quidem timoris causa, ille vero? Sed stomachari desinamus et aliquando sentiamus nihil nobis nisi, id quod minime vellem, spiritum reliquum esse.

Nos, quoniam superum mare obsidetur, infero navigabimus 3
et, si Puteolis erit difficile, Crotonem petemus aut Thurios et boni cives amantes patriae mare infestum habebimus. Aliam rationem huius belli gerendi nullam video. In Aegyptum

1 civili *non sine causa suspectum, sed cf. viii. 11 D. 6* 4 numquam *seclusi*: unq- *P* putavi *P*: -ari *Ω* 9 Italia cessit *Hervagius*: -am gessit *Ω* 10 facio δ: facto O^1RM^1 12 in O^2M^c: quin O^1M^1ms [*de bd silet Sjögren*]: erga *P*: *om. R* qui *om.* M^1 13 ea que fiunt aut *P*: (a)eque [aque *R*] fiunt. itaque *Ω* 14 possum *s*: -unt *Ωλ*: potero *P* 16 quid refert? est enim *Hervagius*: quid refert etenim *P*: qui referret enim *Ω* [*sed* enim vero *s*] 20 sentiamus nihil nobis *Gronovius*: sententiam ut ni(c)hil novi [non *R*] *Ωλ* minime *Gronovius*: -mum *Ω* 23 petemus *s*: petimus *Ω* 25 huius . . . nullam *R*δ: non h- . . . ullam M^1: h- . . . ullam O^1

nos abdemus. Exercitu pares esse non possumus. Pacis fides nulla est. Sed haec satis deplorata sunt.

4 Tu velim litteras Cephalioni des de omnibus rebus actis, denique etiam de sermonibus hominum, nisi plane obmutuerunt. Ego tuis consiliis usus sum maximeque quod et gravitatem in congressu nostro tenui quam debui et ut ad urbem non accederem perseveravi. Quod superest, scribe, quaeso, quam accuratissime (iam enim extrema sunt) quid placeat, quid censeas; etsi iam nulla dubitatio est. Tamen si quid vel potius quicquid veniet in mentem scribas velim.

1 abdemus *Rom.*: abdimus *Ω* exercitu *RM*^{c}*m*: in e- *bds*: exercitum *OM*^{1} 5 et *om.* *M*^{1} 6 ut ad urbem non *RM*^{c} [*sed* ut *del. et ante* urbem *add.*] *m codd. Faërn. Ant.*: ad urbem ut non *O*^{2}*bds*: ad urbem non *M*^{1}: ad urbem *O*^{1} 7 scribe *ms*: -bi *O*^{1}*RMbd*

AD ATTICVM

LIBER DECIMVS

I *Scr. in Laterio Quinti fratris iii Non. Apr. an. 49.*

CICERO ATTICO SALVTEM.

III Non. cum in Laterium fratris venissem, accepi litteras 1
et paulum lectis respiravi, quod post has ruinas mihi non
acciderat. Per enim magni aestimo tibi firmitudinem animi
nostri et factum nostrum probari. Sexto etiam nostro quod
scribis probari, ita laetor ut me quasi patris eius, cui semper
uni plurimum tribui, iudicio comprobari putem. Qui mihi,
quod saepe soleo recordari, dixit olim Nonis illis ille Decem-
bribus, cum ego 'Sexte, quidnam ergo?'

Μὴ μάν inquit ille *ἀσπουδί γε καὶ ἀκλειῶς,*
ἀλλὰ μέγα ῥέξας τι καὶ ἐσσομένοισι πυθέσθαι.

Eius igitur mihi vivit auctoritas et simillimus eius filius
eodem est apud me pondere quo fuit ille. Quem salvere velim
iubeas plurimum.

Tu tuum consilium etsi non in longinquum tempus differs 2
(iam enim illum emptum pacificatorem perorasse puto, iam
actum aliquid esse in consessu senatorum; ⟨senatum⟩ enim
non puto), tamen suspensum me detines, sed eo minus quod

3 litteras ⟨tuas⟩ *Wes.* 4 lectis Z^{b}: *om.* *Ω* 6 etiam *scripsi*: enim *Ω*: autem *Watt* 8 iudicio $M^{1}s$: -io me $ORM^{2}bdm$ 9 ille *om.* PM^{c} 11 inquit *Vict.*: quid *Ω* ἀκλειῶς ⟨ἀπολοίμην⟩ *Iens. ex Il. xxii. 304* 13 simil(l)imus δ: -ibus $O^{1}RM^{1}$ 18 senatum *hic add. Graevius* [*post* puto *Mal.*] enim non *Graevius*: non enim *Ω* [*sed* non enim puto *om. s*, non . . . putes *om. R*] Z^{b} *codd. Ant. Faërn.* 19 me *Iens.*: meum ΔZ^{b}: *om.* $O^{1}P$: meum ⟨animum⟩ *Wes.* de tenes Z^{b}, *unde* me inde tenes *Bos.*

non dubito quid nobis agendum putes; qui enim Flavio legionem et Siciliam dari scribas et id iam fieri, quae tu scelera partim parari iam et cogitari, partim ex tempore futura censes? Ego vero Solonis, popularis tui (ut puto, etiam mei), legem neglegam, qui capite sanxit si qui in seditione non alterius utrius partis fuisset, ⟨et⟩ nisi si tu aliter censes, et hinc abero et illim. Sed alterum mihi est certius, nec praeripiam tamen. Exspectabo tuum consilium et eas litteras, nisi alias iam dedisti quas scripsi ut Cephalioni dares.

3 Quod scribis, non quo alicunde audieris, sed te ipsum putare me attractum iri si de pace agatur, mihi omnino non venit in mentem quae possit actio esse de pace, cum illi certissimum sit, si possit, exspoliare exercitu et provincia Pompeium; nisi forte iste nummarius ei potest persuadere ut, dum oratores eant et redeant, quiescat. Nihil video quod sperem aut quod iam putem fieri posse. Sed tamen hominis hoc ipsum probi est? Est magnum et *τῶν πολιτικωτάτων σκεμμάτων*, veniendumne sit in consilium tyranni si is aliqua de re bona deliberaturus sit. Qua re si quid eius modi evenerit ut arcessamur (quod equidem non puto. Quid enim essem de pace dicturus dixi; ipse valde repudiavit), sed tamen si quid acciderit, quid censeas mihi faciendum utique scribito. Nihil enim mihi adhuc accidit quod maioris consili esset.

Trebati, boni viri et civis, verbis te gaudeo delectatum,

1 qui *Wes.*: quid *Ω* Flavio] Asinio *Corr. dubitanter, nec absurde* 4 ut] et ut *Iens.* etiam] iam iam *Gronovius* 5 negligam *s*: nec legam *Ω* 6 et *add. Boot* si *om.* δ 7 illim [-inc] *Orelli*: filii *Ω* 13 exercitu et provincia *s*: -um et -iam *Ω* 14 nummarius '*quidam libri vulgati*' *ap. Lamb.*: summ- *ΩZ*$^{(l)}$ ei *m*^{2}*s*: et *Ω* 15 eant et redeant *cod. Vrs.*: cantent red- [rid- *Δ*] *Ω*: eant red- *Beroaldus* 16 sed . . . probi est *pro interrogatione babui* 17 est magnum et *τῶν scripsi*: et [*om. Δ*] m- sit ωH [*vel* ωN] *Ω*: m- est et *τῶν Orelli* 18 *σκεμμάτων C*: *σκέμματα vel sim. RΔ*: *σκέμμα Tyrrell, fort. recte* 20 puto *Koch*: curo *Ω*: credo *Boot*

tuaque ista crebra ἐκφώνησις 'ὑπέρευ' me sola adhuc delectavit. Litteras tuas vehementer exspecto; quas quidem credo iam datas esse.

I a *Scr. in Laterio Quinti fratris c. prid. Non. Apr. an. 49.*

⟨CICERO ATTICO SALVTEM.⟩

Tu cum Sexto servasti gravitatem eandem quam mihi (4)
praecipis. Celer tuus disertus magis est quam sapiens. De iuvenibus quae ex Tullia audisti vera sunt. †maconi† istuc quod scribis non mihi videtur tam re esse triste quam verbo. Haec est ἄλη in qua nunc sumus mortis instar. Aut enim mihi libere inter malos πολιτευτέον fuit aut vel periculose cum bonis. Aut nos temeritatem bonorum sequamur aut audaciam improborum insectemur. Vtrumque periculosum est, at hoc quod agimus [nec] turpe nec tamen tutum.

Istum qui filium Brundisium [de pace] misit de pace (idem sentio quod tu, simulationem esse apertam, parari autem acerrime bellum), me legatum iri non arbitror, cuius adhuc, ut optavi, mentio facta nulla sit. Eo minus habeo necesse scribere aut etiam cogitare quid sim facturus, si acciderit ut leger.

1 tuaque *m*^{2}*s*: tu que [tu quae] *Ω* ὑπέρευ *Corr.*: ὑπέρει *Z*$^{(l)}$: ΙΠΕΡΕΙ *M*^{1}: ΠΕΡΕΙ *R*: τέρπει *Oδ* delectavit *s*: -abit *Ω* 6 *novam ep. constituendam esse viderunt Tyrrell–Purser, constituit Moricca: cum superiore in codd. cohaeret* 8 maconi *O*^{2}*Mbd*: M. antoni *ms*: macum *RZ*^{b}: Mucianum *Reid*: *anne* Machonis? istuc *O*^{1}*R*: -ud *Δ* 9 re *Δ*: in re *O*^{1}*R* 12 sequamur *Pδ*: sequimur *O*^{1}*RM*^{1}*λ* 14 nec *del. Baiter*: et *Man.* 15 de pace *secl. Boot, altero illo* de pace *in parenthesi posito*: misit de pace (de pace *e.q.s.*) *Corr.*: de pace misit (de pace *e.q.s.*) *vulg.* 17 acerrime bellum *ORC*: b- a- *Δ* me legatum *s*: eleg- *Ω* legatum iri, non me *Wes.* 20 leger *Corr.*: legerer *Ωλ*

II *Scr. in Arcano Quinti fratris Non. aut postridie Non. Apr. an. 49.*

CICERO ATTICO SALVTEM.

1 Ego cum accepissem tuas litteras Non. Apr. quas Cephalio attulerat, essemque Minturnis postridie mansurus et inde protinus, sustinui me in Arcano fratris, ut, dum aliquid certius adferretur, occultiore in loco essemus agerenturque nihilo minus quae sine nobis agi possunt.

Λαλαγεῦσα iam adest et animus ardet, neque stat quic-
2 quam, quo et qua. Sed haec nostra erit cura et peritorum. Tu
tamen quod poteris, ut adhuc fecisti, nos consiliis iuvabis.
Res sunt inexplicabiles. Fortunae sunt committenda omnia.
Sine spe conamur ulla. Melius si quid acciderit, mirabimur.
Dionysium nollem ad me profectum; de quo ad me Tullia
mea scripsit. Sed et tempus alienum est, et homini non amico
nostra incommoda, tanta praesertim, spectaculo esse nolim;
cui te meo nomine inimicum esse nolo.

III *Scr. in Arcano vii Id. Apr. an. 49.*

CICERO ATTICO SALVTEM.

Cum quod scriberem plane nihil haberem, haec autem reliqua essent quae scire cuperem, profectusne esset, quo in statu urbem reliquisset, in ipsa Italia quem cuique regioni aut negotio praefecisset, ecqui essent ad Pompeium et ad consules ex senatus consulto de pace legati, ut igitur haec scirem dedita opera has ad te litteras misi. Feceris igitur commode mihique

4 et inde O^1RM^1: *om.* *Eδ*: ut i- *Wes.* 7 possunt *ms*: -sint *ΣMbd* 8 λαλαγεῦσα *Bos.*: ΜΑΛΤΕΥϹΑ *ORm*: MMT- *M*: *μάντευμα in cod. vet. legere sibi visus est Crat.* stat *Purser*: est *Ω* 12 melius si *ERδ*: melius OM^1: si m- *λ* 13 nollem *Wes.*: nolim *Ω* 15 nolim *Ernesti*: nolem *EP*: nollem *ORΔ* 16 nolo *OΔ*: volo ERM^c 19 quod *Mal.*: quid *Ω* 23 ut *Eδ*: cum O^1[?]RM^1*Lamb.* scirem *ERδ*: -re O^1[?]M^1: -re ⟨cupere⟩m *Lamb.*

gratum si me de his rebus et si quid erit aliud quod scire opus sit feceris certiorem. Ego in Arcano opperior dum ista cognosco. A. d. VII Id.

III a *Scr. in Arcano vii Id. Apr. an. 49.*

⟨CICERO ATTICO SALVTEM.⟩

Alteram tibi eodem die hanc epistulam dictavi et pridie 1
dederam mea manu longiorem. Visum te aiunt in regia, nec reprehendo, quippe cum ipse istam reprehensionem non fugerim. Sed exspecto tuas litteras neque iam sane video quid exspectem, sed tamen, etiam si nihil erit, id ipsum ad me velim scribas.

Caesar mihi ignoscit per litteras quod non venerim, sese- 2
que in optimam partem id accipere dicit. Facile patior quod scribit secum Titinium et Servium questos esse quia non idem sibi quod mihi remisisset. Homines ridiculos! qui cum filios misissent ad Cn. Pompeium circumsedendum, ipsi in senatum venire dubitarent. Sed tamen exemplum misi ad te Caesaris litterarum.

IV *Scr. in Cumano xvii Kal. Mai. an. 49.*

CICERO ATTICO SALVTEM.

Multas a te accepi epistulas eodem die, omnis diligenter 1
scriptas, eam vero quae voluminis instar erat saepe legendam, sicuti facio. In qua non frustra laborem suscepisti, mihi quidem pergratum fecisti. Qua re ut id, quoad licebit, id est quoad scies ubi simus, quam saepissime facias te vehementer

6 *novam ep. hic fecit* M^4 [*i.e. Leonardus Brunus*], *post* certiorem (*v.* 2) *Corr.*, *post* Id. (*v.* 3) *Schütz*: *cum superiore in codd. cohaeret*, *spatio tamen ante* alteram *relicto in Mm* 8 fugerim *Rom.*: -rem Ω 10 etiam *om. m* si $P\delta$: et O^1M^1: *om. R* 14 Titinium *Koch*: tullium [tuli- *M*] Ω: Tullum *Corr.* 17 dubitarint *Wes.*

rogo. Ac deplorandi quidem, quod cotidie facimus, sit iam
nobis aut finis omnino, si potest, aut moderatio quaedam,
quod profecto potest. Non enim iam quam dignitatem, quos
honores, quem vitae statum amiserim cogito, sed quid consecutus sim, quid praestiterim, qua in laude vixerim, his
denique in malis quid intersit inter me et istos quos propter
omnia amisimus. Hi sunt qui, nisi me civitate expulissent,
obtinere se non putaverunt posse licentiam cupiditatum
suarum. Quorum societatis et sceleratae consensionis fides
2 quo eruperit vides. Alter ardet furore et scelere nec remittit
aliquid sed in dies ingravescit; modo Italia expulit, nunc alia
ex parte persequi, ex alia provincia exspoliare conatur nec
iam recusat sed quodam modo postulat ut, quem ad modum
3 est, sic etiam appelletur tyrannus. Alter, is qui nos sibi quondam ad pedes stratos ne sublevabat quidem, qui se nihil
contra huius voluntatem facere posse, elapsus e soceri manibus ac ferro bellum terra et mari comparat, non iniustum ille
quidem sed cum pium tum etiam necessarium, suis tamen
civibus exitiabile nisi vicerit, calamitosum etiam si vicerit.
4 Horum ego summorum imperatorum non modo res gestas
non antepono meis sed ne fortunam quidem ipsam; qua illi
florentissima, nos duriore conflictati videmur. Quis enim
potest aut deserta per se patria aut oppressa beatus esse? Et
si, ut nos a te admonemur, recte in illis libris diximus nihil
esse bonum nisi quod honestum, nihil malum nisi quod turpe
sit, certe uterque istorum est miserrimus, quorum utrique
semper patriae salus et dignitas posterior sua dominatione
5 et domesticis commodis fuit. Praeclara igitur consçientia sustentor, cum cogito me de re publica aut meruisse optime cum

1 ac *Ernesti*: at Ω 3 iam $Z^{(b)}$: tam $\Sigma M^1 Z^\beta$: *om.* δ 8 putaverunt [potue- *R*] posse $\Sigma M^c m$: po- put- Δ 11 expulit ⟨generum⟩ *Kayser* 15 quidem qui se *Rom.*: qui [que M^1] se quidem Ω 17 ille] illud *Wes.* 28 consc- *P*: sc- Σδ: sententia M^1

potuerim, aut certe numquam nisi pie cogitasse, eaque ipsa tempestate eversam esse rem publicam quam ego XIIII annis ante prospexerim. Hac igitur conscientia comite proficiscar, magno equidem cum dolore nec tam id propter me aut propter fratrem meum, quorum est iam acta aetas, quam propter pueros, quibus interdum videmur praestare etiam rem publicam debuisse. Quorum quidem alter non tam ⟨quia filius quam⟩ quia maiore pietate est me mirabiliter excruciat, alter (o rem miseram! nihil enim mihi accidit in omni vita acerbius) indulgentia videlicet nostra depravatus eo progressus est quo non audeo dicere. Et exspecto tuas litteras; scripsisti enim te scripturum esse plura cum ipsum vidisses. Omne **6**
meum obsequium in illum fuit cum multa severitate, neque unum eius nec parvum sed multa ⟨et⟩ magna delicta compressi. Patris autem lenitas amanda potius ab illo quam tam crudeliter neglegenda. Nam litteras eius ad Caesarem missas ita graviter tulimus ut te quidem celaremus, sed ipsius videmur vitam insuavem reddidisse. Hoc vero eius iter simulatioque pietatis qualis fuerit non audeo dicere; tantum scio post Hirtium conventum arcessitum a Caesare, cum eo de meo animo a suis rationibus alienissimo et consilio relinquendi Italiam; et haec ipsa timide. Sed nulla nostra culpa est, natura metuenda est. Haec Curionem, haec Hortensi filium, non patrum culpa corrupit.

Iacet in maerore meus frater neque tam de sua vita quam de mea metuit. Huic tu malo adfer consolationes, si ullas potes; maxime quidem illam velim, ea quae ad nos delata sint aut

1 nisi pie *Bos.*: n- die *Σ* [diem *R*] m^2Z^b: n- de ea *s*: insidi(a)e *Δ*: infide M^c 4 tam *Eδ*: tamen ORM^1 5 est *Lamb.*: ut $O^1M^1Z^l$: ut ut Z^b: *om.* *ERδ*: ut *ante* quorum *transp.* *Schmidt* 7 quia filius quam *duce Mal. add. Lamb.* 8 excruciat δ: -ari $ΣM^1$ 11 et] sed *Mal.* 12 plura *Orelli*: -rima *Ω* 14 et magna *P*: magna *Ω* 17 videmur *Schütz*: -emus *Ω*: -eremur *Madvig* 20 eo de meo *Lamb.*: eodem eo *Ω* 26 huic tu *Rbs*: huic tu huic tu *EOPMdm*

falsa esse aut minora. Quae si vera sint, quid futurum sit in hac vita et fuga nescio. Nam si haberemus rem publicam, consilium mihi non deesset nec ad severitatem nec ad diligentiam. Nunc sive iracundia sive dolore sive metu permotus gravius scripsi quam aut tuus in illum amor aut meus postulabat, si vera sunt, ignosces, sin falsa, me libente eripies mihi hunc errorem. Quoquo modo vero se res habebit, nihil adsignabis nec patruo nec patri.

7 Cum haec scripsissem, a Curione mihi nuntiatum est eum ad me venire. Venerat enim is in Cumanum vesperi pridie, id est Idibus. Si quid igitur eius modi sermo eius attulerit quod ad te scribendum sit, id his litteris adiungam.

8 Praeteriit villam meam Curio iussitque mihi nuntiari mox se venturum cucurritque Puteolos ut ibi contionaretur. Contionatus est, rediit, fuit ad me sane diu. O rem foedam! Nosti hominem; nihil occultabat, in primis nihil esse certius quam ut omnes qui lege Pompeia condemnati essent restituerentur; itaque se in Sicilia eorum opera usurum. De Hispaniis non dubitabat quin Caesaris essent. Inde ipsum cum exercitu, ubicumque Pompeius esset. Eius interitu finem illi fore. Propius factum esse nihil. Et plane iracundia elatum voluisse Caesarem occidi Metellum tribunum pl., quod si esset factum, caedem magnam futuram fuisse. Permultos hortatores esse caedis, ipsum autem non voluntate aut natura non esse crudelem, sed quod ⟨putaret⟩ popularem esse clementiam. Quod si populi studium amisisset, crudelem fore;

2 vita et *ORλλ*: *om. EΔ* 3 ad indulgentiam *κ* 4 nunc *Σδ*: M. nec M^1: nunc haec *Crat.*: haec *Vict.* 11 igitur eius *Es*: e- [enim *R*] i- $O^1R\Delta$ sermo eius *ERδ*: e- s- $O^1PM^1\lambda$: sermo *Rom.* 12 his *Schütz*: in *Ω* 16 occultabat *Σ*: -abit *Md*: -avit *bms* 20 interitum *Lamb.* illi] belli *Man.*, *fort. recte* 21 propius *s*: prope ius ΣM^2 *bdm*: pompeius M^1 21 et *scripsi*: ei *ΩZ*: ni *s*: eum *Sal.–Reg.* propius . . . nihil *post* tribunum pl. [*v.* 22] *transp. Mal.*, *quem secuti sunt multi*, *deleto* ei 23 fuisse *C*: esse *Ω* 25 putaret *add. Rom.*

eumque perturbatum quod intellegeret se apud ipsam plebem offendisse de aerario. Itaque ei cum certissimum fuisset
ante quam proficisceretur contionem habere, ausum non esse
vehementerque animo perturbato profectum. Cum autem ex **9**
eo quaererem quid videret, quem exitum, quam rem publicam, plane fatebatur nullam spem reliquam. Pompei classem
timebat. Quae si †esset†, se de Sicilia abiturum. 'Quid isti'
inquam 'sex tui fasces? si a senatu, cur laureati? si ab ipso,
cur sex?' 'Cupivi' inquit 'ex senatus consulto surrupto; nam
aliter ⟨non⟩ poterat. At ille impendio nunc magis odit senatum. "A me" inquit "omnia proficiscentur."' 'Cur autem
sex?' 'Quia XII nolui; nam licebat.' Tum ego 'Quam vellem' **10**
inquam 'petisse ab eo quod audio Philippum impetrasse! Sed
veritus sum, quia ille a me nihil impetrabat.' 'Libenter' inquit 'tibi concessisset. Verum puta te impetrasse; ego enim ad
eum scribam, ut tu ipse voles, de ea re nos inter nos locutos.
Quid autem illius interest, quoniam in senatum non venis,
ubi sis? Quin nunc ipsum minime offendisses eius causam si
in Italia non fuisses.' Ad quae ego me recessum et solitudinem
quaerere, maxime quod lictores haberem. Laudabat consilium. 'Quid ergo?' inquam 'nam mihi cursus in Graeciam
per tuam provinciam est, quoniam ad mare superum milites
sunt.' 'Quid mihi' inquit 'optatius?' Hoc loco multa perliberaliter. Ergo hoc quidem est [verum] profectum, ut non
modo tuto verum etiam palam navigaremus.

1 plebem *Vict.*: legem *Ω* 5 quem *M*¹: quod *Σδ* exitum *Mal.*: exemplum *ΩZ*⁽ˡ⁾ 7 esset] exisset *Weiske*: adesset *Reid*: *anne* accessisset*?* 9 nam] non *R*: *anne* nec*?* 10 non *add. Rom.* senatum a me *Iens.*: senatum ad senatum a me *ΩZ*ᵇ*λλ* [*sed* a *om. O*¹*M*¹: a senatu a *EO*²*M*ᶜ*bdm*²] 11 quur autem sex? *C*: autem sex *EOM*¹*dm* [autem *in* aut *corr. M*², *sed hoc postea deletum*]: sex autem *s*: sex *Rb* [autem *ante* prof- *R*] 18 causam si *Lamb.*: causa si *Σδ*: causas *M*¹ 19 italia *Eδ*: -am *ORM*¹ ad quae *Lamb.*: atque *Ω* recessum *Vict.*: -surum *Ω* 20 laudabat *Σms*: -abit *O*²*Mbd*: -avit *Vict.* 24 profectum *cod. Vrs.*: verum profecto *Ω*

11 Reliqua in posterum diem distulit; ex quibus scribam ad te si quid erit epistula dignum. Sunt autem quae praeterii, interregnumne esset exspectaturus an quo modo dixerit ille quidem, ad se deferri consulatum sed se nolle in proximum annum. Et alia sunt quae exquiram. Iurabat ad summam, quod nullo negotio faceret, amicissimum mihi Caesarem esse debere. 'Quid enim?' inquam. 'Scripsit ad me Dolabella.' 'Dic, quid?' Adfirmabat eum scripsisse, quod me cuperet ad urbem venire, illum quidem gratias agere maximas et non modo probare sed etiam gaudere. Quid quaeris? acquievi. Levata est enim suspicio illa domestici mali et sermonis Hirtiani. Quam cupio illum dignum esse nobis et quam ipse me invito †quae pro illo sit suspicandum.† Sed opus fuit Hirtio convento? Est profecto nescio quid, sed velim quam minimo. Et tamen eum nondum redisse miramur. Sed haec videbimus.

12 Tu †optimus† Terentiae dabis. Iam enim urbis nullum periculum est. Me tamen consilio iuva, pedibusne Regium an hinc statim in navem, et cetera, quoniam commoror. Ego ad te [statim] habebo quod scribam simul et videro Curionem. De Tirone cura, quaeso, quod facis, ut sciam quid is agat.

3 dixerit . . . ad se *Ernesti* (ad se *et priores, ordine mutato*): -rim . . . sed *ΩC* 6 facere ⟨sole⟩t *Orelli* 7 debere *s*: debet *Ω* inquam *bds*^{1}: un- *ΣMms*^{2} 8 dic *Hand*: dico *Ω* eum [?] scripsisse *E*: cum [quom *O*, eo *M*^{1}] scripsisset *Ω* 10 acquievi. levata *Bos.*: atque vi lebata *Z*: atque vilebat [iube- *Rbds*] *Ω* 12 esse *ms*: -et *ORMbd* 13 sit susp- *ΩZ*^{l} [si *pro* sit *Z*^{l}]; *pro* susp- *in codd. nonnullis* supplicandum *invenit Lamb.* *nondum sanatus locus* 14 sed *msC*: se *ORMbd* minimum *Lamb., fort. recte* 16 optimus *OR*: -mos *Δ*: hospitium *Muretus*: Oppios *Vict., quo probato* delegabis *pro* dabis *Wes.* enim *O*^{1}*R*: cum *Δ* nullum *Pius*: unum *Ω*: vanum *Boot* [v- vel nullum *iam Gronovius*]: minimum *Purser* 19 statim *del. Schütz* et *M*^{1}*d*^{1}*Z*$^{(b)}$: ut *ΣM*^{2}*bd*^{2}*ms*: *del. Gronovius*

V *Scr. in Cumano xv Kal. Mai. an. 49.*

⟨CICERO ATTICO SALVTEM.⟩

De tota mea cogitatione scripsi ad te antea satis, ut mihi 1
visus sum, diligenter. De die nihil sane potest scribi certi
praeter hoc, non ante lunam novam. Curionis sermo postridie 2
eandem habuit fere summam, nisi quod apertius significavit
se harum rerum exitum non videre.

Quod mihi mandas de quodam regendo, Ἀρκαδίαν. Tamen
nihil praetermittam. Atque utinam tu—sed molestior non
ero. Epistulam ad Vestorium statim detuli, ac valde requirere
solebat. Commodius tecum Vettienus est locutus quam ad me 3
scripserat. Sed mirari satis hominis neglegentiam non queo.
Cum enim mihi Philotimus dixisset se HS $\overline{\text{L}}$ emere de Canuleio
deversorium illud posse, minoris etiam empturum si Vet-
tienum rogassem, rogavi ut, si quid posset, ex ea summa
detraheret. Promisit. Ad me nuper se HS $\overline{\text{XXX}}$ emisse; ut
scriberem cui vellem addici; diem pecuniae Id. Nov. esse.
Rescripsi ei stomachosius cum ioco tamen familiari. Nunc
quoniam agit liberaliter, nihil accuso hominem scripsique ad
eum me a te certiorem esse factum. Tu de tuo itinere quid et
quando cogites velim me certiorem facias. A. d. xv Kal. Mai.

3 *novam ep. agnovit Corr.*: *cum superiore in codd. cohaeret* 4 potest scribi *ΣM^c m*: s- p- *Δ* certi *Sal.–Reg.*: -te *Ω* 8 quodam] Quinto *Vict.* 9 molestior *Vict.*: mode- *ΩZ^(b)* 10 ero *nescio quis*: pro *Δ*: propter *O*: per *R* detuli *Graevius*: deculi *cod. Ball.*: deculia [-cidia *b*] *Δ*: de tullia *ORs* 11 Vettienus *Vrs.*: vectinus *Ω* [*codicum in hoc nomine variationes, quae fort. ad* Vetienus *spectant, amplius tamen non curabo*] 12 satis δ: -is est *ORM*[1] 16 se HS *Orelli*: esse *Ω*: sese *s*: sese HS *κ* 18 ei stom- *Man.*: et in stomacho si vis *O*[1]*RC* [et ist-]: et isto [-ta *s*] madio si vis *Δ* ioco *Sal.–Reg.*: loco *Ω*

VI *Scr. in Cumano c. xi Kal. Mai. an. 49.*

CICERO ATTICO SALVTEM.

1 Me adhuc nihil praeter tempestatem moratur. Astute nihil sum acturus. Fiat in Hispania quidlibet: et tamen †recitet et†. Meas cogitationes omnis explicavi tibi superioribus litteris. Quocirca hae sunt breves, et quia festinabam eramque occupatior.

2 De Quinto filio fit a me quidem sedulo, sed—nosti reliqua. Quod dein me mones, et amice et prudenter me mones, sed erunt omnia facilia si ab uno illo cavero. Magnum opus est, mirabilia multa, nihil simplex, nihil sincerum. Vellem suscepisses iuvenem regendum; pater enim nimis indulgens quicquid ego adstrinxi relaxat. Si sine illo possem, regerem; quod tu potes. Sed ignosco; magnum, inquam, opus est.

3 Pompeium pro certo habemus per Illyricum proficisci in Galliam. Ego nunc qua et quo videbo.

VII *Scr. in Cumano c. ix Kal. Mai. an. 49.*

⟨CICERO ATTICO SALVTEM.⟩

1 Ego vero Apuliam et Sipontum et tergiversationem istam probo nec tuam rationem eandem esse duco quam meam, non quin in re publica rectum idem sit utrique nostrum, sed ea non agitur. Regnandi contentio est, in qua pulsus est modestior rex et probior et integrior et is, qui nisi vincit, nomen populi Romani deleatur necesse est, sin autem vincit,

3 *hinc novam ep. incipiunt* M^c*m* [*inscr. om.*], *post* facias [*p.* 55. 21] *EPs*: *continuant* O^1RM^1*bd* [*inscr. in marg. add.* O^2] 4 hispania *ms*: -am *ΣMbd* recitet et ΩZ^b: recite te Z^β [*sed del.*]: reticeret Z^l: res stat; *ἰτέον Tyrrell* 6 et *OR*: et tamen *Δ*: *om. E* 8 de Quinto filio [*hoc iam Corr.*] fit a *Bos.*: de Q. fratre [*sc. ex* de Q. f.] ita *Ω* 9 dein M^1[?]: dem *Cκ*: de *Eδ*: enim O^1[?]*R* me mones [*post* prud-] *C*: memores O^1[?]M^1: -ras *ERδ* 19 *novam ep. agnovit Corr.*: *cum superiore in codd. cohaeret* 23 modestior *Σδ*: at [?] m- M^1: adm- Z^b: et m- *Gronovius*

Sullano more exemploque vincet. Ergo hac in contentione neutrum tibi palam sentiendum et tempori serviendum est. Mea causa autem alia est, quod beneficio vinctus ingratus esse non possum, nec tamen in acie ⟨me⟩ sed Melitae aut alio in loco simili ⟨vel⟩ oppidulo futurum puto. 'Nihil' inquies 'iuvas eum in quem ingratus esse non vis?' Immo minus fortasse voluisset. Sed de hoc videbimus; exeamus modo. Quod ut meliore tempore possimus facit Adriano mari Dolabella, Fretensi Curio.

Iniecta autem mihi spes quaedam est: 'velle mecum Ser. **2**
Sulpicium conloqui'. Ad eum misi Philotimum libertum cum litteris. Si vir esse volet, praeclara *συνοδία*, sin autem—.
Erimus nos qui solemus. Curio mecum vixit, iacere Caesarem **3**
putans offensione populari Siciliaeque diffidens si Pompeius navigare coepisset.

Quintum puerum accepi vehementer. Avaritiam video fuisse et spem magni congiari. Magnum hoc malum est, sed scelus illud quod timueramus spero nullum fuisse. Hoc autem vitium puto te existimare non ⟨a⟩ nostra indulgentia sed a natura profectum. Quem tamen nos disciplina regimus.

De Oppiis Veliensibus quid placeat cum Philotimo videbis. Epirum nostram putabimus, sed alios cursus videbamur habituri.

4 me *add. Wes.* [*post* tamen *Lamb.*] Melitae *Vict.*: militi(a)e $\Sigma M^c m$: militia *Δ* aliquo *m* 5 simili *ΣMbd*: sive *ms* ⟨vel⟩ oppidulo *scripsi*, *praeeuntibus Tyrrell–Purser*, *qui* ⟨vel⟩ oppido *coni.*: oppidulo *Ω*: sive in opp- *Lamb.*: *aut* loco *aut* oppidulo *glossema fuisse suspicatus est Graevius* 6 ingr- *Eδ*: gr- ORM^1 8 fretensi $ERM^1bdZ^{(b)}$ [*hoc in libris vett. constanter se legisse adfirmat Bos.; idem Tornesianum habuisse testatur Lamb. ed. prima, at in altera* fretensi tensi, *fort. errore typographico*]: cret- $OM^c ms$: freto Siciliensi *Vict.* 9 *post* est *distinxi*, *Sal.–Reg. secutus; nam velle secum Servium colloqui non sperasse credo Ciceronem sed comperisse* 11 praeclara *Vict.*: decl- [de cl-] *Ω* *συν- Man.*: synodia [sin-] *Ω* 18 a *add. Lamb.* 19 regemus *Ernesti* 20 oppiis O^1R: oppio *Δ* cum *OR*: quem *Δ* 21 nostram *Rom.*: -rum *Ω* videbamur *Rom.*: -eamur *Ω* [*sed ex* -ebimur *R*]: -emur *s*

VIII *Scr. in Cumano vi Non. Mai. an. 49.*

CICERO ATTICO SALVTEM.

1 Et res ipsa monebat et tu ostenderas et ego videbam de iis rebus quas intercipi periculosum esset finem inter nos scribendi fieri tempus esse. Sed cum ad me saepe mea Tullia scribat orans ut quid in Hispania geratur exspectem et semper adscribat idem videri tibi idque ipse etiam ex tuis litteris intellexerim, non puto esse alienum me ad te quid de ea re sentiam scribere.

2 Consilium istuc tunc esset prudens, ut mihi videtur, si nostras rationes ad Hispaniensem casum accommodaturi essemus; quod fieri * * * Necesse est enim aut, id quod maxime velim, pelli istum ab Hispania aut trahi id bellum aut istum, ut confidere videtur, apprehendere Hispanias. Si pelletur, quam gratus aut quam honestus tum erit ad Pompeium noster adventus, cum ipsum Curionem ad eum transiturum putem? Sin trahitur bellum, quid exspectem aut quam diu? Relinquitur ut, si vincimur in Hispania, quiescamus. Id ego contra puto. Istum enim victorem magis relinquendum puto quam victum, et dubitantem magis quam fidentem suis rebus. Nam caedem video si vicerit et impetum in privatorum pecunias et exsulum reditum et tabulas novas et turpissimorum honores et regnum non modo Romano homini sed ne Persae quidem
3 cuiquam tolerabile. Tacita esse poterit indignitas nostra? pati poterunt oculi me cum Gabinio sententiam dicere, et quidem illum rogari prius? praesto esse clientem tuum Cloelium, †cateli† Plaguleium, ceteros? Sed cur inimicos conligo, qui

3 de iis *Om* : de hiis *R* : de his δ : denis M^1 7 adscribat [ass-] δ : -am O^1RM^1 8 ad M^cbds : a ORM^1m 10 istuc O^1R : -ud Δ 12 fieri Ωλ : f- non debet *P* : *alia add. alii* 13 ab hispania *R*δ : ad hispaniam O^1M^1λλ 17 sin *Lamb.* : si cum O^1M^1 : si *R*δ : si contra *Schmidt* 20 et] nec *Schütz* 24 tacita Ω : tanta PZ^l indig- *Vict.* : id indig- M^1Z^l : in id dig- *OR*δ 25 poterunt *ms* : poterint *P* : potuerint *ORMbd* 26 cloelium *Mdm* : clocl- *R* : clodium O^2bs 27 cateli *OP*Δ : -telli *R* : -tuli *s* : C. Ateii *Bos.*

meos necessarios a me defensos nec videre in curia sine dolore nec versari inter eos sine dedecore potero? Quid si ne id quidem est exploratum, fore ut mihi liceat? Scribunt enim ad me amici eius me illi nullo modo satis fecisse quod in senatum non venerim. Tamenne dubitemus an ei nos etiam cum periculo venditemus, quicum coniuncti ne cum praemio quidem voluimus esse? Deinde hoc vide, non esse iudicium de **4** tota contentione in Hispaniis, nisi forte iis amissis arma Pompeium abiecturum putas, cuius omne consilium Themistocleum est. Existimat enim qui mare teneat eum necesse ⟨esse⟩ rerum potiri. Itaque [qui] numquam id egit ut Hispaniae per se tenerentur; navalis apparatus ei semper antiquissima cura fuit. Navigabit igitur, cum erit tempus, maximis classibus et ad Italiam accedet, in qua nos sedentes quid erimus? nam medios esse iam non licebit. Classibus adversabimur igitur? Quod maius scelus aut tantum? Denique quid turpius? An qui valde hic incumbentis solus tuli scelus, eiusdem cum Pompeio et cum reliquis principibus non feram? Quod si iam **5** misso officio periculi ratio habenda est, ab illis est periculum si peccaro, ab hoc si recte fecero, nec ullum in his malis consilium periculo vacuum inveniri potest, ut non sit dubium quin turpiter facere cum periculo fugiamus, quod fugeremus etiam cum salute. Non simul cum Pompeio mare transiimus. Omnino ⟨non⟩ potuimus; exstat ratio dierum. Sed

4 senatum *bds*: -tu *ORMm* 5 venerim δ: venirem O^1RM^1 ei *Man.*: et $ORMd^2m$: ut bd^1s 6 venditemus *C*: -icemus Ω: vindic- *P* coniuncti ne *Hervagius*: -ctione Ω 7 voluimus *Man.*: -umus Ω 10 esse *add. Lamb.* 11 qui *del. Schütz* 12 cura *R*δ: *om.* OM^1 13 navigabit *P*δ: -avit OM^1: -abat *R* 16 maius δZ^β [l' maius l' malum M^2]: malus $ORM^1Z^{l(b)}$: malum *P* scelus aut *Mal.*: scilicet Ω*Z* denique] d- an Z^l an qui valde *cod*[*d*?]. *Mal.*: an in [anin M^1: an tu *b*: an cum *s*] v- ΔZ^β: an invalide *O*: animal de *R* 17 hic Ω: hinc Z^β incumbentis *scripsi, ex ix. 18 intellegendum*: in absentis Ω: *alii alia* 23 salute *P*: -em Ω transiimus *Nipperdey*: -ierimus Ω 24 omnino ⟨non⟩ *Man.*: non o- *P*: omnino Ω

tamen (fateamur enim quod est) ne contendimus quidem ut possemus. Fefellit ea me res quae fortasse non debuit, sed fefellit: pacem putavi fore. Quae si esset, iratum mihi Caesarem esse, cum idem amicus esset Pompeio, nolui. Senseram enim quam idem essent. Hoc verens in hanc tarditatem incidi. Sed
6 adsequor omnia si propero: si cunctor amitto. Et tamen, mi Attice, auguria quoque me incitant quaedam spe non dubia nec haec collegi nostri ab Atto sed illa Platonis de tyrannis. Nullo enim modo posse video stare istum diutius quin ipse per se etiam languentibus nobis concidat, quippe qui florentissimus ac novus VI, VII diebus ipsi illi egenti ac perditae multitudini in odium acerbissimum venerit, qui duarum rerum simulationem tam cito amiserit, mansuetudinis in Metello, divitiarum in aerario. Iam quibus utatur vel sociis vel ministris? ii provincias, ii rem publicam regent quorum nemo duo menses potuit patrimonium suum gubernare?

7 Non sunt omnia conligenda quae tu acutissime perspicis, sed tamen ea pone ante oculos; iam intelleges id regnum vix semenstre esse posse. Quod si me fefellerit, feram, sicut multi clarissimi homines in re publica excellentes tulerunt, nisi forte me Sardanapalli vicem in suo lectulo mori malle censueris quam ⟨in⟩ exsilio Themistocleo. Qui cum fuisset, ut ait Thucydides, τῶν μὲν παρόντων δι' ἐλαχίστης βουλῆς κράτιστος

1 contend- *Nipperdey*: cond- ΩC 2 possemus *Nipperdey*: -simus Ω ea me *Bos.*: eam $O^1M^1Z^b$: ea $R\delta$: enim O^2 debuit $R\delta$: -uisset M^1: -ui sed O 3 iratum *Rom.*: rata Ω 5 verens $O^1RM^1m\lambda$: vereris O^2M^cbds: veritus P 6 assequor *Lamb.*: -uar Ω 7 qu(a)edam OR: quadam Δ 8 nec ORM^1: non δ Atto *Orelli*: attico Ω 10 florentissimus *Man.*: -ntis Ω 11 VI, VII *Man.*: ut uti $O\Delta$: uti ut R 12 venerit *Corr.*: veniret Ω 13 tam $P\delta$: tamen ORM^1, *num recte?* 14 aerario *Vict.*: af(f)ranio $\Omega\lambda$ utetur *Kayser* 15 ii . . . ii *Madvig*: si . . . si OPM^1: si ii . . . si R: si ii [hi] . . . si ii [hi] δ 18 -ges id δ: -gent O^1[?]M^1: -ges O^2R 21 in suo l- *del. Nipperdey*: in meo l- *Corr. equidem quae sunt in codd. ex* -pa(l)li in cubiculo [= -pa(l)li vici ī biculo] *provenisse facile crediderim* censueris P: -rint Z^b: -runt Ω 22 in *add. Wes.* 23 *in Graecis codicum errores non perscripsi*

γνώμων, τῶν δὲ μελλόντων ἐς πλεῖστον τοῦ γενησομένου ἄριστος εἰκαστής, tamen incidit in eos casus quos vitasset si eum nihil fefellisset. Etsi is erat, ut ait idem, qui τὸ ἄμεινον καὶ τὸ χεῖρον ἐν τῷ ἀφανεῖ ἔτι ἑώρα μάλιστα, tamen non vidit nec quo modo Lacedaemoniorum nec quo modo suorum civium invidiam effugeret nec quid Artaxerxi polliceretur. Non fuisset illa nox tam acerba Africano sapientissimo viro, non tam dirus ille dies Sullanus callidissimo viro C. Mario, si nihil utrumque eorum fefellisset. Nos tamen hoc confirmamus illo augurio quo diximus, nec nos fallit nec aliter accidet. Corruat iste **8**
necesse est aut per adversarios aut ipse per se, qui quidem sibi est adversarius unus acerrimus. Id spero vivis nobis fore; quamquam tempus est nos de illa perpetua iam, non de hac exigua vita cogitare. Sin quid acciderit maturius, haud sane mea multum interfuerit utrum factum videam an futurum esse multo ante viderim. Quae cum ita sint, non est committendum ut iis paream quos contra me senatus, ne quid res publica detrimenti acciperet, armavit.

Tibi sunt omnia commendata, quae commendationis meae **9**
pro tuo in nos amore non indigent. Ne hercule ego quidem reperio quid scribam; sedeo enim πλουδοκῶν. Etsi nihil umquam tam fuit scribendum quam nihil mihi umquam ex plurimis tuis iucunditatibus gratius accidisse quam quod meam Tulliam suavissime diligentissimeque coluisti. Valde eo ipsa delectata est, ego autem non minus. Cuius quidem virtus mirifica. Quo modo illa fert publicam cladem, quo modo domesticas tricas! quantus autem animus in discessu nostro!

4 προεώρα *O* [*cf. Thuc. i. 138. 3*]   6 -ceretur $O^{2}M^{c}$*bds*: -cetur $O^{1}RM^{1}$*m*   fuisset *s*: -e et OM^{1}: -et et RM^{2}*bdm*   10 quo *ORMbd*: quod *ms*   fallet *Otto*   accidet *Man.*: -dit *Ω*   iste *R*δ: ista $O^{1}M^{1}$ 15 factum δ: -tum fiat $O^{1}M^{1}$: -tum fuerit *R*   20 ne] nec *Hofmann* [nec mercule *Lamb.* (*marg.*)]   22 tam *Δ*: iam *OR*   23 accidisse δ: -et ORM^{1}

Est στοργή, est summa σύντηξις. Tamen nos recte facere et
10 bene audire vult. Sed hac super re minus, ne meam ipse συμπάθειαν iam evocem.

Tu, si quid de Hispaniis certius et si quid aliud, dum adsumus, scribes, et ego fortasse discedens dabo ad te aliquid, eo etiam magis quod Tullia te non putabat hoc tempore ex Italia. Cum Antonio item est agendum ut cum Curione, Melitae me velle esse, civili bello nolle interesse. Eo velim tam facili uti possim et tam bono in me quam Curione. Is ad Misenum vi Non. venturus dicebatur, id est hodie. Sed praemisit mihi odiosas litteras hoc exemplo:

A

Scr. c. Kal. Mai. an. 49.

'ANTONIVS TR. PL. PRO PR. CICERONI IMP. SALVTEM.

1 Nisi te valde amarem et multo quidem plus quam tu putas, non extimuissem rumorem qui de te prolatus est, cum praesertim falsum esse existimarem. Sed quia te nimio plus diligo, non possum dissimulare mihi famam quoque, quamvis sit falsa, falsam agnoscere magni esse. * * * trans mare credere non possum, cum tanti facias Dolabellam ⟨et⟩ Tulliam tuam, feminam lectissimam, tantique ab omnibus nobis fias; quibus me hercule dignitas amplitudoque tua paene carior est quam tibi ipsi. Sed tamen non sum arbitratus esse amici non com-

1 est στοργή est λ: sit στοργῆς [*vel sim.*] . . . sit *Ω* 2 re minus *scripsi*: remis *Ω*: re nimis *Aldus*: re ne nimis *Lehmann* 7 antonio *s*: anio *RΔ*: annio *O* 8 velle $O^{1}R$: -et *Δ* [*sed* velit $m^{2}s$] civili bello *scripsi duce Wes.*, *qui* huic c- b-: huic libello $O^{1}Δ$: huic b- $O^{2}Rm^{2}s$ 9 uti *Iens.*: ut *Ω* possim *Pb*: -sem *Ω*: -se *Sal.–Reg.* Curione. is *Beroaldus*: -onis $O^{1}M^{1}$: -onis is *Rδ* -o. is $O^{2}M^{c}$ 19 f- falsam agnoscere Z^{b}: falsam agnosce [*lineola nasali et* agnosce *deletis*] M^{1}: falsa *ORδ* magni $δZ^{b}$: -no ORM^{1} *post* esse *add.* te iturum *P*, te i- esse *Baiter* 20 et *add. Aldus*

moveri etiam improborum sermone, atque eo feci studiosius quod iudicabam duriores partis mihi impositas esse ab offensione nostra, quae magis a ζηλοτυπίᾳ mea quam ab iniuria tua nata est. Sic enim volo te tibi persuadere, mihi neminem esse cariorem te excepto Caesare meo, meque illud una iudicare, Caesarem maxime in suis M. Ciceronem reponere. Qua re, mi 2
Cicero, te rogo ut tibi omnia integra serves, eius fidem improbes qui tibi ut beneficium daret prius iniuriam fecit, contra ne profugias qui te, etsi non amabit, quod accidere non potest, tamen salvum amplissimumque esse cupiet.

Dedita opera ad te Calpurnium, familiarissimum meum, misi, ut mihi magnae curae tuam vitam ac dignitatem esse scires.'

Eodem die a Caesare Philotimus attulit hoc exemplo:

B

Scr. Massiliam iter faciens, fort. Intimili, xv Kal. Mai. an. 49.

'CAESAR IMP. SAL. D. CICERONI IMP.

Etsi te nihil temere, nihil imprudenter facturum iudica- 1
ram, tamen permotus hominum fama scribendum ad te existimavi et pro nostra benevolentia petendum ne quo progredereris proclinata iam re quo integra etiam progrediendum tibi non existimasses. Namque et amicitiae graviorem iniuriam feceris et tibi minus commode consulueris, si non fortunae obsecutus videberis (omnia enim secundissima nobis, adversissima illis accidisse videntur), nec causam secutus (eadem

5 meo . . . iudicare *C*: *om. Ω* 6 caesarem *Rδ*: *om. OM*[1] 9 ne *OΔ*: eum ne *R*: ne ab eo *Lamb.* 11 -mum meum *Pδ*: -mumque eum *O*[1][?]*M*[1]: -mum *R* 14 attulit *ORM*[1]*mZ*[(b)]: litteras at- *M*[2] [litteras *del. M*[c]] *bds* 17 *hanc ep. habet etiam cod. Landianus* [*H*] 20 procl- *O*[2]*RMbdCλ*: incl- *HO*[1]*ms* quo *ORM*[1]: qua *HPδ* etiam *HΔ*: *om. OR* 23 videberis *Hbds*: ut deberes *OMm*: fueris ut deberes *R* [debes *P*]: videbere *Vict.*

enim tum fuit cum ab eorum consiliis abesse iudicasti), sed
meum aliquod factum condemnavisse; quo mihi gravius abs
2 te nihil accidere potest. Quod ne facias pro iure nostrae amicitiae a te peto. Postremo quid viro bono et quieto et bono civi
magis convenit quam abesse a civilibus controversiis? Quod
non nulli cum probarent, periculi causa sequi non potuerunt;
tu explorato et vitae meae testimonio et amicitiae iudicio
neque tutius neque honestius reperies quicquam quam ab
omni contentione abesse. xv Kal. Mai. ex itinere.'

IX *Scr. in Cumano v Non. Mai. an. 49.*

⟨CICERO ATTICO SALVTEM.⟩

1 Adventus Philotimi (at cuius hominis, quam insulsi et
quam saepe pro Pompeio mentientis!) exanimavit omnis qui
mecum erant; nam ipse obdurui. Dubitabat nostrum nemo
quin Caesar itinera repressisset—volare dicitur; Petreius
cum Afranio coniunxisse⟨t se⟩—nihil adfert eius modi. Quid
quaeris? etiam illud erat persuasum, Pompeium cum magnis
copiis iter in Germaniam per Illyricum fecisse; id enim *αὐθεντικῶς* nuntiabatur. Melitam igitur, opinor, capessamus, dum
quid in Hispania. Quod quidem prope modum videor ex
Caesaris litteris ipsius voluntate facere posse, qui negat neque
honestius neque tutius mihi quicquam esse quam ab omni
2 contentione abesse. Dices: 'Vbi ergo tuus ille animus quem
proximis litteris?' Adest et idem est; sed utinam meo solum
capite decernerem! Lacrimae meorum me interdum molliunt

7 tu expl- *Hδ*: quo expl- O^1: quo et pl- M^1: quo et expl- *R* *novam ep.* [*sed a verbis* xv Kal., *v.* 9] *facit P*: *continuant Ω* 14 dubitabat *P*: -abit *ORM*^{1}: -avit δ 15 repr- *OM*^{2}*m*: repr- tuo M^1: oppr- *R* [re *suprascr.*] *bds* 16 -isset e⟨t se⟩ *Bos.*: -isse *Ω* 17 pompeium *Rδ*: -io O^1M^1 18 in Galliam *anon. ap. Corr.* 20 quid *cod. Faërn.*: quod *Ω* Hispania *Iens.*: -am *Ω* 23 ergo tuus ille *bZ*^{b} *codd. Mal.*: i- e- t- *Ω*

precantium ut de Hispaniis exspectemus. M. Caeli quidem epistulam scriptam miserabiliter, cum hoc idem obsecraret ut exspectarem, ne fortunas meas, ne unicam filiam, ne meos omnis tam temere proderem, non sine magno fletu legerunt pueri nostri; etsi meus quidem est fortior eoque ipso vehementius commovet, nec quicquam nisi de dignatione laborat.

Melitam igitur, deinde quo videbitur. Tu tamen etiam **3**
nunc mihi aliquid litterarum, et maxime si quid ab Afranio. Ego si cum Antonio locutus ero, scribam ad te quid actum sit. Ero tamen in credendo, ut mones, cautus; nam occultandi ratio cum difficilis tum etiam periculosa est. Servium exspecto ad Nonas †et adicit a† Postumia et Servius filius. Quartanam leviorem esse gaudeo. Misi ad te Caeli etiam litterarum exemplum.

A

Scr. fort. Intimili xv Kal. Mai. an. 49.

CAELIVS CICERONI SALVTEM.

Exanimatus tuis litteris, quibus te nihil nisi triste cogitare **1**
ostendisti neque id quid esset perscripsisti neque non tamen quale esset quod cogitares aperuisti, has ad te ilico litteras scripsi.

Per fortunas tuas, Cicero, per liberos te oro et obsecro ne quid gravius de salute et incolumitate tua consulas. Nam deos hominesque amicitiamque nostram testificor me tibi praedixisse neque temere monuisse sed, postquam Caesarem

3 unicum filium *Corr. conl. p.* 66. 7, *fort. recte* 7 quo *P cod. Faërn.*: quod *OΔ*: cum *R* 12 adi(i)çit a *Ω*: adigit ita *Bos.* Servius filius *Bos.*: -vi(i) [-bi] -li(i) *Ω* 16 *reperitur haec ep. in epp. ad Fam.* [*viii. 16*]. *F* = *cod. Mediceus 49. 9* 17 tuis *Ω*: sum tuis *F* nihil nisi *PF*: nihil ORM^1: non nihil δ 18 quid *F*: quod *Ω*: per quod *C* 21 te oro et *Ω*: oro *F*

convenerim sententiamque eius qualis futura esset parta victoria cognorim, te certiorem fecisse. Si existimas eandem rationem fore Caesaris in dimittendis adversariis et condicionibus ferendis, erras; nihil nisi atrox et saevum cogitat atque etiam loquitur; iratus senatui exiit, his intercessionibus plane
2 incitatus est; non me hercules erit deprecationi locus. Qua re si tibi tu, si filius unicus, si domus, si spes tuae reliquae tibi carae sunt, si aliquid apud te nos, si vir optimus, gener tuus, valemus, quorum fortunam non debes velle conturbare, ut eam causam in cuius victoria salus nostra est odisse aut relinquere cogamur aut impiam cupiditatem contra salutem tuam habeamus—denique illud cogita, quod offensae fuerit in ista cunctatione te subisse. Nunc te contra victorem Caesarem facere quem dubiis rebus laedere noluisti et ad eos fugatos accedere quos resistentis sequi nolueris summae stultitiae est. Vide ne, dum pudet te parum optimatem esse,
3 parum diligenter quid optimum sit eligas. Quod si totum tibi persuadere non possum, saltem dum quid de Hispaniis agamus scitur exspecta; quas tibi nuntio adventu Caesaris fore nostras. Quam isti spem habeant amissis Hispaniis nescio; quod porro tuum consilium sit ad desperatos accedere non medius fidius reperio.

4 Hoc quod tu non dicendo mihi significasti Caesar audierat ac, simul atque 'have' mihi dixit, statim quid de te audisset exposuit. Negavi me scire, sed tamen ab eo petii ut ad te litteras mitteret, quibus maxime ad remanendum commoveri posses. Me secum in Hispaniam ducit; nam nisi ita faceret,

3 fore *msF*: forte *ORMbd* 5 exiit O^2: exit *Ω*: exilit *F* 6 me h- [meh-] *Ω* [*sed* -cule *Obds*]: *om. F* 8 curae *C* 9 valemus *Ω*: valet *F* noli committere *ante* ut *olim add. Lehmann*, *ad* habeamus [*v.* 12] *interpungens*, *fort. recte* 12 quod $ORM^1d^2m^2F$: quot *Pδ* off- ***PδF***: def- O^1[?]$RM^1d^2m^2$ fuerit *F*: -rint *ORMdm*:- runt *bs* 13 subisse *sF*: subesse *Ω* 14 Caesarem *om. F* 17 quid *F*: quod *Ω* 24 have *F*: habe *Ω* 25 exp- *PF*: ea p- *Ω* sed *F*: *om. Ω*

ego, prius quam ad urbem accederem, ubicumque esses, ad te percurrissem et hoc a te praesens contendissem atque omni vi te retinuissem.

5 Etiam atque etiam, Cicero, cogita ne te tuosque omnis funditus evertas, ne te sciens prudensque eo demittas unde exitum vides nullum esse. Quod si te aut voces optimatium commovent aut non nullorum hominum insolentiam et iactationem ferre non potes, eligas censeo aliquod oppidum vacuum a bello dum haec decernuntur; quae iam erunt confecta. Id si feceris, et ego te sapienter fecisse iudicabo et Caesarem non offendes.

X *Scr. in Cumano v Non. Mai. an. 49.*

CICERO ATTICO SALVTEM.

1 Me caecum qui haec ante non viderim! Misi ad te epistulam Antoni. Ei cum ego saepissime scripsissem nihil me contra Caesaris rationes cogitare, meminisse me generi mei, meminisse amicitiae, potuisse, si aliter sentirem, esse cum Pompeio, me autem, quia cum lictoribus invitus cursarem, abesse velle nec id ipsum certum etiam nunc habere, vide quam ad haec παραινετικῶς:

2 'Tuum consilium †quia† verum est. Nam qui se medium esse vult in patria manet, qui proficiscitur aliquid de altera utra parte iudicare videtur. Sed ego is non sum qui statuere debeam iure quis proficiscatur necne; partis mihi Caesar has imposuit ne quem omnino discedere ex Italia paterer. Qua re parvi refert me probare cogitationem tuam, si nihil tamen tibi

1 esses *Δ*: esse *F*: tu esses O^1R 2 percurri- *ORF*: percucurri- [-uri- *d*] δ*C*λ: pervicuri- M^1 5 ne ORM^1F: nec δ dem- *OPmF*: dim- *RΔ* 15 ei *Faërn.*: et *Ω* aequissime *Madvig*: suavi- *Gurlitt*: ampli- *Reid* 18 autem *R*δ: *om.* O^1M^1 19 vide δ: fide $O^1M^1d^2$: fidem *R* 20 παραινετικῶς *Lamb.*: παρηνικῶς Z^l, *et sim. RMm*: *om. bds* 21 quia $O^1RM^1d^2$: quam δ, *quo recepto vel* tuorum *pro* tuum *vel* ⟨nescio⟩ q- v- sit *legendum conieci* 25 paterer δ: preterea [-ter ea] O^1RM^1

remittere possum. Ad Caesarem mittas censeo et ab eo hoc
petas. Non dubito quin impetraturus sis, cum praesertim te
amicitiae nostrae rationem habiturum esse pollicearis.'
3 Habes *σκυτάλην Λακωνικήν*. Omnino excipiam hominem.
Erat autem v Non. venturus vesperi, id est hodie. Cras igitur
ad me fortasse veniet. Temptabo, audiam: nihil properare,
missurum ad Caesarem. Clam agam, cum paucissimis alicubi
occultabor; certe hinc istis invitissimis evolabo, atque utinam ad Curionem! *Σύνες ὅ τοι λέγω*. Magnus dolor accessit.
Efficietur aliquid dignum nobis.
Δυσουρία tua mihi valde molesta. Medere amabo dum est
4 *ἀρχή*. De Massiliensibus gratae mihi tuae litterae. Quaeso ut
sciam quicquid audieris. Ocellam cuperem, si possem palam,
quod a Curione effeceram. Hic ego Servium exspecto; rogor
5 enim ab eius uxore et filio, et puto opus esse. Hic tamen
Cytherida secum lectica aperta portat, alteram uxorem. Septem praeterea coniunctae lecticae amicarum †eae sunt† amicorum. Vide quam turpi leto pereamus et dubita, si potes,
quin ille, seu victus seu victor redierit, caedem facturus sit.
Ego vero vel luntriculo, si navis non erit, eripiam me ex
istorum parricidio. Sed plura scribam cum illum convenero.
6 Iuvenem nostrum non possum non amare, sed ab eo nos

3 *num* vestrae? 6 audiam *Moser*: -eam *Ω* 7 clam agam *Schmidt*: clamabam *Ω* 8 certe *M*[2]*ms*: carti *ORM*[1]*bdZ*$^{\beta}$: cati *Z*^{b} [*errore typ., ut putavit Clark*]: carptim *P* 9 *σύνες ὅ τοι λέγω Cobet*: *σ- ὅτι λ- κ*: CINECωTΘIΛETω (-ΔETω) *RMm*: *συνετῷ σοι λέγω anon. ap. Corr.* 12 tue mihi *M* 13 ocellam *Cλλ*: soc- *Ω* 14 quod *Vict.*: quid *Ω* a curione *R*: acuone *Δ*: a tirone *s*: anione *O*[2] [*de O*[1] *non liquet*] 15 tamen] *anne* iam? 16 Cytherida *nescio quis*: -am *Ω* [*nonnihil in prioribus litteris vacillantes*]: Cytheridem *Lamb.*: ⟨Cytherius⟩ Cytherida *Purser* portat *O*[2]*M*[2]*ms*: -am *O*[1][?]*RM*[1]: -a *bd* altera *ms* 17 e(a)e sunt *ORM*^{c}*mλ*: h(a)e s- *bds*: s- *M*[1]: s- an *Bos.* sunt amicorum *etiam Z*$^{\beta}$ 18 vide *s*: de *Ω* 20 vel luntriculo *Vict.* [lintr- *Man.*]: vel lutridiculo *Z*^{l} [lintr- *Z*$^{\beta}$]: velut rid- [red- *R*] *O*[1]*R*: velo rid- δ: vellunt ridiculos *M*[1] [*sed* -los maius *pro* -lo si navis] non erit *Rδ*: non erat *O*[1]: noverat *M*[1]

non amari plane intellego. Nihil ego vidi tam ἀνηθοποίητον, tam aversum a suis, tam nescio quid cogitans. Vim incredibilem molestiarum! Sed erit curae et est ut regatur. Mirum est enim ingenium, ἤθους ἐπιμελητέον.

XI *Scr. in Cumano iv Non. Mai. an. 49.*

⟨CICERO ATTICO SALVTEM.⟩

Obsignata iam epistula superiore non placuit ei dari cui constitueram quod erat alienus. Itaque eo die data non est. Interim venit Philotimus et mihi a te litteras reddidit. Quibus quae de fratre meo scribis, sunt ea quidem parum firma sed habent nihil ὕπουλον, nihil fallax, nihil non flexibile ad bonitatem, nihil quod non quo velis uno sermone possis perducere; ne multa, omnis suos, etiam quibus irascitur crebrius, tamen caros habet, me quidem se ipso cariorem. Quod de puero aliter ad te scripsit et ad matrem de filio, non reprehendo. De itinere et de sorore quae scribis molesta sunt eoque magis quod ea tempora nostra sunt ut ego iis mederi non possim. Nam certe mederer; sed quibus in malis et qua in desperatione rerum simus vides. **1**

Illa de ratione nummaria non sunt eius modi (saepe enim audio ex ipso) ut non cupiat tibi praestare et in eo laboret. Sed si mihi Q. Axius in hac mea fuga HS $\overline{\text{XII}}$ non reddit quae dedi eius filio mutua et utitur excusatione temporis, si Lepta, si ceteri, soleo mirari de nescio quis HS $\overline{\text{XX}}$ cum audio **2**

2 aversum *ms*: adv- *ORMbd* tam nesc- *Man.*: tamen sc- *Ω* ⟨o⟩ vim *Mueller* [o *in talibus saepe omittunt codd.* (*fere semper E*); *num et Cicero prorsus ignoramus*] 7 *novam ep. faciunt E* [*incipit v.* 10, quae] *Pms*: *cum superiore cohaeret in ORMbd* 10 ea quidem *Σ*: eq- *Mm*: q- *bds* 11 non flexibile *Man.*: f- n- *Ω* 15 aliter *Rom.*: alter *Ω* 16 itinere *ORδ*: itine *MZ*: *nonnullis suspectum* 17 ea *Σ m²W*: ad *O²Mdm¹*: *om. bs* 18 qua in *Δ*: quam *W*: qua *Σ* 22 $\overline{\text{XII}}$ *Purser* [*conl. p.* 77. 24]: |$\overline{\text{XIII}}$| *M*: XIII *RbdsW*: $\overline{\text{XXIII}}$ *O*: $\overline{\text{XVIII}}$ *m* 24 ceteri *bds*: -is *ORMmW*

ex illo se urgeri. Vides enim profecto angustias. Curari tamen
ea tibi utique iubet. An existimas illum in isto genere lentu-
3 lum aut restrictum? Nemo est minus. De fratre satis.

De eius filio, indulsit illi quidem suus pater semper sed non facit indulgentia mendacem aut avarum aut non amantem suorum, ferocem fortasse atque adrogantem et infestum facit. Itaque habet haec quoque quae nascuntur ex indulgentia, sed ea sunt tolerabilia (quid enim dicam?) hac iuventute; ea vero, quae mihi quidem qui illum amo sunt his ipsis malis in quis sumus miseriora, non sunt ab obsequio nostro. Nam suas radices habent; quas tamen evellerem profecto, si liceret. Sed ea tempora sunt ut omnia mihi sint patienda. Ego meum facile teneo; nihil est enim eo tractabilius. Cuius quidem misericordia languidiora adhuc consilia cepi et quo ille me certiorem vult esse eo magis timeo ne in eum exsistam crudelior.

4 Sed Antonius venit heri vesperi. Iam fortasse ad me veniet aut ne id quidem, quoniam scripsit quid fieri vellet. Sed scies continuo quid actum sit. Nos iam nihil nisi occulte.

De pueris quid agam? parvone navigio committam? Quid mihi animi in navigando censes fore? Recordor enim aestate cum ⟨illis⟩ illo Rhodiorum *ἀφράκτῳ* navigans quam fuerim sollicitus; quid duro tempore anni actuariola fore censes? O rem undique miseram!

Trebatius erat mecum, vir plane et civis bonus. Quae ille monstra, di immortales! Etiamne Balbus in senatum venire

1 ex illo *Vict.*: exilio *ΩW* 2 utique *Man.*: ubi- *ΩW* lentum *W* 4 de eius filio *ERm²s*: de eius inf- *O¹*[?]*W*: levis [-nis] in f. *Δ* eius *glossema esse suspicor* [*cf. p.* 95. 13] 6 atque *Lamb.*: ac *Δ*: haec *ΣW* 11 nam *WCZᵇ*: non *Ω* evellerem *ERms*: -re me *OMbdW* 12 ea *Ω*: ea omnia *W* temp- sunt ut *WZᵇ*: *om.* *Ω* sint *OR WZᵇ*: sunt *EΔ* 15 cert- *ΣMbdWC*: fort- *Pms* 19 occulte *ERδ*: -ti *OM¹*[?]*W* 20 agam *Ω*: agam de *W* 22 ⟨illis⟩ illo *Lehmann*: illo *ΩW* [illorum odi- *W*]: illis *Boot* 23 -uariola *Vict.*: -uriora *M¹W* : -uaria *Σδ* 26 senatum *s*: -tu *ΩW*

cogitet? Sed ei ipsi cras ad te litteras dabo. Vettienum mihi 5
amicum, ut scribis, ita puto esse. Cum eo, quod *ἀποτόμως* ad
me scripserat de nummis curandis, *θυμικώτερον* eram iocatus.
Id tu, si ille aliter acceperit ac debuit, lenies. 'MONETALI'
autem adscripsi, quod ille ad me 'PRO cos.' Sed quoniam est
homo et nos diligit, ipse quoque a nobis diligatur. Vale.

XII *Scr. in Cumano iii Non. Mai. an. 49.*

⟨CICERO ATTICO SALVTEM.⟩

Quidnam mihi futurum est aut quis me non solum in- 1
felicior sed iam etiam turpior? Nominatim de me sibi imperatum dicit Antonius, nec me tamen ipse adhuc viderat sed
hoc Trebatio narravit. Quid agam nunc, cui nihil procedit
caduntque ea quae diligentissime sunt cogitata taeterrime?
Ego enim Curionem nactus omnia me consecutum putavi.
Is de me ad Hortensium scripserat. Reginus erat totus noster.
Huic nihil suspicabamur cum hoc mari negoti fore. Quo me
nunc vertam? Vndique custodior. Sed satis lacrimis. †ΠΑΡ- 2
ΑΟΤΑΕΥΤΕΟΝ† igitur et occulte in aliquam onerariam cor-
repeendum, non committendum ut etiam compacto prohibiti
videamur. Sicilia petenda; quam si erimus nacti, maiora
quaedam consequemur. Sit modo recte in Hispaniis! Quamquam de ipsa Sicilia utinam sit verum! Sed adhuc nihil
secundi. Concursus Siculorum ad Catonem dicitur factus,

2 scripsi *W* ἀποτόμως *Vict.*: ΑΠΟΥΟΜΩ *RMmW* 3 eram *Corr.*: erat *ΩW* ioc- *Crat.*: loc- *W*: *om. Ω* 4 accepit *Wes.* 5 PRO cos. *Man.*: proconsulem *ΩW* 9 *novam ep. faciunt δ*: *in ORMW cum superiore cohaeret* 10 imperatum δ: -turum $O^1RM^1WZ^l$ [impetr- O^1R] 12 narravit *Rδ*: -abit OM^1W cui *Rδ*: qui OM^1W 14 nactus *ms*: -tu *ORMdW*: noctu *b* putavi. is *Vict.*: -abis *ORMbdW*: -abo. is *ms* 16 -bamur *Ω*: -batur *W* cum *PC*: eum ORM^1bd^1W: enim M^2d^2ms mari δ: mare $O^1RM^1W\lambda$ 17 *Gr. ita RMmW* [-ЄΙΤ- *W*]: παραθτλειτεον Z^β: ΠΑΡΑ ΟΤΛΕΙΤΕΟΝ Z^b: παραβλεπτέον *O*: παρακλεπτέον *Woelfflin*: *alii alia* 19 compacto *OW*: cum p- *RΔ*

orasse ut resisteret, omnia pollicitos; commotum illum dilectum habere coepisse. Non credo; at est luculentus auctor. Potuisse certe teneri illam provinciam scio. Ab Hispaniis autem iam audietur.

3 Hic nos C. Marcellum habemus eadem vere cogitantem aut bene simulantem; quamquam ipsum non videram sed ex familiarissimo eius audiebam. Tu, quaeso, si quid habebis novi; ego, si quid moliti erimus, ad te statim scribam. Quintum filium severius adhibebo. Vtinam proficere possem! Tu
tamen eas epistulas quibus asperius de eo scripsi aliquando
4 concerpito, ne quando quid emanet; ego item tuas. Servium
exspecto nec ab eo quicquam ὑγιές. Scies quicquid erit.

XIIa *Scr. in Cumano prid. Non. Mai. an. 49.*

⟨CICERO ATTICO SALVTEM.⟩

1 Sine dubio errasse nos confitendum est. 'At semel, at una
(4) in re'. Immo omnia quo diligentius cogitata eo facta sunt
imprudentius.

Ἀλλὰ τὰ μὲν προτετύχθαι ἐάσομεν ἀχνύμενοί περ,

in reliquis modo ne ruamus. Iubes enim de profectione me providere. Quid provideam? Ita patent omnia quae accidere possunt ut, ea si vitem, sedendum sit cum dedecore et dolore, si neglegam, periculum sit ne in manus incidam perditorum. Sed vide quantis in miseriis simus. Optandum interdum

1 pollicitos λ: -tus *ΩW* 2 at *Purser*: ut *ΩW*: nec *Wes.* 3 teneri λ: -re *ΩW* 5 vere *Madvig*: e re O^{1}[?]*RMdW* [ea demere cog- *R*: ea de me recog- *W*]: de re O^{2}*ms*: fere *b* 8 Q.F. $OM^{1}W$λ: Q. fr. RM^{2}: Q. fratrem δ 9 cohib- *Graevius*: hab- *Corr.* possem *Ω*: -se *W* [?]: -sim *Pius* 12 quicquid *WC*: quid *Ω* 15 *novam ep. constituit Wieland*: *cum superiore in codd. cohaeret* 19 iubes enim de Z^{b}: iubes de *WC*: iubes enim *Ω* -tione me *Gronovius*: -tione mea $O^{1}RM^{1}WZ^{b}$ [mea pr- Z^{b}]: -tionem meam δ 21 dedecore *R*δ: dec- $O^{1}M^{1}W$ 22 sit *Lamb.*: est *ΩW*

videtur ut aliquam accipiamus ab istis quamvis acerbam iniuriam, ut tyranno in odio fuisse videamur. Quod si nobis **2** (5)
is cursus quem speraram pateret, effecissem aliquid profecto, ut tu optas et hortaris, dignum nostra mora. Sed mirificae sunt custodiae et quidem ille ipse Curio suspectus. Qua re vi aut clam agendum est et si vi †forte ne cum tempestate clam autem istis†. In quo si quod σφάλμα, vides quam turpe sit. Trahimur, nec fugiendum si quid violentius.

De Caelio saepe mecum agito nec, si quid habuero tale, **3** (6)
dimittam. Hispanias spero firmas esse. Massiliensium factum cum ipsum per se luculentum est tum mihi argumento est recte esse in Hispaniis. Minus enim auderent si aliter esset, et scirent; nam et vicini et diligentes sunt. Odium autem recte animadvertis significatum ⟨in⟩ theatro. Legiones etiam has quas in Italia assumpsit alienissimas esse video. Sed tamen nihil inimicius quam sibi ipse. Illud recte times ne ruat. Si desperarit, certe ruet. Quo magis efficiendum aliquid est, fortuna velim meliore, animo Caeliano. Sed primum quidque; quod, qualecumque erit, continuo scies.

Nos iuveni, ut rogas, suppeditabimus et Peloponnesum **4** (7)
ipsam sustinebimus. Est enim indoles, modo aliquod †hoc sit ἦθος AKIMOΛON†. Quod si adhuc nullum est, esse tamen potest, aut ἀρετὴ non est διδακτόν, quod mihi persuaderi non potest.

4 et *Man.*: ut *Ω* 6 ne *OΔW*: et *R codd. Faërn. Ant.* cum *om.* O^2m pestate *M* clam autem istis *W*: -mant emistis O^2Mbd: -mantem istis *ms*: -m aut [autem *P*] cum isto *R* [istis *P*]: *in coniecturis nihil firmi* 7 sit *Mal.*: est *ΩW* 9 tale *Pm*: -em *ΩW* 13 vicini *Vict.*: victi *ΩWZ* 14 ⟨in⟩ theatro *Boot*: theatrum *ΩW*: -ro *Vict.* 18 meliore *Lamb.*: -ri *ΩW* 20 ut *WC*: *om.* *Ω* 21 indoles *Iens.*: -ens *ΩWλ* 22 AKIMOΛON [-ΔON *Mm*] *O*[*teste Moricca*]$MmZ^{\beta}W$[?]: AKI ΑΛΛΟΛΟΝ Z^b: AKIKTONMOAON *R*: *ἀκίμωλον* *κ*: *varia temptata, velut ἀκίβδηλον* [*Lamb.*], *quibus nescio an malim* m- a- huic adsit ἦθος ἄκα⟨κον κα⟩ὶ ἄδολον [*κακίᾳ ἄδολον Gronovius*] 23 quod *Hervagius*: quo *Ω*

XIII *Scr. in Cumano Non. Mai. an. 49.*

⟨CICERO ATTICO SALVTEM.⟩

1 Epistula tua gratissima fuit meae Tulliae et me hercule mihi. Semper speculam aliquam adferunt tuae litterae. Scribes igitur, ac si quid ad spem poteris ne dimiseris. Tu Antoni leones pertimescas cave. Nihil est illo homine iucundius. Attende *πρᾶξιν πολιτικοῦ*. Evocavit litteris e municipiis denos et IIIIviros. Venerunt ad villam eius mane. Primum dormiit ad H. III, deinde, cum esset nuntiatum venisse Neapolitanos et Cumanos (his enim est Caesar iratus), postridie redire iussit; lavari se velle et *περὶ κοιλιολυσίαν γίνεσθαι*. Hoc here effecit. Hodie autem in Aenariam transire constituit ⟨ut⟩ exsulibus reditum polliceretur. Sed haec omittamus, de nobis aliquid agamus.

2 Ab Axio accepi litteras. De Tirone gratum. Vettienum diligo. Vestorio reddidi. Servius prid. Non. Mai. Minturnis mansisse dicitur, hodie in Liternino mansurus apud C. Marcellum. Cras igitur nos mature videbit mihique dabit argumentum ad te epistulae. Iam enim non reperio quod tibi scribam. Illud admiror quod Antonius ad me ne nuntium quidem, cum praesertim me valde observarit. Videlicet aut aliquid atrocius de me imperatum est ⟨aut⟩ coram negare mihi non vult, quod ego nec rogaturus eram nec, si impetrassem, crediturus. Nos tamen aliquid excogitabimus.

3 *novam ep. constituit Iens.*: *cum superiore in codd. cohaeret* 4 speculam aliquam *Boot*: secum al- *O^{1}[?]RMbdW*[?] [al- *etiam* $Z^{\beta(b)}\lambda$]: secum aliquid *O^{2}[?]Pms*: secum spem aliquam *Moser* 5 ac si quid *Man.*: aliq- *ΩW* 6 cave *ORW*: ne *Δ* [ve *M?*] 7 *πρᾶξιν Vict.*: ΠΡΧΙΝ *$RM^{1}W$*: ἀρχὴν *Oδ* denos *ΩW*: decem primos *Orelli* 8 viros *cod. Vrs.*: viri *ΩW* ad villam *Vict.*: duellam *ΩW* dormiit *cod. Ball.*: mit *ΩW* 11 velle et *OWC*: vellet *Md*: velle *E Rbms* 12 ut *add. Lamb.* 13 polliceretur *$O^{1}M^{1}W$*: -cetur *ERδ* 15 ab axio *O*: ad a- *R*: a da- *PΔW*: a Q. A- *Buecheler* 19 quod *ΣM^{1}*: quid *δ* 21 aut *$O^{1}RM^{1}W$*: *om. Eδ* 22 aut *add. Schütz*

Tu, quaeso, si quid in Hispaniis. Iam enim poterit audiri 3
et omnes ita exspectant ut, si recte fuerit, nihil negoti futurum putent. Ego autem nec retentis iis confectam rem puto neque amissis desperatam. Silium et Ocellam et ceteros credo retardatos. Te quoque a †curto† impediri video; etsi, ut opinor, habes †EKITAONON†.

XIV *Scr. in Cumano viii Id. Mai. an. 49.*

⟨CICERO ATTICO SALVTEM.⟩

O vitam miseram maiusque malum tam diu timere quam 1
est illud ipsum quod timetur! Servius, ut antea scripsi, cum venisset Non. Mai., postridie ad me mane venit. Ne diutius te teneam, nullius consili exitum invenimus. Numquam vidi hominem perturbatiorem metu; neque hercule quicquam timebat quod non esset timendum: illum sibi iratum, hunc non amicum; horribilem utriusque victoriam cum propter alterius crudelitatem, alterius audaciam, tum propter utriusque difficultatem pecuniariam; quae erui nusquam nisi ex privatorum bonis posset. Atque haec ita multis cum lacrimis loquebatur ut ego mirarer eas tam diuturna miseria non exaruisse. Mihi quidem etiam lippitudo haec, propter quam non ipse ad te scribo, sine ulla lacrima est, sed saepius odiosa est propter vigilias. Quam ob rem quicquid habes ad conso- 2
landum conlige et illa scribe, non ex doctrina neque ex libris

2 fuerit *Aldus*: -int *ΩW*λλ 3 putent *ER*: -em *OΔW* 5 curto *ORMbdW*: curio *ms*: curcio *P*: curione *cod. Helmst.*: Curtio *Vict.* 6 EKITAONON *RMmZ*^{l}: ἐκ πλεόνων *O*^{2}: ἐκ τῶν ἀγώνων κ: ἐπιστόλιον *Rothstein*: *alii alia* 9 *novam ep. facit E*: *cum superiore cohaeret in ΩW* o *antecedenti vocabulo Graeco cohaeret in PMm*: *om. ΣbdsW* 11 postridie *WC*: pri- *Ω* mane *W*: *om. ΩC* 14 sibi illum *W* 17 -iariam *O*[?]*M*^{2}*dms*: -iam *ERM*^{1}*W*: -iarum *b* quae erui *Gronovius* [qua e- *iam Bos.*]: qu(a)e frui *O*^{1}*PW*: qua efrui *E*: qua f- *RΔ* 20 quam *ERO*^{2}*M*^{c}*m*: quam quod *O*^{1}*M*^{1}*W*: quam quidem *bds* 22 consolandum *C*: -sulandum *EO*: -sulendum *RΔ*

(nam id quidem domi est, sed nescio quo modo imbecillior est medicina quam morbus)—haec potius conquire, de Hispaniis, de Massilia; quae quidem satis bella Servius adfert, qui etiam de duabus legionibus luculentos auctores esse dicebat. Haec igitur si habebis et talia. Et quidem paucis diebus aliquid audiri necesse est.

3 Sed redeo ad Servium. Distulimus omnino sermonem in posterum, sed tardus ad exeundum; multo se in suo lectulo malle, quicquid foret. Odiosus scrupulus de fili militia Brundisina. Vnum illud firmissime adseverabat, si damnati restituerentur, in exsilium se iturum. Nos autem ad haec et ⟨id⟩ ipsum certo fore et quae iam fiebant non esse leviora, multaque conligebamus. Verum ea non animum eius augebant sed timorem, ut iam celandus magis de nostro consilio quam adhibendus videretur. Qua re in hoc non multum est. Nos a te admoniti de Caelio cogitabamus.

XV

Scr. in Cumano iv Id. Mai. an. 49.

⟨CICERO ATTICO SALVTEM.⟩

1 Servius cum esset apud me, Cephalio cum tuis litteris VI Id. venit; quae nobis magnam spem attulerunt meliorum rerum de octo cohortibus. Etenim haec quoque quae in his locis sunt labare dicuntur. Eodem die Funisulanus a te attulit litteras in quibus erat confirmatius idem illud. Ei de suo negotio respondi cumulate cum omni tua gratia. Adhuc non satis faciebat; debet autem mihi multos nummos nec habetur

8 tardus ⟨est⟩ *Lamb.* multo se . . . foret *Vict.*: multos . . . fore *ΩW* 9 militia *P*: milia [mul- *ms*] *ΩW* 12 id *add. Lamb.* certe *codd. nonnulli teste Lamb.* fiant *Ernesti*: fierent *Wes.* 14 celandus *Man.*: -um *OΔW*: et laudum *R* 15 adhibendus *Vrs.*: ad idem *ΩW*: ad id adh- *Madvig* 16 -bamus $bdsZ^{\beta}W$: -bimus *ΣMm* 19 *novam ep. faciunt* $O^{2}Pms$: *superiori continuant* $O^{1}RMbdW$ 21 h(a)ec $\Sigma M^{1}bW$: h(a)e $O^{2}M^{c}d$: e(a)e *ms* 23 in *Σδ*: *om.* $M^{1}W$ id- il- $\Sigma M^{c}W$: il- id- *Δ*

locuples. Nunc ait se daturum; cui expensum tulerit morari; tabellariis, si apud te esset qua satis †fecisses† dares.
Quantum sit Eros Philotimi tibi dicet. Sed ad maiora redeamus.

Quod optas, Caelianum illud maturescit. Itaque torqueor 2
utrum ventum exspectem. Vexillo opus est; convolabunt.
Quod suades ut palam, prorsus adsentior itaque me profecturum puto. Tuas tamen interim litteras exspecto. Servi
consilio nihil expeditur. Omnes captiones in omni sententia
occurrunt. Vnum C. Marcello cognovi timidiorem, quem
consulem fuisse paenitet. Ὦ πολλῆς ἀγεννείας! qui etiam
Antonium confirmasse dicitur ut me impediret, quo ipse,
credo, honestius. Antonius autem VI Id. Capuam profectus 3
est. Ad me misit se pudore deterritum ad me non venisse quod
me sibi suscensere putaret. Ibitur igitur, et ita quidem ut
censes, nisi cuius gravioris personae suscipiendae spes erit
ante oblata. Sed vix erit tam cito. Allienus autem praetor
putabat aliquem, si ego non, ex conlegis suis. Quivis licet
dum modo aliquis.

De sorore laudo. De Quinto puero datur opera; spero esse 4
meliora. De Quinto fratre, scito eum non mediocriter laborare
de versura, sed adhuc nihil a L. Egnatio expressit. Axius de
duodecim milibus pudens! Saepe enim ad me scripsit ut
Gallio quantum is vellet darem. Quod si non scripsisset, pos-
semne aliter? Et quidem saepe sum pollicitus, sed tantum
voluit cito. Me vero adiuvarent his in angustiis. Sed di istos!

1 expensum *e.q.s. ita Man.*: ex .P. [*vel* .p.] sustulerit moram tabellarius si a- te esse [-et *s*] quas *ΩW* [*sed tantum* moram *e.q.s. habet W*] 2 fecisses *Ω* [*abscisum in W*]: -set [*sc. Funisulani debitor*] *Pius*: *fort.* facere posses 7 profect- δ: profut- *O*¹*RM*¹*W* 10 Marcellum *Schütz*, *fort. recte* 12 quo *Man.*: quod *ΩW* 15 me *cod. Helmst.*: se *ΩW* suscensere *M*¹*W*λ *cod. Ball.* [*sed* -ri *M*¹*W*]: succ- *Σ*δ [*sed* -ri *E*δ] 19 aliquis *O*¹[?]: -uos *RΔW* 22 versura *Vrs.*: us- *ΩW* 23 ad me s- *cod. Vrs.*: ads- *ΩW* 26 sed dii istos *Z*ˡ: seddust- *Mm*: sed ust-*R*: sedust- *d*: seduct- *O*²*bs*

Verum alias. Te a quartana liberatum gaudeo itemque Piliam. Ego, dum panes et cetera in navem parantur, excurro in Pompeianum. Vettieno velim gratias quod studiosus sit. Si quemquam nactus eris qui perferat, litteras des ante quam discedimus.

XVI *Scr. in Cumano prid. Id. Mai. an. 49.*

CICERO ATTICO SALVTEM.

1 Commodum ad te dederam litteras de pluribus rebus cum ad me bene mane Dionysius fuit. Cui quidem ego non modo placabilem me praebuissem sed totum remisissem, si venisset qua mente tu ad me scripseras. Erat enim sic in tuis litteris quas Arpini acceperam, eum venturum facturumque quod ego vellem. Ego volebam autem vel cupiebam potius esse eum nobiscum. Quod quia plane, cum in Formianum venisset, praeciderat, asperius ad te de eo scribere solebam. At ille perpauca locutus hanc summam habuit orationis ut sibi ignoscerem; se rebus suis impeditum nobiscum ire non posse. Pauca respondi, magnum accepi dolorem, intellexi fortunam ab eo nostram despectam esse. Quid quaeris? fortasse miraberis: in maximis horum temporum doloribus hunc mihi scito esse. Velim ut tibi amicus sit. Hoc cum tibi opto, opto ut beatus sis; erit enim tam diu.

2 Consilium nostrum spero vacuum periculo fore. Nam et dissimulavimus nec, ut opinor, acerrime adservabimur. Navigatio modo sit qualem opto, cetera, quae quidem consilio provideri poterunt, cavebuntur. Tu, dum adsumus, non

2 panes et *EδC*: paves et M^1: pavescet O^1R: panis et *Boot*: navis et *Muretus* 3 sit si RM^c*ms*: sit O^1M^1: si O^2M^2*bd*: est; si *Vict.* 8 *novam ep. faciunt* EO^2PM^c*ms*: *superiori continuant* O^1RM^1*bd* 9 fuit] venit *Wes.*: *fort. delendum* [*cf. p.* 244. 17] 10 remis- *EΔ*: permis- O^1R 24 -labimus *Pius* nec *scripsi*: et *Ω* non *ante* acerrime *addere noluit Lamb.*, *add.* *Madvig* asservabimur *Lamb.*: -us *Ωλ* 26 poterunt *Eδ*: potue- ORM^1

modo quae scieris audierisve sed etiam quae futura providebis
scribas velim.

Cato, qui Siciliam tenere nullo negotio potuit et, si tenuis- 3
set, omnes boni se ad eum contulissent, Syracusis profectus
est ante diem VIII Kal. Mai., ut ad me Curio scripsit. Vtinam,
quod aiunt, Cotta Sardiniam teneat! est enim rumor. O, si id
fuerit, turpem Catonem!

Ego, ut minuerem suspicionem profectionis aut cogitationis 4
meae, profectus sum in Pompeianum a. d. IIII Id. ut ibi essem
dum quae ad navigandum opus essent pararentur. Cum ad
villam venissem, ventum est ad me: centuriones trium cohor-
tium, quae Pompeiis sunt, me velle postridie convenire. Haec
mecum Ninnius noster; velle eos mihi se et oppidum tra-
dere. At ego tibi postridie a villa ante lucem, ut me omnino
illi ne viderent. Quid enim erat in tribus cohortibus? quid
si plures? quo apparatu? Cogitavi eadem illa Caeliana quae
legi in epistula tua quam accepi simul et in Cumanum veni
eodem die, et simul fieri poterat ut temptaremur. Omnem
igitur suspicionem sustuli. Sed, cum redeo, Hortensius ve- 5
nerat et ad Terentiam salutatum deverterat. Sermone erat
usus honorifico erga me. Iam eum, ut puto, videbo; misit enim
puerum se ad me venire. Hoc quidem melius quam conlega
noster Antonius, cuius inter lictores lectica mima portatur.

Tu quoniam quartana cares et novum morbum removisti 6
sed etiam gravedinem, te vegetum nobis in Graecia siste et
litterarum aliquid interea.

1 scieris *ERδ*: scies O^1M^1 4 se ad eum *Σ*: se ad eum se *M*: ad eum se *δ* 8 ego *Eδ*: ergo O^1RM^1 11 ventum est M^1: venerunt *Σδ* 12 pompeis M^4: -pei(i) *Ω* postridie *δ*: posse die ORM^1 convenire *ZC*: *om.* *Ω* 14 tibi *Ω*: inde *κ* avilla *Man.*: ad villam *Ω* 16 cogitavi [*ex* -abi] *M*: -abit O^1R: rogitavi *bd* [*de* O^2*ms tacet Sjögren*] 17 simul et *Ω*: -l ut *cod. Vrs.*: -l atque *Schmidt* 18 simul *secl. Baiter* 19 cum] dum *Lamb.* 21 iam *Wes.*: tam O^1RM^1 [metam]: tamen M^2: tum *δ* 24 novum $O^1M^1bdCZ^l\lambda$: nedum[ne dum] $O^2RM^2msZ^b$: non modo *Lamb.*, *qui etiam* non modo veterem 25 te *Rδ*: teque O^1M^1

XVII *Scr. Cumano xvii Kal. Iun. an. 49.*

⟨CICERO ATTICO SALVTEM.⟩

1 Prid. Id. Hortensius ad me venit scripta epistula. Vellem cetera eius. Quam in me incredibilem ἐκτένειαν! Qua quidem cogito uti. Deinde Serapion cum epistula tua. Quam prius quam aperuissem, dixi ei te ad me de eo scripsisse antea, ut feceras. Deinde epistula lecta cumulatissime cetera. Et hercule hominem probo; nam et doctum et probum existimo. Quin etiam navi eius me et ipso convectore usurum puto.

2 Crebro refricat lippitudo non illa quidem perodiosa sed tamen quae impediat scriptionem meam. Valetudinem tuam iam confirmatam esse et a vetere morbo et a novis temptationibus gaudeo.

3 Ocellam vellem haberemus; videntur enim esse haec paulo faciliora. Nunc quidem aequinoctium nos moratur quod valde perturbatum erat. Id si transierit, utinam idem maneat Hortensius! si quidem, ⟨ut⟩ adhuc erat, liberalius esse nihil potest.

4 De diplomate admiraris quasi nescio cuius te flagiti insimularim. Negas enim te reperire qui mihi id in mentem venerit. Ego autem, quia scripseras te proficisci cogitare (etenim audieram nemini aliter licere), eo te habere censebam et quia pueris diploma sumpseras. Habes causam opinionis meae. Et tamen velim scire quid cogites in primisque si quid etiam nunc novi est. xvii Kal. Iun.

3 *novam ep. faciunt* O^{2}PM^{c}ms: *superiori continuant* O^{1}RM^{1}bd   vellem c- eius *haec multis suspecta ego servanda esse putavi, etsi* eius⟨modi⟩ *libenter scripserim conl. p.* 121. 13   6 ei *Man.*: et *Ω*   7 lecta *Man.*: scripta *Ω*: aperta *Klotz*: stricta *Tyrrell* [*praeferrem* strictim lecta]   8 probo nam [pro b-] O^{1}RM^1: bonum δ *cod. Faern.*: *om.* λλ *cod. Ant.*   10 refricatur *Corr., fort. recte*   14 Ocellam *Vict.*: cellam *Ω*   16 transierit *Zieben*: cras erit *Ω*: traxerit *temptavi*   17 ut *add. Faërn.*   19 -larim *Corr.*: -larem *Ω*   22 nemini al- O^{2}s: neminit al- [-ni tal- M^{c}m] *Mm*: neminem al- O^{1}Rbd   24 cogites *ms*: -et *ORMbd*

XVIII *Scr. in Cumano xiv Kal. Iun. an. 49.*

⟨CICERO ATTICO SALVTEM.⟩

Tullia mea peperit XIIII Kal. Iun. puerum ἑπταμηνιαῖον. 1
Quod εὐτόκησεν gaudeam; quod quidem est natum perim-
becillum est. Me mirificae tranquillitates adhuc tenuerunt
atque maiori impedimento fuerunt quam custodiae quibus
adservor. Nam illa Hortensina omnia †fuere infantia ita fiet†
homo nequissimus a Salvio liberto depravatus est. Itaque
posthac non scribam ad te quid facturus sim sed quid fecerim;
omnes enim Κωρυκαῖοι videntur subauscultare quae loquor.

Tu tamen si quid de Hispaniis sive quid aliud perge, 2
quaeso, scribere nec meas litteras exspectaris, nisi cum quo
opto pervenerimus aut si quid ex cursu. Sed hoc quoque
timide scribo; ita omnia tarda adhuc et spissa. Vt male
posuimus initia sic cetera sequuntur.

Formias nunc sequimur; eaedem nos fortasse furiae per-
sequentur. Ex Balbi autem sermone quem tecum habuit
non probamus de Melita. Dubitas igitur quin nos in hostium
numero habeat? Scripsi equidem Balbo te ad me ⟨et⟩ de
benevolentia scripsisse et de suspicione. Egi gratias; de altero
ei me purgavi. Ecquem tu hominem infeliciorem? Non 3
loquor plura, ne te quoque excruciem. Ipse conficior venisse
tempus cum iam nec fortiter nec prudenter quicquam facere
possim.

3 *novam ep. facit E* [*incipit v.* 5, me]: *superiori continuant ORΔ* 4 gaudeo *cod. Vrs.*: -ebam *Man.*: ⟨est quod⟩ gaudeam *Tyrrell* 6 maiori *Lamb.* (*marg.*): -re *Ω* 7 -sina *Ωλ*: -siana *Sal.–Reg.* fuere infantia [insta- *bd*] *Ω*: -runt inania *Wes.* [inania *iam Orelli*], *longius a traditis*: *propius atque adeo proxime Reid* fuerunt fatua, *sed nihil adfirmaverim* ita fiet *Ω*: ⟨id⟩ ita fit *Wes.* 13 ex cursu *Sal.–Reg.*: ex cursus [exc-] *Ω* 16 eedem *s*: c(a)edem *EM*[c]*bd*: eadem *ORM*[1]*m*: eodem *Z*[l] furi(a)e *ΣM*[c]*bdZ*[l]: -ia *M*[1]*m* 19 ⟨et⟩ de *Orelli*: de *ERδ*: e *O*[1][?]*M*[1] 20 de altero; ⟨de altero⟩ *Boot* 21 purgavi *Σδ*: -ga *M*[1] ecquem *Ascensius*: eo quem *Ω*

AD ATTICVM

LIBER VNDECIMVS

I *Scr. in Epiro inter Non. et Id. Ian., ut videtur, an. 48.*

CICERO ATTICO SALVTEM.

1 Accepi a te signatum libellum quem Anteros attulerat; ex quo nihil scire potui de nostris domesticis rebus. De quibus acerbissime adflictor quod qui eas dispensavit neque adest istic neque ubi terrarum sit scio. Omnem autem spem habeo existimationis privatarumque rerum in tua erga me mihi perspectissima benevolentia. Quam si his temporibus miseris et extremis praestiteris, haec pericula quae mihi communia sunt cum ceteris fortius feram; idque ut facias te obtestor
2 atque obsecro. Ego in cistophoro in Asia habeo ad sestertium bis et viciens. Huius pecuniae permutatione fidem nostram facile tuebere; quam quidem ego nisi expeditam relinquere me putassem credens ei cui tu scis iam pridem nimium me credere, commoratus essem paulisper nec domesticas res impeditas reliquissem. Ob eamque causam serius ad te scribo quod sero intellexi quid timendum esset. Te etiam atque etiam oro ut me totum tuendum suscipias, ut, si ii salvi erunt quibuscum sum, una cum iis possim incolumis esse salutemque meam benevolentiae tuae acceptam referre.

10 feram O^2*bm* : ferem O^1[?]M^1 : ferrem *ds* : feram vl' ferrem M^2 : ferre *R* 13 -quere me *Lamb.* (*marg.*) : -querem *ORMdm* : -quere *Pbs* 14 nimium me cr- *scripsi* : minime cr- *Ω* : minime ⟨me⟩ cr- *Lünemann*: minime cr- ⟨me debere⟩ *Lehmann*

II *Scr. in Epiro aliquanto post Non. Febr., ut videtur, an. 48.*

CICERO ATTICO SALVTEM.

Litteras tuas accepi prid. Non. Febr. eoque ipso die ex **1**
testamento crevi hereditatem. Ex multis meis et miserrimis curis est una levata si, ut scribis, ista hereditas fidem et famam meam tueri potest; quam quidem te intellego etiam sine hereditate tuis opibus defensurum fuisse. De dote quod **2**
scribis, per omnis deos te obtestor ut totam rem suscipias et illam miseram mea culpa et neglegentia tueare meis opibus, si quae sunt, tuis, quibus tibi molestum non erit, facultatibus. Cui quidem deesse omnia, quod scribis, obsecro te, noli pati. In quos enim sumptus abeunt fructus praediorum? Iam illa HS $\overline{\text{LX}}$ quae scribis nemo mihi umquam dixit ex dote esse detracta; numquam enim essem passus. Sed haec minima est ex iis iniuriis quas accepi; de quibus ad te dolore et lacrimis scribere prohibeor. Ex ea pecunia quae fuit in Asia partem **3**
dimidiam fere exegi. Tutius videbatur fore ibi ubi est quam apud publicanos.

Quod me hortaris ut firmo sim animo, vellem posses aliquid adferre quam ob rem id facere possem. Sed si ad ceteras miserias accessit etiam id quod mihi Chrysippus dixit parari (tu nihil significasti) de domo, quis me miserior uno iam fuit? Oro, obsecro, ignosce. Non possum plura scribere. Quanto maerore urgear profecto vides. Quod si mihi commune cum ceteris esset qui videntur in eadem causa esse, minor mea culpa videretur et eo tolerabilior esset. Nunc nihil est quod consoletur, nisi quid tu efficis, si modo etiam nunc effici potest, ut ne qua singulari adficiar calamitate et iniuria.

4 multis meis et Z^l ['*plane scriptum*']: multis meis O^1C: multissimis *RΔ* 5 levata *Z*: enata *Ω* [eva- M^1?] 6 te int- *Pds*: te int- te *OM*: te int- et *R*: int- te *bm* 8 per O^2bs: de O^1RMdm 9 culpa O^2b m^2s: cui O^1[?]$RMdm^1$ 10 quibus *Ω*: quod *Sedgwick* facultatibus *secl. Ernesti, fort. recte* 15 iis *Rom.*: his *Ω* 17 exegi *b*: -it *Ω* 25 tunc minor *R* 27 quid *OMd*: quod *Rbms*

4 Tardius ad te remisi tabellarium quod potestas mittendi non fuit. A tuis et nummorum accepi HS $\overline{xx}$ et vestimentorum quod opus fuit. Quibus tibi videbitur velim des litteras meo nomine. Nosti meos familiaris. ⟨Si⟩ signum requirent aut manum, dices iis me propter custodias ea vitasse.

III *Scr. in castris Pompei Id. Iun. an. 48.*

CICERO ATTICO SALVTEM.

1 Quid hic agatur scire poteris ex eo qui litteras attulit. Quem diutius tenui quia cotidie aliquid novi exspectabamus; neque nunc mittendi tamen ulla causa fuit praeter eam de qua tibi rescribi voluisti, quod ad Kal. Quint. pertinet, quid vellem. Vtrumque grave est, et tam gravi tempore periculum tantae pecuniae et dubio rerum exitu ista quam scribis abruptio. Qua re ut alia sic hoc vel maxime tuae amicitiae benevolentiaeque permitto et illius consilio et voluntati; cui miserae consuluissem melius, si tecum olim coram potius quam per litteras de salute nostra fortunisque deliberavissem.

2 Quod negas praecipuum mihi ullum ⟨in communibus⟩ incommodis impendere, etsi ista res nihil habet consolationis, tamen etiam praecipua multa sunt quae tu profecto vides et gravissima esse et me facillime vitare potuisse. Ea tamen erunt minora si, ut adhuc factum est, administratione diligentiaque tua levabuntur.

3 Pecunia apud Egnatium est. Sit a me, ut est. Neque

2 HI *OM*: IH *R* $\overline{xx}$ [xx] *Ω*: LXX *Iens.* 4 si *add. Crat.* 5 iis *OR*: vl' *Md*: vel *bms* 12 et tam *Man.*: etiam [et iam] *Ω* 14 abruptio $O^2bm^1sZ^l$: -to O^1RMdm^2 amicitiae *om. Δ* 18 in communibus *add. Lehmann* in commodis *ORMd* (inc- *P*): incommodum *bms* 19 ⟨non⟩ nihil *anon. ap. Corr., fort. recte* 20 vides et O^2bmsZ^l: ut de(e)sset *Md*: ut de est *R*: vides ut sunt *cod. Faërn.*: vides ut sunt et Z^b 22 leviora *Lamb.* ut Rbm^2s: *om.* $OMdm^1$ -tiaque *Rbs*: -tia *OMdm* 24 a me *Ω*: tamen *Reid, fort. recte*

enim hoc quod agitur videtur diuturnum esse posse, ut scire iam possim quid maxime opus sit: etsi egeo rebus omnibus, quod is quoque in angustiis est quicum sumus; cui magnam dedimus pecuniam mutuam opinantes nobis constitutis rebus eam rem etiam honori fore. Tu ut antea fecisti, velim, si qui erunt ad quos aliquid scribendum a me existimes, ipse conficias. Tuis salutem dic. Cura ut valeas. In primis id quod scribis omnibus rebus cura et provide, ne quid ei desit de qua scis me miserrimum esse. Id. Iun. ex castris.

IV *Scr. in castris Pompei Id. Quint. an. 48.*

CICERO ATTICO SALVTEM.

Accepi ab Isidoro litteras et postea datas binas. Ex proximis cognovi praedia non venisse. Videbis ergo ut sustentetur per te. De Frusinati, si modo fruituri sumus, erit mihi res opportuna. Meas litteras quod requiris, impedior inopia rerum, quas nullas habeo litteris dignas, quippe cui nec quae accidunt nec quae aguntur ullo modo probentur. Vtinam coram tecum olim potius quam per epistulas! Hic tua, ut possum, tueor apud hos. Cetera Celer. Ipse fugi adhuc omne munus, eo magis quod ita nihil poterat agi ut mihi et meis rebus aptum esset.

IV a *Scr. Dyrrhachi inter xvii et xiii Kal. Quint. an. 48.*

⟨CICERO ATTICO SALVTEM.⟩

Quid sit gestum novi quaeris. Ex Isidoro scire poteris. (2)
Reliqua non videntur esse difficiliora. Tu id velim quod

2 egeo *Ascensius*: ego Ω 3 sumus *bms*: suis mus *M*: sui simus *d*: suis minus *OR*: fuimus Z^l 4 opinantes *Vict.*: -te O^1*RMdm*: -tibus O^2*bs* 8 ei *bms*: et *OM*: in ea re *R*: *om. d* 13 per te *Man.*: partim Ω 14 Frusinati *Hervagius*: -tis Ω fruituri *Lehmann*: futuri *P*: -r(a)e Ω 18 hic tua ut Z^l: hic tu aut *RW*: hic tua aut *O*: luctua ut Δ 23 *novam ep. constituit Sternkopf, ducibus Man. et Corr.*: *cum superiore in codd. cohaeret*

scis me maxime velle cures, ut scribis et facis. Me conficit sollicitudo ex qua etiam summa infirmitas corporis. Qua levatus ero una cum eo qui negotium gerit estque in spe magna. Brutus amicus; in causa versatur acriter. Hactenus fuit quod caute a me scribi posset. Vale.

De pensione altera, oro te, omni cura considera quid faciendum sit, ut scripsi iis litteris quas Pollex tulit.

V

Scr. Brundisi prid. Non. Nov. an. 48.

CICERO ATTICO SALVTEM.

1 Quae me causae moverint, quam acerbae, quam graves, quam novae, coegerintque impetu magis quodam animi uti quam cogitatione, non possum ad te sine maximo dolore scribere. Fuerunt quidem tantae ut id quod vides effecerint. Itaque nec quid ad te scribam de meis rebus nec quid a te petam reperio; rem et summam negoti vides.

Equidem ex tuis litteris intellexi et iis quas communiter cum aliis scripsisti et iis quas tuo nomine, quod etiam mea sponte videbam, te subita re quasi debilitatum novas rationes
2 tuendi mei quaerere. Quod scribis placere ut propius accedam iterque per oppida noctu faciam, non sane video quem ad modum id fieri possit. Neque enim ita apta habeo deversoria ut tota tempora diurna in iis possim consumere, neque ad id quod quaeris multum interest utrum me homines in oppido videant an in via. Sed tamen hoc ipsum sicut alia considerabo quem ad modum commodissime fieri posse videatur.

3 Ego propter incredibilem et animi et corporis molestiam conficere pluris litteras non potui; iis tantum rescripsi a

1 et *s*: ut *ΩW* 3 levatus *W*: -ta *Ω* 4 amicus ⟨est⟩ *Orelli* in *om. W* 5 a *bms*: ad *ORMdW* 7 sit *Pδλ*: si *O*[1][?]*RMW* 11 quodam *Rom.*: coram *ΩW* 13 tantae ut *Vict.*: -ta fuit *OΔW*: -ta enim f- *R* 18 subita re q- d- *WC*: subi d- *PM*[1]: si ibi d- *R*: subd- *Oδ* 26 incr- *om. W*

quibus acceperam. Tu velim et Basilo et quibus praeterea videbitur, etiam Servilio conscribas, ut tibi videbitur, meo nomine. Quod tanto intervallo nihil omnino ad vos scripsi, his litteris profecto intellegis rem mihi deesse de qua scribam, non voluntatem.

Quod de Vatinio quaeris, neque illius neque cuiusquam 4
mihi praeterea officium deest, si reperire possent qua in re
me iuvarent. Quintus aversissimo a me animo Patris fuit. Eodem Corcyra filius venit. Inde profectos eos una cum ceteris
arbitror.

VI *Scr. Brundisi iv Kal. Dec. an. 48.*

CICERO ATTICO SALVTEM.

Sollicitum esse te cum de tuis communibusque fortunis 1
tum maxime de me ac de dolore meo sentio. Qui quidem
meus dolor non modo non minuitur cum socium sibi adiungit
dolorem tuum sed etiam augetur. Omnino pro tua prudentia
sentis qua consolatione levari maxime possim. Probas enim
meum consilium negasque mihi quicquam tali tempore potius
faciendum fuisse. Addis etiam (quod etsi mihi levius est quam
tuum iudicium, tamen non est leve) ceteris quoque, id est
qui pondus habeant, factum nostrum probari. Id si ita
putarem, levius dolerem. 'Crede' inquis 'mihi.' Credo equi- 2
dem, sed scio quam cupias minui dolorem meum. Me discessisse ab armis numquam paenituit. Tanta erat in illis
crudelitas, tanta cum barbaris gentibus coniunctio; ut non
nominatim sed generatim proscriptio esset informata, ut iam

1 basilo *W*: -lio *Ω* 3 interv- *Rδ*: in v- *OM*¹*W* scripsi, his *Wes.*: scriptis *ΩWZ*ᵇ*λ*: *anne* scripti, his? 4 intelliges *Wes.* 7 deest [de e-] *ΩW*: dest *λ*: deesset *Corr.*: desset *Mueller* 8 acerbissimo *W* 9 Corcyra *Vict.*: -am *ΩW* 18 quicquam *Rδ*: huic quam *OM*¹*W* 21 habebant *W* 22 dolerem *Rδ*: dolorem *O*¹*M*¹*W* 23 minui *Rδ*: -us *O*¹*M*¹*W*

omnium iudicio constitutum esset omnium vestrum bona praedam esse illius victoriae. 'Vestrum' plane dico; numquam enim de te ipso nisi crudelissime cogitatum sensi. Qua re voluntatis me meae numquam paenitebit, consili paenitet. In oppido aliquo mallem resedisse quoad accerserer. Minus sermonis subissem, minus accepissem doloris, ipsum hoc me non angeret: Brundisi iacere in omnis partis est molestum; propius accedere, ut suades, quo modo sine lictoribus quos populus dedit possum? qui mihi incolumi adimi non possunt. Quos ego †non† paulisper cum bacillis in turbam conieci ad oppidum accedens ne quis impetus militum fieret. Reliquo
3 tempore me domo tenui. Ad Oppium et ⟨Balbum scripsi⟩, quoniam iis placeret me propius accedere, ut hac de re considerarent. Credo fore auctores. Sic enim recipiunt, Caesari non modo de conservanda sed etiam de augenda mea dignitate curae fore, meque hortantur ut magno animo sim, ut omnia summa sperem. Ea spondent, confirmant. Quae quidem mihi exploratiora essent, si remansissem. Sed ingero praeterita. Vide, quaeso, igitur ea quae restant et explora cum istis et, si putabis opus esse et si istis placebit, quo magis factum nostrum Caesar probet quasi de suorum sententia factum, adhibeantur Trebonius, Pansa, si qui alii, scribantque ad Caesarem me quicquid fecerim de sua sententia fecisse.

4 Tulliae meae morbus et imbecillitas corporis me exanimat.

2 victoria *W* 3 sensi *ORδ*: si M^1W: est *Vict.*: [-tum]st *alii* 4 me me(a)e *ORδ*: meae me *s*: meae *bmW* 7 *post* angeret *et post* molestum *plene interpungunt vulg. ac nescio an melius sic*: . . . hoc me non ang-, Br- iacere, ⟨quod⟩ . . . molestum omnibus partibus *W* 10 non *Ω*: vero *κ*: modo *anon. ap. Corr.*: nunc *Tunstall*, *male*: *secl. Lehmann*: *fort.* nuper 11 reliquo . . . tenui *Hofmann* [*qui etiam* domi]: recipio . . . te nunc [tunc te *P*, tunc esse *R* domo te *etiam* Z^b] $ΩZ^{(l)}$ 12 oppium *C*: oppidum *Ω* Bal- scr- *add. Lehmann* 13 quonam *Boot* iis *OR*: is *Pb*: his *Δ* me *Lamb.*: modo *Ω*, *Boot* 14 credo *Rbms*: cedo *OPMd* 20 quo *Rbms*: quod *OMd* 22 adhibeantur O^2bm: -eatur PM^cds: -entur O^1RM^1

Quam tibi intellego magnae curae esse, quod est mihi gratissimum. De Pompei exitu mihi dubium numquam fuit. **5**
Tanta enim desperatio rerum eius omnium regum et popu-
lorum animos occuparat ut quocumque venisset hoc putarem
futurum. Non possum eius casum non dolere; hominem enim
integrum et castum et gravem cognovi. De Fannio consoler **6**
te? Perniciosa loquebatur de mansione tua. L. vero Lentulus
Hortensi domum sibi et Caesaris hortos et Baias desponderat.
Omnino haec eodem modo ex hac parte fiunt, nisi quod illud
erat infinitum. Omnes enim qui in Italia manserant hostium numero habebantur. Sed velim haec aliquando solutiore
animo.

Quintum fratrem audio profectum in Asiam ut depre- **7**
caretur. De filio nihil audivi; sed quaere ex Diochare, Caesaris
liberto, quem ego non vidi, qui istas Alexandria litteras attulit.
Is dicitur vidisse Quintum [an] euntem an iam in Asia. Tuas
litteras prout res postulat exspecto. Quas velim cures quam
primum ad me perferendas. IIII Kal. Dec.

VII

Scr. Brundisi xiv Kal. Ian. an. 48.

CICERO ATTICO SALVTEM.

Gratae tuae mihi litterae sunt, quibus accurate perscri- **1**
psisti omnia quae ad me pertinere arbitratus es. Ita faciam
igitur ut scribis istis placere, isdem istis lictoribus me uti,
quod concessum Sestio sit; cui non puto suos esse concessos
sed ab ipso datos. Audio enim eum ea senatus consulta im-
probare quae post discessum tribunorum facta sunt. Qua re
poterit, si volet sibi constare, nostros lictores comprobare.

10 manserunt λλ 15 Alexandrea *Boot*: -reas *ORMd* [-ri-]: -rinas *bms* 16 Quintum] Q. Z^bλ: *om.* *Ω* *prius* an *Ω*λ: *secl. Baiter* 22 es. ita *Iens.*: est ita *O*: est ea [es. tea *m*] *Mdm*: es ea *R*: es *bs* faciam *Madvig*: factum *Ω* 23 *post* placere *multa et inutilia add. Madvig, totum locum alii aliter depravaverunt*

2 Quamquam quid ego de lictoribus, qui paene ex Italia decedere sim iussus? Nam ad me misit Antonius exemplum Caesaris ad se litterarum in quibus erat se audisse Catonem et L. Metellum in Italiam venisse Romae ut essent palam. Id sibi non placere ne qui motus ex eo fierent; prohiberique omnis Italia nisi quorum ipse causam cognovisset; deque eo vehementius erat scriptum. Itaque Antonius petebat a me per litteras ut sibi ignoscerem; facere se non posse quin iis litteris pareret. Tum ad eum misi L. Lamiam qui demonstraret illum Dolabellae dixisse ut ad me scriberet ut in Italiam quam primum venirem; eius me litteris venisse. Tum ille edixit ita ut me exciperet et Laelium nominatim. Quod sane nollem; poterat enim sine nomine res ipsa excipi.

3 O multas et gravis offensiones! quas quidem tu das operam ut lenias, nec tamen nihil proficis; quin hoc ipso minuis dolorem meum, quod ut minuas tam valde laboras, idque velim ne gravere quam saepissime facere. Maxime autem adsequere quod vis, si me adduxeris ut existimem me bonorum iudicium non funditus perdidisse. Quamquam quid tu in eo potes? Nihil scilicet. Sed si quid res dabit tibi facultatis, id me maxime consolari poterit; quod nunc quidem video non esse, sed si quid ex eventis, ut hoc nunc accidit: dicebar debuisse cum Pompeio proficisci; exitus illius minuit eius offici praetermissi reprehensionem. Sed ex omnibus nihil magis tamen desideratur ⟨quam⟩ quod in Africam non ierim. Iudicio hoc sum usus, non esse barbaris auxiliis fallacissimae gentis rem publicam defendendam, praesertim contra exercitum saepe victorem. Non probant fortasse; multos enim viros bonos in Africam venisse audio et scio fuisse antea. Valde hoc loco urgeor. Hic quoque opus est casu, ⟨ut⟩ aliqui sint ex eis aut, si potest, omnes qui salutem anteponant. Nam si

2 sim *EOM* : sum *R*δ   24 magis δ : malim *ΣM*¹*m*²   25 quam *Sal.-Reg.* : *om.* *Ω*   30 ut *add. Lamb.* : si *Schütz* [*ante* sint *Baiter*] : *om.* *Ω*

perseverant et obtinent, quid nobis futurum sit vides. Dices:
'Quid illis, si victi erunt?' Honestior est plaga. Haec me excruciant. Sulpici autem consilium non scripsisti cur meo non 4
anteponeres. Quod etsi non tam gloriosum est quam Catonis,
tamen et periculo vacuum est et dolore. Extremum est eorum
qui in Achaia sunt. Ii tamen ipsi se hoc melius habent quam
nos quod et multi sunt uno in loco et, cum ⟨in⟩ Italiam
venerint, domum statim venerint. Haec tu perge, ut facis,
mitigare et probare quam plurimis.

Quod te excusas, ego vero et tuas causas nosco et mea 5
interesse puto te istic esse, vel ut cum iis quibus oportebit
agas quae erunt agenda de nobis, ut ea quae egisti. In primisque hoc velim animadvertas. Multos esse arbitror qui ad
Caesarem detulerint delaturive sint me aut paenitere consili
mei aut non probare quae fiant. Quorum etsi utrumque verum
est, tamen ab illis dicitur animo a me alienato, non quo ita
esse perspexerint. Sed totum ⟨in eo est positum⟩ ut hoc Balbus
sustineat et Oppius et eorum crebris litteris illius voluntas
erga me confirmetur; et hoc plane ut fiat diligentiam adhibebis. Alterum est cur te nolim discedere, quod scribis te flagi- 6
tari. O rem miseram! quid scribam aut quid velim? Breve
faciam; lacrimae enim se subito profuderunt. Tibi permitto,
tu consule; tantum vide ne hoc tempore isti obesse aliquid
possit. Ignosce, obsecro te. Non possum prae fletu et dolore
diutius in hoc loco commorari. Tantum dicam, nihil mihi
gratius esse quam quod eam diligis.

2 -tior est δ: -tiore ΣM^{1} 3 sulpicii *bs*: supplici *ORMdm* meo *bm*^{1}: me *ORMdm*^{2}*s* 4 est *Vict.*: si *ORMdm*: sit *Pbs* 7 uno loco *W* in it- *b*: it- *ΩW* 8 perge *bsW*: per *O*^{1}*RMm*: pro *Pd* 16 ita esse *W*: ita *Ω* 17 in eo est positum *supplevi*, *homoeoteleuton aucupatus*, *praeeunte Mueller* [totum in eo est ut], *cui praeiit Madvig* [in eo est totum ut]; *pro* positum *autem* situm *scribere liceret* 20 te flagitari $Z^{(b)}$ *Lamb.* '*libros veteres sequutus*': te [et *M*^{1}] flagitare *M*^{1}*WC*: efflagitare *Σδ* 23 tempore isti *Koch*: -ris te *O*^{1}*M*^{1}*W*: -ris [-re *ds*: tempus *b*] tibi *ERδ* [tibi *etiam* $Z^{(b)}$]

7 Quod litteras quibus putas opus esse curas dandas facis commode. Quintum filium vidi qui Sami vidisset, patrem Sicyone: quorum deprecatio est facilis. Vtinam illi qui prius illum viderint me apud eum velint adiutum tantum quantum ego illos vellem si quid possem!

8 Quod rogas ut in bonam partem accipiam si qua sint in tuis litteris quae me mordeant, ego vero in optimam, teque rogo ut aperte, quem ad modum facis, scribas ad me omnia idque facias quam saepissime. Vale. XIIII Kal. Ian.

VIII *Scr. Brundisi xiii Kal. Ian. an. 48.*

CICERO ATTICO SALVTEM.

1 Quantis curis conficiar etsi profecto vides, tamen cognosces ex Lepta et Trebatio. Maximas poenas pendo temeritatis meae quam tu prudentiam mihi videri vis; neque te deterreo quo minus id disputes scribasque ad me quam saepissime. Non nihil enim me levant tuae litterae hoc tempore. Per eos qui nostra causa volunt valentque apud illum diligentissime contendas opus est, per Balbum et Oppium maxime, ut de me scribant quam diligentissime. Oppugnamur enim, ut audio, et a praesentibus quibusdam et per litteras. Iis ita est occur-
2 rendum ut rei magnitudo postulat. †Furnius† est illic, mihi inimicissimus. Quintus misit filium non solum sui deprecatorem sed etiam accusatorem mei. Dictitat se a me apud Caesarem oppugnari, quod refellit Caesar ipse omnesque eius amici. Neque vero desistit, ubicumque est, omnia in me

1 esse opus *W* 2 vidi qui Sami *Rom.*: ut diquisami *vel sim.* *ORMdm*: sunt qui sami *bs* vidissent *bs* 4 viderint *OR*: -runt *Δ* adiutum *b*: adtu- [ad tu-] *OR M*¹*mW*: actu- *M*²: acturum *ds* 6 sint *ORMdsW*: sunt *Ebm* 9 Ian. *Vict.*: iun. [iunii, -ias] *ΩW* 12 conf- *WC*: aff- *Ω* 20 est *W*: *om.* *Ω* 21 Fufius *Man.*, *vix recte*: Furius [*sc. Crassipes*] *Tyrrell–Purser*: Fulvius [*sc. Nobilior*] *temptavi* illic *OR*: illuc *EΔW* 22 Quintus *Vict.*: -que *M*¹*W*: qui *Σδ*

maledicta conferre. Nihil mihi umquam tam incredibile accidit, nihil in his malis tam acerbum. Qui ex ipso audissent, cum Sicyone palam multis audientibus loqueretur nefaria quaedam, ad me pertulerunt. Nosti genus, etiam expertus es fortasse. In me id est omne conversum. Sed augeo commemorando dolorem et facio etiam tibi. Qua re ad illud redeo: cura ut huius rei causa dedita opera mittat aliquem Balbus. Ad quos videbitur velim cures litteras meo nomine. Vale. XIII Kal. Ian.

IX *Scr. Brundisi iii Non. Ian. an. 47.*

CICERO ATTICO SALVTEM.

Ego vero et incaute, ut scribis, et celerius quam oportuit **1**
feci nec in ulla sum spe quippe qui exceptionibus edictorum retinear. Quae si non essent sedulitate effectae et †benivolentia tua†, liceret mihi abire in solitudines aliquas. Nunc ne id quidem licet. Quid autem me iuvat quod ante initum tribunatum veni, si ipsum quod veni nihil iuvat? Iam quid sperem ab eo qui mihi amicus numquam fuit, cum iam lege etiam sim confectus et oppressus? Cotidie iam Balbi ad me litterae languidiores multaeque multorum ad illum fortasse contra me. Meo vitio pereo; nihil mihi mali casus attulit, omnia culpa contracta sunt. Ego enim cum genus belli viderem, imparata et infirma omnia contra paratissimos, statueram quid facerem ceperamque consilium non tam forte quam mihi
praeter ceteros concedendum. Cessi meis vel potius parui: ex **2**

4 genus etiam *ΔW*: g- e- huiusmodi hominum O^1: g- h- h- e- *R* 5 in *bs*: id *ORMdmW* 8 XIII *Sal.–Reg.*: XVI *OΔW*: XV *R*: XII *Sternkopf* 14 -tia [*hoc et λ*] tua *Σδ*: -tie va M^1: -tiae qua *W*: -tia vestra *temptavi* 19 cottidie [quoti-] EO^2Rbm^2s: die O^1[?]Mdm^1W 21 casus *Pds codd. Faërn. Ant.*: causas $\Sigma M^1 W Z^l$: causa $M^c bm$ 22 culpa *om. W*: mea culpa *Vrs.* '*ex libro Longolii*' 23 statueram *Madvig*: sit v- O^1M^1W: sciv- *ERδ* 25 cessi meis *Lamb.* (*marg.*): -im his $WZ^b\lambda$: -im iis *O*[?]: -imus *Ω*

quibus unus qua mente fuerit, is quem tu mihi commendas, cognosces ex ipsius litteris quas ad te et ad alios misit. Quas ego numquam aperuissem, nisi res acta sic esset. Delatus est ad me fasciculus. Solvi, si quid ad me esset litterarum. Nihil erat; epistula Vatinio et Ligurio altera. Iussi ad eos deferri. Illi ad me statim ardentes dolore venerunt scelus hominis clamantes; epistulas mihi legerunt plenas omnium in me probrorum. Hic Ligurius furere: se enim scire summo illum in odio fuisse Caesari; illum tamen non modo favisse sed etiam tantam illi pecuniam dedisse honoris mei causa. Hoc ego dolore accepto volui scire quid scripsisset ad ceteros; ipsi enim illi putavi perniciosum fore, si eius hoc tantum scelus percrebruisset. Cognovi eiusdem generis. Ad te misi: quas si putabis illi ipsi utile esse reddi, reddes. Nil me laedet. Nam quod resignatae sunt, habet, opinor, eius signum Pomponia. Hac ille acerbitate initio navigationis cum usus esset, tanto me dolore adfecit ut postea iacuerim, neque nunc tam pro se quam contra me laborare dicitur.

3 Ita omnibus rebus urgeor; quas sustinere vix possum vel plane nullo modo possum. Quibus in miseriis una est pro omnibus quod istam miseram patre, patrimonio, fortuna omni spoliatam relinquam. Qua re te, ut polliceris, videre plane velim. Alium enim cui illam commendem habeo neminem, quoniam matri quoque eadem intellexi esse parata quae mihi. Sed si me non offendes, satis tamen habeto commendatam patruumque in eam quantum poteris mitigato.

Haec ad te die natali meo scripsi. Quo utinam susceptus

2 et ad *ORMW*: et *Eδ* 4 litterarum esset *W* 9 eum tamen *Wes.*: hunc t- *Peter* favisse δ: fuisse *ERM*^{1}*W*: *om.* *O*^{1} 10 etiam *bm*^{2}: et tam *W*: et *Ω* 13 -ebruisset *OΔ*: -ebuisset *ERd*: -epuisset *W* 21 patre, patr- *Graevius*: parte [-em *OR*] matr- *ΣW*: partem tr- *M*^{1}: parte [*vel* partu] patr- *M*^{2}: partu patr- *bms*: patr- *d*: patre, matr- *Schmidt* 22 ut *ER*: *om.* *OΔW* [*spat. duarum litterarum in M*] 26 eam *W*: ea *Ω*

non essem, aut ne quid ex eadem matre postea natum esset! Plura scribere fletu prohibeor.

X

Scr. Brundisi xii Kal. Febr. an. 47.

CICERO ATTICO SALVTEM.

1 Ad meas incredibilis aegritudines aliquid novi accedit ex iis quae de Quintis ad me adferuntur. P. Terentius, meus necessarius, operas in portu et scriptura Asiae pro magistro dedit. Is Quintum filium Ephesi vidit VI Id. Dec. eumque studiose propter amicitiam nostram invitavit; cumque ex eo de me percontaretur, eum sibi ita dixisse narrabat, se mihi esse inimicissimum, volumenque sibi ostendisse orationis quam apud Caesarem contra me esset habiturus. Multa ⟨a⟩ se dicta contra eius amentiam. Multa postea Patris [eius] simili scelere secum Quintum patrem locutum; cuius furorem ex iis epistulis quas ad te misi perspicere potuisti. Haec tibi dolori esse certo scio; me quidem excruciant et eo magis quod mihi cum illis ne querendi quidem locum futurum puto.

2 De Africanis rebus longe alia nobis ac tu scripseras nuntiantur. Nihil enim firmius esse dicunt, nihil paratius. Accedit Hispania et alienata Italia, legionum nec vis eadem nec voluntas, urbanae res perditae. Quid est ubi acquiescam, nisi quam diu tuas litteras lego? Quae essent profecto crebriores, si quid haberes quo putares meam molestiam minui posse. Sed tamen te rogo ut ne intermittas scribere ad me quicquid erit eosque qui mihi tam crudeliter inimici sunt, si odisse non potes,

5 -tudines *ERδ*: -tudo O^1M^1W 6 de .Q. Q. M^1: deque .Q. *W*: de .Q. EM^cdm: de quinto *bs*: de fratre Q. *O*: de .q. fr. *R* 7 operas *ΣMd*: magnas op- *bmsW* magistro *Hervagius*: mag̊ *R*: mago *P*: magno *EOΔW* 10 percont- *WC*: cont- [cunt- *E*] *Ω* 12 a *δ*: *om.* $ΣM^1W$ 13 Patris *Orelli*: patris eius *ΩW* 14 iis *Om*: is *R*: hiis *E*: his *ΔW* 16 certo *OδW*: -te *ERM* 20 italia WCZ^l: alia *Ω* 24 ut ne *W*: ut $ΣM^1$: ne *δ*

accuses tamen, non ut aliquid proficias sed ut tibi me carum esse sentiant. Plura ad te scribam, si mihi ad eas litteras quas proxime ad te dedi rescripseris. Vale. XII Kal. Febr.

XI *Scr. Brundisi viii Id. Mart. an. 47.*

CICERO ATTICO SALVTEM.

1 Confectus iam cruciatu maximorum dolorum ne si sit quidem quod ad te debeam scribere facile id exsequi possim, hoc minus quod res nulla est quae scribenda sit, cum praesertim ne spes quidem ulla ostendatur fore melius. Ita iam ne tuas quidem litteras exspecto, quamquam semper aliquid adferunt quod velim. Qua re tu quidem scribito, cum erit cui des. Ego tuis proximis, quas tamen iam pridem accepi, nihil habeo quod rescribam. Longo enim intervallo video mutata esse omnia: illa esse firma quae debeant, nos stultitiae nostrae gravissimas poenas pendere.

2 P. Sallustio curanda sunt HS. $\overline{\text{XXX}}$, quae accepi a Cn. Sallustio. Velim videas ut sine mora curentur. De ea re scripsi ad Terentiam. Atque hoc ipsum iam prope consumptum est. Qua re id quoque velim cum illa videas, ut sit qui utamur. Hic fortasse potero sumere, si sciam istic paratum fore; sed prius quam id scirem nihil sum ausus sumere. Qui sit omnium rerum status noster vides. Nihil est mali quod non et sustineam et exspectem. Quarum rerum eo gravior est dolor quo culpa maior. Ille in Achaia non cessat de nobis detrahere. Nihil videlicet tuae litterae profecerunt. Vale. VIII Id. Mart.

1 me tibi carum λ: c- me bibi *b codd. Mal.* 2 esse Ωλ: *om. W* 7 possim *R*: -sem *OPΔW* 13 mutata *ORW*: imm- *Δ* 14 debent *cod. Ball.*

XII

Scr. Brundisi viii Id. Mart. an. 47.

CICERO ATTICO SALVTEM.

1 Cephalio mihi a te litteras reddidit a. d. VIII Id. Mart. vespere. Eo autem die mane tabellarios miseram, quibus ad te dederam litteras. Tuis tamen lectis litteris putavi aliquid rescribendum esse, ea re maxime quod ostendis te pendere animi quamnam rationem sim Caesari adlaturus profectionis meae tum cum ex Italia discesserim. Nihil opus est mihi nova ratione. Saepe enim ad eum scripsi multisque mandavi me non potuisse, cum cupissem, sermones hominum sustinere, multaque in eam sententiam. Nihil enim erat quod minus eum vellem existimare quam me tanta de re non meo consilio usum esse. Posteaque, cum mihi litterae a Balbo Cornelio minore missae essent, illum existimare Quintum fratrem 'lituum' meae profectionis fuisse (ita enim scripsit), qui nondum cognossem quae de me Quintus scripsisset ad multos, etsi multa praesens in praesentem acerbe dixerat et fecerat, tamen nilo minus his verbis ad Caesarem scripsi:

2 'De Quinto fratre meo non minus laboro quam de me ipso, sed eum tibi commendare hoc meo tempore non audeo. Illud dumtaxat tamen audebo petere abs te, quod te oro, ne quid existimes ab illo factum esse quo minus mea in te officia constarent minusve te diligerem, potiusque semper illum auctorem nostrae coniunctionis fuisse meique itineris comitem, non ducem. Qua re ceteris in rebus tantum ei tribues quantum humanitas tua amicitiaque vestra postulat. Ego ei

5 aliquid *ΩW*: tamen al- *C*: tandem al- *Iens.*: iam al- *nescio quis* 6 ea re *W*: eo *EPδ*: ea *R*: *om.* M^1 9 me *W*: *om. Ω* 10 cum [quom] *ERΔ*: quem *OW*: quomodo *cod. Ball.* 13 cum *Man.*: quam *ΩW* 17 et f- *E*: eff- *Ω* 18 nilo minus his *Graevius* [*sed* nihilo: nilo *Klotz*]: .l. lomeous M^1: .l. meo iis EO^2RM^2m: L. in eo his [iis *s*] *bs*: .L. meonis *d*: L. lomeo his *λ* [lomeo *etiam* Z^{β}] scripsi *OΔ*: resc- ERM^2d 21 quod potero *Mueller*: *alii alia* 26 vestra $EOMd^2m$: nostra Rbd^1s

ne quid apud te obsim, id te vehementer etiam atque etiam rogo.'

3 Qua re si quis congressus fuerit mihi cum Caesare, etsi non dubito quin is lenis in illum futurus sit idque iam declaraverit, ego tamen is ero qui semper fui. Sed, ut video, multo magis est nobis laborandum de Africa; quam quidem tu scribis confirmari cotidie magis ad condicionis spem quam victoriae. Quod utinam ita esset! Sed longe aliter esse intellego teque ipsum ita existimare arbitror, aliter autem scribere non fallendi sed confirmandi mei causa, praesertim cum adiungatur ad Africam etiam Hispania.

4 Quod me admones ut scribam ad Antonium et ad ceteros, si quid videbitur tibi opus esse, velim facias id quod saepe fecisti. Nihil enim mihi venit in mentem quod scribendum putem. Quod me audis fractiorem esse animo, quid putas cum videas accessisse ad superiores aegritudines praeclaras generi actiones? Tu tamen velim ne intermittas, quod eius facere poteris, scribere ad me, etiam si rem de qua scribas non habebis. Semper enim adferunt aliquid mihi tuae litterae.

Galeonis hereditatem crevi. Puto enim cretionem simplicem fuisse, quoniam ad me nulla missa est. VIII Id. Mart.

XIII *Scr. Brundisi vii Id. Mart. vel paulo post, an. 47.*

CICERO ATTICO SALVTEM.

1 A Murenae liberto nihil adhuc acceperam litterarum. P. Siser reddiderat eas quibus rescribo. De Servi patris litteris quod scribis, item Quintum in Syriam venisse quod ais esse qui nuntient, ne id quidem verum est. Quod certiorem te vis

14 quod O^2M^c*bds*: quid O^1RM^1*m* 15 fractiorem *Vict.*: erectiorem [-re *bms*] *Ω* 16 accessisse *b*: accepisse *Ω* 17 generi *Hervagius*: -re *Ω* 19 tu(a)e litter(a)e ORM^c*ds*: l- t- M^1*bm* 20 puto *C*: duto O^1[?]*RMdm*: duco O^2[?]*bs* cret- *Ascensius*: crut- [cruc-] *Ω*

fieri quo quisque in me animo sit aut fuerit eorum qui huc
venerunt, neminem alieno intellexi. Sed quantum id mea
intersit existimare te posse certo scio. Mihi cum omnia sint
intolerabilia ad dolorem, tum maxime quod in eam causam
venisse me video ut sola utilia mihi esse videantur quae
semper nolui.

P. Lentulum patrem Rhodi esse aiunt, Alexandriae filium,
Rhodoque Alexandriam C. Cassium profectum esse constat.

Quintus mihi per litteras satis facit multo asperioribus **2**
verbis quam cum gravissime accusabat. Ait enim se ex litteris
tuis intellegere tibi non placere quod ad multos de me asperius
scripserit, itaque se paenitere quod animum tuum offenderit;
sed se iure fecisse. Deinde perscribit spurcissime quas ob
causas fecerit. Sed neque hoc tempore nec antea patefecisset
odium suum in me, nisi omnibus rebus me esse oppressum
videret. Atque utinam vel nocturnis, quem ad modum tu
scripseras, itineribus propius te accessissem! Nunc nec ubi nec
quando te sim visurus possum suspicari.

De coheredibus Fufidianis nihil fuit quod ad me scriberes; **3**
nam et aequum postulant et quicquid egisses recte esse actum
putarem. De fundo Frusinati redimendo iam pridem intel- **4**
lexisti voluntatem meam. Etsi tum meliore loco res erant
nostrae neque tam mihi desperatum iri videbantur, tamen in
eadem sum voluntate. Id quem ad modum fiat tu videbis. Et
velim, quod poteris, consideres ut sit unde nobis suppedi-
tentur sumptus necessarii. Si quas habuimus facultates, eas

3 certo *O*δ: -te *RM* sunt *Ascensius* 12 scripserit *Bos.*: -psit *ERΔ*: ḍịxịṭ scripsit *O* offenderit *ER*δ: -ret O^1M^1 13 spurc-] sed parc- *C. F. Hermann* 21 putarem *bs*: -et *ORMdm*: -es *P* 23 tam $Z^b\lambda$: tamen *Ω*[*post* mihi *O*: *om. b*] mihi desperatum iri $Z^b\lambda$: m- [m- tamen *O*] desperaturi ita *ORMm*: -aturi m- ita *bds* videbantur $\Omega Z^b\lambda$: -amur *bm*: -atur *Gronovius* [*sed cf. Plaut. Rud. 1242, Quint. Inst. ix. 2. 88*] 24 id *Vict.*: is *Ω*: his *P*: in iis *κ* fiat tu *κ*: flat tu *s*: flatu *Ω* 25 quod OM^1: quo *R*: quoad δ: quo ad *E*

Pompeio tum cum id videbamur sapienter facere detulimus. Itaque tum et a tuo vilico sumpsimus et aliunde mutuati sumus cum Quintus queritur per litteras sibi nos nihil dedisse, qui neque ab illo rogati sumus neque ipsi eam pecuniam aspeximus. Sed velim videas quid sit quod confici possit quidque mihi de omnibus des consili; et causam nosti.

5 Plura ne scribam dolore impedior. Si quid erit quod ad quos scribendum meo nomine putes, velim, ut soles, facias, quotiensque habebis cui des ad me litteras nolim praetermittas. Vale.

XIV

Scr. Brundisi ex. mense Apr. an. 47.

CICERO ATTICO SALVTEM.

1 Non me offendit veritas litterarum tuarum quod me cum communibus tum praecipuis malis oppressum ne incipis quidem, ut solebas, consolari faterisque id fieri iam non posse. Nec enim ea sunt quae erant antea cum, ut nihil aliud, comites me et socios habere putabam. Omnes enim Achaici deprecatores itemque in Asia quibus non erat ignotum, etiam quibus erat, in Africam dicuntur navigaturi. Ita praeter Laelium neminem habeo culpae socium; qui tamen hoc meliore
2 in causa est quod iam est receptus. De me autem non dubito quin ad Balbum et ad Oppium scripserit; a quibus, si quid esset laetius, certior factus essem, tecum etiam essent locuti. Quibuscum tu de hoc ipso conloquare velim et ad me quid tibi responderint scribas, non ⟨quod⟩ ab isto salus data quicquam habitura sit firmitudinis, sed tamen aliquid consuli et

3 queritur *Madvig*: -reretur *Ω* 6 omnibus ⟨rebus⟩ *Wes.* 7 quos *δ*: quo *ORM*^{1}: quem *P*: quenquam *cod. Vrs.*: aliquos *Lamb.* 9 nolim *O*^{2}*bs*: velim *O*^{1}*RMdm*: non v- *P*: v- neminem *cod. Ball.* 10 vale *Eds*: val. *Mm*: cura ut valeas *OR*: *om. Pb* 18 in asia *Ω*: asiani *cod. Vrs.* 20 meliore in *M*^{2} [*sed* in *del.*] *cod. Helmst.*, *κ*: -orem *M*^{1}: -ore *ORδ* 21 causa *Vict.*: casu *Ω* 25 quod *δ*: *om. O*^{1}*RM*^{1}: quo *Baiter*

prospici poterit. Etsi omnium conspectum horreo, praesertim
hoc genero, tamen in tantis malis quid aliud velim non reperio. Quintus pergit, ut ad me et Pansa scripsit et Hirtius, **3**
isque item Africam petere cum ceteris dicitur. Ad Minucium
Tarentum scribam et tuas litteras mittam; ad te scribam num
quid egerim. HS $\overline{\text{xxx}}$ potuisse mirarer, nisi multa de Fufidianis
praediis. †advideo et† tamen exspecto; quem videre, si ullo
modo potest †enim res†, pervelim. Iam extremum conclu-
ditur; quod ibi facile est quale sit, hic gravius existimare.
Vale.

XV *Scr. Brundisi prid. Id. Mai. an. 47.*

CICERO ATTICO SALVTEM.

Quoniam iustas causas adfers cur te hoc tempore videre **1**
non possim, quaeso quid sit mihi faciendum. Ille enim ita
videtur Alexandria teneri ut eum scribere etiam pudeat de
illis rebus, hi autem ex Africa iam adfuturi videntur, Achaici,
item ex Asia redituri ad eos aut libero aliquo loco commora-
turi. Quid mihi igitur putas agendum? Video difficile esse
consilium. Sum enim solus aut cum altero cui neque ad illos
reditus sit neque ab his ipsis quicquam ad spem ostendatur.
Sed tamen scire velim quid censeas; idque erat cum aliis cur
te, si fieri posset, cuperem videre.

2 genero *ΔC*: -re *ORs*² aliud *Rds*: aliquid *OMbm* 5 Tarentum *Gronovius*: par- *Ω*: parentem *Z*^(b) num *Sal.–Reg.*: nam *Ω* 7 advideo [ad v- *R*] et *OR*: et adv- [ad v-] *Δ*: te avide *Wes.*: *alii alia* quem *Z*^b: quam *Ω* 8 potest *O*¹*RsZ*^b: post *Δ*: potest, ⟨poscit⟩ *Graevius, fort. recte* res *Ω*: res nostra *κ* pervelim *Ernesti*: -llem *ΩZ*^b 9 quod *e.q.s. ita scripsi, praeeunte Purser, qui* quod quale sit ibi facile est: ibi [id *R*] f- est quod [quid *Z*^b] quale sit *ΩZ*^b: *alii alia* hic gravius *C*: gravius *Z*^b: -vis *Ω*: -ve est *κ* 13 cur *cod. Vrs.*: quod *bs*: quid *ΣMm*: qui *d* 14 possim *ORM*^c*dms*: -sum *EPM*¹[?]*b* cogita *post* quaeso *add. Mueller, alii alia*: *malim* tu [*vel* iam: *sc.* scribe] *ante* quaeso, *conlato* [*quod fecit Sjögren*] *p.* 75. 1 quid *Eδ*: quod *ORM*¹ 15 -dria teneri *scripsi*: -driam tenere *Ω* 16 Achaici *K*: achei *Ω*

2 Minucium $\overline{\text{XII}}$ sola curasse scripsi ad te antea. Quod superest velim videas ut curetur. Quintus non modo non cum magna prece ad me sed acerbissime scripsit, filius vero mirifico odio. Nihil fingi potest mali quo non urgear. Omnia tamen sunt faciliora quam peccati dolor, qui et maximus est et aeternus. Cuius peccati si socios essem habiturus ego quos putavi, tamen esset ea consolatio tenuis. Sed habet aliorum omnium ratio exitum, mea nullum. Alii capti, alii interclusi non veniunt in dubium de voluntate, eo minus scilicet cum se expedierint et una esse coeperint. Ii autem ipsi qui sua voluntate ad Fufium venerunt nihil possunt nisi timidi existimari. Multi autem sunt qui, quocumque [sunt] modo ad illos se recipere volent, recipientur. Quo minus debes mirari non posse me tanto dolori resistere. Solius enim meum peccatum corrigi non potest et fortasse Laeli. Sed quid me id levat? Nam C. quidem Cassium aiunt consilium Alexandriam eundi mutavisse.

3 Haec ad te scribo, non ut queas tu demere sollicitudinem sed ut cognoscam ecquid tu ad ea adferas quae me conficiunt; ad quae gener accedit et cetera quae fletu reprimor ne scribam. Quin etiam Aesopi filius me excruciat. Prorsus nihil abest quin sim miserrimus. Sed ad primum revertor, quid putes faciendum, occultene aliquo propius veniendum an mare transeundum. Nam hic maneri diutius non potest.

4 ⟨De⟩ Fufidianis qua re nihil potuit confici? Genus enim condicionis eius modi fuit in quo non solet esse controversia, cum ea pars quae videtur esse minor licitatione expleri posset. Hoc ego non sine causa quaero. Suspicor enim coheredes dubiam nostram causam putare et eo rem in integro esse malle. Vale. Prid. Id. Mai.

6 ego quos *EOΔ* : quos ego *R cod. Faërn.* : eos quos *Corr.* 10 ii *E* : hii *R* : hi *OΔ* 12 sunt *del. Lamb.* (*marg.*) 16 quidem *ds* : eq- *ΣMbm* 17 ut *Ω*: quo *Tyrrell–Purser*, *fort. recte* queas tu *ERδ* : queam tuam $O^1\lambda$: quem tuam M^1 24 de *add. Crat.* 26 possit *Corr.* 29 malle *O* : *om. RΔ* : velle *Corr.* vale *Δ* : cura ut valeas *R* : *om. Ob*

XVI *Scr. Brundisi iii Non. Iun. an. 47.*

CICERO ATTICO SALVTEM.

Non meo vitio fit hoc quidem tempore (ante enim est 1
peccatum) ut me ista epistula nihil consoletur. Nam et exigue scripta est et suspiciones magnas habet non esse ab illo; quas animadvertisse te existimo. De obviam itione ita faciam ut suades. Neque enim ulla de adventu eius opinio est neque si qui ex Asia veniunt quicquam auditum esse dicunt de pace; cuius ego spe in hanc fraudem incidi. Nihil video quod sperandum putem, nunc praesertim cum ea plaga in Asia sit accepta, in Illyrico, in Cassiano negotio, in ipsa Alexandria, in urbe, ⟨in⟩ Italia. Ego vero, etiam si rediturus ille est qui adhuc bellum gerere dicitur, tamen ante reditum eius negotium confectum iri puto.

Quod autem scribis quandam laetitiam bonorum esse com- 2
motam ut sit auditum de litteris, tu quidem nihil praetermittis in quo putes aliquid solaci esse, sed ego non adducor quemquam bonum ullam salutem putare mihi tanti fuisse ut eam peterem ab illo, et eo minus quod huius consili iam ne socium quidem habeo quemquam. Qui in Asia sunt rerum exitum exspectant, Achaici etiam Fufio spem deprecationis adferunt. Horum et timor idem fuit primo qui meus et constitutum; mora Alexandrina causam illorum correxit, meam evertit.
Quam ob rem idem a te nunc peto quod superioribus litteris, 3
ut, si quid in perditis rebus dispiceres quod mihi putares faciendum, me moneres. Si recipior ab his, quod vides non fieri, tamen, quoad bellum erit quid agam aut ubi sim non reperio; sin iactor, eo minus. Itaque tuas litteras exspecto, easque ut ad me sine dubitatione scribas rogo.

3 fit *Vict.*: fuit *Ω* 7 ulla de *Lamb.*: valde *ΩZ*$^{(l)}$: valde de *P cod. Faërn.* adventus *E* 12 in italia *b*: it- *Ω* 19 illo *κ*: ullo *Ω* 21 auferunt *Man.*: diff- *Gronovius* 24 superioribus *Vict.*: tui [tu *bs*: in *P*] prior- *Ω* 28 iactor aut reiicior *κ*

4 Quod suades ut ad Quintum scribam de his litteris, facerem, si me quicquam istae litterae delectarent. Etsi quidam scripsit ad me his verbis: 'Ego, ut in his malis, Patris sum non invitus; essem libentius, si frater tuus ea de te loqueretur quae ego audire vellem.' Quod ais illum ad te scribere me sibi nullas litteras remittere, semel ab ipso accepi; ad eas Cephalioni dedi, qui multos mensis tempestatibus retentus est. Quintum filium ad me acerbissime scripsisse iam ante ad te scripsi.

5 Extremum est quod te orem, si putas rectum esse et a te suscipi posse, cum Camillo communices ut Terentiam moneatis de testamento. Tempora monent ut videat ut satis faciat quibus debeat. Auditum ex Philotimo est eam scelerate quaedam facere. Credibile vix est, sed certe, si quid est quod fieri possit, providendum est. De omnibus rebus velim ad me scribas et maxime quid sentias de ea in qua tuo consilio egeo etiam si nihil excogitas. Id enim mihi erit pro desperato. III Non. Iun.

XVII *Scr. Brundisi prid. Id. aut Id. Iun. an. 47.*

CICERO ATTICO SALVTEM.

(1) Properantibus tabellariis alienis hanc epistulam dedi. Eo brevior est, et quod eram missurus nostros. Tullia mea venit ad me prid. Id. Iun. deque tua erga se observantia benevolentiaque mihi plurima exposuit litterasque reddidit trinas. Ego autem ex ipsius virtute, humanitate, pietate non modo eam voluptatem non cepi quam capere ex singulari filia debui sed etiam incredibili sum dolore adfectus tale ingenium in tam misera fortuna versari idque accidere nullo ipsius delicto, summa culpa mea. Itaque a te neque consolationem iam, qua

2 etsi q- s- *Lamb.*: q- s- e- *Ω* 6 ipso M^1: illo *Oδ*: eo *R* 12 debet *Ascensius*: -ent *Sal.–Reg.* 15 sentias *Man.*: scribas *ΩZ*^{l} eo *O* qua *Wes.*: quo *Ω* egeo *s* [*in marg.*]: ego *Ω* 21 et *OΔ*: etiam *R*, *Faërn.* '*ex libro Vbaldini*' [*Vrs.*] nostros O^1RM^1C: meos δ

cupere te uti video, nec consilium, quod capi nullum potest, exspecto teque omnia cum superioribus saepe litteris tum proximis temptasse intellego.

XVIIa *Scr. Brundisi xvii Kal. Quint. an. 47.*

⟨CICERO ATTICO SALVTEM.⟩

1 Ego cum Sallustio Ciceronem ad Caesarem mittere cogitabam; Tulliam autem non videbam esse causam cur diutius mecum tanto in communi maerore retinerem. Itaque †ematiam†, cum primum per ipsam liceret, eram remissurus. †Pro ea quem ad modum consolandis scripsisti†, putato ea me scripsisse quae tu ipse intellegis responderi potuisse.

2 Quod Oppium tecum scribis locutum, non abhorret a mea suspicione eius oratio. Sed non dubito quin istis persuaderi nullo modo possit ea quae faciant mihi probari posse, quoquo modo loquar. Ego tamen utar moderatione qua potero; quamquam quid mea intersit ut eorum odium subeam non intellego.

3 Te iusta causa impediri quo minus ad nos venias video, idque mihi valde molestum est. Illum ab Alexandria discessisse nemo nuntiat constatque ne profectum quidem illim quemquam post Id. Mart. nec post Id. Dec. ab illo datas ullas litteras. Ex quo intellegis illud de litteris a. d. v Id. Febr. datis, quod inane esset etiam si verum esset, non verum esse. L. Terentium discessisse ex Africa scimus Paestumque venisse.

6 *novam ep. constituit Schmidt: cum superiore in codd. cohaeret* 8 ematiam *OΔZ*^{β} [-th- *bms*]: emat iam *R*: eat iam *P*: matri eam *Bos.* 9 eram *O*^{2}*bm*^{2}: eam *O*^{1}*RMdm*^{1}: eram eam *s* 10 quem *OPbs*: que *RMdm*: quam *Bos.* consolantis *Bos.* putato ea me *Mal.*: P. [*vel* p.: pudet *C*] tanta eo me *Ω* [me eo *R*] 16 ⟨ne⟩ sub- *Wes.*: ⟨non⟩ sub- *Gronovius* 19 valde *Pbs*: v- si *ORMdm*: v- scilicet *codd. Regii Paris. teste Lallemando* ab *secl. Kayser* 20 illim *cod. Ant.*: illinc *cod. Faërn.*: illic [?] *M*^{c}: illi *ORM*^{1}*dm*: illo *bs* 22 int- ill- *Muretus*: ill- int- illud *Ω*: ill- int- *s*

Quid is adferat aut quo modo exierit aut quid in Africa fiat scire velim. Dicitur enim per Nasidium emissus esse. Id quale sit velim, si inveneris, ad me scribas. De HS $\bar{x}$, ut scribis, faciam. Vale. xvii Kal. Quint.

XVIII *Scr. Brundisi xii Kal. Quint. an. 47.*

CICERO ATTICO SALVTEM.

1 De illius Alexandria discessu nihil adhuc rumoris, contraque opinio valde esse impeditum. Itaque nec mitto, ut constitueram, Ciceronem et te rogo ut me hinc expedias. Quodvis enim supplicium levius est hac permansione. Hac de re et ad Antonium scripsi et ad Balbum et ad Oppium. Sive enim bellum in Italia futurum est sive classibus utentur, hic esse me minime convenit; quorum fortasse utrumque erit,
2 alterum certe. Intellexi omnino ex Oppi sermone quem tu mihi scripsisti quae istorum ira esset, sed ut eam flectas te rogo. Nihil omnino iam exspecto nisi miserum, sed hoc perditius in quo nunc sum fieri nihil potest. Qua re et cum Antonio loquare velim et cum istis et rem, ⟨ut⟩ poteris, expedias et mihi quam primum de omnibus rebus rescribas. Vale. xii Kal. Quint.

XIX *Scr. Brundisi xi Kal. Sext. an. 47*

CICERO ATTICO SALVTEM.

1 Cum tuis dare possem litteras non praetermisi, etsi quid scriberem non habebam. Tu ad nos et rarius scribis quam solebas et brevius, credo quia nihil habes quod me putes

2 emissus *sC*: me m- *Ω* 4 xvii *Man.*: xiiii *b*: xviii *Ω* 12 utentur *scripsi*: utetur *Ω* 15 ira *C. F. Hermann*: via *Ω* 18 ut *Ps*: *om.* *Ω* 23 possem *Sal.–Reg.*: -sim *Ω*

libenter legere aut audire posse. Verum tamen velim quicquid erit, qualecumque erit, scribas. Est autem unum quod mihi sit optandum si quid agi de pace possit; quod nulla equidem habeo in spe, sed quia tu leviter interdum significas, cogis me sperare quod optandum vix est.

Philotimus dicitur Id. Sext. Nihil habeo de illo amplius. **2**
Tu velim ad ea mihi rescribas quae ad te antea scripsi. Mihi tantum temporis satis est dum, ut in pessimis rebus, aliquid caveam, qui nihil umquam cavi. Vale. xi Kal. Sext.

XX *Scr. Brundisi xvi Kal. Sept. an. 47.*

CICERO ATTICO SALVTEM.

xvii Kal. Sept. venerat die xxviii Seleucia Pieria C. Tre- **1**
boni libertus qui se Antiochiae diceret apud Caesarem vidisse Quintum filium cum Hirtio; eos de Quinto quae voluissent impetrasse nullo quidem negotio. Quod ego magis gauderem si ista nobis impetrata quicquam ad spem explorati haberent. Sed et alia timenda sunt ab aliisque, et ab hoc ipso quae dantur, ut a domino, rursus in eiusdem sunt potestate. Etiam **2**
Sallustio ignovit. Omnino dicitur nemini negare; quod ipsum est suspectum, notionem eius differri. M. Gallius Q. f. mancipia Sallustio reddidit. Is venit ut legiones in Siciliam traduceret. Eo protinus iturum Caesarem Patris. Quod si faciet ego, quod ante mallem, aliquo propius accedam. Tuas litteras ad eas quibus a te proxime consilium petivi vehementer exspecto. Vale. xvi Kal. Sept.

1 quicquid *Klotz*: quid *Ω*: si quid *cod. Vrs.*: quod *κ* 5 cogis *bms*: coges *ORMd* 9 qui *δ*: cui *ORM*[1] 12 Pieria *Crat.*: peria *Ω* Treboni libertus *Schmidt*: -ni. u [ii] *ORM*: -ni(i) is *δ* 13 antiochi(a)e [-eae] *ORλ*: -ia [-ea] *Δ* 14 Q.F. [f.] *ORM*: Q. fratrem *δ* eos de Q. *bms*: eos deque *Md*: eosque *OR* 17 aliisque *Vict.*: aliis qu(a)e *Ω*: aliis *Sal.–Reg.* 20 cognitionem eius *cod. Vrs.*: mentionem mei *Reid* 22 eo *ORC*: et *Δ* 25 xvi *OΔ*: xiii *W*: xv *R*: xvii *b*

XXI

Scr. Brundisi vi Kal. Sept. an. 47.

CICERO ATTICO SALVTEM.

1 Accepi vi Kal. Sept. litteras a te datas xii Kal. doloremque quem ex Quinti scelere iam pridem acceptum iam abieceram, lecta eius epistula gravissimum cepi. Tu etsi non potuisti ullo modo facere ut mihi illam epistulam non mitteres, tamen mallem non esse missam.

Ad ea autem quae scribis de testamento, videbis quid et quo modo. De nummis et illa sic scripsit ut ego ad te antea, et nos, si quid opus erit, utemur ex eo de quo scribis.

2 Ille ad Kal. Sept. Athenis non videtur fore. Multa eum in Asia dicuntur morari, maxime Pharnaces. Legio xii, ad quam primam Sulla venit, lapidibus egisse hominem dicitur. Nullam putant se commoturam. Illum arbitrabantur protinus Patris in Siciliam. Sed si hoc ita est, huc veniat necesse est. Ac mallem illud; aliquo enim modo hinc evasissem. Nunc metuo ne sit exspectandum et cum reliquis etiam loci gravitas huic miserrimae perferenda.

3 Quod me mones ut ea quae ⟨agam⟩ ad tempus accommodem, facerem, si res pateretur et si ullo modo fieri posset. Sed in tantis nostris peccatis tantisque nostrorum iniuriis nihil est quod aut facere dignum nobis aut simulare possim. Sullana confers; in quibus omnia genere ipso praeclarissima fuerunt, moderatione paulo minus temperata. Haec autem eius modi sunt ut obliviscar ⟨mei⟩ multoque malim quod omnibus sit melius †quorum utilitatem† meam iunxi. Tu ad me tamen

9 scripsit *W*: -si *Ω* ut *Vict.*: ut et *W*: tu *Ω* [tum *s*: tu *del.* *O²*] 13 primam *Gronovius*: -mum *ΩW* 14 -moturam *RMd*: -moraturam *ObmsW* arbitrantur *PW* 16 illud *Boot*: -um *ΩW*: -uc *Purser*: illim *Orelli* 17 reliquis *s*: -quos *Ω* 19 ea] ea videam *R* agam *add. Klotz*: *alii alia* 25 mei *add. Man.* mult- *bs*: mitt- *ORMdmW* 26 utilitatem eam *W*: -ati meam *Sal.–Reg.*, *quo probato* quam *ante* quorum *add. Madvig. melius fortasse Mueller* ⟨quam quod iis, ad⟩ q- utilitatem, *nisi quod* me *pro* meam *scripsit.*

velim quam saepissime scribas, eoque magis quod praeterea nemo scribit; ac, si omnes, tuas tamen maxime exspectarem. Quod scribis illum per me Quinto fore placatiorem, scripsi ad te antea eum statim Quinto filio omnia tribuisse, nostri nullam mentionem. Vale.

XXII *Scr. Brundisi fort. Kal. Sept. an. 47.*

CICERO ATTICO SALVTEM.

Diligenter mihi fasciculum reddidit Balbi tabellarius. Ac- **1**
cepi enim a te litteras quibus videris vereri ut epistulas illas acceperim. Quas quidem vellem mihi numquam redditas; auxerunt enim mihi dolorem ⟨nec⟩, si in aliquem incidissent, quicquam novi attulissent. Quid enim tam pervulgatum quam illius in me odium et genus hoc litterarum? quod ne Caesar quidem ad istos videtur misisse quasi quo illius improbitate offenderetur, sed, credo, uti notiora nostra mala essent. Nam quod te vereri scribis ne illi obsint eique rei ⟨me vis⟩ mederi, ne rogari quidem se passus est de illo. Quod quidem mihi molestum non est; illud molestius, istas impetrationes nostras nihil valere.

Sulla, ut opinor, cras erit hic cum Messalla. Currunt ad **2**
illum pulsi a militibus qui se negant usquam, nisi acceperint. Ergo ille huc veniet, quod non putabant, tarde quidem. Itinera enim ita facit ut multos dies in †oppidum† ponat. Pharnaces autem, quoquo modo aget, adferet moram. Quid mihi igitur censes? Iam enim corpore vix sustineo gravitatem huius caeli quae mihi laborem adfert in dolore. An his illuc

1 velim *Iens.*: vellem *ΩW*   4 antea *Sal.–Reg.*: ad ea *ΩW*   11 nec *add. Man.*   13 quod] quas *Kayser*   ne *O*¹*RW*: nec *Δ*   14 quasi qui *Mueller*: quasi *Lamb.*: quo *Ernesti*   -tate *Rom.*: -tatem *ΩW*   16 me vis *add. Madvig*   me debere *post* mederi *add. Purser*   17 ne rogari *Vict.*: negari *ΩW*   21 negant *P*: -at *ΩW*   22 putabam *bs*   23 oppidis *Lamb.*: uno oppido *Peerlkamp*: oppido uno *Schmidt*   26 quae *Corr.*: qui *ΩW* [*ex* quid]: quod *cod. Vrs.*   languorem *κ cod. Vrs.*

euntibus mandem ut me excusent, ipse accedam propius? Quaeso, attende et me, quod adhuc saepe rogatus non fecisti, consilio iuva. Scio rem difficilem esse, sed ut ⟨in⟩ malis etiam illud mea magni interest te ut videam. Profecto aliquid profecero, si id acciderit. De testamento, ut scribis, animadvertes.

XXIII

Scr. Brundisi vii Id. Quint. an. 47.

CICERO ATTICO SALVTEM.

1 Quod ad te scripseram ut cum Camillo communicares, de eo Camillus mihi scripsit ⟨te⟩ secum locutum. Tuas litteras exspectabam; nisi illud quidem mutari, si aliter est et oportet, non video posse. Sed cum ab illo accepissem litteras, desideravi tuas (etsi putabam te certiorem factum non esse), modo valeres; scripseras enim te quodam valetudinis genere temptari.

2 Agusius quidam Rhodo venerat VIII Id. Quint. Is nuntiabat Quintum filium ad Caesarem profectum IIII Kal. Iun., Philotimum Rhodum pridie eum diem venisse, habere ad me litteras. Ipsum Agusium audies. Sed tardius iter faciebat. Eo feci ut [eo] celeriter eunti darem. Quid sit in iis litteris nescio, sed mihi valde Quintus frater gratulatur. Equidem in meo tanto peccato nihil ne cogitatione quidem adsequi possum quod mihi tolerabile possit esse.

3 Te oro ut de hac misera cogites, et illud de quo ad te

2 saepe rogatus *δW*: se periba- [sepe r-] *O*¹[?]*RM*¹ 3 ut ⟨in⟩ *Beroaldus*: ut *ΩWZ*⁽ᵇ⁾ 10 scripsit te secum *Rom.*: -psisse cum *ORMdmW*: -psit secum *b*: -psit se tum *s*: -psisse *codd. Faërn. Ant.*: -psit se tecum *Bos.* 11 est *O*¹*RW*: *om. Δ* et *ΩWλ*: atque *Lamb.* 12 ab illo *W*: a nillo *M*: a millo *m*: a nullo *ORbs*: *om. d* [*spat.*] 14 valeres *W*: -ere *Ω* 16 augusius *dW*: -stus *P* 19 agusium *s*: augustum *ΩW* audies *Rom.*: -ens *ΩW* 20 ut *Graevius*: ut eo *ΩWZ*ᵇ: ut ei *s*: *fort.* ut meo iis *R*: his *OΔW* 22 ne cogitat- *Rom.*: negotiat- *ΩW*

proxime scripsi, ut aliquid conficiatur ad inopiam propulsandam, et etiam de ipso testamento. Illud quoque vellem antea, sed omnia timuimus. Melius quidem in pessimis nihil fuit discidio. Aliquid fecissemus ut viri vel tabularum novarum nomine vel nocturnarum expugnationum vel Metellae vel omnium malorum; nec res perisset et videremur aliquid doloris virilis habuisse. Memini omnino tuas litteras sed et tempus illud; etsi quidvis praestitit. Nunc quidem ipse videtur denuntiare; audimus enim de statua Clodi. Generumne nostrum potissimum vel hoc vel tabulas novas? Placet mihi igitur (et idem tibi) nuntium remitti. Petet fortasse tertiam pensionem. Considera igitur tumne cum ab ipso nascetur an prius. Ego, si ullo modo potuero, vel nocturnis itineribus experiar ut te videam. Tu et haec et si quid erit quod intersit me scire scribas velim. Vale.

XXIV

Scr. Brundisi viii Id. Sext. an. 47.

CICERO ATTICO SALVTEM.

Quae[dam] ad me et, quae etiam ad me vis, ad Tulliam 1
de me scripsisti, ea sentio esse vera. Eo sum miserior, etsi nihil videbatur addi posse, quod mihi non modo irasci gravissima iniuria accepta sed ne dolere quidem impune licet. Qua re istuc feramus. Quod cum tulerimus, tamen eadem erunt perpetienda quae tu ne accidant ut caveamus mones. Ea enim

4 viri *Pantagathus*: vivi *ΩW* 5 vel [*ante* Metellae] *Ω*: vel in $WZ^{l\beta}$: velim Z^{b} [*fort. ex errore typogr.*]: *fort.* vel iam 6 malorum WZ^{l}: maio- *Ω* 9 de statua *Purser*: de staturi [dest-] $\Delta Z^{b}\lambda$: testaturi $O^{1}R$: detestari '*al. v.c.*' *ap. Lamb. marg.*: de statu *Rom.* 10 vel hoc *Purser*: ut hoc *Ω* 11 et idem *Vict.*: est idem *Ω*: et item *Orelli* 12 cum λ: vim *Ω* ab ipso $O^{1}R\lambda$: abuso *Δ* 15 mea *Ernesti*: *anne* ⟨mea⟩ me [*cf. p.* 234. 2, *Clu.* 149]? 18 quae *scripsi*: quae dudum *Ascensius* me [*post.*] $O\Delta Z^{b\beta}$: in *R* vis ad $ObsZ^{\beta}$: bis ad Z^{b}: visat [vis at] *Mdm*: eius et *R* 19 miserior etsi *bms*: -ore si *Md*: -or si *OR* 21 licet *Ernesti*: -eat *Ω*

est a nobis contracta culpa ut omni statu omnique populo eundem exitum habitura videatur.

2 Sed ad meam manum redeo; erunt enim haec occultius agenda. Vide, quaeso, etiam nunc de testamento; quod tum factum ⟨vellem⟩ cum illa quaerere coeperat. Non, credo, te commovit; neque enim rogavit, ne me quidem. Sed quasi ita sit, quoniam in sermonem iam venisti, poteris eam monere ut alicui committat cuius extra periculum huius belli fortuna sit. Equidem tibi potissimum velim, si idem illa vellet. Quam quidem celo miseram me hoc timere. De illo altero, scio equidem venire nunc nil posse, sed seponi et occultari possunt
3 ut extra ruinam sint eam quae impendet. Nam quod scribis nobis nostra et tua ⟨et⟩ Terentiae fore parata, tua credo, nostra quae poterunt esse? De Terentia autem (mitto cetera quae sunt innumerabilia), quid ad hoc addi potest? Scripseras ut HS $\overline{\text{XII}}$ permutaret; tantum esse reliquum de argento. Misit illa ccıↄↄ mihi et adscripsit tantum esse reliquum. Cum hoc tam parvum de parvo detraxerit, perspicis quid in maxima re fecerit.

4 Philotimus non modo nullus venit sed ne per litteras quidem aut per nuntium certiorem facit me quid egerit. Epheso qui veniunt ibi se eum de suis controversiis in ius adeuntem vidisse nuntiant; quae quidem (ita enim veri simile est) in adventum Caesaris fortasse reiciuntur. Ita aut nihil puto eum habere quod putet ad me celerius perferendum

1 ut *bsλ*: *om. ORMdm* 3 redeo; erunt *Wes.* [redeo. sunt *Lamb.*]: reddiderint *Ω* 4 agenda *bms*: acceda *M*: -am *OR*: -at *d* 5 vellem *addidi* haerere *cod. Vrs.* te . . . rogavit *ita Gronovius*: et commoti neque eum [enim *cod. Helmst.*] rogari *Ω* 7 sermonem *bs*: -ne *ORMdm* 8 fortuna sit. Eq- *Man.*: -nas te q- *Ω* 9 illa] Tullia *Tyrrell–Purser* velit *Wes.* 10 me *Lamb.*: mi(hi) *OΔ*: in *R* 13 nostra et tua *Vict.*: -r(a)e et tu(a)e *Ω* et Ter- *Schmidt*: ter- *Ω*: Tulliae *Lamb.* 14 de *s*: si de *ORMbm*: si *d* 16 permutarem *Corr.* 20 ne . . . aut *Rom.*: se . . . ut *Ω* 22 se eum *Sal.–Reg.*: secum *Ω* 25 puto . . . quod *bis ORMdm*

aut adeo me magis esse despectum ut, etiam si quid habet, id nisi omnibus suis negotiis confectis ad me referre non curet. Ex quo magnum equidem capio dolorem sed non tantum quantum videor debere. Nihil enim mea minus interesse puto quam quid illinc adferatur. Id quam ob rem te intellegere certo scio.

5 Quod me mones de vultu et oratione ad tempus accommodanda, etsi difficile est, tamen imperarem mihi, si mea quicquam interesse putarem. Quod scribis ⟨te binis⟩ litteris putare Africanum negotium confici posse, vellem scriberes cur ita putares; mihi quidem nihil in mentem venit qua re id putem fieri posse. Tu tamen velim, si quid erit quod consolationis aliquid habeat, scribas ad me; sin, ut perspicio, nihil erit, scribas id ipsum. Ego ad te, si quid audiero citius, scribam. Vale. VIII Id. Sext.

XXV *Scr. Brundisi iii Non. Quint. an. 47.*

CICERO ATTICO SALVTEM.

1 Facile adsentior tuis litteris quibus exponis pluribus verbis nullum ⟨esse⟩ consilium quo a te possim iuvari. Consolatio certe nulla est quae levare possit dolorem meum. Nihil est enim contractum casu (nam id esset ferendum), sed omnia fecimus his erroribus et miseriis et animi et corporis, quibus proximi utinam mederi maluissent! Quam ob rem, quoniam neque consili tui neque consolationis cuiusquam spes ulla mihi ostenditur, non quaeram haec a te posthac; tantum

1 aut *cod. Vrs.*: ut *ORMdm*: et *bs* adeo *Madvig*: eo *Ω* magis [*sc.* puto] *Ω*: in malis *Madvig* 5 certo *Os*: -te *RΔ* 6 ad tempus *C*: attem *Md*: a te *R*: ad rem O^2[?]*bms* accommodanda *P*: -am *Ω* [comm- O^1*d*, commend- *s*] 8 te binis *addidi* [proximis *voluerant Tyrrell–Purser*] 9 putare ⟨te⟩ *Graevius*: ⟨te⟩ p- *Lamb.* vellem *Ernesti*: vellim *R*: velim *Ω* 18 nullum ⟨esse⟩ *Wes.*: nullum *OΔ*: n- te habere *R* 21 his *Ω*: iis *b* 23 cuiusq-] usq- *Madvig*

velim ne intermittas, scribas ad me quicquid veniet tibi in mentem cum habebis cui des et dum erit ad quem des; quod longum non erit.

2 Illum discessisse Alexandria rumor est non firmus ortus ex Sulpici litteris; quas cuncti postea nuntii confirmarunt. Quod verum an falsum sit, quoniam mea nihil interest, utrum malim nescio.

3 Quod ad te iam pridem de testamento scripsi, apud †epistolas velim ut possim adversas.† Ego huius miserrimae facilitate confectus conflictor. Nihil umquam simile natum puto. Cui si qua re consulere aliquid possum, cupio a te admoneri. Video eandem esse difficultatem †quam in consilio date† ante. Tamen hoc me magis sollicitat quam omnia. In pensione secunda caeci fuimus. Aliud mallem; sed praeteriit. Te oro, ut in perditis rebus si quid cogi, confici potest quod sit in tuto, ex argento, ⟨ves⟩te (quae satis multa est), supellectile, des operam. Iam enim mihi videtur adesse extremum nec ulla fore condicio pacis eaque quae sunt etiam sine adversario peritura. Haec etiam, si videbitur, cum Terentia loquere tu opportune. Non queo omnia scribere. Vale. III Non. Quint.

1 ne pristinum hoc officium int- *R* scribere *bs* 4 discessisse *Vict.*: is c- M^{1}: c- $RM^{c}d$: exc- $O^{2}bms$ 5 cuncti O^{2}: eunti $O^{1}RMdm$: euntes $PbsZ^{(l)}$ 7 nescio *Aldus*: scio *Ω* 8 scripsi $O^{1}PZ^{b}$: -it *RΔ* epistolas *e.q.s. ita* $ΩZ^{b}$: te tabulas [*ita Wes.*] v- potissimum adservari *Tyrrell–Purser*: *alii alia* 9 ego huius *Δ*: h- e- *O*[?]*R* miserrimae *Ernesti*: -errima $RZ^{(\beta)}$: -erum ea *Δ*: -eria mea *s*: *de* O^{1} *non liquet* facilitate *Schiche*: facult- $OΔZ^{(\beta)}$: volunt- *R*: infelicit- *Orelli* 10 simile *Rom.*: mile *OΔ*: mille *R* 11 admoneri δ: admori $O^{1}RM^{1}$ 12 video] audeo $M^{1}m$: audio *b* date *Ω*: dare *s*: dando *Pius*, *quod nisi vulgo probassent non commemorarem*: *fort.* diff- in c- quam ante. 14 aliud *Sal.–Reg.*: -um *ΩC* 15 quid $O^{2}bs$: qui $O^{1}RMdm$ 16 ⟨ves⟩te quae *scripsi*: teque $O^{1}Δ$: te qu(a)e *RP* est $O^{1}RM^{1}bm$: ex $O^{2}M^{2}ds$ 19 loquere tu *Orelli*: -retur *RMdm*: -re t [*spat.*] *b*: -re *s*: loquitor *Mal.* 20 opportune *Sal.–Reg.*: -na *RΔ* queo $O^{2}M^{c}ms$: que $O^{1}RM^{1}d$: quaero *b*

AD ATTICVM

LIBER DVODECIMVS

I *Scr. in Arpinati viii Kal. Dec. an. 46.*

CICERO ATTICO SALVTEM.

VNDECIMO die postquam a te discesseram hoc litterularum exaravi egrediens e villa ante lucem, atque eo die cogitabam in Anagnino, postero autem in Tusculano, ibi unum diem: v Kal. igitur ad constitutum. Atque utinam continuo ad complexum meae Tulliae, ad osculum Atticae possem currere! Quod quidem ipsum scribe, quaeso, ad me ut, dum consisto in Tusculano, sciam quid garriat, sin rusticatur, quid scribat ad te; eique interea aut scribes salutem aut nuntiabis itemque Piliae. Et tamen etsi continuo congressuri sumus, scribes ad me si quid habebis. 1

Cum complicarem hanc epistulam, noctuabundus ad me venit cum epistula tua tabellarius; qua lecta de Atticae febricula scilicet valde dolui. Reliqua quae exspectabam ex tuis litteris cognovi omnia; sed quod scribis 'igniculum matutinum ⟨γεροντικόν⟩,' γεροντικώτερον est memoriola vacillare. Ego enim IIII Kal. Axio dederam, tibi III, Quinto quo die venissem, id est v Kal. Hoc igitur habebis, novi nihil. Quid ergo opus erat epistula? Quid cum coram sumus et garrimus 2

Huius libri epistulas non discernunt ORΔ; de codicis E excerptis vide Lehmann, De Cic. ad Att. epp., p. 22. Factam a Manutio et Bosio ordinationem denuo excusserunt Schiche et Schmidt. Equidem in hoc et sequentibus libris ordini a C. F. W. Mueller recepto semper fere assensus sum. 5 anagnino bs^2: agnino Ω 7 possem *scripsi*: -sim Ω 9 sin *C*: in *OΔ*: ut *R*: et *P* rusticatur O^1R: -catu Δ: -cetur *C* 10 aut scribes M^c: ut scribis Ω: scribes *C* 17 γεροντικόν *add. Lamb.* (*marg.*) 18 quo die *R*: quotidie Δ [*silet O, abscisa membrana*]

quicquid in buccam? Est profecto quiddam λέσχη, quae habet, etiam si nihil subest, conlocutione ipsa suavitatem.

II *Scr. Romae paulo ante xiii Kal. Mai. an. 46.*

⟨CICERO ATTICO SALVTEM.⟩

1 Hic rumores tantum: Murcum perisse naufragio, Asinium delatum vivum in manus militum, L navis delatas Vticam reflatu hoc, Pompeium non comparere nec in Balearibus omnino fuisse, ut Paciaecus adfirmat. Sed auctor nullius rei
2 quisquam. Habes quae, dum tu abes, locuti sint. Ludi interea Praeneste. Ibi Hirtius et isti omnes. Et quidem ludi dies VIII. Quae cenae, quae deliciae! Res interea fortasse transacta est. O miros homines! At Balbus aedificat; τί γὰρ αὐτῷ μέλει; Verum si quaeris, homini non recta sed voluptaria quaerenti nonne βεβίωται? Tu interea dormis. Iam explicandum est πρόβλημα, si quid acturus es. Si quaeris quid putem, ego fructum puto. Sed quid multa? Iam te videbo et quidem, ut spero, de via recta ad me. Simul enim et diem Tyrannioni constituemus et si quid aliud.

III *Scr. in Tusculano mense Mai. vel Iun., ut videtur, an. 46.*

⟨CICERO ATTICO SALVTEM.⟩

1 Vnum te puto minus blandum esse quam me aut, si uterque nostrum est aliquando adversus aliquem, inter nos certe numquam sumus. Audi igitur me hoc ἀγοητεύτως dicentem.

1 quicquid EM^2bds : quid RM^1m : quod C 2 ipsa M^cbs : -am $ΣM^1dm$ 5 rumor est *cod. Faërn.*   tantum *F. Schmidt*: tamen *Ω*   *post* tantum *distinxi*   6 delatas *Sal.–Reg.*: -ta in *OΔ*: -tam *ER*   7 reflatu *Iens.*: -tur *Ω*   8 Paciaecus *Orelli*: pacietus [pat-] *Ω*   9 sint O^1R : sunt *Δ*   12 αὐτῷ *C*: ΑΥΤΩΝ *Ω*   13 homini non O^1RC : hominem *Δ*   16 fructum *multis suspectum*   21 *alterum huius ep. exemplum ad xvi.* 5. 3 *post vocem* revertar *habent RPΔ, quorum consensum littera ω indicavi*   aut *ω*: et *Ω*   23 hoc me *ω*

Ne vivam, mi Attice, si mihi non modo Tusculanum, ubi ceteroqui sum libenter, sed *μακάρων νῆσοι* tanti sunt ut sine te sim totos dies. Qua re obduretur hoc triduum, ut te quoque ponam in eodem *πάθει*; quod ita est profecto. Sed velim scire hodiene statim de auctione, et quo die venias. Ego me interea cum libellis; ac moleste fero Vennoni historiam me non habere.

Sed tamen ne nihil de re, nomen illud, quod a Caesare, 2
tris habet condiciones, aut emptionem ab hasta (perdere malo, etsi praeter ipsam turpitudinem hoc ipsum puto esse perdere), aut delegationem a mancipe annua die (quis erit cui credam, aut quando iste Metonis annus veniet?), aut Vettieni condicione semissem. *Σκέψαι* igitur. Ac vereor ne iste iam auctionem nullam faciat, sed ludis factis Atypo subsidio currat, ne talis vir *ἀλογηθῇ*. Sed *μελήσει*. Tu Atticam, quaeso, cura, et ei salutem et Piliae, Tulliae quoque verbis, plurimam.

IV *Scr. in Tusculano paulo post ep. iii, ut videtur, an. 46.*

⟨CICERO ATTICO SALVTEM.⟩

O gratas tuas mihi iucundasque litteras! Quid quaeris? 1
restitutus est mihi dies festus. Angebar enim quod Tiro *ἐνερευθέστερον* te sibi esse visum dixerat. Addam igitur, ut censes, unum diem.

Sed de Catone, *πρόβλημα Ἀρχιμήδειον* est. Non adsequor 2

3 totos *Ω*: tot *ω* 5 et *Ωλ*: aut *Man.* 6 historiam me *ORω*: me h- *Δ* 8 illud quod a c- *Cω*: aliud quid c- [c(a)esar *bds*] *Ω* 9 ab hasta *ω*: ab hastam *M*: ob h- [has tam] O^1[?]*Rδ*: ad h- O^2 11 -onem a *ω*: -one in *Ω* 12 iste *ω*: ipse *Ω* -one semissem *cod. Ball.*: -ones emissem *Ω*: -onis emisse *ω* 14 sed ludis *Man.*: sedulis *ω* [sed ill- *s*, sedulo his *P*, *deest R*]: et sedulo iis [is, his] *Ω* Atypo *vel* *Ἀτύπῳ* [*sc. Balbo*] *Popma*: clypo *MdZ*^{l} [*ed. prima, sed posteriore* elypo]: clipo O^2[?]*R*: clypso *bms*: olympo [oli-] *ω*: Crispo *Lamb.* 15 ΑΛΟΓΗΤΑΙ *vel sim. ω* tu . . . plurimam *ω Rom.* [*ad xvi. 5. 3*], *nisi quod* plurimum [-mis *s*] *ω*: *om. Ω*

ut scribam quod tui convivae non modo libenter sed etiam aequo animo legere possint; quin etiam si a sententiis eius dictis, si ab omni voluntate consiliisque quae de re publica habuit recedam *ψιλῶς*que velim gravitatem constantiamque eius laudare, hoc ipsum tamen istis odiosum *ἄκουσμα* sit. Sed vere laudari ille vir non potest nisi haec ornata sint, quod ille ea quae nunc sunt et futura viderit et ne fierent contenderit et facta ne videret vitam reliquerit. Horum quid est quod Aledio probare possimus? Sed cura, obsecro, ut valeas eamque quam ad omnis res adhibes in primis ad convalescendum adhibe prudentiam.

V *Scr. in Tusculano in. mense Quint., ut videtur, an. 46*

CICERO ATTICO SALVTEM.

1 Quintus pater quartum vel potius millesimum nihil sapit qui laetetur Luperco filio et Statio, ut cernat duplici dedecore cumulatam domum. Addo etiam Philotimum tertium. O stultitiam, nisi mea maior esset, singularem! quod autem os in hanc rem *ἔρανον* a te! Fac non ad *διψῶσαν κρήνην* sed ad *Πειρήνην* eum venisse ⟨aut⟩ '*ἄμπνευμα σεμνὸν Ἀλφειοῦ*', *τὴν κρήνην*, ut scribis, hauriret, in tantis suis praesertim angustiis.
2 *Ποῖ ταῦτα ἄρα ἀποσκήψει;* Sed ipse viderit. Cato me quidem delectat, sed etiam Bassum Lucilium sua.

4 *ψιλῶς Vict.*: ΨΕΙΛΩC $M^{1}Z^{l}$: ΨΕΑΙΜC *R*: *ψευδῶς δ* 5 istis *Bos.*: est iis [his] O^{1}[?]$RM^{2}ds$: est $O^{2}M^{1}bm$ 9 aledio [all- *R*] *Ωλ*: ateκ, *fort. recte*: *vide pp.* 135. 17, 137. 3, 139. 3, 140. 18 14 *Ex ep. v tres fecit Schiche, quattuor Schmidt* 15 et statio $O^{1}R$: et stathio *C*: testario *Δ* dedecore *s* dec- *Ω* 18 os in *Lamb.*: osin $M^{1}dZ^{l}$: osim *Rbms*: obsim *P*: olim O^{2} 19 *Πειρήνην Vict.*: ΗΕΡΙΝΗΝ *vel sim. Ω* aut *add. Lamb.* (*marg.*): et *Mal.* *τὴν κρήνην scripsi*: ΙΝΤΕΡΗΝΗΝ *Mm, sim. O*: *κρήνην* ['*aut certe τρήκην*'] Z^{l}: *del. Kasten* 20 hauriret *scripsi*: -re *Ω* *post* angustiis *plenius interpunxi* 22 Lucili *Reid*

V a *Scr. in Tusculano prid. Kal. Iun. an. 45.*

⟨CICERO ATTICO SALVTEM.⟩

De Caelio tu quaeres, ut scribis; ego nihil novi. Noscenda autem est natura, non facultas modo. De Hortensio et Verginio tu, si quid dubitabis. Etsi quod magis placeat, ego quantum aspicio, non facile inveneris. Cum Mustela, quem ad modum scribis, cum venerit Crispus. Ad Avium scripsi ut ea quae bene nosset de auro Pisoni demonstraret. Tibi enim sane adsentior et istuc nimium diu duci et omnia nunc undique contrahenda. Te quidem nihil agere, nihil cogitare aliud nisi quod ad me pertineat facile perspicio meisque negotiis impediri cupiditatem tuam ad me veniendi. Sed mecum esse te puto, non solum quod meam rem agis verum etiam quod videre videor quo modo agas. Neque enim ulla hora tui mihi est operis ignota.

V b *Scr. in Tusculano iii aut ii Id. Iun. an. 45.*

⟨CICERO ATTICO SALVTEM.⟩

Tubulum praetorem video L. Metello Q. Maximo con- (v. 3)
sulibus. Nunc velim P. Scaevola, pontifex maximus, quibus consulibus tribunus pl. Equidem puto proximis, Caepione et Pompeio; praetor enim ⟨L.⟩ Furio Sex. Atilio. Dabis igitur tribunatum et, si poteris, Tubulus quo crimine. Et vide, quaeso, L. Libo, ille qui de Ser. Galba, Censorinone et Manilio an T. Quintio M'. Acilio consulibus tribunus pl.

4 autem O^1R: *om.* Δ 5 quod *Man.*: quid Ω 7 Avium *Bos.*: aulum Ω 8 nosset *Lamb.*: -em *ORb*: noscem *Mm*: -cerem *ds* demonstraret *Faërn.*: -em *OP*Δ: -etur *R* 9 istuc O^1R: -ud Δ 20 proximis ORZ^b: *om.* Δ 21 L. *add. Beier* 23 -none [-no ne] ORZ^b *cod. Ant.*: -no Δ 24 manilio Z^b *cod. Ant.*: manlio Ω M'. ac- Z^β *cod. Ant.*: M. ac- [mac-] ORZ^b: manlio Δ [an . . . Acilio *om. b*]

fuerit. Conturbat enim me †epitome Bruti Fanniana. In Bruti epitoma Fannianorum scripsit† quod erat in extremo, idque ego secutus hunc Fannium qui scripsit historiam generum esse scripseram Laeli. Sed tu me γεωμετρικῶς refelleras, te autem nunc Brutus et Fannius. Ego tamen de bono auctore Hortensio sic acceperam ut apud Brutum est. Hunc igitur locum expedies.

V c *Scr. in Tusculano prid. Id. Iun. an. 46.*

⟨CICERO ATTICO SALVTEM.⟩

(v. 4) Ego misi Tironem Dolabellae obviam. Is ad me Idibus revertetur. Te exspectabo postridie. ⟨De⟩ Tullia mea tibi antiquissimum esse video idque ita ut sit te vehementer rogo. Ergo ei in integro omnia; sic enim scribis. Mihi etsi Kalendae vitandae fuerunt Nicasionumque ἀρχέτυπα fugienda conficiendaeque tabulae, nihil tamen tanti ut a te abessem fuit. Cum Romae essem et te iam iamque visurum me putarem, cotidie tamen horae quibus exspectabam longae videbantur. Scis me minime esse blandum; itaque minus aliquanto dico quam sentio.

1 fuerit *C*: fierit [*?*]*O*: fieret *R*: si erit *Δ* conturbat CZ^b: -bo *Ω*: -bor *λ cod. Ball.* enim *Ωλ*: etiam *Orelli* me . . . Fanniana *om. λ* epitome CZ^b: et pito me *ORMm*: et puto me *Pbd*: et puto *s* 2 epit(h)oma *O*[*?*]$P\Delta Z^b\lambda$: epytonia *R*: epitome *κ. frustra vel temptatus vel defensus locus; tolerabilem habeas sententiam si scribas, Bosium partim secutus,* conturbat enim me epitome Bruti Fanniana (an Bruti epitome Fannianorum? scripsi quod erat in extremo). ⟨Fanni ipsius patrem Marcum fuisse ex Bruto cognoveram⟩, idque *e.q.s. suspicor tamen* Caeliana *pro* Fanniana *scribendum esse, conl. p.* 168. 19 10 misi t- *bs*: mut- *O*[*?*]*RMdm* 11 de *add. Sal.–Reg.* 13 ei *Orelli*: et *Ω* 14 nicasi- $CZ^{(l)}$: in cassi- *R*: me [mea M^1] assi- $O^2\Delta$: ne occasi- Z^b

VI *Scr. in Tusculano mense interc. post. an. 46.*

⟨CICERO ATTICO SALUTEM.⟩

De Caelio vide, quaeso, ne quae lacuna sit in auro. Ego 1
ista non novi. Sed certe in collubo est detrimenti satis. Huc aurum si accedit—sed quid loquor? Tu videbis. Habes Hegesiae genus, quod Varro laudat.

Venio ad Tyrannionem. Ain tu? verum hoc fuit? sine me? 2
At ego quotiens, cum essem otiosus, sine te tamen nolui? Quo modo ergo hoc lues? Vno scilicet, si mihi librum miseris; quod ut facias etiam atque etiam rogo. Etsi me non magis ipse liber delectabit quam tua admiratio delectavit. Amo enim πάντα φιλειδήμονα teque istam tam tenuem θεωρίαν tam valde admiratum esse gaudeo. Etsi tua quidem sunt eius modi omnia. Scire enim vis; quo uno animus alitur. Sed, quaeso, quid ex ista acuta et gravi refertur ad τέλος?

Sed longa oratio est, et tu occupatus es in meo quidem fortasse aliquo negotio. Et pro isto asso sole quo tu abusus es in nostro pratulo a te nitidum solem unctumque repetemus. Sed ad prima redeo. Librum, si me amas, mitte. Tuus est enim profecto, quoniam quidem est missus ad te.

VI a *Scr. in Tusculano mense interc. post. an. 46.*

⟨CICERO ATTICO SALVTEM.⟩

'Chremés, tantumne ab ré tua est otí tibi,' 1
ut etiam Oratorem legas? Macte virtute! Mihi quidem (vi. 3)
gratum, et erit gratius si non modo in tuis libris sed etiam

3 ne quae *Sal.–Reg.*: neque *Ω*: ne qua *κ* sit *Aldus*: si *Ω* 4 collubo *λ*: colubo *OΔ*: columbo *R*: collybo *Ascensius* detrimenti *C*: -to *RΔ*: -tum *κ* 7 fuit *C*: fui *Ω* 9 ergo hoc *R*: h- e- *OΔ* 11 ipse liber *OR*: l- i- *Δ* 12 φιλειδήμονα *Popma ex 'nonnullis libris'*: ΦΙΔΕΛΗΜΟΥ *vel sim. RMdm*: φιλόδημον *O* 16 es *λ*: *om. Ω* quidem $ΣZ^{β(b)}λ$: *om. Δ* 17 et] at *Lamb.* quo *s*: quod *Ω* 23 *novam ep. ante Schmidt agnovit Corr., constituit Lamb.* chreme *λ* 25 gratum est et *Orelli* tuis libris *Σ*: l- t- *Δ*

in aliorum per librarios tuos ‘Aristophanem’ reposueris pro
2 ‘Eupoli.’ Caesar autem mihi inridere visus est ‘quaeso’ illud
(VI. 4) tuum, quod erat et εὐπινὲς et urbanum. Ita porro te sine cura
esse iussit ut mihi quidem dubitationem omnem tolleret. Atticam doleo tam diu; sed quoniam iam sine horrore est, spero esse ut volumus.

VII *Scr. in Tusculano mense interc. post. an. 46.*

⟨CICERO ATTICO SALVTEM.⟩

1 Quae desideras omnia scripsi in codicillis eosque Eroti dedi, breviter, sed etiam plura quam quaeris, in iis de Cicerone; cuius quidem cogitationis initium tu mihi attulisti. Locutus sum cum eo liberalissime; quod ex ipso velim, si modo tibi erit commodum, sciscitere. Sed quid differo? Exposui te ad me detulisse et quid vellet et quid requireret. Velle Hispaniam, requirere liberalitatem. De liberalitate dixi, quantum Publilius, quantum flamen Lentulus filio. De Hispania duo attuli, primum idem quod tibi, me vereri vituperationem. Non satis esse si haec arma reliquissemus? etiam contraria? Deinde fore ut angeretur cum a fratre familiaritate et omni gratia vinceretur. Vel nimia ⟨malim⟩ liberalitate uti mea quam sua libertate. Sed tamen permisi; tibi enim intellexeram non nimis displicere. Ego etiam atque etiam cogitabo teque ut idem facias rogo. Magna res; et simplex est manere, illud anceps. Verum videbimus.

2 De Balbo et in codicillis scripseram et ita cogito, simul ac

3 erat et *Σ*: erat *Δ* 5 tam *O*^{1}*R*: *om. Δ* 11 att- *O*^{1}*R*: abst- *Δ* 12 velim si modo *Vict.*: m- v- si *Ω* 13 ad *Corr.*: ex *Ω* 14 detulisse *Rom.*: -es *Ω* requireret *bsC*: -uiret *ORMdm* 16 publilius *Z*$^{(b)}$: publius *Ω* 18 esse *Man.*: est *Ω* 19 ang- *OR*: ag- *Δ* 20 vel nimia *O*^{2}*δ*: vel imma *M*^{1}: vellim mea *R*: velim magna *P* malim *addidi* 22 nimis *O*^{1}*R*: minus *Δ* 23 et *ORMbm*: est et *ds*: est *Orelli* est *om. Ods*

redierit. Sin ille tardius, ego tamen triduo, et, quod praeterii, Dolabella etiam mecum.

VIII *Scr. in Tusculano mense interc. post. an. 46.*

⟨CICERO ATTICO SALVTEM.⟩

De Cicerone multis res placet. Comes est idoneus. Sed de prima pensione ante videamus. Adest enim dies, et ille currit. Scribe, quaeso, quid referat Celer egisse Caesarem cum candidatis, utrum ipse in Fenicularium an in Martium campum cogitet. Et scire sane velim numquid necesse sit comitiis esse Romae. Nam et Piliae satis faciendum est et utique Atticae.

IX *Scr. Asturae vi Kal. Sext. an. 45.*

⟨CICERO ATTICO SALVTEM.⟩

Ne ego essem hic libenter atque id cotidie magis, ni esset ea causa quam tibi superioribus litteris scripsi. Nihil hac solitudine iucundius, nisi paulum interpellasset Amyntae filius. Ὦ ἀπεραντολογίας ἀηδοῦς! Cetera noli putare amabiliora fieri posse villa, litore, prospectu maris, tum his rebus omnibus. Sed neque haec digna longioribus litteris nec erat quid scriberem, et somnus urgebat.

X *Scr. Asturae v Kal. Sext. an. 45.*

⟨CICERO ATTICO SALVTEM.⟩

Male me hercule de Athamante. Tuus autem dolor humanus is quidem, sed magno opere moderandus. Consolationum autem multae viae sed illa rectissima: impetret ratio

1 triduo *scripsi*: -uum *Ω* 16 -λογίας ἀηδοῦς *Bos.*: -ΛΟΓΙΑΗΔΟΥC *vel sim.* *RΔZ*[b]*λ* 17 villa *Corr.*: ulla *RΔ*: cum villa *Lamb.* his *ds*: iis *ORMbm* 19 quod *Man.* 23 consola- *Δ*: consulta- *OR*

quod dies impetratura est. Alexim vero curemus, imaginem Tironis, quem aegrum Romam remisi, et, si quid habet collis *ἐπιδήμιον*, ad me cum Tisameno transferamus. Tota domus superior vacat, ut scis. Hoc puto valde ad rem pertinere.

XI

Scr. in Tusculano mense interc. post. an. 46.

⟨CICERO ATTICO SALVTEM.⟩

Male de Seio. Sed omnia humana tolerabilia ducenda. Ipsi enim quid sumus aut quam diu haec curaturi sumus? Ea videamus quae ad nos magis pertinent, nec tamen multo, quid agamus de senatu. Et ut ne quid praetermittam, Caesonius ad me litteras misit Postumiam Sulpici domum ad se venisse. De Pompei Magni filia tibi rescripsi me nihil hoc tempore cogitare; alteram vero illam quam tu scribis, puto, nosti: nihil vidi foedius. Sed adsum. Coram igitur.

Obsignata epistula accepi tuas. Atticae hilaritatem libenter audio. Commotiunculis *συμπάσχω*.

XII

Scr. Asturae xvii Kal. Apr. an. 45.

⟨CICERO ATTICO SALVTEM.⟩

1 De dote tanto magis perpurga. Balbi regia condicio est delegandi. Quoquo modo confice. Turpe est rem impeditam iacere. Insula Arpinas habere potest germanam *ἀποθέωσιν*, sed vereor ne minorem *τιμὴν* habere videatur *ἐκτοπισμός*. Est igitur animus in hortis; quos tamen inspiciam cum venero.

1 alexim *ORbm*: -in *Mds* 3 tisameno Z^{b}: testamento *Ω* 4 sup- vac- *ORM*^{c}: vac- sup- *Δ* 11 sulpici(i) *OPΔ*: supplici *R*: supplicem *C* 12 Pompeia *Bonnet* tibi *O* [*in ras.*] δ: *om.* *RM*^{1}[*?*] me n- *ORλ*: n- me *Δ* 15 hilaritatem *Rom.*: -te *Ω* 19 regia *Iens. Rom.*: -io *Ω* 22 sed . . . *τιμὴν* *OR codd. Faërn. Ant.* [*τιμὴν om.* O^{1} *cod. Ant. spat. rel.*] λ: *om.* *Δ* -*πισμός* *Lamb.*: -ΠΙΜΟΣ *Z*: -NIMOC *RM*^{1}: *ἐκγόνιμος* δ*C* 23 animus *Ps*: -mis *RΔ*

De Epicuro, ut voles; etsi *μεθαρμόσομαι* in posterum genus 2
hoc personarum. Incredibile est quam ea quidam requirant. Ad antiquos igitur; *ἀνεμέσητον γάρ.* Nihil habeo ad te quod scribam, sed tamen institui cotidie mittere ut eliciam tuas litteras, non quo aliquid ex iis exspectem—sed nescio quo modo tamen exspecto. Qua re sive habes quid sive nil habes, scribe tamen aliquid teque cura.

XIII *Scr. Asturae Non. Mart. an. 45.*

⟨CICERO ATTICO SALVTEM.⟩

Commovet me Attica; etsi adsentior Cratero. Bruti litterae 1
scriptae et prudenter et amice multas mihi tamen lacrimas attulerunt. Me haec solitudo minus stimulat quam ista celebritas. Te unum desidero; sed litteris non difficilius utor quam si domi essem. Ardor tamen ille idem urget et manet, non me hercule indulgente me sed tamen repugnante.

Quod scribis de Appuleio, nihil puto opus esse tua con- 2
tentione nec Balbo et Oppio; quibus quidem ille receperat mihique etiam iusserat nuntiari se molestum omnino non futurum. Sed cura ut excuser morbi causa in dies singulos. Laenas hoc receperat. Prende C. Septimium, L. Statilium. Denique nemo negabit se iuraturum quem rogaris. Quod si erit durius, veniam et ipse perpetuum morbum iurabo. Cum enim mihi carendum sit conviviis, malo id lege videri facere quam dolore. Cocceium velim appelles. Quod enim dixerat non facit. Ego autem volo aliquod emere latibulum et perfugium doloris mei.

1 -*μόσομαι Ernesti*: -MOZOMAI [-MOΞ-]*RMdm* 4 scr- *OR*: perscr- *Δ* 6 quid, sive nil habes *C*: *om. Ω* 14 idem $O^1RZ^{(b)}\lambda$: *om. Δ* 15 rep- tamen *Tyrrell* 21 denique *b*: beni que O^1RMd: veni que O^2m: diemque *s*

XIV *Scr. Asturae viii Id. Mart. an. 45.*

⟨CICERO ATTICO SALVTEM.⟩

1 De me excusando apud Appuleium dederam ad te pridie litteras. Nihil esse negoti arbitror. Quemcumque appellaris, nemo negabit. Sed Septimium vide et Laenatem et Statilium; tribus enim opus est. Sed mihi Laenas totum receperat.

2 Quod scribis a Iunio te appellatum, omnino Cornificius locuples est; sed tamen scire velim quando dicar spopondisse, et pro patre anne pro filio. Neque eo minus, ut scribis, procuratores Cornifici et Appuleium praediatorem videbis.

3 Quod me ab hoc maerore recreari vis, facis ut omnia; sed me mihi non defuisse tu testis es. Nihil enim de maerore minuendo scriptum ab ullo est quod ego non domi tuae legerim. Sed omnem consolationem vincit dolor. Quin etiam feci, quod profecto ante me nemo, ut ipse me per litteras consolarer. Quem librum ad te mittam, si descripserint librarii. Adfirmo tibi nullam consolationem esse talem. Totos dies scribo, non quo proficiam quid sed tantisper impedior—non equidem satis (vis enim urget),—sed relaxor tamen, omniaque nitor non ad animum sed ad vultum ipsum, si queam, reficiendum, idque faciens interdum mihi peccare videor, interdum peccaturus esse nisi faciam. Solitudo aliquid adiuvat, sed multo plus proficeret si tu tamen interesses. Quae mihi una causa est hinc discedendi; nam pro malis recte habebat. Quamquam ⟨id⟩ ipsum doleo. Non enim iam in me idem esse poteris. Perierunt illa quae amabas.

4 De Bruti ad me litteris scripsi ad te antea. Prudenter scriptae, sed nihil quod me adiuvaret. Quod ad te scripsit id vellem, ut ipse adesset. Certe aliquid, quoniam me tam valde

5 septimium *b*: -timum *s*: -tium *RMdm* 20 omniaque *ΣδZ*: ad om- M^1: omnique vi *Wes.* 25 id *add. Lamb.* 28 quo me *Es cod. Ant.* adiuvaret *codd. Ball. Helmst.*: -ent *Ω*: -entur *E*: *anne* adlevaret*?* 29 vellem *C*: -le *Ω*

amat, adiuvaret. Quod si quid scies, scribas ad me velim, maxime autem Pansa quando. De Attica doleo, credo tamen Cratero. Piliam angi veta. Satis est ⟨me⟩ maerere pro omnibus.

XV

Scr. Asturae vii Id. Mart. an. 45.

⟨CICERO ATTICO SALVTEM.⟩

Apud Appuleium, quoniam in perpetuum non placet, in dies ut excuser videbis. In hac solitudine careo omnium conloquio, cumque mane me in silvam abstrusi densam et asperam, non exeo inde ante vesperum. Secundum te nihil est mihi amicius solitudine. In ea mihi omnis sermo est cum litteris. Eum tamen interpellat fletus; cui repugno quoad possum, sed adhuc pares non sumus. Bruto, ut suades, rescribam. Eas litteras cras habebis. Cum erit cui des, dabis.

XVI

Scr. Asturae vi Id. Mart. an. 45.

⟨CICERO ATTICO SALVTEM.⟩

Te tuis negotiis relictis nolo ad me venire; ego potius accedam, si diutius impediere. Etsi ne discessissem quidem e conspectu tuo, nisi me plane nihil ulla res adiuvaret. Quod si esset aliquod levamen, id esset in te uno, et cum primum ab aliquo poterit esse, a te erit. Nunc tamen ipsum sine te esse non possum. Sed nec tuae domi probabatur nec meae poteram nec, si propius essem uspiam, tecum tamen essem. Idem enim te impediret quo minus mecum esses, quod nunc etiam

1 adiuvaret *bs*: adiure [-ro *d*] O^2*Mdm*: adire O^1*R* 3 veta satis Z^l: vetabat is *Ω*: -bat id *κ* me *add. Corr. et Lamb.*, *hic fort. ex Z* 8 me *om.* *OM*^{1} 17 disc- *Pbs*: dec- *ORMdm* 18 nisi *OR*: si *Δ* 21 probabatur Z^{β}*λκ*: probatur *Ω*

impedit. Mihi nihil adhuc aptius fuit hac solitudine; quam vereor ne Philippus tollat. Heri enim vesperi venerat. Me scriptio et litterae non leniunt sed obturbant.

XVII *Scr. Asturae iv Id. Mart. an. 45.*

⟨CICERO ATTICO SALVTEM.⟩

Marcianus ad me scripsit me excusatum esse apud Appuleium a Laterensi, Nasone, Laenate, Torquato, Strabone. Iis velim meo nomine reddendas litteras cures gratum mihi eos fecisse. Quod pro Cornificio me abhinc amplius annis xxv spopondisse dicit Flavius, etsi reus locuples est et Appuleius praediator liberalis, tamen velim des operam ut investiges ex consponsorum tabulis sitne ita (mihi enim ante aedilitatem meam nihil erat cum Cornificio. Potest tamen fieri, sed scire certum velim), et appelles procuratores, si tibi videtur. Quamquam quid ad me? Verum tamen—Pansae profectionem scribes cum scies. Atticam salvere iube et eam cura, obsecro, diligenter. Piliae salutem.

XVIII *Scr. Asturae v Id. Mart. an. 45.*

⟨CICERO ATTICO SALVTEM.⟩

1 Dum recordationes fugio quae quasi morsu quodam dolorem efficiunt, refugio ad te admonendum; quod velim mihi ignoscas, cuicuimodi est. Etenim habeo non nullos ex iis quos nunc lectito auctores qui dicant fieri id oportere

1 nihil adhuc *OR*: a- n- *Δ* aptius *ORδ*: peius M^1d^2 6 marci- *O*[?]: marti- *RΔ* 7 a Lat- *Crat.*: alt- *RMdm*: lat- *bs*: a Laterense ***multi*** torquato *bs*: -tus *ORMdm* 11 ut *Rbm*: et *Mds* 12 enim ante *s*: a- e- *Ω* 14 fieri λ: eteri *Δ codd. Faern. Ant.*: et heri *OR* 15 de *ante* Pansae *add. Wes.* [*post* P- *Graevius*] 16 -onem *Obs*: -one *RMdm Wes.* 21 ad *bs Madvig*: a *ΣMdm* admonendum *Madvig*: -do *Ω* 22 cui cui modi $Z^{(b)}$λ: cuim- *C*: cuiusm- *Ω* 23 iis *EOMbm*: his *Rds*

quod saepe tecum egi et quod a te approbari volo: de fano illo dico, de quo tantum quantum me amas velim cogites. Equidem neque de genere dubito (placet enim mihi Cluati) neque de re (statutum est enim), de loco non numquam. Velim igitur cogites. Ego, quantum his temporibus tam eruditis fieri potuerit, profecto illam consecrabo omni genere monimentorum ab omnium ingeniis sumptorum et Graecorum et Latinorum. Quae res forsitan sit refricatura vulnus meum. Sed iam quasi voto quodam et promisso me teneri puto, longumque illud tempus cum non ero magis me movet quam hoc exiguum, quod mihi tamen nimium longum videtur. Habeo enim nihil temptatis rebus omnibus in quo acquiescam. Nam dum illud tractabam de quo ad te ante scripsi, quasi fovebam dolores meos; nunc omnia respuo, nec quicquam habeo tolerabilius quam solitudinem; nam, quod eram veritus, non obturbavit Philippus. Nam ut heri me salutavit, statim Romam profectus est.

Epistulam quam ad Brutum, ut tibi placuerat, scripsi misi **2** ad te. Curabis cum tua perferendam. Eius tamen misi ad te exemplum, ut, si minus placeret, ne mitteres.

Domestica quod ais ordine administrari, scribes quae sint **3** ea. Quaedam enim exspecto. Cocceius vide ne frustretur. Nam Libo quod pollicetur, ut Eros scribit, non incertum puto. De sorte mea Sulpicio confido, et Egnatio scilicet. De Appuleio quid est quod labores, cum sit excusatio facilis?

Tibi ad me venire, ut ostendis, vide ne non sit facile. Est **4** enim longum iter discedentemque te, quod celeriter tibi erit fortasse faciendum, non sine magno dolore dimittam. Sed omnia ut voles. Ego enim quicquid feceris id cum recte tum etiam mea causa factum putabo.

7 sumpt- *Σλλ*: script- *Δ* 13 ad te ante *Eδ*: ante ad te *R*: ad te M^1 15 nam O^1[?]$RM^1λ$: quam *Eδ* 23 pollicetur O^2: -eretur $O^1Δ$ [nam . . . pollicetur *om. RP*] 25 quod *Oδ*: quo RMm^2

XVIII a *Scr. Asturae iii Id. Mart. an. 45.*

⟨CICERO ATTICO SALVTEM.⟩

1 Heri cum ex aliorum litteris cognossem de Antoni adventu, admiratus sum nihil esse in tuis. Sed erant pridie fortasse scriptae quam datae. Neque ista quidem curo; sed tamen opinor propter praedes suos accucurrisse.

2 Quod scribis Terentiam de obsignatoribus mei testamenti loqui, primum tibi persuade me istaec non curare neque esse quicquam aut parvae curae aut novae loci. Sed tamen quid simile? Illa eos non adhibuit quos existimavit quaesituros nisi scissent quid esset. Num id etiam mihi periculi fuit? Sed tamen faciat illa quod ego. Dabo meum testamentum legendum cui voluerit; intelleget non potuisse honorificentius a me fieri de nepote quam fecerim. Nam quod non advocavi ad obsignandum, primum mihi non venit in mentem, deinde ea re non venit, quia nihil attinuit. Tute scis, si modo meministi, me tibi tum dixisse ut de tuis aliquos adduceres. Quid enim opus erat multis? Equidem domesticos iusseram. Tum tibi placuit ut mitterem ad Silium. Inde est natum ut ad Publilium. Sed necesse neutrum fuit. Hoc tu tractabis ut tibi videbitur.

XIX *Scr. Asturae prid. Id. Mart. an. 45.*

⟨CICERO ATTICO SALVTEM.⟩

1 Est hic quidem locus amoenus et in mari ipso, qui et Antio et Circeis aspici possit; sed ineunda nobis ratio est quem ad modum in omni mutatione dominorum, quae innumerabiles

3 *novam ep. constituit Iunius* cognossem *Σ*: -ovissem *Δ* 6 predes *bs*: pedes *ΣMdm* 11 quis *Cλ* 14 alios *ante* adv- *excidisse suspicatus est Boot* 20 Publilium *nescio quis*: publium *Ω* 25 Circeis *Sal.-Reg.*: certis *EOPΔ*: ceteris *Rs*: Cerceis *Sjögren* 26 qu(a)e *O*[?]*M*[1]: qui *ERδ*

fieri possunt in infinita posteritate, si modo haec stabunt, illud quasi consecratum remanere possit. Equidem iam nihil egeo vectigalibus et parvo contentus esse possum. Cogito interdum trans Tiberim hortos aliquos parare et quidem ob hanc causam maxime; nihil enim video quod tam celebre esse possit. Sed quos, coram videbimus, ita tamen ut hac aestate fanum absolutum sit. Tu tamen cum Apella Chio confice de columnis.

De Cocceio et Libone quae scribis approbo, maxime quae **2**
de iudicatu meo. De sponsu, si quid perspexeris; et tamen quid procuratores Cornifici dicant velim scire, ita ut in ea re te, cum tam occupatus sis, non multum operae velim ponere. De Antonio Balbus quoque ad me cum Oppio conscripsit idque tibi placuisse ne perturbarer. Illis egi gratias. Te tamen, ut iam ante ad te scripsi, scire volo me neque isto nuntio esse perturbatum nec iam ullo perturbatum iri.

Pansa si hodie, ut putabas, profectus est, posthac iam incipi- **3**
to scribere ad me de Bruti adventu quid exspectes, id est quos ad dies. Id, si scies ubi iam sit, facile coniectura adsequere.

Quod ad Tironem de Terentia scribis, obsecro te, mi Attice, **4**
suscipe totum negotium. Vides et officium agi meum quoddam, cui tu es conscius, et, ut non nulli putant, Ciceronis rem. Me quidem id multo magis movet quod mihi est et sanctius et antiquius, praesertim cum hoc alterum neque sincerum neque firmum putem fore.

XX

Scr. Asturae Id. Mart. an. 45.

⟨CICERO ATTICO SALVTEM.⟩

Nondum videris perspicere quam me nec Antonius com- **1**
moverit nec quicquam iam eius modi possit commovere.

2 iam *bs* : tam *OMdm* : *om. ER* 6 quos OM^1 : h(a)ec *ERδ* 9 qu(a)e [*post.*] $O^1R\lambda$: quod *Δ* 10 de sponsu *Bos.* : desponsus *λ* : responsu *R* : -um *OPΔ* 13 balbus quoque *OR* : q- b- *Δ* 17 incipito *Man.* : -pio *Ω*

De Terentia autem scripsi ad te eis litteris quas dederam pridie. Quod me hortaris idque a ceteris desiderari scribis ut dissimulem me tam graviter dolere, possumne magis quam quod totos dies consumo in litteris? Quod etsi non dissimulationis sed potius leniendi et sanandi animi causa facio, tamen si mihi minus proficio, simulationi certe facio satis.

2 Minus multa ad te scripsi, quod exspectabam tuas litteras ad eas quas ad te pridie dederam. Exspectabam autem maxime de fano, non nihil etiam de Terentia. Velim me facias certiorem proximis litteris Cn. Caepio, Serviliae Claudi pater, vivone patre suo naufragio perierit an mortuo, item Rutilia vivone C. Cotta filio suo mortua sit an mortuo. Pertinent ad eum librum quem de luctu minuendo scripsimus.

XXI

Scr. Asturae xvi Kal. Apr. an. 45.

⟨CICERO ATTICO SALVTEM.⟩

1 Legi Bruti epistulam eamque tibi remisi, sane non prudenter rescriptam ad ea quae requisieras. Sed ipse viderit. Quamquam illud turpiter ignorat: Catonem primum sententiam putat de animadversione dixisse, quam omnes ante dixerant praeter Caesarem, et, cum ipsius Caesaris tam severa fuerit qui tum praetorio loco dixerit, consularium putat leniores fuisse, Catuli, Servili, Lucullorum, Curionis, Torquati, Lepidi, Gelli, Vulcati, Figuli, Cottae, L. Caesaris, C. Pisonis, M'. Glabrionis, etiam Silani, Murenae, designatorum consulum. Cur ergo in sententiam Catonis? Quia verbis luculentioribus et pluribus rem eandem comprehenderat. Me autem hic laudat quod rettulerim, non quod patefecerim, cohortatus sim, quod denique ante quam consulerem ipse

3 quam quod *Ω*: quam *d*: qui *Faërn.*: quam cum *Gronovius* 5 -onis *Pδ*: -onis causa O^1RM^1 8 ad te *OR*: *om. Δ* 12 pertinet *Iens.*, *fort. recte* 17 viderit OM^cbs: -ret RM^1dm 24 etiam *ante* M'. Glab- *Ω*: *transp. Boot* 28 quod *ante* cohortatus *add. Vict.*

iudicaverim. Quae omnia quia Cato laudibus extulerat in caelum perscribendaque censuerat, idcirco in eius sententiam est facta discessio. Hic autem se etiam tribuere multum mi putat quod scripserit 'optimum consulem.' Quis enim ieiunius dixit inimicus? Ad cetera vero tibi quem ad modum rescripsit! Tantum rogat de senatus consulto ut corrigas. Hoc quidem fecisset, etiam si ⟨a lib⟩rario admonitus esset. Sed haec iterum ipse viderit.

2 De hortis, quoniam probas, effice aliquid. Rationes meas nosti. Si vero etiam a Faberio aliquid recedit, nihil negoti est. Sed etiam sine eo posse videor contendere. Venales certe sunt Drusi, fortasse et Lamiani et Cassiani. Sed coram.

3 De Terentia non possum commodius scribere quam tu scribis. Officium sit nobis antiquissimum. Si quid nos fefellerit, illius malo me quam mei paenitere. **4** Oviae Lolli curanda sunt HS c. Negat Eros posse sine me, credo, quod accipienda aliqua sit et danda aestimatio. Vellem tibi dixisset. Si enim res est ut mihi scripsit parata nec in eo ipso mentitur, per te confici potuit. Id cognoscas et conficias velim.

5 Quod me in forum vocas, eo vocas unde etiam bonis meis rebus fugiebam. Quid enim mihi foro sine iudiciis, sine curia, in oculos incurrentibus iis quos animo aequo videre non possum? Quod autem a me homines postulare scribis *** aut

5 ieiunius M^cC: te iunius [un- *d*] ORM^1dm: tenvius *bs* 7 si a librario *Koch*: si rario [sir-, syr-] *ORMdm*: si raro *bs* 9 de O^2: ad Ω (h)ortis Δ: -tos O^1Rs 10 aliquid rec- Z^b: rec- Ω: acc- *s*: proc- *Lamb.*: aliquid proc- *Lamb.* (*marg.*): res cedit *Corr.* negotii est Δ: -tii ei est *R*: -tii ei esse *O* 12 Drusi . . . Cassiani *Man.*: drus(a)e pertasse [fort- *bs in marg.*] et tamianit(a)e [tanna- *ds*, cannanice *b*, tam iam te O^1R] cassian(a)e Ω fort- etiam *Baiter* 15 Oviae Lolli *scripsi*: oviae [obv- *R*] lolii *OR*: oviace [-te] lolii [lel- *bs*] Δ: Oviae C. Lolli(i) *Lamb. et vulg.* 16 Eros *Crat.*: fors Ω 19 potuit δ: -ui O^1RM^1 20 meis rebus *OPMds*: r- m- *ERbm* 21 foro $ORM^1\lambda$: cum f- *E*δ 22 animo aequo Σ: aeq- an- Δ 23 a me hom- Σ: hom- a me Δ scribis Ω: scribis ut Romae sim neque mihi ut adsim [absim *Iens.*] concedere *P*

⟨ali⟩quatenus eos mihi concedere, iam pridem scito esse cum unum te pluris quam omnis illos putem. Ne me quidem contemno meoque iudicio multo stare malo quam omnium reliquorum. Neque tamen progredior longius quam mihi doctissimi homines concedunt; quorum scripta omnia quaecumque sunt in eam sententiam non legi solum, quod ipsum erat fortis aegroti, accipere medicinam, sed in mea etiam scripta transtuli, quod certe adflicti et fracti animi non fuit. Ab his me remediis noli in istam turbam vocare, ne recidam.

XXII *Scr. Asturae xv Kal. Apr. an. 45.*

⟨CICERO ATTICO SALVTEM.⟩

1 De Terentia quod mihi omne onus imponis, non cognosco tuam in me indulgentiam. Ista enim sunt ipsa vulnera quae non possum tractare sine maximo gemitu. Moderare igitur, quaeso, ut potes. Neque enim a te plus quam potes postulo.
2 Potes autem quid veri sit perspicere tu unus. De Rutilia quoniam videris dubitare, scribes ad me cum scies, sed quam primum, et num Clodia D. Bruto consulari, filio suo, mortuo vixerit. Id de Marcello aut certe de Postumia sciri potest, illud autem de M. Cotta aut de Syro aut de Satyro.

3 De hortis etiam atque etiam te rogo. Omnibus meis eorumque quos scio mihi non defuturos facultatibus (sed potero meis) enitendum mihi est. Sunt etiam quae vendere facile possim. Sed ut non vendam eique usuram pendam a quo emero non plus annum, possum adsequi quod volo, si tu me adiuvas. Paratissimi sunt Drusi; cupit enim vendere. Proximos puto Lamiae; sed abest. Tu tamen, si quid potes, odorare. Ne Silius quidem quicquam utitur, et is usuris

1 aliquatenus *anon. ap. Lamb.*: quat- *Ω*: quadamt- *Lamb.* 18 et num *M*¹ *cod. Ant.*: num *Σδ* 19 sciri *ERδ*: -re *OM*¹ 21 te *Z*ᵇ: *om. Ω* 25 annua *cod. Ball.* 26 Drusi *Man.*: -ia *Ω*: -iani *Orelli* 27 sed δ: est sed *ORM*¹: esse sed *Sjögren* 28 et is *Lipsius*: et iis [hiis, his] *Ω*: suis, et is *Wes.*

facillime sustentabitur. Habe tuum negotium, nec quid res mea familiaris postulet, quam ego non curo, sed quid velim et cur velim existima.

XXIII *Scr. Asturae xiv Kal. Apr. an. 45.*

⟨CICERO ATTICO SALVTEM.⟩

Putaram te aliquid novi, quod eius modi fuerat initium 1
litterarum, quamvis non curarem quid in Hispania fieret, tamen te scripturum; sed videlicet meis litteris respondisti, ut de foro et de curia. Sed domus est, ut ais, forum. Quid ipsa domo mihi opus est carenti foro? Occidimus, occidimus, Attice, iam pridem nos quidem, sed nunc fatemur, postea quam unum quo tenebamur amisimus. Itaque solitudines sequor, et tamen, si qua me res isto adduxerit, enitar, si quo modo potero (potero autem), ut praeter te nemo dolorem meum sentiat, si ullo modo poterit, ne tu quidem. Atque etiam illa causa est non veniendi. Meministi quid ex te Aledius quaesierit. Qui etiam nunc molesti sunt, quid existimas, si venero?

De Terentia ita cura ut scribis, meque hac ad maximas 2
aegritudines accessione non maxima libera. Et ut scias me ita dolere ut non iaceam: quibus consulibus Carneades et ea legatio Romam venerit scriptum est in tuo annali. Haec nunc quaero, quae causa fuerit—de Oropo, opinor, sed certum nescio; et, si ita est, quae controversiae. Praeterea, qui eo tempore nobilis Epicureus fuerit Athenisque praefuerit hortis, qui etiam Athenis πολιτικοὶ fuerint inlustres. Quae te etiam ex Apollodori puto posse invenire.

1 tuum] tu *Corr.* 2 et cur velim $Z^{b}\lambda$: *om.* Ω 12 -dines $Z^{(b)}\lambda$: -dinem Ω 13 abduxerit *Iens.* 14 te *Man.*: me Ω 15 ⟨ut⟩ ne *Wes.* 16 illa] alia *Boot* 17 aled- κ: ated- Ω qui *Wes.*: quin Ω 20 non *del. Corr.*: nunc *Bos.* maxima Ω: minima *Ascensius in marg., fort. recte* 21 iaceam *Vict.*: ta- $\Omega\lambda$ 22 h(a)ec ΣMds: hoc *bm* 25 epicureus ΣC: -rus Δ 26 qu(a)e te $RZ^{\beta(b)}\lambda$: qu(a)e Δ 27 invenire $\Omega Z^{(b)}$: -ri PZ^{β}

3 De Attica molestum, sed quoniam leviter, recte esse confido. De Gamala dubium non mihi erat. Vnde enim tam felix Ligus pater? Nam quid de me dicam, cui ut omnia contingant quae volo, levari non possum?

De Drusi hortis, quanti licuisse tu scribis, id ego quoque audieram et, ut opinor, heri ad te scripseram; sed quanti quanti bene emitur quod necesse est. Mihi, quoquo modo tu existimas (scio enim ego ipse quid de me existimem), levatio quaedam est, si minus doloris at offici debiti.

Ad Siccam scripsi, quod utitur L. Cotta. Si nihil conficietur de Transtiberinis, habet in Ostiensi Cotta celeberrimo loco sed pusillum loci, ad hanc rem tamen plus etiam quam satis. Id velim cogites. Nec tamen ista pretia hortorum pertimueris. Nec mihi argento iam nec veste opus est nec quibus ⟨quon⟩dam amoenis locis; hoc opus est. Video etiam a quibus adiuvari possim. Sed loquere cum Silio; nihil enim est melius. Mandavi etiam Siccae. Rescripsit constitutum se cum eo habere. Scribet igitur ad me quid egerit, et tu videbis.

XXIV *Scr. Asturae xiii Kal. Apr. an. 45.*

⟨CICERO ATTICO SALVTEM.⟩

1 Bene facit †asyllius† qui transegerit. Neque enim ei deesse volebam et quid possem timebam. De Ovia confice, ut scribis. De Cicerone tempus esse iam videtur; sed quaero, quod illi

2 gamala $CZ^b\lambda$: magala *RΔ* [-lia *R*]: meg- *O* mihi non *Rom.* 3 *post* pater *aliquid excidisse suspicor* 5 scribis *Pds*: -bes *ORMbm* 9 at officii *bmsC*. adf- *M*: affici *Rd* 10 conficietur *Pius*: -ceretur *Ω* 11 habet *Vict.*: habes .T. *Ω* 13 quam O^1RCZ^b: *om.* *Δ* 14 argento iam *Σ*: i- a- *Δ* 15 quibus ⟨quon⟩dam *scripsi*: quibusdam *Ω*: -squam *Lamb.*: quibus ⟨gaude⟩bam *Castiglioni* 18 scribet *Rom.*: -bit *Ω*: -be *s* tu *R*: cui *Δ*: ut tu $Z^{\beta(b)}$ 22 asyllius *OΔ*: asilius *R*: A. Silius *Rom.* ei *bs*: et *O*[?]*RMdm* 23 confice *Pbs*: cemf- *RMdm* 24 quod *Man.*: quid *Ω* illi opus erit *ERδ*: o- e- i- *O*: o- i- erat M^1

opus erit, Athenis permutarine possit an ipsi ferendum sit, de
totaque re quem ad modum et quando placeat velim consideres. Publilius iturusne sit in Africam et quando ex Aledio
scire poteris. Quaeras et ad me scribas velim. Et ut ad meas 2
ineptias redeam, velim me certiorem facias P. Crassus, Venuleiae filius, vivone P. Crasso consulari, patre suo, mortuus sit,
ut ego meminisse videor, an postea. Item quaero de Regillo,
Lepidi filio, rectene meminerim patre vivo mortuum. Cispi- 3
ana explicabis itemque Preciana. De Attica optime. Et ei
salutem dices et Piliae.

XXV *Scr. Asturae xii Kal. Apr. an. 45.*

⟨CICERO ATTICO SALVTEM.⟩

Scripsit ad me diligenter Sicca de Silio, seque ad te rem 1
detulisse; quod tu idem scribis. Mihi et res et condicio
placet, sed ita ut numerato malim quam aestimatione. Volu-
ptarias enim possessiones nolet Silius; vectigalibus autem ut
his possum esse contentus quae habeo, sic vix minoribus.
Vnde ergo numerato? HS $\overline{DC}$ exprimes ab Hermogene, cum
praesertim necesse erit; et domi video esse HS $\overline{DC}$. Reliquae
pecuniae vel usuram Silio pendemus, dum a Faberio vel
[cum] aliquo qui Faberio debet repraesentabimus. Erit etiam
aliquid alicunde. Sed totam rem tu gubernabis. Drusianis 2
vero hortis multo antepono neque sunt umquam comparati.
Mihi crede, una me causa movet, in qua scio me τετυφῶσθαι.
Sed, ut facis, obsequere huic errori meo. Nam quod scribis
"ἐγγήραμα", actum iam de isto est; alia magis quaero.

3 Publil- *Bos.*: publ- *Ω* aled- $O^{2}PM^{c}$: aied- $O^{1}RM^{1}m$: ated- *bs*: aed- *d* 5 venuleiae *cod. Ball.*: vinuli(a)e [vimil-, lumil-] *ERΔC*: -leae O^{1} 7 postea [-eae *R*] *Σ*: post *Δ* 9 et ei *Man.*: id ei [id *ante* opt- *R*] $ΩZ^{(b)}$: eidem *s* 17 his *Δ*: iis *ORb* 20 vel *del. Kayser* 21 cum *seclusi*: ab *Pius* 22 drusianis δ: druanis $O^{1}RM^{1}$ 23 multo ⟨hos⟩ *Lamb.* comparati *Man.*: -ta *Ω* 24 scio $O^{2}bms$: socio $O^{1}RMd$

XXVI

Scr. Asturae xi Kal. Apr. an. 45.

⟨CICERO ATTICO SALVTEM.⟩

1 Sicca, ut scribit, etiam si nihil confecerit cum Silio, tamen
se scribit x Kal. esse venturum. Tuis occupationibus ignosco,
eaeque mihi sunt notae. De voluntate tua ut simul simus,
2 vel studio potius et cupiditate, non dubito. De Nicia quod
scribis, si ita me haberem ut eius humanitate frui possem, in
primis vellem mecum illum habere. Sed mihi solitudo et
recessus provincia est. Quod quia facile ferebat Sicca, eo
magis illum desidero. Praeterea nosti Niciae nostri imbecillitatem, mollitiam, consuetudinem victus. Cur ego illi molestus esse velim, cum mihi ille iucundus esse non possit? Voluntas tamen eius mihi grata est. Vnam rem ad me scripsisti de qua decrevi nihil tibi rescribere. Spero enim me a te impetrasse ut privares me ista molestia. Piliae et Atticae salutem.

XXVII

Scr. Asturae x Kal. Apr. an. 45.

⟨CICERO ATTICO SALVTEM.⟩

1 De Siliano negotio, etsi mihi non est ignota condicio, tamen hodie me ex Sicca arbitror omnia cogniturum. Cottae quod negas te nosse, ultra Silianam villam est, quam puto tibi notam esse, villula sordida et valde pusilla, nil agri, ad nullam rem loci satis nisi ad eam quam quaero. Sequor celebritatem. Sed si perficitur de hortis Sili, hoc est, si perficis (est enim totum positum in te), nihil est scilicet quod de Cotta cogitemus.

3 ut scr- *secl. Baiter* Silio *scripsi*: agidio *RΔλ*: A. Silio *Vict.* 4 tuis *ERδZ*: cuius *M*¹ 5 volunt- *s*: volupt- *Ω* 8 vellem mecum illum *EP Suetonius, de gramm. 14*: v- i- m- [meum *M*¹] *OΔ*: m- v- i- *R* 11 ego *Iens. Rom.*: ergo *Ω Suet.* 12 esse [*prius*] *κ Suet.*: *om. Ω* 19 cott(a)e [coct-] *O*¹*RCZ*ᵇ: certe *Δ* 20 nosse *bm*²*sZ*ᵇ*λ*: non se *O*¹*RMdm*¹ 21 ad nullam *Rom.*: an ul- *M*¹*dm*¹: a nul- *R*: ad ul- *M*ᶜ*bm*²*sZ*ᵇ*λ* 22 nisi *Wes.*: nihil *Ω*: nihi *Sal.-Reg.* 24 Cottae *Mueller*

De Cicerone, ut scribis ita faciam; ipsi permittam de 2
tempore. Nummorum quantum opus erit ut permutetur tu videbis. Ex Aledio quod scribas si quid inveneris, scribes. Et ego ex tuis animadverto litteris et profecto tu ex meis nihil habere nos quod scribamus: eadem cotidie, quae iam iamque ipsa contrita sunt. Tamen facere non possum quin cotidie
ad te mittam ut tuas accipiam. De Bruto tamen, si quid 3
habebis. Sciri enim iam puto ubi Pansam exspectet. Si, ut consuetudo est, in prima provincia, circiter Kalendas adfuturus videtur. Vellem tardius; valde enim urbem fugio multas ob causas. Itaque id ipsum dubito an excusationem aliquam ad illum parem; quod quidem video facile esse. Sed habemus satis temporis ad cogitandum. Piliae, Atticae salutem.

XXVIII *Scr. Asturae ix Kal. Apr. an. 45.*

⟨CICERO ATTICO SALVTEM.⟩

De Silio nilo plura cognovi ex praesente Sicca quam ex 1
litteris eius. Scripserat enim diligenter. Si igitur tu illum conveneris, scribes ad me si quid videbitur. De quo putas ad me missum esse, sit missum necne nescio; dictum quidem mihi certe nihil est. Tu igitur, ut coepisti; et si quid ita conficies, quod quidem non arbitror fieri posse, ut illi probetur, Ciceronem, si tibi placebit, adhibebis. Eius aliquid interest videri illius causa voluisse, mea quidem nihil nisi quod tu scis, quod ego magni aestimo.

3 atedio *κ* scribas *Wes.*: -bis *Ω* 8 sciri *Baiter*: -re *Ω*: -re te *Wes.* 10 valde . . . ad me scribes [*p.* 143. 14] *desunt in RP* 12 illum *Vict.*: silium *OΔ* video δ: id- O^1M^1 13 et atticae *O* 17 nilo $M^1m\lambda$: nil $M^c d$: multo *bs* 18 eius $O^1Z^{(b)}$: tuis *Δ* 20 nescio O^1C: scio *Δ* 21 est. tu igitur O^1[?]*C*: extinguitur [est- O^2] *Δ* 22 quidem non *O*[?]*Δ*: eq- non *Man.*: non eq- *Iens.* 25 magni $O^1\lambda$ *cod. Faërn.*: *om. Δ*

2 Quod me ad meam consuetudinem revocas, fuit meum quidem iam pridem rem publicam lugere, quod faciebam, sed mitius; erat enim ubi acquiescerem. Nunc plane non ego victum nec vitam illam colere possum, nec in ea re quid aliis videatur mihi puto curandum; mea mihi conscientia pluris est quam omnium sermo. Quod me ipse per litteras consolatus sum, non paenitet me quantum profecerim. Maerorem minui, dolorem nec potui nec, si possem, vellem.

3 De Triario bene interpretaris voluntatem meam. Tu vero nihil nisi ut illi volent. Amo illum mortuum, tutor sum liberis, totam domum diligo. De Castriciano negotio, si Castricius pro mancipiis pecuniam accipere volet eamque ei solvi ut nunc solvitur, certe nihil est commodius. Sin autem ita actum est ut ipsa mancipia abduceret, non mihi videtur esse aequum (rogas enim me ut tibi scribam quid mihi videatur; nolo enim negoti Quintum fratrem quicquam habere); quod videor mihi intellexisse tibi videri idem. Publilius, si aequinoctium exspectat, ut scribis Aledium dicere, navigaturus videtur. Mihi autem dixerat per Siciliam. Vtrum et quando velim scire. Et velim aliquando, cum erit tuum commodum, Lentulum puerum visas eique de mancipiis quae tibi videbitur attribuas. Piliae, Atticae salutem.

1 me ad meam *Lamb.*: in eam M^1 *in fine versus, del. et* meam *add. in marg.* M^2: in ea *O*: me ad δ [*post* meam *in marg.* M^2]: meam m^2 2 lugere *CZ*: leg- O^1[?]M^1: reg- [eg- *d*] δ 3 mitius erat *Bos.*: intus e- OM^1Z^bλ: inter e- M^2: intere- δ non λ: nec *Ω* 4 in *om. O* 5 aliis δ: *om.* O^1M^1 6 omnium *OMds*: hominum *bm* 9 triario *bs*: riario *OMdm* volunt- M^c*s*: volupt- *Δ* 12 pro mancupiis *C*λ: romam cupit is *OΔ* ei *OΔ*: eis λ: sibi κ: pro eis *Lamb.*: sic *Wes.*: ita *Tyrrell*: ei *post* solvi *transp. Baiter* [*post* ut *mallem*]: *del. alii* 13 ita] *anne* id? 16 nolo . . . habere *in parenthesi posui* 17 Publilius *Bos.*: publius *OΔ* 18 Aledium dicere *Lamb.*: ated- d- *bs*: a te diu inducere *Mdm*

XXIX

Scr. Asturae viii Kal. Apr. an. 45.

⟨CICERO ATTICO SALVTEM.⟩

Silius, ut scribis, hodie. Cras igitur eum vel potius cum 1
poteris; scribes, si quid erit cum videris. Nec ego Brutum vito nec tamen ab eo levationem ullam exspecto; sed erant causae cur hoc tempore istic esse nollem. Quae si manebunt, quaerenda erit excusatio ad Brutum et, ut nunc est, mansurae videntur.

De hortis, quaeso, explica. Caput illud est quod scis. 2
Sequitur ut etiam mihi ipsi quiddam opus sit; nec enim esse in turba possum nec a vobis abesse. Huic meo consilio nihil reperio isto loco aptius. Et de hac re quid tui consili sit: mihi persuasum est, et eo magis quod idem tibi intellexi videri, me ab Oppio et Balbo valde diligi. †Si† cum iis communices quanto opere et qua re velim hortos; sed id ita posse, si expediatur illud Faberianum; sintne igitur auctores futuri. Si qua etiam iactura facienda sit in repraesentando, quoad possunt adducito; totum enim illud desperatum. Denique intelleges ecquid inclinent ad hoc meum consilium adiuvandum. Si quid erit, magnum est adiumentum; si minus, quacumque ratione contendamus. Vel tu illud *ἐγγήραμα*, quem ad modum scripsisti, vel *ἐντάφιον* putato. De illo Ostiensi nihil est cogitandum. Si hoc non adsequimur (a Lamia non puto posse), Damasippi experiendum est.

3 eum $OZ^{\beta}\lambda$: cum *Md*: *om. bms* 10 quiddam *C*: quod- *OΔ* 12 *post* aptius *plenius interpunxi* [*sic etiam Sal.–Reg. sed et om.*] velim scire *vel sim. post* re *perisse putavit Mueller* *post* sit *vulgo plene interpungitur* 13 tibi int- *Oλ*: i- t- *Δ* 14 si $O^1Z^{(b)}$ [*vel* sic *aut* sit] *λ*: *om. Δ*: fac *seu* velim *Mueller*: *malim* ⟨quid⟩ si iis *OM*: his δ 15 id *OM*: *om.* δ 16 sintne $CZ^{\beta}\lambda$: sint O^1: sin $O^2\Delta$ au(c)tores $O^1C\lambda$: -or es O^2M: -or est δ 17 quoad possunt Z^{β}: quod possum *OΔ* 18 adducito. totum *Schütz*: -ci totum O^1[?]Z^{β}: -cito tum *Δ* 19 ecquid Z^{β}: et quid [*more suo*] *OΔ* 21 vel tu *Schütz*: vetus $O^2\Delta$

XXX

Scr. Asturae vi Kal. Apr. an. 45.

⟨CICERO ATTICO SALVTEM.⟩

1 Quaero quid ad te scribam, sed nihil est: eadem cotidie. Quod Lentulum invisis valde gratum. Pueros attribue ei quot et quos videbitur. De Sili voluntate vendendi et de eo, quanti, tu vereri videris, primum ne nolit, deinde ne tanti. Sicca aliter; sed tibi adsentior. Qua re, ut ei placuit, scripsi ad Egnatium. Quod †salas† te cum Clodio loqui vult, potes id mea voluntate facere commodiusque est quam quod ille
2 a me petit, me ipsum scribere ad Clodium. De mancipiis Castricianis commodissimum esse credo transigere Egnatium, quod scribis te ita futurum putare. Cum Ovia, quaeso, vide ut conficiatur. Quoniam, ut scribis, nox erat, in hodierna epistula plura exspecto.

XXXI

Scr. Asturae iv Kal. Apr. an. 45.

⟨CICERO ATTICO SALVTEM.⟩

1 Silium mutasse sententiam Sicca mirabatur. Equidem magis miror quod, cum in filium causam conferret quae mihi non iniusta videtur (habet enim qualem vult), ais te putare, si addiderimus aliud, a quo refugit cum ab ipso id fuerit
2 destinatum, venditurum. Quaeris a me quod summum pretium constituam et quantum anteire istos hortos Drusi. Accessi numquam; Coponianam villam et veterem ⟨et⟩ non magnam novi, silvam nobilem, fructum autem neutrius, quod

3 quod *Wes.* 4 quod δ: quo OM^1 5 volunt- *bds*: volupt- $OMm\lambda$ 8 salas $O[?]M^1d$: silius M^cbms potes *Rom.*: -est $O\Delta$ 9 volunt- *bs*: volupt- $OMdm\lambda$ 12 vide $Z^\beta\lambda$: qui de Z^l, *ut vid.*: quidem $O\Delta$ 19 qualem *Sal.–Reg.*: -le Δ 20 refugit *scripsi* [*quod etiam ap. Graevium inter varias lectiones excusum inveni, fort. errore*]: -giat $O\Delta$ fuerit *C*: fieret $O\Delta\lambda$ 23 accessi O^1sC: arc- Δ et vet- ⟨et⟩ *Man.*: et vet- $O\Delta$: vet- et *Iens.*

tamen puto nos scire oportere. Sed mihi utrivis istorum tempore magis meo quam ratione aestimandi sunt. Possim autem adsequi necne tu velim cogites. Si enim Faberianum venderem, explicare vel repraesentatione non dubitarem de Silianis, si modo adduceretur ut venderet. Si venalis non haberet, transirem ad Drusum vel tanti quanti Egnatius illum velle tibi dixit. Magno etiam adiumento nobis Hermogenes potest esse in repraesentando. At tu concede mihi, quaeso, ut eo animo sim quo is debeat esse qui emere cupiat; et tamen ita servio cupiditati et dolori meo ut a te regi velim.

XXXII *Scr. Asturae v Kal. Apr. an. 45.*

⟨CICERO ATTICO SALVTEM.⟩

Egnatius mihi scripsit. Is si quid tecum locutus erit (com- **1**
modissime enim per eum agi potest) ad me scribes, et id (xxxi. 3)
agendum puto. Nam cum Silio non video confici posse. Piliae et Atticae salutem.

Haec ad te mea manu. Vide, quaeso, quid agendum sit. **2**
Publilia ad me scripsit matrem suam, cum Publilio ⟨locutam (xxxii. 1)
et mecum ut⟩ loqueretur ad me cum illo venturam et se una, si ego paterer. Orat multis et supplicibus verbis ut liceat et ut sibi rescribam. Res quam molesta sit vides. Rescripsi me etiam gravius esse adfectum quam tum cum illi dixissem me solum esse velle; qua re nolle me hoc tempore eam ad me venire. Putabam si nihil rescripsissem illam cum matre venturam;

1 utrivis $Z^b\lambda\kappa$: utrius $O\Delta$ 2 possim O^1m : -sum Δ 3 faber- *b* : fabr- $O\Delta$ 4 -tione *Sal.–Reg.* : -tionem $O\Delta$ 8 at tu $Z^{(b)}$: aut $O\Delta\lambda$ *cod. Faërn.* 10 ita *C* : *om.* Δ : vel O^2 servio $M^c dsC$: -iat O^2M^1bm 13 *hinc novam ep. incipiendam monuit Schiche* 14 agi . . . et [agi dum p- *O*] $OM^c bs$: agi . . . et id agi dum p- ad me s- et M^1dm [*sed* ad me s- *ante* et id *bis* M^1] 18 publilia *M* : publia *ORδ* locutam . . . ut *addidi* publilio $OMdZ^l$: publio *Rδ* 19 loqueretur ΩCZ^l : ut loquerer *Rom.* 21 me] mi *Orelli* 22 adfectum O^1R : *om.* Δ *Orelli* 23 nolle me *Vict.* : nole me O^1[?]*R* : nollem me *M* : nolem me O^2 : nollem δ

nunc non puto. Apparebat enim illas litteras non esse ipsius. Illud autem quod fore video ipsum volo vitare ne illi ad me veniant, et una est vitatio ut ego ⟨evolem⟩. Nollem, sed necesse est. Te hoc nunc rogo ut explores ad quam diem hic ita possim esse ut ne opprimar. Ages, ut scribis, temperate.

3 (2) Ciceroni velim hoc proponas, ita tamen, si tibi non iniquum videbitur, ut sumptus huius peregrinationis, quibus, si Romae esset domumque conduceret, quod facere cogitabat, facile contentus futurus erat, accommodet ad mercedes Argileti et Aventini, et cum ei proposueris, ipse velim reliqua moderere quem ad modum ex iis mercedibus suppeditemus ei quod opus sit. Praestabo nec Bibulum nec Acidinum nec Messallam, quos Athenis futuros audio, maiores sumptus facturos quam quod ex eis mercedibus recipietur. Itaque velim videas primum conductores qui sint et quanti, deinde ut sint qui ad diem solvant, et quid viatici, quid instrumenti satis sit. Iumento certe Athenis nihil opus sit. Quibus autem in via utatur domi sunt plura quam opus erat, quod etiam tu animadvertis.

XXXIII *Scr. Asturae vii Kal. Apr. an. 45.*

⟨CICERO ATTICO SALVTEM.⟩

1 Ego, ut heri ad te scripsi, si et Silius is fuerit quem tu putas nec Drusus facilem se praebuerit, Damasippum velim adgrediare. Is, opinor, ita partis fecit in ripa nescio quotenorum iugerum ut certa pretia constitueret; quae mihi nota non sunt. Scribes ad me igitur quicquid egeris.

1 esse ipsius $Z^b\lambda$: i- e- *OR* : illius e- *Δ*   2 illi *R* : ill(a)e *Δ*   3 visitatio *C*   evolem *addidi, duce Madvig* [avolem]   4 ad quam *RC* : aliq- *Δ*   7 quibus . . . futurus erat *post* Aventini [*v.* 10] *transp. Madvig, fort. recte*   11 iis *OM* : his *Rδ*   16 ut sint . . . solvant *Lamb.* : ut sit . . . solvat *Ω*   17 sit *Ω* : est *nescio quis* : erit *Wes.*   18 via *Pius* : illa M^1 : villa *ORδ*   19 -vertas O^1 : -vertes *Wes.*   22 ut heri *Rom.* : veteri *Ω* : vereri *s*

Vehementer me sollicitat Atticae nostrae valetudo, ut 2
verear etiam ne quae culpa sit. Sed et paedagogi probitas
et medici adsiduitas et tota domus in omni genere diligens
me rursus id suspicari vetat. Cura igitur; plura enim non
possum.

XXXIV *Scr. Asturae iii Kal. Apr. an. 45.*

⟨CICERO ATTICO SALVTEM.⟩

Ego hic vel sine Sicca (Tironi enim melius est) facillime 1
possem esse, ut in malis, sed, cum scribas videndum mihi
esse ne opprimar, ex quo intellegam te certum diem illius
profectionis non habere, putavi esse commodius me istuc
venire; quod idem video tibi placere. Cras igitur in Siccae
suburbano. Inde, quem ad modum suades, puto me in Ficu-
lensi fore. Quibus de rebus ad me scripsisti, quoniam ipse 2
venio, coram videbimus. Tuam quidem et ⟨in⟩ agendis nostris
rebus et in consiliis ineundis mihique dandis in ipsis litteris
quas mittis benevolentiam, diligentiam, prudentiam mirifice
diligo.

Tu tamen si quid cum Silio, vel illo ipso die quo ad Siccam 3
venturus ero, certiorem me velim facias, et maxime cuius loci (xxxv. 1)
detractionem fieri velit. Quod enim scribis 'extremi,' vide
ne is ipse locus sit cuius causa de tota re, ut scis, est a nobis
cogitatum. Hirti epistulam tibi misi et recentem et benevole
scriptam.

4 *cura *Vict.*: curitur *M*: curi *d*: cur *ORbms* 10 intelligo *Faërn.*: -gebam *Orelli* certum diem [certitudinem M^1] i- p- $RM^1\lambda$: c- i- p- d- δ 15 et in *P*: et *Ω* 16 ineundis *s*: non eundis *Ω*: eundis *P* 19 tu tamen . . . scriptam *huic ep. adnexuit Schütz* vel illo *Vict.*: vello O^1[?]RM^1: vel eo *P*: volo [-llo O^2] δ 21 extremo *κ* 22 de tota re *Iens.*: deiot(h)are *Ω*

XXXV *Scr. Asturam ex praedio Attici iter faciens Kal. aut vi Non. Mai. an. 45.*

⟨CICERO ATTICO SALVTEM.⟩

(2) Ante quam a te proxime discessi, numquam mihi venit in mentem, quo plus insumptum in monimentum esset quam nescio quid quod lege conceditur, tantundem populo dandum esse. Quod non magno opere moveret, nisi nescio quo modo, ἀλόγως fortasse, nollem illud ullo nomine nisi fani appellari. Quod si volumus, vereor ne adsequi non possimus nisi mutato loco. Hoc quale sit, quaeso, considera. Nam etsi minus urgeor meque ipse prope modum conlegi, tamen indigeo tui consili. Itaque te vehementer etiam atque etiam rogo, magis quam a me vis aut pateris te rogari, ut hanc cogitationem toto pectore amplectare.

XXXVI *Scr. Asturae v Non. Mai. an. 45.*

⟨CICERO ATTICO SALVTEM.⟩

1 Fanum fieri volo, neque hoc mihi ⟨dis⟩suaderi potest. Sepulcri similitudinem effugere non tam propter poenam legis studeo quam ut maxime adsequar ἀποθέωσιν. Quod poteram, si in ipsa villa facerem; sed, ut saepe locuti sumus, commutationes dominorum reformido. In agro ubicumque fecero, mihi videor adsequi posse ut posteritas habeat religionem. Hae meae tibi ineptiae (fateor enim) ferendae sunt; nam habeo ne me quidem ipsum quicum tam audacter communicem quam te. Sin tibi res, si locus, si institutum

4 a te $Z^{b}\lambda$: *om.* Ω 7 non ΩC: me *Iens.* (*post* opere *add. Wes.*) 11 collegi: $O^{2}bms$: -ligi $M^{c}d$: -legis $O^{1}M^{1}$: -ligis *R* 17 dissuaderi *Lamb.*: suaderi $Z^{(b)}\lambda$: erui $R\delta$: eri O^{1}[?]M^{1}: exui *anon. ap. Lamb.*: eripi *Ernesti* 19 legis quia epistolam legis [*ex* misi, *ut vid.*] studeo *O*: l- q- e- *RP*, *quae sequuntur usque ad* misi [*p.* 147. 17] *omissis* 25 quam te *Vict.*: quant(a)e $O\Delta$: quam tecum *Corr.*

placet, lege, quaeso, legem mihique eam mitte. Si quid in mentem veniet quo modo eam effugere possimus, utemur.

Ad Brutum si quid scribes, nisi alienum putabis, obiur- 2
gato eum quod in Cumano esse noluerit propter eam causam quam tibi dixi. Cogitanti enim mihi nihil tam videtur potuisse facere rustice. Et si tibi placebit sic agere de fano ut coepimus, velim cohortere et exacuas Cluatium. Nam etiam si alio loco placebit, illius nobis opera consilioque utendum puto. Tu ad villam fortasse cras.

XXXVII

Scr. Asturae iv Non. Mai. an. 45.

⟨CICERO ATTICO SALVTEM.⟩

A te heri duas epistulas accepi, alteram pridie datam 1
Hilaro, alteram eodem die [a] tabellario, accepique ab Aegypta liberto eodem die Piliam et Atticam plane belle se habere. Quod mihi Bruti litteras, gratum. Ad me quoque misit; quae litterae mihi redditae sunt tertio decimo die. Eam ipsam ad te epistulam misi et ad eam exemplum mearum litterarum.

De fano, si nihil mihi hortorum invenis, ⟨qui⟩ quidem tibi 2
inveniendi sunt si me tanti facis quanti certe facis, valde probo rationem tuam de Tusculano. Quamvis prudens ad cogitandum sis, sicut es, tamen, nisi magnae curae tibi esset ut ego consequerer id quod magno opere vellem, numquam ea res tibi tam belle in mentem venire potuisset. Sed nescio quo pacto celebritatem requiro; itaque hortos mihi conficias necesse est. Maxima est in Scapulae celebritas, propinquitas praeterea urbis, ne totum diem in villa. Qua re ante quam discedis, Othonem, si Romae est, convenias pervelim. Si

5 dixi *OΔ* : dixit *Lamb.* (*marg.*) 12 accepi *ObmsCZ* : recepi *Md* 13 eodem *Os* : in eodem *Δ* a *del. nescio quis* a t- accepi *om. O* 14 liberto $Z^{(b)}$: .l. [.L.] $OΔZ^{l}$ habere δ : -ret OM^{1} 15 quae [tuae] . . . die *post* habere *OΔ* : *transp. Schütz* quae Z^{l} [*ed. prima*] : hae Z^{l} [*ed. alt.*] $Z^{(b)}$: tu(a)e $O^{2}Δ$ 18 qui *add. Vict.* 26 urbis *Fr. Schmidt* : ubi sis *Ω* villa *Man.* : -am *Ω*

nihil erit, etsi tu meam stultitiam consuesti ferre, eo tamen progrediar ut stomachere. Drusus enim certe vendere vult. Si ergo aliud deerit, non mea erit culpa si emero. Qua in re ne labar, quaeso, provide. Providendi autem una ratio est si quid de Scapulanis possumus. Et velim me certiorem facias quam diu in suburbano sis futurus.

3 Apud Terentiam ⟨tam⟩ gratia opus est nobis tua quam auctoritate. Sed facies ut videbitur. Scio enim si quid mea intersit tibi maiori curae solere esse quam mihi.

XXXVII a *Scr. Asturae iii Non. Mai. an. 45.*

⟨CICERO ATTICO SALVTEM.⟩

(4) Hirtius ad me scripsit Sex. Pompeium Corduba exisse et fugisse in Hispaniam citeriorem, Gnaeum fugisse nescio quo; neque enim curo. Nihil praeterea novi. Litteras Narbone dedit XIIII Kal. Mai. Tu mihi de Canini naufragio quasi dubia misisti. Scribes igitur si quid erit certius. Quod me a maestitia avocas, multum levaris si locum fano dederis. Multa mihi *εἰς ἀποθέωσιν* in mentem veniunt, sed loco valde opus est. Qua re etiam Othonem vide.

XXXVIII *Scr. Asturae prid. Non. Mai. an. 45.*

⟨CICERO ATTICO SALVTEM.⟩

1 Non dubito quin occupatissimus fueris qui ad me nihil litterarum; sed homo nequam, qui tuum commodum non

2 ut stomachere [-chare *bs*] *ORδ*: uti st- $Z^{(b)}$*λ*: ut in isto machere M^{1}: ut mihi [mi *Vict.*] stom. *anon. ap. Corr.*, *fort. recte* 3 deerit . . . si *scripsi*: erit . . . nisi *Ω* 7 tam *add. Boot* [*nescio an melius* non tam] tua quam *ORMd*: tua que *bm*: tuaque *s*: tua tuaque $Z^{(b)}$ 12 *novam ep. ante Schmidt fecerunt codd. Palatini teste Graevio* 16 scribes *Orelli*: -bis $O^{1}R$: -bas *Δ* 17 avocas *Vict.*: vocas *Ω* levaris *C*: proficies *Rom.*: *om. Ω* fano *P*: lano *Δ*: vallo *R* 19 etiam ⟨atque etiam⟩ *Koch* 22 occupat- $O^{2}bs$: (h)oc cum dat- *Mdm*: iocundat- *R*

exspectaret, cum ob eam unam causam missus esset. Nunc quidem, nisi quid te tenuit, suspicor te esse in suburbano. At ego hic scribendo dies totos nihil equidem levor, sed tamen aberro.

Asinius Pollio ad me scripsit de impuro nostro cognato. **2**
Quod Balbus minor nuper satis plane, Dolabella obscure, hic apertissime. Ferrem graviter si novae aegrimoniae locus esset. Sed tamen ecquid impurius? O hominem cavendum! Quamquam mihi quidem—sed tenendus dolor est. Tu, quoniam necesse nihil est, sic scribes aliquid si vacabis.

XXXVIII a *Scr. Asturae Non. Mai. an. 45.*

⟨CICERO ATTICO SALVTEM.⟩

Quod putas oportere pervideri iam animi mei firmitatem **1** (3)
graviusque quosdam scribis de me loqui quam aut te scribere aut Brutum, si qui me fractum esse animo et debilitatum putant sciant quid litterarum et cuius generis conficiam, credo, si modo homines sint, existiment me, sive ita levatus sim ut animum vacuum ad res difficilis scribendas adferam, reprehendendum non esse, sive hanc aberrationem a dolore delegerim quae maxime liberalis sit doctoque homine dignissima, laudari me etiam oportere. Sed cum ego faciam omnia **2** (4)
quae facere possim ad me adiuvandum, tu effice id quod video te non minus quam me laborare. Hoc mihi debere videor neque levari posse nisi solvero aut videro me posse solvere, id est locum qualem volo invenero. Heredes Scapulae si istos hortos, ut scribis tibi Othonem dixisse, partibus quattuor factis liceri cogitant, nihil est scilicet emptori loci; sin venibunt,

1 exspectaret λ: -rit *RΔ* 7 egrimonie *R*: agr- *M*: acr- $O^2\delta$ 8 ecquid λ: et q- *RΔ*: et quidem *O* 13 *novam ep. constituit Schiche* pervideri $\Delta Z^{(b)}\lambda$: prev- *O*[?]: prov- *R* 20 liberalis sit *Vrs.*: -issima *Ω* 22 possim *ORMs*: -sum *bdm* adlevandum *Orelli* 24 levari possum *bm* 25 volo *OR*: *om.* *Δ*

quid fieri possit videbimus. Nam ille locus Publicianus qui est Treboni et Cusini erat ad me adlatus. Sed scis aream esse. Nullo pacto probo. Clodiae sane placent, sed non puto esse venalis. De Drusi hortis, quamvis ab iis abhorreas, ut scribis, tamen eo confugiam nisi quid inveneris. Aedificatio me non movet. Nihil enim aliud aedificabo nisi id quod etiam si illos non habuero. *Κῦρος β′* mihi sic placuit ut cetera Antisthenis, hominis acuti magis quam eruditi.

XXXIX *Scr. Asturae viii Id. Mai. an. 45.*

⟨CICERO ATTICO SALVTEM.⟩

1 Tabellarius ad me cum sine litteris tuis venisset, existimavi tibi eam causam non scribendi fuisse quod pridie scripsisses ea ipsa ad quae rescripsi hac epistula. Exspectaram tamen aliquid de litteris Asini Pollionis. Sed nimium ex meo otio tuum specto. Quamquam tibi remitto, nisi quid necesse erit, necesse ne habeas scribere, nisi eris valde otiosus.

2 De tabellariis facerem quod suades, si essent ullae necessariae litterae, ut erant olim, cum tamen brevioribus diebus cotidie respondebant tempori tabellarii. At erat aliquid, Silius, Drusus, alia quaedam. Nunc, nisi Otho exstitisset, quid scriberemus non erat; ⟨et id⟩ ipsum dilatum est. Tamen adlevor cum loquor tecum absens, multo etiam magis cum tuas litteras lego. Sed quoniam et abes (sic enim arbitror) et scribendi necessitas nulla est, conquiescent litterae nisi quid novi exstiterit.

1 publicianus *C*Z^bλ: -canus *Ω* 7 *Κῦρος β′ scripsi*: ΚΥΡϹΑϹ *Ω*$Z^{(b)}$λ: *κύρβας* $Z^β$: *Κῦρος* δ, ϵ *Bos.* [*conl. Diog. Laert. vi. 1. 16*] 13 quam *Lamb.* hac *OR*: *om. Δ Lamb.* expectabam *O* 14 nimium *Ω*$Z^{(b)}$: nimirum *Lamb.* otio tuum sp- *Man.*: otium exsp- *Ω* 15 necesse ne *Vict.*: nec ne *Ω* [ne ne *d*, ne *s*] 16 eris *OR*: eis *Δ* [sis *s*, *om. b*] 19 at *scripsi, puncto ante posito*: et *Ω* 20 quid *Ω*: quod *s* 21 et id *addidi*: id *Crat.*

XL *Scr. Asturae vii Id. Mai. an. 45.*

⟨CICERO ATTICO SALVTEM.⟩

Qualis futura sit Caesaris vituperatio contra laudationem **1**
meam perspexi ex eo libro quem Hirtius ad me misit; in quo conligit vitia Catonis, sed cum maximis laudibus meis. Itaque misi librum ad Muscam ut tuis librariis daret. Volo enim eum divulgari, quoque facilius fiat imperabis tuis.

Συμβουλευτικὸν saepe conor. Nihil reperio, et quidem **2**
mecum habeo et *Ἀριστοτέλους* et *Θεοπόμπου πρὸς Ἀλέξανδρον.* Sed quid simile? Illi et quae ipsis honesta essent scribebant et grata Alexandro. Ecquid tu eius modi reperis? Mihi quidem nihil in mentem venit. Quod scribis te vereri ne et gratia et auctoritas nostra hoc meo maerore minuatur, ego quid homines aut reprehendant aut postulent nescio. Ne doleam? Qui potest? Ne iaceam? Quis umquam minus? Dum tua me domus levabat, quis a me exclusus? quis venit qui offenderet? Asturam sum a te profectus. Legere isti laeti qui me reprehendunt tam multa non possunt quam ego scripsi. Quam bene, nihil ad rem; sed genus scribendi id fuit quod nemo abiecto animo facere posset. Triginta dies in horto fui. Quis aut congressum meum aut facilitatem sermonis desideravit? Nunc ipsum ea lego, ea scribo ut hi qui mecum sunt difficilius otium ferant quam ego laborem. Si quis requirit cur Romae **3**
non sim: quia discessus est; cur non sim in iis meis praediolis quae sunt huius temporis: quia frequentiam illam non facile ferrem. Ibi sum igitur ubi is qui optimas Baias habebat quotannis hoc tempus consumere solebat. Cum Romam venero,

7 quoque *ERλ*: quod quo *O²M^c bms*: quo quo *O¹M¹d* 9 et *Θεοπόμπου Vict.*: ЄΤΘЄΟΡΙΟΜΜΟΥ *RM¹*, *peiora m* πρὸς] ΠΒΡΟC *M¹*: ΤΙCΠΡΟC *m*: libros πρὸς *Muecke* 16 offenderet *ΣMZ^bλ*: me offds: offenderetur *bm* 20 horto *CZ^bλ*: (h)ortis *Ω* 22 hi *Pd*: hii *RM*: ii *EObms* 24 sim [*post.*] *EOδ*: sumus *M¹*: si minus sim *R* iis *Σ*: eis *M¹*: his *Pδ*

nec vultu nec oratione reprehendar. Hilaritatem illam qua hanc tristitiam temporum condiebamus in perpetuum amisi, constantia et firmitas nec animi nec orationis requiretur.

4 De hortis Scapulanis hoc videtur effici posse, aliud tua gratia, aliud nostra, ut praeconi subiciantur. Id nisi fit, excludemur. Sin ad tabulam venimus, vincemus facultates Othonis nostra cupiditate. Nam quod ad me de Lentulo scribis, non est in eo. Faberiana modo res certa sit tuque enitare, quod facis, quod volumus consequemur.

5 Quod quaeris quam diu hic: paucos dies. Sed certum non habeo. Simul ac constituero, ad te scribam, et tu ad me quam diu in suburbano sis futurus. Quo die ego ad te haec misi, de Pilia et Attica mihi quoque eadem quae scribis et scribuntur et nuntiantur.

XLI

Scr. Asturae v Id. Mai. an. 45.

⟨CICERO ATTICO SALVTEM.⟩

1 Nihil erat quod scriberem. Scire tamen volebam ubi esses; si abes aut afuturus es, quando rediturus esses. Facies igitur certiorem. Et quod tu scire volebas ego quando ex hoc loco, postridie Idus Lanuvi constitui manere, inde postridie in Tusculano aut Romae. Vtrum sim facturus eo ipso die scies.

2 Scis quam sit *φιλαίτιον συμφορά*, minime in te quidem, sed tamen avide sum adfectus de fano, quod nisi non dico effectum erit sed fieri videro (audebo hoc dicere et tu ut soles accipies), incursabit in te dolor meus, non iure ille quidem sed tamen feres hoc ipsum quod scribo ut omnia mea fers

2 condiebamus *ORM*^{1}: -bam *Eδ* 4 Scapulanis *Rom.*: -lis *Ω* 5 ut *Vict.*: aut *Ω* 8 est in eo *Ω*: extimesco *Madvig*: *alii alia* 11 ac] atque *Tyrrell–Purser*: *anne* hoc? 18 a(b)futurus *Hervagius*: fut- *Ω* facies ig- *OΔ* [facies *etiam* Z$^{(b)}$λ]: facias ig- me *R*: facies me ig- *Rom.* 19 ego *Vict.*: lego *Ω* 26 ut *bs*: et *ORMdm*

ac tulisti. Omnis tuas consolationes unam hanc in rem velim
conferas. Si quaeris quid optem, primum Scapulae, deinde 3
Clodiae, postea, si Silius nolet, Drusus aget iniuste, Cusini et
Treboni. Puto tertium esse dominum, Rebilum fuisse certe
scio. Sin autem tibi Tusculanum placet, ut significasti quibusdam litteris, tibi adsentiar. Hoc quidem utique perficies, si
me levari vis, quem iam etiam gravius accusas quam patitur
tua consuetudo, sed facis summo amore et victus fortasse vitio
meo—sed tamen si me levari vis, haec est summa levatio vel,
si verum scire vis, una.

Hirti epistulam si legeris, quae mihi quasi πρόπλασμα vide- 4
tur eius vituperationis quam Caesar scripsit de Catone, facies
me quid tibi visum sit, si tibi erit commodum, certiorem.
Redeo ad fanum. Nisi hac aestate absolutum erit quam vides
integram restare, scelere me liberatum non putabo.

XLII *Scr. Asturae vi Id. Mai. an. 45.*

⟨CICERO ATTICO SALVTEM.⟩

Nullum a te desideravi diem litterarum; videbam enim 1
quae scribis, et tamen suspicabar vel potius intellegebam
nihil fuisse quod scriberes; a. d. VI Id. vero et abesse te putabam et plane videbam nihil te habere. Ego tamen ad te fere cotidie mittam; malo enim frustra quam te non habere cui des, si quid forte sit quod putes me scire oportere. Itaque accepi VI Id. litteras tuas inanis. Quid enim habebas quod scriberes? Mi tamen illud quicquid erat non molestum fuit, ⟨ut⟩ nihil aliud, scire me novi te nihil habere.

1 ac tulisti *Vict.*: att- *Ω* hanc in *Rδ*: in h- *O*[?]M^1 4 tertium Z^l: terentium *Ω* certo *Rom.* 6 assentior *s* 13 me *C*: *om.* *Ω* 14 redeo O^1R: redet M^1: reddes δ 20 quod *bms*: quid *RMd* 25 mi *RMbmλ*: mihi *OPds* 26 ut *add. Mueller*: si *Madvig*

Scripsisti tamen nescio quid de Clodia. Vbi ergo ea est aut
quando ventura? Placet mihi res sic ut secundum Othonem
2 nihil magis. Sed neque hanc vendituram puto (delectatur
enim et copiosa est) et illud alterum quam sit difficile te non
fugit. Sed, obsecro, enitamur ut aliquid ad id quod cupio
excogitemus.

3 Ego me hinc postridie ⟨Id.⟩ exiturum puto sed aut in Tusculanum aut domum, inde fortasse Arpinum. Cum certum sciero, scribam ad te.

XLIII *Scr. Asturae iv Id. Mai. an. 45.*

⟨CICERO ATTICO SALVTEM.⟩

1 Venerat mihi in mentem monere te ut id ipsum quod facis
(XLII. 3) faceres. Putabam enim commodius te idem istuc domi agere
posse interpellatione sublata.

2 Ego postridie Idus, ut scripsi ad te ante, Lanuvi manere
(XLIII. 1) constitui, inde aut Romae aut in Tusculano; scies ante
utrum. Quod scribis scire te mihi illam rem fore levamento,
bene facis; quin id esse mihi crede perinde ut existimare tu
non potes. Res indicat quanto opere id cupiam, cum tibi
audeam confiteri quem id non ita valde probare arbitrer.
Sed ferendus tibi in hoc meus error. Ferendus? immo vero
3 (2) etiam adiuvandus. De Othone diffido, fortasse quia cupio.
Sed tamen maior etiam res est quam facultates nostrae,
praesertim adversario et cupido et locuplete et herede. Proximum est ut velim Clodiae. Sed si ista minus confici possunt,

1 scripsisti *Man.*: -psi Ω   7 Id. *add. Lamb.*   12 venerat ... sublata [*v.* 14] *huic ep. adnexuit Schiche*   13 istuc *OR*: -ud Δ   17 utrum *Schiche*: -mque Ω   scribis Z^l [?]: scies Ω: sues Z^β scire te *scripsi*: recte Ω*Z*: certe *Lamb.*   mihi ORZ^l [‘*plane et integre scriptum*’]: mi Z^β: *om.* Δ   18 quin *Lattmann*: quom O^1: cum *R*Δ: tum *cod. Faërn.*: *anne* tu modo?   esse O^1RMd *cod. Faërn.*: esset O^2b[?]*ms*   19 cum *E*δ: quam O^1RM^1 20 quem O^1[?]M^1: quam EO^2RM^2ms: qui *bd*   arbitrer *Rom.*: -rarer Ω   25 sed *OR*λ: *om.* Δ

effice quidvis. Ego me maiore religione quam quisquam fuit ullius voti obstrictum puto. Videbis etiam Trebonianos, etsi absunt domini. Sed, ut ad te heri scripsi, considerabis etiam de Tusculano, ne aestas effluat; quod certe non est committendum.

XLIV *Scr. Asturae iii Id. Mai. an. 45.*

⟨CICERO ATTICO SALVTEM.⟩

Et Hirtium aliquid ad te συμπαθῶς de me scripsisse facile 1
patior (fecit enim humane) et te eius epistulam ad me non
misisse multo facilius; tu enim etiam humanius. Illius librum
quem ad me misit de Catone propterea volo divulgari a tuis
ut ex istorum vituperatione sit illius maior laudatio.

Quod per Mustelam agis, habes hominem valde idoneum 2
meique sane studiosum iam inde a Pontiano. Perfice igitur
aliquid. Quid autem aliud nisi ut aditus sit emptori? quod
per quemvis heredem potest effici. Sed Mustelam id perfectu-
rum, si rogaris, puto. Mihi vero et locum quem opto ad id
quod volumus dederis et praeterea ἐγγήραμα. Nam illa Sili et
Drusi non satis οἰκοδεσποτικὰ mihi videntur. Quid enim?
sedere totos dies in villa? Ista igitur malim, primum Othonis,
deinde Clodiae. Si nihil fiet, aut Druso ludus est suggerendus
aut utendum Tusculano.

Quod domi te inclusisti ratione fecisti; sed, quaeso, confice 3
et te vacuum redde nobis. Ego hinc, ut scripsi antea, postridie
Idus Lanuvi, deinde postridie in Tusculano. Contudi enim
animum et fortasse vici, si modo permansero. Scies igitur
fortasse cras, summum perendie.

1 me *E*δ: mea *ORM*^{1} relig- *E*δ: reg- *ORM*^{1} 15 sit emptori *O*^{2}[?] *Iens. Rom.*: si tempori *RΔ* [sit tem- *b*, sit em- *s*] 18 nam *litteris Graecis RMm*: *om. bds* [*cum vocabulo Graeco, spat. rel.*] λ [‘*v. c. non habet* nam’] Silii *Iens. Rom.*: si illi *Ω* 22 Tusculano *Iens.*: -num *Ω* 25 Lanuvii *Corr.*: iami *M*: ian(uarii) *R*δ [idus . . . postr- *om. Ob*] 26 vici si *M*^{c}*bm*: vicissi *M*^{1}: -sim *Σ*: -sim si *ds*

Sed quid est, quaeso? Philotimus nec Carteiae Pompeium teneri (qua de re litterarum ad Clodium Patavinum missarum exemplum mihi Oppius et Balbus miserant, se id factum arbitrari) bellumque narrat reliquum satis magnum. Solet omnino esse Favoniaster. Sed tamen, si quid habes. Volo etiam de naufragio Caniniano scire quid sit.

4 Ego hic duo magna *συντάγματα* absolvi; nullo enim alio
(XLV. 1) modo a miseria quasi aberrare possum. Tu mihi, etiam si nihil erit quod scribas, quod fore ita video, tamen id ipsum scribas velim te nihil habuisse quod scriberes, dum modo ne his verbis.

XLV *Scr. in Tusculano xvi Kal. Iun. an. 45.*

⟨CICERO ATTICO SALVTEM.⟩

1 (2) De Attica optime. *Ἀκηδία* tua me movet, etsi scribis nihil esse. In Tusculano eo commodius ero quod et crebrius tuas litteras accipiam et te ipsum non numquam videbo; nam ceteroqui *ἀνεκτότερα* erant Asturae †nec† haec quae refricant hic me magis angunt; etsi tamen, ubicumque sum, illa sunt
2 (3) mecum. De Caesare vicino scripseram ad te, quia cognoram ex tuis litteris. Eum *σύνναον* Quirino malo quam Saluti. Tu vero pervulga Hirtium. Id enim ipsum putaram quod scribis, ut cum ingenium amici nostri probaretur, *ὑπόθεσις* vituperandi Catonis inrideretur.

1 nec ΩZ^l: negat *Lamb.* Carteiae *Corr.*: cartini [-ivi] *Ω*: cartani Z^l [*'ut vulgati', errore, ut vid., typogr.*] 2 Patavinum *Rom.*: put- b^2: putavi num in *ORMm*: numin *s*: nunni *d*: Petavonium *Orelli* 3 fictum *Corr.* 5 Favoniaster *scripsi*: fulvin- [*vel sim.*] *Ωλ codd. Mal.* 6 Caniniano *Man.*: ganiano *ORMC*: geni- *d*: gabi- *m*: gabini- *bs* 7 ego . . . verbis [*v.* 11] *huic ep. adnexuit Schiche* 17 cetero qui *Ω*: -ra quidem *κ* nec] nunc *Corr.*: *fort.* et 18 me *om.* M^1 19 cognoveram *Eλ* 20 quirino . . . saluti $Z^b λ$: -ni . . . -tis *Ω*

XLVI *Scr. Asturae Id. Mai. an. 45.*

⟨CICERO ATTICO SALVTEM.⟩

Vincam, opinor, animum et Lanuvio pergam in Tusculanum. 1
Aut enim mihi in perpetuum fundo illo carendum est (nam dolor idem manebit, tantum modo occultius) aut nescio quid intersit utrum illuc nunc veniam an ad decem annos. Neque enim ista maior admonitio quam quibus adsidue conficior et dies et noctes. 'Quid ergo?' inquies, 'nihil litterae?' In hac quidem re vereor ne etiam contra; nam essem fortasse durior. Exculto enim animo nihil agreste, nihil inhumanum est.

Tu igitur, ut scripsisti, nec id incommodo tuo. Vel binae 2
enim poterunt litterae. Occurram etiam si necesse erit. Ergo (XLVII. 1)
id quidem ut poteris.

XLVII *Scr. Lanuvi xvii Kal. Iun. an. 45.*

⟨CICERO ATTICO SALVTEM.⟩

De Mustela, ut scribis, etsi magnum opus est. Eo magis 1
delabor ad Clodiam. Quamquam in utroque Faberianum nomen explorandum est. De quo nihil nocuerit si aliquid cum Balbo eris locutus, et quidem, ut res est, emere nos velle nec posse sine isto nomine nec audere re incerta. Sed quando 2
Clodia Romae futura est et quanti rem aestimas? Eo prorsus specto, non quin illud malim, sed et magna res est et difficile certamen cum cupido, cum locuplete, cum herede. Etsi de cupiditate nemini concedam; ceteris rebus inferiores sumus. Sed haec coram.

3 vincam δ: -ar ΣM^1 5 modo occultius *Fr. Schmidt*: m- octius OMZ^l: m- ott- *m*: m- ocius [ot-] *Rbds*: modestius λ: mediocrius *anon. ap. Lamb.* 10 exculto *Vict.*: exto O^1[?]$M^1Z^{(b)}$: exsto Z^β: esto *R*: isto *E*δ animo *ER*δ: animo ne O^1M^1: in animo *Wes.* 11 tu . . . poteris *huic ep. adnexuit Schiche* 12 poterunt *Om*: potue- *RΔ* 20 audere re λ: audirer Ω [-res M^c(?)*s*] 22 specto *OΔ*λ: exp- *R* 24 inferi- *ORMdsC*: infirmi- *bm*

XLVIII

Scr. Lanuvi xvi Kal. Iun. an. 45.

⟨CICERO ATTICO SALVTEM.⟩

(XLVII. 3) Hirti librum, ut facis, divulga. De Philotimo idem et ego arbitrabar. Domum tuam pluris video futuram vicino Caesare. Tabellarium meum hodie exspectamus. Nos de Pilia et Attica certiores faciet.

(XLVIII) Domi te libenter esse facile credo. Sed velim scire quid tibi restet aut iamne confeceris. Ego te in Tusculano exspecto eoque magis quod Tironi statim te venturum scripsisti et addidisti te putare opus esse.

XLIX

Scr. in Tusculano xiv Kal. Iun. an. 45.

⟨CICERO ATTICO SALVTEM.⟩

1 Sentiebam omnino quantum mihi praesens prodesses, sed
(XLVIII) multo magis post discessum tuum sentio. Quam ob rem, ut
ante ad te scripsi, aut ego ad te totus aut tu ad me quod
licebit.

2 Heri non multo post quam tu a me discessisti, †puto†
(XLIX. 1) quidam urbani ut videbantur ad me mandata et litteras
attulerunt a C. Mario C. f. C. n. multis verbis: agere mecum per cognationem quae mihi secum esset, per eum Marium quem scripsissem, per eloquentiam L. Crassi, avi sui, ut se defenderem, causamque suam mihi perscripsit. Rescripsi patrono illi nihil opus esse, quoniam Caesaris, propinqui eius, omnis potestas esset, viri optimi et hominis liberalissimi; me

3 *hinc ep. incepit Schmidt* 4 arbitrabar *bm*: -rabor *ORMd*: -ror *s* 5 expectamus O^1RM^2: -tavi is [-ta mis M^1d] *Δ*: -tamus is O^2 13 sentiebam . . . licebit [*v.* 16] *huic ep. adiungendum ante Schiche viderat Corr.* prodesses M^c*bms*: -esse ORM^1d 15 aut ego *bms*: ut ego *ORMd* 17 puto *Ω*: pueri *Corr.* [*cf. p.* 165. 17]: *del. Schütz* 18 urbani δ [atedani *b*]: -ne $ΣM^1$ 22 perscripsit. rescripsi EM^2*bms*: perscripsit *OR*: -si. t. *d*: -si M^1

tamen ei fauturum. O tempora! fore cum dubitet Curtius consulatum petere! Sed haec hactenus.

De Tirone mihi curae est. Sed iam sciam quid agat. Heri (2) **3**
enim misi qui videret; cui etiam ad te litteras dedi. Epistulam ad Ciceronem tibi misi. Horti quam in diem proscripti sint velim ad me scribas.

L *Scr. in Tusculano xv Kal. Iun. an. 45.*

⟨CICERO ATTICO SALVTEM.⟩

Vt me levarat tuus adventus sic discessus adflixit. Qua re cum poteris, id est cum Sexti auctioni operam dederis, revises nos. Vel unus dies mihi erit utilis, quid dicam gratus? Ipse Romam venirem ut una essemus, si satis consilium quadam de re haberem.

LI *Scr. in Tusculano xiii Kal. Iun. an. 45.*

⟨CICERO ATTICO SALVTEM.⟩

Tironem habeo citius quam verebar. Venit etiam Nicias, **1**
et Valerium hodie audiebam esse venturum. Quamvis multi sint, magis tamen ero solus quam si unus esses. Sed exspecto te, a Peducaeo utique; tu autem significas aliquid etiam ante. Verum id quidem ut poteris.

De Vergilio, ut scribis. Hoc tamen velim scire, quando auctio. Epistulam ad Caesarem mitti video tibi placere. Quid quaeris? mihi quoque hoc idem maxime placuit, et eo magis quod nihil est in ea nisi optimi civis, sed ita optimi ut

5 ciceronem *ΩC*: Caesarem *Iens.*, *fort. recte* 10 cum p- *s*: dum p- *Ω* 11 gratus *bs*: -tius *ORM*^{1}*m*: gravius *M*^{2}*d* 12 consilii *Corr.*: consultum *Mueller*: ⟨constitutum⟩ consilium *Lehmann* 18 ⟨tu⟩ unus *Ernesti*: unus ⟨una⟩ *Gligher* 20 verum *bs*: utrum *ORMdm* 23 hoc idem *Bos.*: hodie *ΩCλ* [*ante* quoque *bm*]

tempora; quibus parere omnes πολιτικοὶ praecipiunt. Sed scito ita nobis esse visum ut isti ante legerent. Tu igitur id curabis. Sed nisi plane iis intelleges placere, mittenda non est. Id autem utrum illi sentiant anne simulent tu intelleges. Mihi simulatio pro repudiatione fuerit. *Τοῦτο δὲ μηλώσῃ.*

3 De Caerellia quid tibi placeret Tiro mihi narravit: debere non esse dignitatis meae, perscriptionem tibi placere:

'Hoc métuere, alterum ín metu non pónere.'

Sed et haec et multa alia coram. Sustinenda tamen, si tibi videbitur, solutio est nominis Caerelliani dum et de Metione et de Faberio sciamus.

LII *Scr. in Tusculano xii Kal. Iun. an. 45.*

⟨CICERO ATTICO SALVTEM.⟩

1 L. Tullium Montanum nosti qui cum Cicerone profectus est. Ab eius sororis viro litteras accepi Montanum Planco debere, quod praes pro Flaminio sit, HS $\overline{\text{xxv}}$; de ea re nescio quid te a Montano rogatum. Sane velim, sive Plancus est rogandus sive qua re potes illum iuvare, iuves. Pertinet ad nostrum officium. Si res tibi forte notior est quam mihi, aut si Plancum rogandum putas, scribas ad me velim ut quid rei sit et quid rogandum sciam.

2 De epistula ad Caesarem quid egeris exspecto. De Silio non ita sane laboro. Tu mi aut Scapulanos aut Clodianos efficias necesse est. Sed nescio quid videris dubitare de Clodia; utrum quando veniat an sintne venales? Sed quid est quod audio Spintherem fecisse divortium?

2 scito ita *OPδ* [ita *etiam* Z^b] : si M^1 : scito *R* : scis ita *Lamb.* 4 anne *Vict.* : ante OM^1 : an te *Rdms* : an re *b* 5 mihi λ: si m- O^1M^1 : sed m- *Rδ* μηλώσῃ *C* : ΜΗΛΟCΗ *R* : ΜΗΟCΗ *Mm* : μὴ δόσοι *O* : ΜΥΙΛΟCΗ $Z^{(b)}$ [*unde μυῖα ὅσῃ Bos., μυῖ' ὅσῃ Ellis*] : γνώσῃ κ 10 videbitur *Δ* : -etur O^1R metione *Ω* [mit- *ds*] : Metone *Man.* 11 et de faberio *bms* : et de faberi et de faberio O^1RMd 16 xxv *Bos.* [*conl. p.* 313. 11] : xx [$\overline{\text{xx}}$] *RΔ*

De lingua Latina securi es animi. Dices †qui alia quae scribis†. Ἀπόγραφα sunt, minore labore fiunt; verba tantum adfero quibus abundo. 3

LIII *Scr. in Tusculano xi Kal. Iun. an. 45.*

⟨CICERO ATTICO SALVTEM.⟩

Ego, etsi nihil habeo quod ad te scribam, scribo tamen quia tecum loqui videor. Hic nobiscum sunt Nicias et Valerius. Hodie tuas litteras exspectabamus matutinas. Erunt fortasse [alteras notasse] alterae postmeridianae, nisi te Epiroticae litterae impedient quas ego non interpello. Misi ad te epistulas ad Marcianum et ad Montanum. Eas in eundem fasciculum velim addas, nisi forte iam dedisti.

1 es δ: est O^1RM^1: esto *Boot* alia qu(a)e scr- O^1M: talia qu(a)e scr- O^2R: talia conscr- δ quid ad illa quae scr-? *temptavi* 2 tantum *RC*: tamen *OΔ* 9 alterae *bs*: alteras notasse alterae *ORMdm*

AD ATTICVM

LIBER TERTIVS DECIMVS

I *Scr. in Tusculano x Kal. Iun. an. 45.*

⟨CICERO ATTICO SALVTEM.⟩

1 Ad Ciceronem ita scripsisti ut neque severius neque temperatius scribi potuerit nec magis [quam] quem ad modum ego maxime vellem; prudentissime etiam ad Tullios. Qua
2 re aut ista proficient aut aliud agamus. De pecunia vero video a te omnem diligentiam adhiberi vel potius iam adhibitam esse. Quod si efficis, a te hortos habebo. Nec vero ullum genus possessionis est quod malim, maxime scilicet ob eam causam quae suscepta est; cuius festinationem mihi tollis, quoniam de aestate polliceris vel potius recipis. Deinde etiam ad *καταβίωσιν* maestitiamque minuendam nihil mihi reperiri potest aptius; cuius rei cupiditas impellit me interdum ut te hortari velim. Sed me ipse revoco; non enim dubito quin, quod me valde velle putes, in eo tu me ipsum cupiditate vincas. Itaque istuc iam pro facto habeo.

3 Exspecto quid istis placeat de epistula ad Caesarem. Nicias te, ut debet, amat vehementerque tua sui memoria delectatur. Ego vero Peducaeum nostrum vehementer diligo; nam et quanti patrem feci, †totum in hunc† ipsum

Et huius libri epistulas non discernunt codd. dempta b^2: vide quae ad librum xii praefatus sum 3 ut *Ω*: ullius Z^b: ulli ut *Bos.* 4 quam *del. Corr.* 8 quod si $CZ^{(b)}\lambda$: *om. Ω*: *anne* quam si? ˙a te *Δ*: a te enim *O*: enim a te *R* 9 quod *Pbds*: quo *ORMm* et max- *OR* 10 -tionem *bs*: -tione *ORMdm* 12 etiam ad [A.D. *M*] *OMPm*: ad. *R*: etiam *bds* 16 pro facto b^2: profecto *Ω* 20 totum in hunc: ⟨et⟩ ipsum *Lamb.*: tanti hunc ⟨et⟩ i- *Reid*: *illud malim cui Tyrrell–Purser nugas praetulerunt* totum in hunc ⟨transtuli et hunc⟩ iper se aeque amo atque illum amavi, te vero plurimum qui hoc ab utroque nostrum fieri velis. Si hortos inspexeris et si de epistula certiorem me feceris, dederis mihi quod ad te scribam; si minus, scribam tamen aliquid. Numquam enim deerit.

II

Scr. in Tusculano ix Kal. Iun. an. 45.

⟨CICERO ATTICO SALVTEM.⟩

Gratior mihi celeritas tua quam ipsa res. Quid enim in- (1)
dignius? Sed iam ad ista obduruimus et humanitatem omnem exuimus. Tuas litteras hodie exspectabam, nihil equidem ut ex iis novi; quid enim? verum tamen—

II a

Scr. in Tusculano vi Kal. Iun. an. 45.

⟨CICERO ATTICO SALVTEM.⟩

Oppio et Balbo epistulas deferri iubebis; et tamen Piso- **1**
nem sicubi, de auro. Faberius si venerit, videbis ut tantum (II. 1)
attribuatur, si modo attribuetur, quantum debetur. Accipies ab Erote.

Ariarathes Ariobarzani filius Romam venit. Vult, opinor, **2**
regnum aliquod emere a Caesare; nam quo modo nunc est, (II. 2)
pedem ubi ponat in suo non habet. Omnino eum Sestius noster, parochus publicus, occupavit; quod quidem facile patior. Verum tamen, quod mihi summo beneficio meo magna cum fratribus illius necessitudo est, invito eum per litteras ut apud me deversetur. Ad eam rem cum mitterem Alexandrum, has ei dedi litteras.

1 per se (a)eque $O^1RM^1b^1m^1$: for. persequor M^2: persequor $O^2b^2m^2$: for. persequar *d*: persequar *s* amo atque O^1Rbm: amat que *Md*: amo eque atque *s* amavi *bms*: -it *ORMd* te *OR*: tu *Δ* 8 ipsa O^1[?]*R*: -am O^2Md: -arum *bms* quid enim ind- O^1RM^cbs: quidem iniud- [-ind-] O^2M^1m: quidem ind- *d* 14 *novam ep. constituit Schmidt* 15 auro *Ω*: avio *d* 18 ario[-eo-]barzani *Ω*: -nis bs^2 20 ubi $O^2R\delta$: vel O^1M^1

II b *Scr. in Tusculano iv Kal. Iun. an. 45.*

⟨CICERO ATTICO SALVTEM.⟩

(II. 3) Cras igitur auctio Peducaei. Cum poteris ergo; etsi impediet fortasse Faberius. Sed tamen, cum licebit. Dionysius noster graviter queritur, et tamen iure, a discipulis abesse tam diu. Multis verbis scripsit ad me, credo item ad te. Mihi quidem videtur etiam diutius afuturus. Ac nollem; valde enim hominem desidero.

(II. 1) A te litteras exspectabam, nondum scilicet; nam has mane rescribebam.

III *Scr. in Tusculano iii Kal. Iun. an. 45.*

⟨CICERO ATTICO SALVTEM.⟩

1 Ego vero ista nomina sic probo ut nihil aliud me moveat nisi quod tu videris dubitare. Illud enim non accipio in bonam partem, quod ad me refers; qui si ipse negotium meum gererem, nihil gererem nisi consilio tuo. Sed tamen intellego magis te id facere diligentia qua semper uteris quam quo dubites de nominibus istis. Etenim Caelium non probas, plura non vis. Vtrumque laudo. His igitur utendum est. Praes aliquando factus esses, et in his quidem tabulis. A me igitur omnia. Quod dies longior est (teneamus modo

3 *novam ep. constituit Schmidt* ergo *OR*: *om. Δ* 5 se *post* iure *add. Lamb.*, *post* abesse *Ernesti* 6 item ad] *hic deficit O*: *vide quae scripsi in praef. p.* vii 7 valde enim *Δ*: v- eum *R*: eum v- *P* 9 a te . . . rescribebam *huic ep. adnexuit Schmidt* 15 quod *b*²λ: *om. RΔ* referri *s* qui si *ORZ*: quid *Δ*: quid si κ 16 nihil ger- *ORZ*: *om. Δ* 18 quo *R*λ: quod *Δ* [*sed* d *superscr. M*¹]: que *P* dubites *PΔ*: -tas *R* c(a)elium *PΔ*: celum *R*: celam *d* 19 his *Pdm*: hiis *M*: iis *Rbs* 20 est. praes *C* [praes *etiam Z*ˡ]: espes *M* [*sed* r *super alterum* e *posuit M*¹]: expers δ: expresse *R* aliquando . . . quod *om. d* aliquando *ΔZ*ˡ: quidem al- *RC* esses et *Bos.*: es et *CZ*ˡ: esset *RΔ* 21 longior est *Z*ˡ: -ores *Ω*

quod volumus), puto fore istam etiam a praecone diem, certe
ab heredibus.

De Crispo et Mustela videbis, et velim scire quae sit pars
duorum. De Bruti adventu eram factus certior. Attulerat 2
enim ab eo Aegypta libertus litteras. Misi ad te epistulam,
quia commode scripta erat.

IV *Scr. in Tusculano Kal. Iun. an. 45.*

⟨CICERO ATTICO SALVTEM.⟩

Habeo munus a te elaboratum decem legatorum: et quidem 1
⟨de Tuditano idem⟩ puto. Nam filius anno post quaestor fuit
quam consul Mummius. Sed quoniam saepius de nominibus 2
quaeris quid placeat, ego quoque tibi saepius respondeo
placere. Si quid poteris, cum Pisone conficies; Avius enim
videtur in officio futurus. Velim ante possis, si minus, utique simul simus cum Brutus veniet in Tusculanum. Magni
interest mea una nos esse. Scies autem qui dies is futurus sit,
si puero negotium dederis ut quaerat.

V *Scr. in Tusculano iv Non. Iun. an. 45.*

⟨CICERO ATTICO SALVTEM.⟩

Sp. Mummium putaram in decem legatis fuisse, sed vide- 1
licet (etenim εὔλογον) fratri fuisse. Fuit enim ad Corinthum.
Misi tibi Torquatum. Conloquere tu quidem cum Silio, ut
scribis, sed urge. Illam diem negabat esse mense Maio, istam

1 precone *bds*: -nem *Mm*: -ne in *R* 4 duorum *RMbm*: istorum *ds*: duorum horum *Orelli* 5 misi *PΔ*: et m- *R* 9 elab- *bds*: lab- *Rm*: lob- *M* de decem Z^b 10 de T- idem *add. Lehmann* qu(a)estor *bs*: que *RMdm* 13 placere *Δ*: etiam pl- *R* avius *RMdλ*: annus *Pbs*: annis *m* 17 si puero *PΔ*: set puto *R* 20 putaaram *Rb²*: -rem *Δ* sed *del. Reid* vid- et- *RMd*: vid- *bms*: vid- ⟨erravi⟩; et- *Wes.* 23 sed urge *λ cod. Ball.*: etu verge *Mm*: etuvergae *b¹*: et tu verge *Rds*: et inge *b²* *in marg.*: et urge *Vict.*

non negabat. Sed tu, ut omnia, istuc quoque ages diligen-
2 ter. De Crispo et Mustela scilicet, cum quid egeris. Quoniam ad Bruti adventum fore te nobiscum polliceris, satis est, praesertim cum hi tibi dies in magno nostro negotio consumantur.

VI *Scr. Asturae med. mense Mart., ut videtur, an. 45.*

⟨CICERO ATTICO SALVTEM.⟩

1 De aquae ductu probe fecisti. Columnarium vide ne nullum debeamus; quamquam mihi videor audisse ⟨e⟩ Camillo
2 commutatam esse legem. Pisoni quid est quod honestius respondere possimus quam solitudinem Catonis? Nec coheredibus solum Herennianis, sed etiam, ut scis (tu enim mecum egisti), de puero Lucullo, quam pecuniam tutor (nam hoc quoque ad rem pertinet) in Achaia sumpserat. Sed agit liberaliter, quoniam negat se quicquam facturum contra nostram voluntatem. Coram igitur, ut scribis, constituemus quem ad modum rem explicemus. Quod reliquos coheredes convenisti, fecisti plane bene.

3 Quod epistulam meam ad Brutum poscis, non habeo eius exemplum; sed tamen salvum est, et ait Tiro te habere oportere et, ut recordor, una cum illius obiurgatoria tibi meam quoque quam ad eum rescripseram misi. Iudiciali molestia ut caream videbis.

2 Mustela *Vict.*: multis *RΔ* 3 ad *bs*: a *Mm*: *om. Rd* fore te *bms*: forte *Md* [nobis f- cum poll- *d*]: fore *R* 4 hi *P*: hii RM^1: hic δ -mantur *P*: -matur *RΔ* 7 nullum $R\Delta Z^l$: *om. κ* 8 ⟨e⟩ Camillo *nescio quis*: ⟨a⟩ Camillo *Man.*: camillo *C*: cami[l]lio *OR*: eam illic *Δ*: iam i- *κ* 10 possumus *ds* coh- *Man.*: comh- *M*: cum h- $R\delta Z^l$: ⟨de⟩ coh- *Wes.* 12 mecum egisti *PΔ*: e- m- *R* de] debet *Boot*: DC *Tyrrell–Purser* 17 fecisti $RZ^b\lambda$ [*sed post* bene Z^b]: *om. Δ* 18 meam *om. ds* poscis *P*δ: possis RM^1 20 oportere ΔZ^l: *om. R* 21 eum] eam *s*

VI a *Scr. in Tusculano prid. Non. Iun. an. 45.*

⟨CICERO ATTICO SALVTEM.⟩

Tuditanum istum, proavum Hortensi, plane non noram (vi. 4)
et filium, qui tum non potuerat esse legatus, fuisse putaram. ⟨Sp.⟩ Mummium fuisse ad Corinthum pro certo habeo. Saepe enim hic Spurius, qui nuper est ⟨mortuus⟩, epistulas mihi pronuntiabat versiculis facetis ad familiaris missas a Corintho. Sed non dubito quin fratri fuerit legatus, non in decem. Atque hoc etiam accepi, non solitos maiores nostros eos legare in decem qui essent imperatorum necessarii, ut nos ignari pulcherrimorum institutorum aut neglegentes potius M. Lucullum et L. Murenam et ceteros coniunctissimos ad L. Lucullum misimus. Illudque εὐλογώτατον, illum fratri in primis eius legatis fuisse. ⟨O⟩ operam tuam multam, qui et haec cures et mea expedias et sis in tuis non multo minus diligens quam in meis!

VII *Scr. in Tusculano v Id. Iun. an. 45.*

⟨CICERO ATTICO SALVTEM.⟩

Sestius apud me fuit et Theopompus pridie. Venisse a (1)
Caesare narrabat litteras; hoc scribere, sibi certum esse Romae manere, causamque eam ascribere quae erat in epistula nostra, ne se absente leges suae neglegerentur sicut esset neglecta sumptuaria (est εὔλογον, idque eram suspicatus. Sed istis mos

3 *novam ep. constituit Schmidt* 5 Sp. *addendum censuit Boot* 6 est ⟨mortuus⟩ *Man. ex 'antiquo libro'*: est *RΔZ*: decessit *Mueller* 7 facetis *b*²: facies *Δ*: facias *Rλ*: factas *Z*⁽ᵇ⁾ 8 fuerit *bms*: -rat *R Md* 9 eos *OR codd. Faërn. Ant.*: *om. Δ* 10 qui *Rb*²: quin *PΔ* 12 coniunctissimos *Z*⁽ᵇ⁾λ: *om. Ω* 14 legatis *PΔ* [-tum *b*]: -tus *R* O *add. Lehmann* 15 non *OR*: *om. Δ* 16 in meis *bms*: in miis *M*: minus *d*: in iis *R*: in his *P* 21 que eam *Δ* [eam *et* λ]: meam *R* 22 leges suae negl- *Pb*² [*sed* negl- sue *P*]: lege sue nec l- *R*: ẹleges ve nec l- *M*: leges ne nec l- *dm* [*de d post* nec *non liquet*]: leges negl- *b*¹*s*

gerendus est, nisi placet hanc ipsam sententiam nos persequi); et Lentulum cum Metella certe fecisse divortium. Haec omnia tu melius. Rescribes igitur quicquid voles, dum modo aliquid. Iam enim non reperio quid te rescripturum putem, nisi forte de Mustela aut si Silium videris.

VII a *Scr. in Tusculano iv Id. Iun. an. 45.*

⟨CICERO ATTICO SALVTEM.⟩

(VII. 2) Brutus heri venit in Tusculanum post horam decimam. Hodie igitur me videbit, ac vellem cum tu adesses. Iussi equidem ei nuntiari te, quoad potuisses, exspectasse eius adventum venturumque si audisses meque, ut facio, continuo te certiorem esse facturum.

VIII *Scr. in Tusculano vi Id. Iun. an. 45.*

⟨CICERO ATTICO SALVTEM.⟩

Plane [facturum] nihil erat quod ad te scriberem; modo enim discesseras et paulo post triplicis remiseras. Velim cures fasciculum ad Vestorium deferendum et alicui des negotium qui quaerat Q. Staberi fundus num quis in Pompeiano Nolanove venalis sit. Epitomen Bruti Caelianorum velim mihi mittas et a Philoxeno *Παναιτίου περὶ προνοίας*. Te Idibus videbo cum tuis.

4 aliquid *Lamb.*: ne quid *RΔλ*: quid *Man.* 5 nisi *Rb*^{2}: si *Δ* si *Rb*^{2}: *om. Δ* 8 *novam ep. faciunt b*^{2} *cod. Helmst.* 9 videbit *Pbm*: -bis *s*: -bat *RMd* ac . . . adesses *om. b*^{1} [*add. in marg. b*^{2}] *m* cum *RM*^{1}*b*^{2}: tum *PM*^{c}*ds* iussi *ORCZ*: nisi *Md*: misi *bms* 10 ei n- *bms*: et n- *Md*: en- *R* 15 facturum *del. Vict.* [plane facturum *iam del. b*^{2}] 16 trip- *Rb*^{2}*s*^{2}: (h)erip- *Δ* 17 fasc- ad vest- *C cod. Ball.*: eas cic[cit-, tit-]ulum duestorium [*vel sim.*] *Ω* 18 staberi *Rdm*: staleri *M*: fçab- *s*: fab- *Pb* nolanove *b*^{2}*Z*$^{(b)}$ *cod. Vrs.*: no(l)lano *RΔ* 19 epit(h)omen *RM*^{2}*ms*: -meum *b*: opitome *M*^{1}*d* 20 philox- *s*: pilox- *RMdmZ*^{b}: polyx- *b*

IX

Scr. in Tusculano xv Kal. Quint. an. 45.

⟨CICERO ATTICO SALVTEM.⟩

Commodum discesseras heri cum Trebatius venit, paulo 1
post Curtius, hic salutandi causa, sed mansit invitatus. Trebatium nobiscum habemus. Hodie mane Dolabella. Multus
sermo ad multum diem. Nihil possum dicere ἐκτενέστερον,
nihil φιλοστοργότερον. Ventum est tamen ad Quintum. Multa
ἄφατα, ἀδιήγητα, sed unum eius modi quod, nisi exercitus
sciret, non modo Tironi dictare sed ne ipse quidem auderem
scribere * * * Sed haec hactenus.

Εὐκαίρως ad me venit, cum haberem Dolabellam, Torquatus, humanissimeque Dolabella quibus verbis secum egissem exposuit. Commodum enim egeram diligentissime; quae
diligentia grata est visa Torquato. A te exspecto si quid de 2
Bruto. Quamquam Nicias confectum putabat, sed divortium
non probari. Quo etiam magis laboro idem quod tu. Si quid
est enim offensionis, haec res mederi potest.

Mihi Arpinum eundum est. Nam et opus est constitui a nobis illa praediola et vereor ne exeundi potestas non sit cum Caesar venerit; de cuius adventu eam opinionem Dolabella habet quam tu coniecturam faciebas ex litteris Messallae. Cum illuc venero intellexeroque quid negoti sit, tum ad quos dies rediturus sim scribam ad te.

3 *novam ep. incipit* b^2 4 curtius *b*: cult- *R*: culcius *Mdm*: culeius *s* 7 tandem *Man.* 9 dictare b^2: dicare *vel sim. RΔ* 10 *quae vocem* scribere *secuta sunt a primo editore consulto omissa putavit Lehmann* hec *R*: *om. Δ* 12 humanissimeque . . . qu(a)e [*v.* 13] *OR*: -issime qu(a)e *mediis omissis Δ* [*sed* Dol- . . . exposuit *add. in marg.* b^2] 18 constitui a *Man.*: -tuta *RΔ* 21 tu ⟨cum⟩ *Lamb.*

X *Scr. in Tusculano inter xiv et xii Kal. Quint. an. 45.*

⟨CICERO ATTICO SALVTEM.⟩

1 Minime miror te et graviter ferre de Marcello et plura
vereri periculi genera. Quis enim hoc timeret quod neque
acciderat antea nec videbatur natura ferre ut accidere posset?
Omnia igitur metuenda. Sed illud *παρὰ τὴν ἱστορίαν*, tu
praesertim, me reliquum consularem. Quid? tibi Servius
quid videtur? Quamquam hoc nullam ad partem valet scilicet, mihi praesertim qui non minus bene actum cum illis
putem. Quid enim sumus aut quid esse possumus? domin an
foris? Quod nisi mihi hoc venisset in mentem, scribere ista
nescio quae, quo verterem me non haberem.

2 Ad Dolabellam, ut scribis, ita puto faciendum, *κοινότερα*
quaedam et *πολιτικώτερα*. Faciendum certe aliquid est; valde
3 enim desiderat. Brutus si quid egerit, curabis ut sciam; cui
quidem quam primum agendum puto, praesertim si statuit.
Sermunculum enim omnem aut restinxerit aut sedarit. Sunt
enim qui loquantur etiam mecum. Sed haec ipse optime,
praesertim si etiam tecum loquetur.

Mihi est in animo proficisci xi Kal. Hic enim nihil habeo quod agam, ne hercule illic quidem nec usquam sed tamen aliquid illic. Hodie Spintherem exspecto. Misit enim Brutus ad me. Per litteras purgat Caesarem de interitu Marcelli; in quem, ne si insidiis quidem ille interfectus esset, caderet ulla suspicio. Nunc vero, cum de Magio constet, nonne furor eius causam omnem sustinet? Plane quid sit non intellego. Explanabis igitur. Quamquam nihil habeo quod dubitem nisi ipsi Magio quae fuerit causa amentiae; pro quo quidem etiam

3 ferre δ: fere M^1: fero *R* 5 ante *bm* 10 domin M^1m: domi ne ERM^2ds: domi *b* 15 egerit *ORZ codd. Faërn. Ant.*: *om. Δ* 17 restinxerit *bm*: restri- *M*: restri- *Rds* sunt δ: sum *RM* 18 hoc ipsum *s* 21 quod κ: quid *ERΔ* 22 aliquid $Z^{\beta}\lambda$: *om. Ω* enim] etiam *Orelli* ad me. Br- *Boot* 28 etiam] omnia *d*

sponsor sum factus. Et nimirum id fuit. Solvendo enim non
erat. Credo eum petisse a Marcello aliquid et illum, ut erat,
constantius respondisse.

XI *Scr. in Arpinati x Kal. Quint. an. 45.*

⟨CICERO ATTICO SALVTEM.⟩

"*Οὐ ταὐτὸν εἶδος.*" Credebam esse facile; totum est aliud 1
postea quam sum a te diiunctior. Sed fuit faciendum ut et
constituerem mercedulas praediorum et ne magnum onus
observantiae Bruto nostro imponerem. Posthac enim poterimus commodius colere inter nos in Tusculano. Hoc autem
tempore, cum ille me cotidie videre vellet, ego ad illum ire
non possem, privabatur omni delectatione Tusculani. Tu 2
igitur si Servilia venerit, si Brutus quid egerit, etiam si con-
stituerit quando obviam, quicquid denique erit quod scire
me oporteat, scribes. Pisonem, si poteris, convenies. Vides
quam maturum sit. Sed tamen quod commodo tuo fiat.

XII *Scr. in Arpinati ix Kal. Quint. an. 45.*

⟨CICERO ATTICO SALVTEM.⟩

Valde me momorderunt epistulae tuae de Attica nostra; 1
eaedem tamen sanaverunt. Quod enim te ipse consolabare
eisdem litteris, id mihi erat satis firmum ad leniendam aegri-
tudinem.

Ligarianam praeclare vendidisti. Posthac quicquid scri- 2
psero, tibi praeconium deferam. Quod ad me de Varrone 3

1 sponsor sum $Z^b\lambda$: -sorum *ΣMd*: -sor O^2*Pbms* et *Ωλ*: est Z^b 2 eum *EPΔC*: enim *Rs* ut *ERδ*: aut M^1 *pro* ut . . . constantius *varia temptaverunt, ceteris melius Sedgwick* ut erat ⟨mos⟩, c- 7 diiu- *RM mλ*: disiu- *bds* et *om. bm* 9 nostro] modo *d* 10 colere M^c*bs*: -lore RM^1*dm* 11 ille me *δ*: ille m M^1: illam *R* illum *Δ*: eum *R* 20 e(a)edem *δ* [hed- *d*]: eadem RM^1 tamen *bs*: sane t- *RMdm* ipsum *ds* 21 leniendam *PΔ*: -dum *Rd*

scribis, scis me antea orationes aut aliquid id genus solitum scribere ut Varronem nusquam possem intexere. Postea autem quam haec coepi *φιλολογώτερα*, iam Varro mihi denuntiaverat magnam sane et gravem *προσφώνησιν*. Biennium praeteriit, cum ille *Καλλιππίδης* adsiduo cursu cubitum nullum processerit. Ego autem me parabam ad id quod ille mihi misisset ut "*αὐτῷ τῷ μέτρῳ καὶ λώϊον*", si modo potuissem; nam hoc etiam Hesiodus ascribit, "*αἴ κε δύνηαι*".

Nunc illam *περὶ τελῶν σύνταξιν* sane mihi probatam Bruto, ut tibi placuit, despondimus, idque tu eum non nolle mihi scripsisti. Ergo illam *Ἀκαδημικήν*, in qua homines nobiles illi quidem sed nullo modo philologi nimis acute loquuntur, ad Varronem transferamus. Etenim sunt Antiochia quae iste valde probat. Catulo et Lucullo alibi reponemus, ita tamen si tu hoc probas; deque eo mihi rescribas velim.

4 De Brinniana auctione accepi a Vestorio litteras. Ait sine ulla controversia rem ad me esse conlatam. Romae videlicet aut in Tusculano me fore putaverunt a. d. VIII Kal. Quint. Dices igitur vel amico tuo Suettio, coheredi meo, vel Labeoni nostro paulum proferant auctionem; me circiter Nonas in Tusculano fore. ⟨Tu⟩ cum Pisone; Erotem habes. De Scapulanis hortis toto pectore cogitemus. Dies adest.

4 sane *Δ*: *om. R* 5 processerat *Mueller* 6 mihi RM^2bms: nullum M^1d 9 nunc illam Rb^2: nunci- *M* [*parum perspicue*]: inviti- *vel sim.* δ [*exp. s*] 10 tu eum $Z^{(b)}\lambda$: tu enim *R*: eum *Δ* 12 philologi *Iens. Rom.*: philogi *RΔ* 13 antiochea b^2: ἀντιοχεία *Sal.–Reg.* [*et ita alibi*] 14 alibi rep- *Iens. Rom.*: alibere [a li-] p- *RMbm*: a libero p- *ds* ita *RΔ*: sic *C* 16 brinniana *MdC*: brimana *aliaque cett. qualia amplius non curabo* 18 a.d. *nescio quis*: ad *RΔ* 19 [tuo] suettio coh- Z^b: tuos [tuo *P*] vectio coh- *R*: tuos nectiotoni h- *M*: tuos necticom h- *d*: tuos [tuo *b*] necnon coh- [comh- *m*] b^1m [necnon *exp.*, vel othoni *in marg. add.* b^2]: tuo vel Othoni coh- *Iens.*: tuo S. Vettio coh- *Bos.* 21 tu *add. Wes.* Erotem *Sal.–Reg.*: or- O^1RMds: oro te ni *bm*: oro te O^2

XIII, XIV *Scr. in Arpinati vii Kal. Quint. an. 45.*

⟨CICERO ATTICO SALVTEM.⟩

Commotus tuis litteris, quod ad me de Varrone scripseras, **1**
totam Academiam ab hominibus nobilissimis abstuli, transtuli
ad nostrum sodalem et e duobus libris contuli in quattuor.
Grandiores sunt omnino quam erant illi, sed tamen multa
detracta. Tu autem mihi pervelim scribas qui intellexeris
illum velle; illud vero utique scire cupio quem intellexeris
ab eo *ζηλοτυπεῖσθαι*, nisi forte Brutum. Id hercle restabat!
Sed tamen scire pervelim. Libri quidem ita exierunt, nisi
forte me communis *φιλαυτία* decipit, ut in tali genere ne apud
Graecos quidem simile quicquam. Tu illam iacturam feres
aequo animo quod illa quae habes de Academicis frustra
descripta sunt. Multo tamen haec erunt splendidiora, breviora,
meliora. Nunc autem *ἀπορῶ* quo me vertam. Volo Dolabellae **2**
valde desideranti; non reperio quid, et simul *αἰδέομαι Τρῶας*,
neque, si aliud quid, potero *μέμψιν* effugere. Aut cessandum
igitur aut aliquid excogitandum. Sed quid haec levia cura- **3**
mus? Attica mea, obsecro te, quid agit? Quae me valde angit.
Sed crebro regusto tuas litteras; in iis acquiesco. Tamen exspecto novas.

Brinni libertus, coheres noster, scripsit ad me velle, si mihi **4**
placeret, coheredes se et Sabinum Albium ad me venire. Id (xiv. 1)

3 *novam ep. facit* b^2 5 e *Σ*: ex *Δ* 6 erant illi *ERMd*: i- e- *s*: erant *bm* 7 qui *PΔ*: que *R*: quid b^2s 8 illud *Δ*: id il- *R* utique *Δ*: u- ego *R* quem *Δ*: que *R* 9 id ercle [her- *Vict.*] rest- *λ*: ider de re st- *Md*: id ei de re st- *bms* [id ei dem st- b^2]: id credere st- *R* [scribat *P*] 10 pervelim *Δ*: vel(l)im *RP* 11 decipit *PΔ*: decepit *R* 13 de ac(h)ademicis [-missis M^1] *ERΔ*: *del. Reid* 17 aliud quid *bdm*: -d qui *RMCλ*: aliquid quid *s*: aliquid *Man.* effugere *b*: -ret *RΔ* 18 cogit- *bm* 20 iis *ER*: hiis *M*: his *Pδ* tamen *om. E* 21 novas *Eδλ* [*om. s*]: nonas RM^1 22 Brinni . . . scribes [*p.* 174. 7] *huic ep. adnexuit Schmidt* coheres . . . coheredes *R* [*sed* cum h-]: coheres [*ceteris omissis*] *Mbd* [*sed* comh- *M*]: et comheres *m*: *om. s* 23 placeret $Z^b\lambda$: -cet *R* se et *cod. Vrs.*: et RM^1dm: ait M^cbs: sed *P*

ego plane nolo. Hereditas tanti non est. Et tamen obire auctionis diem facile poterunt (est enim III Id.) si me in Tusculano postridie Nonas mane convenerint. Quod si laxius volent proferre diem, poterunt vel biduum vel triduum vel ut videbitur; nihil enim interest. Qua re nisi iam profecti
5 sunt, retinebis homines. De Bruto, si quid erit, de Caesare, si
(xiv. 2) quid scies, si quid erit praeterea, scribes.

XIV, XV *Scr. in Arpinati vi Kal. Quint. an. 45.*

⟨CICERO ATTICO SALVTEM.⟩

1 Illud etiam atque etiam consideres velim, placeatne tibi mitti ad Varronem quod scripsimus. Etsi etiam ad te aliquid pertinet. Nam scito te ei dialogo adiunctum esse tertium. Opinor igitur consideremus. Etsi nomina iam facta sunt; sed vel induci vel mutari possunt.

2 Quid agit, obsecro te, Attica nostra? Nam triduo abs te
(xv) nullas acceperam; nec mirum. Nemo enim venerat, nec fortasse causa fuerat. Itaque ipse quid scriberem non habebam. Quo autem die has Valerio dabam, exspectabam aliquem meorum. Qui si venisset et a te quid attulisset, videbam non defuturum quid scriberem.

XVI *Scr. in Arpinati v Kal. Quint. an. 45.*

⟨CICERO ATTICO SALVTEM.⟩

1 Nos cum flumina et solitudines sequeremur quo facilius sustentare nos possemus, pedem e villa adhuc egressi non

1 obire *RΔ* : novare *C* 3 laxius *ΔC* : latius *Rb* 4 vel triduum *om. λ* 5 enim *om. ds* 6 erit $R\Delta Z^b$: egerit *Orelli* 7 si quid erit pr- $\Sigma C Z^b \lambda$: si quid scies [*iterum*] pr- *bm* [*linea del. b*]: si quid pr- $M^2\kappa$: pr- $M^1 ds$ 10 *novam ep. hinc incepit Schmidt* 11 a te M^1 [*talia non semper commemoro*] 14 vel [*post.*] *Δ* : vel enim *R* 15 quid agit] *hinc novam ep. incipit* b^2 *et edd. ante Schmidt* te [*prius*] *Δ* : *om. R* 23 -dines $Z^{(b)}\lambda$: -dinem *Ω*

sumus; ita magnos et adsiduos imbris habebamus. Illam Ἀκαδημικὴν σύνταξιν totam ad Varronem traduximus. Primo fuit Catuli, Luculli, Hortensi; deinde, quia παρὰ τὸ πρέπον videbatur, quod erat hominibus nota non illa quidem ἀπαιδευσία sed in his rebus ἀτριψία, simul ac veni ad villam, eosdem illos sermones ad Catonem Brutumque transtuli. Ecce tuae litterae de Varrone. Nemini visa est aptior Antiochia ratio. Sed tamen velim scribas ad me, primum placeatne **2** tibi aliquid ad illum, deinde, si placebit, hocne potissimum. Quid Servilia? iamne venit? Brutus ecquid agit et quando? De Caesare quid auditur? Ego ad Nonas, quem ad modum dixi. Tu cum Pisone, si quid poteris.

XVII, XVIII *Scr. in Arpinati iv Kal. Quint. an. 45.*

⟨CICERO ATTICO SALVTEM.⟩

v Kal. exspectabam Roma aliquid, non quo imperassem **1** aliquid tuis. Nunc igitur eadem illa, quid Brutus cogitet, aut, si aliquid egit ⟨quid egerit⟩, ecquid a Caesare. Sed quid ista quae minus curo? Attica nostra quid agat scire cupio. Etsi tuae litterae (sed iam nimis veteres sunt) recte sperare iubent, tamen exspecto recens aliquid.

Vides propinquitas quid habeat. Nos vero conficiamus hor- **2** tos. Conloqui videbamur in Tusculano cum essem; tanta erat (xviii) crebritas litterarum. Sed id quidem iam erit. Ego interea

2 primo $CZ^b\lambda$: modo *Ω*: quae modo *Sal.–Reg.* 4 vid- *R*: non vid- *Δ* quod b^1ms: quid RMb^2d 5 sed in his Pb^2: sed in hiis *R*: sedimus *Md*: sed vivis b^1[?]*ms*: sed in iis *vulg.* ἀτριψία *Vict.*: ΑΤΡЄΙΨΙΑ *R*: -ЄΥΨΙΔ M^1: -εψία δ 15 v Kal. [Cal.] $CZ^{lb}\lambda$: vi Kal. Z^β: vi *Ω*: de Sexto $b^2\kappa$ ['de *in multis libris' Lamb.*] quo $Z^b\lambda\kappa$: quod Z^β: *om. Ω* imperassem *Δ*λ: impetr- O^1Rs [*sed* t *exp. s*] 16 igitur *post* impe(t)rassem *RΔ*: *transp. Sedgwick* [*ante* nunc *Lamb.*] 17 quid egerit *add. Boot* ecquid *Lamb.*: et q- *RΔ*, *ut solent*, *hic fort. recte* 21 vides . . . coram [*p.* 176. 8] *huic ep. adnexuit Schiche* habeat *Lamb.*: -et *RΔ*λ: -es *s* conficiamus δ: conf[-nif- *M*]iamus *RM* 22 essemus *bm* 23 celebritas *d* erit δ: erat RM^1

admonitu tuo perfeci sane argutulos libros ad Varronem, sed tamen exspecto quid ad ea quae scripsi ad te: primum qui intellexeris eum desiderare a me, cum ipse homo *πολυγραφώτατος* numquam me lacessisset; deinde quem *ζηλοτυπεῖν* * * * multo Hortensium minus aut eos qui de re publica loquuntur. Plane hoc mihi explices velim in primis, maneasne in sententia ut mittam ad eum quae scripsi, an nihil necesse putes. Sed haec coram.

XIX *Scr. in Arpinati iii Kal. Quint. an. 45.*

⟨CICERO ATTICO SALVTEM.⟩

1 Commodum discesserat Hilarus librarius IV Kal., cui dederam litteras ad te, cum venit tabellarius cum tuis litteris pridie datis; in quibus illud mihi gratissimum fuit, quod Attica nostra rogat te ne tristis sis, quodque tu *ἀκίνδυνα* esse scribis.

2 Ligarianam, ut video, praeclare auctoritas tua commendavit. Scripsit enim ad me Balbus et Oppius mirifice se probare, ob eamque causam ad Caesarem eam se oratiunculam misisse. Hoc igitur idem tu mihi antea scripseras.

3 In Varrone ista causa me non moveret, ne viderer *φιλένδοξος*. Sic enim constitueram, neminem includere in dialogos eorum qui viverent; sed quia ⟨scripseras⟩ et desiderari a Varrone et magni illum aestimare, eos confeci, et absolvi

4 nunquam *Δ*: ac n- *R cod. Ant.* quem *Man.*: quam *RΔ* *lacunam, quam agnovit Faërn., bis explevit Bos.:* nisi forte Brutum, quem si non ζηλοτυπεῖ 5 aut [autem *b*] eos *Δ*: anteos *R*: ante hos *P* 6 plane *ORbs*: plene *Mdm* maneas ne *Δ*: tu maneas *R*: tu m- ne *P* 8 hoc *P* 11 *novam ep. incipit* b^2 hilarus *Δ* [hyl- *s*]: hylaris *R* [ill- *P*] IV *Mm*: III *b*: IX *ds*: VI *R*: VIII *λ* 16 et *λ*: ac *codd. Mal. nonnulli*: *om. ERΔ* 17 eam M^1: meam *ERδ* 18 hoc *R*: h(a)ec *Δ* antea *Δ*: hec a- *R*: a- hoc *P* 20 -tueram *Pius*: -tuebam *ERΔ* 21 eorum *om.* M^1 scripseras *add. Plasberg*: scribis *Rom.* -derari a *EPδ*: -deria M^1: -deri a M^2: -deriar a *R* 22 -re eos *ERδ*: -r eos M^1: -re *Reid*: *fort.* -re, hos

nescio quam bene, sed ita accurate ut nihil posset supra, Academicam omnem quaestionem libris quattuor. In eis quae erant contra ἀκαταληψίαν praeclare conlecta ab Antiocho, Varroni dedi. Ad ea ipse respondeo; tu es tertius in sermone nostro. Si Cottam et Varronem fecissem inter se disputantis, ut a te proximis litteris admoneor, meum κωφὸν πρόσωπον esset. Hoc in antiquis personis suaviter fit, ut et Heraclides in 4
multis et nos in VI de re publica libris fecimus. Sunt etiam de oratore nostri tres mihi vehementer probati. In eis quoque eae personae sunt ut mihi tacendum fuerit. Crassus enim loquitur, Antonius, Catulus senex, C. Iulius, frater Catuli, Cotta, Sulpicius. Puero me hic sermo inducitur, ut nullae esse possent partes meae. Quae autem his temporibus scripsi Ἀριστοτέλειον morem habent in quo ita sermo inducitur ceterorum ut penes ipsum sit principatus. Ita confeci quinque libros περὶ τελῶν ut Epicurea L. Torquato, Stoica M. Catoni, περιπατητικὰ M. Pisoni darem. Ἀζηλοτύπητον id fore putaram quod omnes illi decesserant. Haec Academica, ut scis, cum 5
Catulo, Lucullo, Hortensio contuleram. Sane in personas non cadebant; erant enim λογικώτερα quam ut illi de iis somniasse umquam viderentur. Itaque ut legi tuas de Varrone, tamquam ἕρμαιον adripui. Aptius esse nihil potuit ad id philosophiae genus, quo ille maxime mihi delectari videtur,

1 possit *Kayser* 5 si . . . fecissem *PΔ*: si . . . -set [*sed* t *del.*] *d*: set . . . -se *R* 6 ut Rb^2: *om. Δ* 7 esset b^2: esse *RΔ* ut et *Mbm*: ut *ERds* 8 in VI *Schütz*: in ERM^2: VI M^1m [videre .P. M^1]: sex M^cb: *om. ds* sunt *ERδ*: sit M^1: sic M^2 9 nostri *ERbms*: nostri [*ex* -ro *M*] nosti *Md* 10 e(a)e p- RM^cms: esse [eē] p- *E*: p- *Pb*: perorate *d*: ea persona M^1 11 ⟨Scaevola⟩ Ant- *Wes.* iu[l]lius *Pb*: iunius *ERΔ* 14 Ἀρ- *nescio quis*: aristotiliori M^1 [-ion M^2]: -telicum [-til-] *ERδ* ita sermo *Σ*: s- i- *Δ* 16 libros M^2bms: -ris [-eris] ERM^1d epicurea *ER*: -ra *Mdm*: -ria *bs* catoni M^cb: antonio *ERΔ* 17 -οτύπητον $M^cZ^{(b)}$: -ΟΥ[?]ΠΗΤΟΝ *R* [-ΤΡ-] M^1: -ότυπον δ 18 cum *secluderem si dativi sic positi exemplum Tullianum haberem* 20 ut illi *RC*: inutili *Δ* [in ut- *M*, -le *d*] de iis *Rom.*: de his Cb^2: deus *RΔ*: 21 somniasse unq- *C*: omnia et unq- *Δ*: omni actum quam *R*

eaeque partes ut non sim consecutus ut superior mea causa videatur. Sunt enim vehementer πιθανὰ Antiochia; quae diligenter a me expressa acumen habent Antiochi, nitorem orationis nostrum, si modo is est aliquis in nobis. Sed tu dandosne putes hos libros Varroni etiam atque etiam videbis. Mihi quaedam occurrunt; sed ea coram.

XX *Scr. in Arpinati vi aut v Non. Quint. an. 45.*

⟨CICERO ATTICO SALVTEM.⟩

1 A Caesare litteras accepi consolatorias datas prid. Kal. Mai. Hispali. De urbe augenda quid sit promulgatum non intellexi. Id scire sane velim. Torquato nostra officia grata
2 esse facile patior eaque augere non desinam. Ad Ligarianam de uxore Tuberonis et privigna neque possum iam addere (est enim pervulgata) neque Tuberonem volo offendere; mirifice est enim φιλαίτιος. Theatrum quidem sane bellum habuisti.
3 Ego etsi hoc loco facillime sustentor, tamen te videre cupio. Itaque, ut constitui, adero. Fratrem credo a te esse conventum. Scire igitur studeo quid egeris.
4 De fama nihil sane laboro, etsi scripseram ad te tunc stulte 'nihil melius'; curandum enim non est. Atque hoc 'in omni vita sua quemque ⟨a⟩ recta conscientia traversum unguem non oportet discedere', viden quam φιλοσόφως? An tu nos frustra existimas haec in manibus habere? Δεδῆχθαι te

1 eaeque partes *scripsi*: easque p- *RΔ* [-tis *Mbm*^{2}, -tim *m*^{1}]: measque p- *Z*$^{(b)}$: eaeque sunt p- *Reid* 5 putas *ds* *prius* etiam *om. Mdm* 9 *novam ep. incipit b*^{2} a *EΔ* [a G. *b*]: *om. R* 10 urbe *Rbs*: verbe *Mdm* aug- *b*^{2}: ag- *RΔ* 11 id sc- sane *Rλ*: sane id sc- *O*: id sane sc- *Δ* 12 ad ligarianam *ORCZ*^{b}*λ*: *om. Δ* 14 offendere *Ernesti*: def- *RΔ* 16 etsi *b*^{2}: si *RΔ*: sed *P* 19 tunc *PM*^{2}*bm*: tu ne *M*^{1}*ds*: *om. R* 20 mel- cur- enim *ΔC* [enim non *del.*, enim *add. in marg. b*^{2}]: enim cur- mel- *R cod. Faërn.* est. atque *ΔC*: extat quo *R* 21 a δ: *om. RM*^{1} 22 viden *Δ* [-eri *d*]: vide *P*: inde *R* φιλ- *Vict.*: philosophos *RΔ* an tu nos *Vict.*: ancunos *Md*: autunos *ms*: tu nos *b* [haud *add. in marg. b*^{2}]: aut tu nos *R* 23 te ⟨eo⟩ *Wes.*

nollem, quod nihil erat. Redeo enim rursus eodem. Quicquamne me putas curare in toto, nisi ut ei ne desim? Id ago scilicet ut iudicia videar tenere. *Μὴ γὰρ αὐτοῖς*. Vellem tam domestica ferre possem quam ista contemnere. Putas autem me voluisse aliquid quod perfectum non sit? Non licet scilicet sententiam suam. Sed tamen quae tum acta sunt non possum non probare, et tamen non curare pulchre possum, sicuti facio. Sed nimium multa de nugis.

XXI

Scr. Asturae c. vi Kal. Sept. an. 45.

⟨CICERO ATTICO SALVTEM.⟩

Ad Hirtium dederam epistulam sane grandem quam scri- 1
pseram proxime in Tusculano. Huic quam tu mihi misisti
rescribam alias. Nunc alia malo. Quid possum de Torquato, 2
nisi aliquid a Dolabella? Quod simul ac, continuo scietis. Exspectabam hodie aut summum cras ab eo tabellarios; qui simul ac venerint, mittentur ad te. A Quinto exspecto. Proficiscens enim e Tusculano VIII Kal., ut scis, misi ad eum tabellarios.

Nunc ad rem ut redeam, 'inhibere' illud tuum, quod valde 3
mihi adriserat, vehementer displicet. Est enim verbum totum nauticum. Quamquam id quidem sciebam, sed arbitrabar sustineri remos cum inhibere essent remiges iussi. Id non esse eius modi didici heri cum ad villam nostram navis appelleretur. Non enim sustinent, sed alio modo remigant. Id ab

2 in toto ⟨negotio⟩ *Schelle, quod ex tradita lect. cum Gronovio intellegas; ceteroqui mallem* in ⟨hoc⟩ toto [*cf. p.* 186. 2]: *alii alia* ei [*sc. Ligario*] *RΔ*: mihi *Wieland* ago scilicet O^1RC: agnosci l- *Δ* 5 perfectum *RΔ*: prof- *b*: rectum *Lamb.*: per se rectum *Boot* 6 sed tamen quae tum b^2: q- tum s- tamen *RMd*: s- tamen q- *bms* 12 quam tu mihi b^2: quam tum [quant-] m- $ΔZ^b$: q- m- tu *R* 13 alia $O^1Rλ$: -as *Δ* 14 scieris *Sal.–Reg.*: scies *Lamb.* 16 ad *Pδ*: a RM^1 17 enim *PΔ*: *om. R* scis *Δ*: s- et *R* 20 veh- *Δ*: ac veh- *R* 22 inhibere *s*: -ri *RΔ* 23 huiusmodi *d*

ἐποχῇ remotissimum est. Qua re facies ut ita sit in libro quem ad modum fuit. Dices hoc idem Varroni, si forte mutavit. Nec est melius quicquam quam ut Lucilius:

'Sustineas currum ut bonus saepe agitator equosque.'

Semperque Carneades προβολὴν pugilis et retentionem aurigae similem facit ἐποχῇ. Inhibitio autem remigum motum habet et vehementiorem quidem remigationis navem convertentis ad puppim. Vides quanto haec diligentius curem quam aut de rumore aut de Pollione †de Pansa etiam si quid certius credo enim palam factum esse de Critonio si quid esset certe ne† de Metello et Balbino.

XXI a *Scr. in Arpinati prid. Kal. aut Kal. Quint. an. 45.*

⟨CICERO ATTICO SALVTEM.⟩

1 (4) Dic mihi, placetne tibi primum edere iniussu meo? Hoc ne Hermodorus quidem faciebat, is qui Platonis libros solitus est divulgare, ex quo "λόγοισιν Ἑρμόδωρος". Quid illud? Rectumne existimas cuiquam ⟨ante quam⟩ Bruto, cui te auctore προσφωνῶ? Scripsit enim Balbus ad me se a te quintum de finibus librum descripsisse; in quo non sane multa mutavi, sed tamen quaedam. Tu autem commode feceris si reliquos continueris, ne et ἀδιόρθωτα habeat Balbus et ἕωλα Brutus.

1 ἐποχῇ *nescio quis*: ἐποχα b^2: epoche *RΔλ* 2 idem *Δλ*: etiam *R* varroni si *b*: varro nisi *RΔ*: varroni nisi $Z^{(b)}$λ *cod. Ant.* 3 Lucilius *Faërn.*: lucullus *RΔλ* 4 sustineas RM^1λ: -at δ equos [*om.* que] *bs* 6 ἐποχῇ *Vict.*: ЄΠΟΛΑΙ *vel sim. RMm*: ἐποχάς *C* 7 quidem *om. ds* 8 vides *Δ*: tu v- *R* h(a)ec O^1R: hoc *Δ* 10 esset [esse *b*] certe ne] est certi, certe de *Boot* *verba* de Pansa . . . certe ne *varie interpuncta nonnullaque mutata; quae eiusmodi fuisse conieci:* . . . de Pollione, de Pansa etiam. ⟨Sed⟩ si quid certius (credo . . . esse), et de Cr-, si quid est certi [*sc.* scribe]; ne de M- et B- [*sc.* dicam; *quam vocem post* Balbino *addere voluit Boot, fort. recte*] 14 *novam ep. constituit Schiche* 16 quid RMb^2d: qui b^1ms 17 existimas b^2: -ma *RΔ* cuiquam ⟨antequam⟩ *Vict.*: quiquam *M*: quicq- *Rδ* 20 quaedam addidi *κ* 21 ἀδιόρθωτα *C*: -ΡΟωΤΑ *RM*: ἀδωρότατα [-ρώτ- *b*] δ

Sed haec hactenus, ne videar περὶ μικρὰ σπουδάζειν. Etsi nunc quidem maxima mihi sunt haec; quid est enim aliud?

Varroni quidem quae scripsi te auctore ita propero mittere ut iam Romam miserim describenda. Ea si voles, statim habebis. Scripsi enim ad librarios ut fieret tuis, si tu velles, describendi potestas. Ea vero continebis quoad ipse te videam; quod diligentissime facere soles cum a me tibi dictum est.
Quo modo autem fugit me tibi dicere? Mirifice Caerellia (5) 2
studio videlicet philosophiae flagrans describit a tuis: istos ipsos de finibus habet. Ego autem tibi confirmo (possum falli ut homo) a meis eam non habere; numquam enim ab oculis meis afuerunt. Tantum porro aberat ut binos scriberent, vix singulos confecerunt. Tuorum tamen ego nullum delictum arbitror itemque te volo existimare; a me enim praetermissum est ut dicerem me eos exire nondum velle. Hui, quam diu de nugis! de re enim nihil habeo quod loquar.

De Dolabella tibi adsentior. Coheredes, ut scribis, in (6) 3
Tusculano. De Caesaris adventu scripsit ad me Balbus non ante Kal. Sext. De Attica optime, quod levius ac lenius et
quod fert εὐκόλως. Quod autem de illa nostra cogitatione (7) 4
scribis, in qua nihil tibi cedo, ea quae novi valde probo, hominem, domum, facultates. Quod caput est, ipsum non novi sed audio laudabilia, de Scrofa etiam proxime. Accedit,

4 descr- *RΔ* [de scr- *M*¹]: scr- *P* 5 tu *PΔ*: *om.* *R* 6 quod *M*¹ 7 a *PM*^c*bms*: ad *RM*¹*d* est *R cod. Ant.*: sit *Δλ* 8 quomodo *Δ*: quom *Z*^(l): cum *RZ*^(b): tum *P* dicere *Pbs*: -rem *RMdm* 10 ego *PΔ*: hoc *R* possem *λ* 11 homo a meis *λ Mal. ex cod. Ant.* homo ans̄: [homo] a mis [*vel* amis] *Z*: h- annis [hō ānis] *R*: humanus *Δ* eam *ΔZ*: causa [cā] *R* nunquam [non-] *Δ*: quam *R* 12 abfuerunt *δZ*^l [af-]: affuerint *RM*¹ 13 cum fecerunt [*om.* tuorum] *R*: conficerent *P* ego *Z*^b*λκ*: eo *RΔ* 15 est *Rδ*: sit *M*¹ hi *M*¹ 17 de dol-] *hic novam ep. indicat b*² de .Adol- *M* coh- *Vict.*: cum h- *RΔ* 19 lev- ac len- *Mb*[?]*ds*: len- ac len- *m*: lev- ac lev- *RZ*^l 22 domum *Δ*: bonum *R* 23 laudabilia *s*²: -buta *Δ*: -bit ita *R*: -biliora *b*² scrofa *b*²: crof(f)a *RΔ*

si quid hoc ad rem, εὐγενέστερος est etiam quam pater. Coram igitur, et quidem propenso animo ad probandum. Accedit enim quod patrem, ut scire te puto, plus etiam quam non modo tu sed quam ipse scit, amo, idque et merito et iam diu.

XXII

Scr. in Arpinati iv Non. Quint. an. 45.

⟨CICERO ATTICO SALVTEM.⟩

1 De Varrone non sine causa quid tibi placeat tam diligenter
exquiro. Occurrunt mihi quaedam. Sed ea coram. Te autem
ἀσμεναίτατα intexo, faciamque id crebrius. Proximis enim
2 tuis litteris primum te id non nolle cognovi. De Marcello
scripserat ad me Cassius antea, τὰ κατὰ μέρος Servius. O rem
3 acerbam! Ad prima redeo. Scripta nostra nusquam malo esse
quam apud te, sed ea tum foras dari cum utrique nostrum
videbitur. Ego et librarios tuos culpa libero neque te accuso,
et tamen aliud quiddam ad te scripseram, Caerelliam quaedam habere ⟨quae nisi a te habere⟩ non potuerit. Balbo
quidem intellegebam sat faciendum fuisse; tantum nolebam
aut obsoletum Bruto aut Balbo incohatum dari. Varroni,
simul ac te videro, si tibi videbitur, mittam. Quid autem
dubitarim, cum videro te, scies.
4 Attributos quod appellas, valde probe. Te de praedio
Oviae exerceri moleste fero. De Bruto nostro perodiosum,

1 *pro* εὐγενέστερος, *quod mihi quidem non valde adridet*, εὐτεν- *libenter scripserim* 4 et iam *s*: etiam *RΔ* 7 quid t- p- non s- c- *bm* 9 -NΑΙΤΑΤΑ RM^1: -*νέστατα* δ intexo $RZ^b\lambda$: intex M^1 [?] *dm*: -xe M^c [?]: -xui *bs* 11 o $Z^{(b)}\lambda$: *om.* *Ω* 12 prima *Δ*: -am *R* nusq- *Δ*: nunq- *R* 13 tum RMb^2d: timui b^1[?]*ms*: tamen *P* 14 videbitur O^1Rb^2: vibitur b^1: iubetur *Δ*: videtur *Wes.* 15 et *Δ*: et etiam *R* 16 quae . . . habere *vulg.*: que nisi a te b^2 *in marg.*: ad te *ds*: *om.* RMb^1m 17 sat f- [satf-] $\Delta CZ^{(b)}\lambda$: satis f- *Rbκ* 18 quid autem dubitarim *post* obsoletum *R* [*non habet P*], vacat *superscr.* R^2. *huiusmodi interpolationes ex R non amplius referam* 19 simul ac te *Δ*: -late *R* 21 attributos *P*: ad tr- *RMdm*: ad tribunos *bs* probo *bs* te *om.* *R* 22 Oviae *Schütz*: av- *RΔ*: a me *P*

sed vita fert. Mulieres autem vix satis humane quae inimico
animo ferant, cum ⟨in⟩ utraque officio pareat. Tullium scribam nihil fuit quod appellares; nam tibi mandassem, si fuisset.
Nihil enim est apud eum positum nomine voti, sed est
quiddam apud illum meum. Id ego in hanc rem statui conferre. Itaque et ego recte tibi dixi ubi esset, et tibi ille recte
negavit. Sed hoc quoque ipsum continuo adoriamur. Lucum
hominibus non sane probo quod est desertior, sed habet
εὐλογίαν. Verum hoc quoque ut censueris, quippe qui omnia.
Ego, ut constitui, adero, atque utinam tu quoque eodem die!
Sin quid (multa enim), utique postridie. Etenim coheredes,
a quis sine te opprimi †militia† est. Alteris iam litteris nihil 5
ad me ⟨de⟩ Attica. Sed id quidem in optima spe pono; illud
accuso, non te sed illam, ne salutem quidem. At tu et illi et
Piliae plurimam, nec me tamen irasci indicaris. Epistulam
Caesaris misi, si minus legisses.

XXIII *Scr. in Tusculano vi Id. Quint. an. 45.*

⟨CICERO ATTICO SALVTEM.⟩

Antemeridianis tuis litteris heri statim rescripsi; nunc 1
respondeo vespertinis. Brutus mallem me arcesseret. Nam et aequius erat, cum illi iter instaret et subitum et longum, et me hercule nunc, cum ita simus adfecti ut non possimus plane simul vivere (intellegis enim profecto in quo maxime posita sit συμβίωσις), facile patiebar nos potius Romae una esse quam in Tusculano.

1 vita ⟨ita⟩ *Baiter*: ⟨ita⟩ vita *Orelli* iniquo *Lamb.* 2 in *add. Orelli* 4 enim est *PΔ*: est enim *Rm* 7 ipsum *om. ds* lucum *Bos.*: locum *RΔ* 8 *anne* ⟨in⟩ hom-? 11 sin q- *Δ*: siq- *R* 12 quibus *s* militia *RΔ*Z^l: mal- b^2: *coniecturis multis et malis melior, credo, accedat* iniurium 13 de s^2: *om. RΔ* 14 at *PΔ*: ac *R* 15 me *RMd*: tue *s*: *om. bm* 19 *novam ep. indicat* b^2 20 me *Δ*: et me *R* arcesseret *PMm*: a(c)cerseret [-rit *b*] *Rbds* [*sic et alibi*] 22 ita *Pbs*: ista *RMdm* plane *Δ*: etiam p- *R* 23 in quo *ORZ*$^{\beta}$*λ*: quo *Δ*

2 Libri ad Varronem non morabuntur. Sunt enim adfecti, ut vidisti; tantum librariorum menda tolluntur. De quibus libris scis me dubitasse, sed tu videris. Item quos Bruto mittimus in manibus habent librarii.

3 Mea mandata, ut scribis, explica. Quamquam ista retentione omnis ait uti Trebatius; quid tu istos putas? Nosti domum. Qua re confice *εὐαγώγως*. Incredibile est quam ego ista non curem. Omni tibi adseveratione adfirmo, quod mihi credas velim, mihi maiori offensioni esse quam delectationi possessiunculas meas. Magis enim doleo me non habere cui tradam quam habere qui utar. Atque illud Trebatius se tibi dixisse narrabat; tu autem veritus es fortasse ne ego invitus audirem. Fuit id quidem humanitatis, sed, mihi crede, iam ista non curo. Qua re da te in sermonem et praesta et confice et ita cum Polla loquere ut te cum illo Scaeva loqui putes nec existimes eos qui non debita consectari soleant quod debeatur remissuros. De die tantum videto, et id ipsum bono modo.

XXIV *Scr. in Tusculano v Id. Quint. an. 45.*

⟨CICERO ATTICO SALVTEM.⟩

1 Quid est quod Hermogenes mihi Clodius Andromenem sibi dixisse se Ciceronem vidisse Corcyrae? Ego enim audita

1 morabuntur *Turnebus*: -bantur *RΔ* adfecti *Gronovius*: deff- *RM*: def- *Pδλ*: eff- b^2 *codd. quidam teste Vrs.*: des- *unus cod. teste eodem*: detexti *Lamb.* [*'scripturae veteris vestigia secutus'*]: *alii alia* 3 tu *Δ*: tu tamen *R* 4 habent librarii: mea b^2: h- librum. ea [mea *P*] *PΔ*: hunc librum. mea *R* *codd. Mal.* 6 uti *Vict.*: ut ei *RΔ*: *om. b* 7 quare $Z^{(b)}λ$: qua Mb^1dm: quam Rb^2s εὐαγώγως *Bos.*: ЄΥΑΓΩC $RΔZ^b$: εὐλαβῶς Z^l [*'plane scriptum'*] *λ* 8 quod *RM* [d *exp.*]: quo δ 11 *post* quam *add.* delector b^2, *alii alia* 12 invitus M^cb^2[?]: inultus *Δ*: multis *R* 13 *fort.* hum- ⟨tuae⟩ mihi *PΔ*: *om. R* 14 praesta *scripsi*: perseca *RΔ*: persta *Ribbeck*: persectare *Sedgwick*: *alii alia* et ita cum polla *ORλ*: excita compella [-le *ds*] *Δ* 15 scaeva loqui *λ*: scevalo qui *O*: -llo qui [llo *eras. in b*] *Δ*: scenalo *P*: scevola qui *R*: -la loqui b^2 *in marg.* nec *Corr.*: ne *RΔ* 16 eos *PΔ*: *om. R* solent *ds* 21 corcyr(a)e [-cire *R*] *O*[?]RPb^2 [*in marg. pro v.l.*] *λ*: currere *Δ*: citerae b^1 enim b^2s: eum *RΔ*

tibi putarem. Nil igitur ne ei quidem litterarum? An non vidit? Facies ergo ut sciam.

Quid tibi ego de Varrone rescribam? Quattuor διφθέραι sunt in tua potestate. Quod egeris id probabo. Nec tamen αἰδέομαι Τρῶας. Quid enim? Sed ipsi quam res illa probaretur magis verebar. Sed quoniam tu suscipis, in alteram aurem.

De retentione rescripsi ad tuas accurate scriptas litteras. 2
Conficies igitur, et quidem sine ulla dubitatione aut retrecta- (xxv. 1)
tione. Hoc fieri et oportet et opus est.

XXV

Scr. in Tusculano iv Id. Quint. an. 45.

⟨CICERO ATTICO SALVTEM.⟩

De Andromene ut scribis ita putaram. Scisses enim mihique 1
dixisses. Tu tamen ita mihi de Bruto scribis ut de te nihil. 2
Quando autem illum putas? Nam ego Romam prid. Id. Bruto ita volui scribere (sed, quoniam tu secus id te legisse scribis, fui fortasse ἀσαφέστερος), me ex tuis litteris intellexisse nolle eum me quasi prosequendi sui causa Romam nunc venire. Sed, quoniam iam adest meus adventus, fac, quaeso, ne quid eum Idus impediant quo minus suo commodo in Tusculano sit. Nec enim ad tabulam eum desideraturus eram (in tali enim negotio cur tu unus non satis es?), sed ad testamentum volebam, quod iam malo alio die, ne ob eam causam

1 putarem *scripsi*: -ram *RΔ* 3 *ante* quid *novam ep. indicat* b^2 διφθέραι *Rom.*: -PIAI *RΔZ* 8 sine ulla *Pbs*: si u- *Mdm*: si illa u- [*sed* illa *del.*] *R* retrectat- *Cλ*: retractat- *OPΔ*: retractione *b*: retrottat- *R* 9 hoc *Δ*: hec *R* 12 mi(c)hi qu(a)e *RM*b^2*dmκ* [scripsisses e- m- q- didicisses b^2*κ*]: q- m- b^1*s* 14 illum *PΔ*: illam *R* 15 bruto ita volui *ORZ*$^{(b)}$*λ cod. Ant.*: i- v- b- *Δ* sed q- tu secus id te l- *scripsi*: sed q- tu te legisse *RΔ*: q- secus te intellexisse *λ et Lamb.* '*partim coniectura ductus, partim cod. Torn. auctoritatem secutus*' 16 fui *RΔ*: et fui *λ et Lamb.* 17 eum *Δ*: enim *m*: cum *R* 18 fac *Δ*: tu fac *R* 21 in tali *Δ*: ni(c)hil *RP* cur tu *Hervagius*: cultu *RΔ*: -us b^2 es *RMd*: est *bms*

Romam venisse videar. Scripsi igitur ad Brutum iam illud, quod putassem, Idibus nihil opus esse. Velim ergo totum hoc ita gubernes ut ne minima quidem re ulla Bruti commodum impediamus.

3 Sed quid est tandem quod perhorrescas quia tuo periculo iubeam libros dari Varroni? Etiam nunc si dubitas, fac ut sciamus. Nihil est enim illis elegantius. Volo Varronem, praesertim cum ille desideret; sed est, ut scis,

δεινὸς ἀνήρ· τάχα κεν καὶ ἀναίτιον αἰτιόῳτο.

Ita mihi saepe occurrit vultus eius querentis fortasse vel hoc, meas partis in iis libris copiosius defensas esse quam suas, quod me hercule non esse intelleges, si quando in Epirum veneris. Nam nunc Alexionis epistulis cedimus. Sed tamen ego non despero probatum iri Varroni et id, quoniam impensam fecimus in macrocolla, facile patior teneri. Sed etiam atque etiam dico, tuo periculo fiet. Qua re si addubitas, ad Brutum transeamus; est enim is quoque Antiochius. O Academiam volaticam et sui similem! modo huc, modo illuc. Sed, quaeso, epistula mea ad Varronem valdene tibi placuit? Male mi sit si umquam quicquam tam enitar. Ergo [at ego] ne Tironi quidem dictavi, qui totas περιοχὰς persequi solet, sed Spintharo syllabatim.

1 scripsi *Δ*: et s- *R* 3 ⟨in⟩ re *Turnebus* 6 fac *PΔ*: *om. R* 7 enim *om. b*, *num recte? anne* Varroni? 10 eius *Pbds*: ei es *RMm* vel hoc *Δ*: vel hec *R*: *om. E* 11 iis *ORMm* [*sed* parcissimis *M*[1]]: hiis *E*: his *bds* 12 non esse int- *ΣZ*[(b)]: i- n- e- *Δ* 13 tamen ego *Δ*: e- t- *R*: e- cum *P* 14 quoniam *PΔ*: ipsum *Rd* 15 patiar *s* 16 addub- *Δ*: dub- *R* 17 o *PΔ*: *om. ER* 20 quicquam *om. d* tam enitar *Δ* [tum *s*, nit- *d*] *Z*[b]: tamen utar *R*: tantum en- *scribendum vix credo* ergo *Schütz*: ergo at [ut *s*] ego *RΔZ*[b]: ego. at ego λ: ergo ego ϰ

XXVI *Scr. in Tusculano prid. Id. Mai. an. 45.*

⟨CICERO ATTICO SALVTEM.⟩

De Vergili parte valde probo. Sic ages igitur. Et quidem **1**
id erit primum, proximum Clodiae. Quod si neutrum, metuo ne turbem et inruam in Drusum. Intemperans sum in eius rei cupiditate quam nosti. Itaque revolvor identidem in Tusculanum. Quidvis enim potius quam ut non hac aestate absolvatur.

Ego, ut tempus est nostrum, locum habeo nullum ubi **2**
facilius esse possim quam Asturae. Sed quia qui mecum sunt, credo quod maestitiam meam non ferunt, domum properant, etsi poteram remanere, tamen, ut scripsi tibi, proficiscar hinc, ne relictus videar. Quo autem? Lanuvio conor equidem in Tusculanum. Sed faciam te statim certiorem. Tu litteras conficies. Equidem credibile non est quantum scribam, quin etiam noctibus; nihil enim somni. Heri etiam effeci epistulam ad Caesarem; tibi enim placebat. Quam non fuit malum scribi, si forte opus esse putares; ut quidem nunc est, nihil sane est necesse mittere. Sed id quidem ut tibi videbitur. Mittam tamen ad te exemplum fortasse Lanuvio, nisi forte Romam. Sed cras scies.

XXVII *Scr. in Tusculano viii Kal. Iun. an. 45.*

⟨CICERO ATTICO SALVTEM.⟩

De epistula ad Caesarem, nobis vero semper rectissime **1**
placuit ut isti ante legerent. Aliter enim fuissemus et in hos

4 proximum *C*: max- *PΔ*: et max- *Rb*² 5 ne turbem *R* [-be *P*]: nec [ne *b*] ur- *Δ* et] ne *ds* 6 revolvor *PΔ*: relevor *R* 9 loc- no- *bm* 10 possim *EΔ*: -sum *R* 11 ferunt *RΔ* [-rant *m*]: -rem *E* 13 lanuvio *b et s in marg. pro v.l.*: -vi *R*: -vium *Z*⁽ᵇ⁾: lavinni *P*: lanivo *O*¹: lanio *Δ* [*talia non semper referam*] 15 et quidem *ds* die *post* scribam *add. b*² qui et- *Wes.* 18 necesse est *ds* 24 *novam ep. incipit b*² de epistola *O*¹ [-am *O*², *ut vid.*] *Z*ᵇλ: epistolam *RΔ* 25 in hos inoff- *b*²: in hos [hoc *ds*] off- *PΔ*: in off- *R*

inofficiosi et in nosmet ipsos, si illum offensuri fuimus, paene periculosi. Isti autem ingenue, mihique gratum quod quid sentirent non reticuerunt; illud vero vel optime, quod ita multa mutari volunt ut mihi de integro scribendi causa non sit. Quamquam de Parthico bello, quid spectare debui nisi quod illum velle arbitrabar? Quod enim aliud argumentum epistulae nostrae nisi κολακεία fuit? An, si ea quae optima putarem suadere voluissem, oratio mihi defuisset? Totis igitur litteris nihil opus est. Vbi enim ἐπίτευγμα magnum nullum fieri possit, ἀπότευγμα vel non magnum molestum futurum sit, quid opus est παρακινδυνεύειν? praesertim cum illud occurrat, illum, cum antea nihil scripserim, existimaturum me nisi toto bello confecto nihil scripturum fuisse. Atque etiam vereor ne putet me hoc quasi Catonis μείλιγμα esse voluisse. Quid quaeris? valde me paenitebat, nec mihi in hac quidem re quicquam magis ut vellem accidere potuit quam quod σπουδὴ nostra non est probata. Incidissemus etiam in illos, in eis in cognatum tuum.

2 Sed redeo ad hortos. Plane illuc te ire nisi tuo magno commodo nolo; nihil enim urget. Quicquid erit, operam in Faberio ponamus. De die tamen auctionis, si quid scies. Eum qui e Cumano venerat, quod et plane valere Atticam nuntiabat et litteras se habere aiebat, statim ad te misi.

XXVIII *Scr. in Tusculano vii Kal. Iun. an. 45.*

⟨CICERO ATTICO SALVTEM.⟩

1 Hortos quoniam hodie eras inspecturus, quid visum tibi
2 sit cras scilicet. De Faberio autem, cum venerit. De epistula

2 quid b^2: qui *RΔ* 3 reticu- *Rb*: retinu- *Δ* 7 κολακεία *Boot* [-κία *Vict.*]: co(l)lacia [-tia] *RΔ* 8 igitur *Δ*: his ig- *P*: his *R* 10 ἀπότ- . . . sit *om. P*, vel . . . παρα- *om. R* 12 cum *om. R* 15 nec mihi *Pλ*: ne mi *R*: ne cum *Δ*: nec enim b^2 20 commodo *Δ*: cognoscis com- *R* nolo *Δ*: volo *P*: *om. R* in $Z^{(b)}$: *om. Ω* 21 eum] *hic novam ep. incipit* b^2 Erotem *Schütz* 22 atticam *vel sim. Pδ*: -ca RM^1 26 visum *Δ* [tibi v- *ds*]: vis *R*

ad Caesarem, iurato mihi crede, non possum; nec me turpitudo deterret, etsi maxime debebat. Quam enim turpis est adsentatio, cum vivere ipsum turpe sit nobis! Sed, ut coepi, non me hoc turpe deterret. Ac vellem quidem (essem enim qui esse debebam), sed in mentem nihil venit. Nam quae sunt ad Alexandrum hominum eloquentium et doctorum suasiones vides quibus in rebus versentur. Adulescentem incensum cupiditate verissimae gloriae, cupientem sibi aliquid consili dari quod ad laudem sempiternam valeret, cohortantur ad decus. Non deest oratio. Ego quid possum? Tamen nescio quid e quercu exsculpseram quod videretur simile simulacri. In eo quia non nulla erant paulo meliora quam ea quae fiunt et facta sunt, reprehenduntur; quod me minime paenitet. Si enim pervenissent istae litterae, mihi crede, nos paeniteret.
Quid? tu non vides ipsum illum Aristoteli discipulum, sum- **3**
mo ingenio, summa modestia, postea quam rex appellatus sit, superbum, crudelem, immoderatum fuisse? Quid? tu hunc de pompa, Quirini contubernalem, his nostris moderatis epistulis laetaturum putas? Ille vero potius non scripta desideret quam scripta non probet. Postremo ut volet. Abiit illud quod tum me stimulabat cum tibi dabam πρόβλημα Ἀρχιμήδειον. Multo me hercule magis nunc opto casum illum quam tum timebam, vel quem libebit.

Nisi quid te aliud impediet, mi optato veneris. Nicias ad Dolabellam magno opere arcessitus (legi enim litteras), etsi invito me tamen eodem me auctore, profectus est.

Hoc manu mea. Cum quasi alias res quaererem de **4**
(xxix. 1)

5 debeam $Z^{(b)}$ 13 -duntur *ERΔ*: -derunt *P*: *fort.* -dunt 15 ipsum illum *EΔ*: il- ip- *R* -teli *M*¹λ: -telis δ: -tilis *ER* 16 rex potitus *cod. Vrs.*, *unde* rerum potitus *Vrs.* 21 tum] tunc *E* quom tibi *Wes.*: quod t- *RΔ*: quo t- *Sal.–Reg.* 22 quam tum *vel* quantum *RMdm*: quem tum *bs* 23 timebam δ: -bat *RM*¹ 25 ad dolabellam [Adol- *M*¹] *RM*¹: a dolobella in δ [in m- o- a dol- *d*]: ab dolabella λ 27 hoc] h(a)ec *bs*. *hinc novam ep. incipit b² et edd. ante Schiche* qu(a)ererem *PΔ*: conq- *R*

philologis e Nicia, incidimus in Talnam. Ille de ingenio nihil nimis, modestum et frugi. Sed hoc mihi non placuit. Se scire aiebat ab eo nuper petitam Cornificiam, Quinti filiam, vetulam sane et multarum nuptiarum; non esse probatum mulieribus, quod ita reperirent, rem non maiorem $\overline{\text{DCCC}}$. Hoc putavi te scire oportere.

XXIX *Scr. in Tusculano vi Kal. Iun. an. 45.*

⟨CICERO ATTICO SALVTEM.⟩

1 (2) De hortis ex tuis litteris cognovi et Chrysippo. In villa,
cuius insulsitatem bene noram, video nihil aut pauca mutata;
balnearia tamen laudat maiora, de minoribus ait hiberna
effici posse. Tecta igitur ambulatiuncula addenda est; quam
ut tantam faciamus quantam in Tusculano fecimus prope
dimidio minoris constabit isto loco. Ad id autem quod
volumus *ἀφίδρυμα* nihil aptius videtur quam lucus, quem ego
noram; sed celebritatem nullam tum habebat, nunc audio
maximam. Nihil est quod ego malim. In hoc *τὸν τῦφόν μου
πρὸς θεῶν τροποφόρησον*. Reliquum est, si Faberius nobis
nomen illud explicat, noli quaerere quanti; Othonem vincas
volo. Nec tamen insaniturum illum puto; nosse enim mihi
hominem videor. Ita male autem audio ipsum esse tractatum ut mihi ille emptor non esse videatur. Quid enim
2 (3) pateretur? Sed quid argumentor? Si Faberium explicas,

1 talnam *C*: tal. nam *Δ*: talem nam *R*: talenam *b*² [*in marg.*]: Thalnam *vulg.* 4 probatum λλ: -tam *RΔ* 9 crisippo *vel sim. RΔ*: ⟨ex⟩ Chrys- *Orelli* 10 pauca mutata bal. *C*: paucam aut atabal- *R*: p- aut [*spat.*] *P*: paucam [-cum *b*²] ut ad bal- *Δ* 12 -atiuncula *bmλ cod. Faërn.*: -at vincula *Mds*: -at iungula *R* est *Rb*²: sunt *Δ cod. Faërn.* 13 fecimus *Δ*: fac- *R* 15 lucus *b*²: luctus *RΔ* 16 celebr- *b*²: celer- *Pb*¹: sceler- *RΔ* ut audio *s* 18 ΤΡΟΠΟΦΟΡΠΟΦΟΡ- *M*¹ *et sim. P* 19 noli *ORδ*: nil *M*¹ 20 nosce *R* 23 si *Δ*: si enim *R* faberium [-us *d*] *RΔ*: -ianum *Man.*, *fort. recte*

emamus vel magno; si minus, ne parvo quidem possumus.
Clodiam igitur. A qua ipsa ob eam causam sperare videor,
quod et multo minoris sunt et Dolabellae nomen iam expeditum videtur, ut etiam repraesentatione confidam. De hortis satis. Cras aut te aut causam; quam quidem ⟨puto⟩ futuram Faberianam. Sed si poteris.

⟨Q.⟩ Ciceronis epistulam tibi remisi. O te ferreum, qui 3
illius periculis non moveris! Me quoque accusat. Eam tibi (xxx. 1)
epistulam †misissem†. Nam illam alteram de rebus gestis
eodem exemplo puto. In Cumanum hodie misi tabellarium.
Ei dedi tuas ad Vestorium quas Pharnaci dederas. (2)

XXX *Scr. in Tusculano post ep. xxxi v Kal. Iun. an. 45.*

⟨CICERO ATTICO SALVTEM.⟩

Commodum ad te miseram Demean, cum Eros ad me 1 (2)
venit. Sed in eius epistula nihil erat novi nisi auctionem
biduum. Ab ea igitur, ut scribis, et velim confecto negotio
Faberiano; quem quidem negat Eros hodie, cras mane putat.
⟨A⟩ te colendus est; istae autem κολακεῖαι non longe absunt
a scelere. Te, ut spero, perendie.

Mi, sicunde potes, erues qui decem legati Mummio fuerint. 2 (3)

1 si minus *bms*: simus *RMd* nos possumus *R* 2 sperare *Vict.*: spir- *C*: si rare *RΔ* 3 nomē iam [*ex* nam?] *P*: nomemiam *R*: nomen nam *Δ*: n- tam *Boot* 4 confidam *λ*: commodam *R*: comidam *M*: conudam *b*¹*m*: conidam *d*: quondam *s*: concludam *b*² 5 cras . . . efficias ne [*p.* 197. 5] *desunt in R* aut etiam causam *P* puto *add. Baiter* 7 Cic- . . . dederas *huius esse ep. agnovit Crat.*, *novae tribuunt multi* Q. *add. Lehmann* misi *d* 9 misissem *PΔ*: misi *κ* nisi tuae simillima esset *vel sim. ante* mis- *excidisse coni. Mueller* 14 *novam ep. incipit b*² cum *b*²: quomodo *PΔ* 16 biduo *Wes.* 18 a *add. b*² tollendus *P* est *Δ*: es *b*¹: *om. P* istae . . . κολακείαι [*sic*] *Hervagius*: istae . . . κολάκίδες *C*: iste est . . . ΚΟΛΚЄΙΝ *P*: ista . . . ΚΟΛΑΚЄΙΝ [*sed* -άζειν δ] *Δ* 19 te *P*: *om. Δ* [-die] mi sicunde *Z*ᵇ: -diem sic unde *PΔ* [sicu-]: -die sicunde *b* 20 erues *Z*ᵇ: eruere [erru- *PM*¹] *PΔλ*: erue *Baiter* fuerint *Pλ codd. Faërn. Ant.*: -runt *Δ*

Polybius non nominat. Ego memini Albinum consularem et Sp. Mummium; videor audisse ex Hortensio Tuditanum. Sed in Libonis annali XIIII annis post praetor est factus Tuditanus quam consul Mummius. Non sane quadrat. Volo aliquem Olympiae aut ubivis πολιτικὸν σύλλογον more Dicaearchi familiaris tui.

XXXI *Scr. in Tusculano v Kal. Iun. an. 45.*

⟨CICERO ATTICO SALVTEM.⟩

1 v Kal. mane accepi a Demea litteras pridie datas, ex quibus aut hodie aut cras ⟨te⟩ exspectare deberem. Sed, ut opinor, idem [quod] ego qui exspecto tuum adventum morabor te. Non enim puto tam expeditum Faberianum negotium futurum, etiam si est futurum, ut ⟨non⟩ habeat aliquid morae.
2 Cum poteris igitur. Quoniam etiamnum abes, Dicaearchi quos scribis libros sane velim mi mittas, addas etiam καταβάσεως.

3 De epistula ad Caesarem κέκρικα; atque id ipsum quod isti aiunt illum scribere, se nisi constitutis rebus non iturum in Parthos, idem ego suadebam in illa epistula. Vtrum liberet

2 tuditanum b^2: -tano Δ: -trio *P* 3 annis M^cbs: xmus *vel sim.* M^1dm: *om. P* [*spat.*] post pretor PM^cbs: posprecor M^1dm 4 quadrat. volo *cod. Ball.*: -atullo $M^1bmZ^{(b)}$: -atulo PM^cds 5 olympiae *b*: olimpia *P*Δ ubivis b^1: ubi visum Δλ: nisi visum *P* 9 *novam ep. incipit* b^2 a demea Pb^2: de mea Δ 10 te *add. Rom.* 11 idem *Vict.* [quod *del.*]: idem quod *PMds* [quod *in M eadem manu deletum esse, ut Baiter adfirmat, ex scidis phot. vix perspicio*]: id quod *m*: id [idem b^2] quoque b^1 12 expeditum δ: -pecum M^1: -pertum *P* 13 non *add. Rom.* mor(a)e M^cbs: -ri PM^1[?]*dm* 14 potero *P* etiamnum [*vel* etiam nunc] *Orelli*: etiam dum *P*Δ: dum *d* 15 mi mit- *Mbm*: mihi mit- *ds*: mihi inmit- *P* 17 κέκρικα $Z^{\beta}\lambda$: KEKBIKA PMZ^{bl} ['*ut ex littera quae est ordine quarta aeque facile fieri possit ρ atque φ et vero facilius*' *Lamb.*]: κελτικὰ Oδ [κ- κελτιβηρικὰ M^cd] atqui *Wes.* 19 sin *ante* utrum $Z^{(b)}$: in Z^{β}: ut *cod. Faërn.* utrum . . . me] *ita* M^1, *nisi quod* auctorem *pro* -re me: me utrum [iturum *d*] . . . auctore δ: ut verum libere f- p- autorem *P*: utrum liberet, f- posse, auctore me *Man.*

facere posset auctore me. Hoc enim ille exspectat videlicet, neque est facturus quicquam nisi de meo consilio. Obsecro, abiciamus ista et semiliberi saltem simus; quod adsequemur et tacendo et latendo.

Sed adgredere Othonem, ut scribis. Confice, mi Attice, 4
istam rem. Nihil enim aliud reperio ubi et in foro non sim et tecum esse possim. Quanti autem, hoc mihi venit in mentem. C. Albanius proximus est vicinus. Is cıↄ iugerum de M. Pilio emit, ut mea memoria est, HS |cxv|. Omnia scilicet nunc minoris. Sed accedit cupiditas, in qua praeter Othonem non puto nos ullum adversarium habituros. Sed eum ipsum tu poteris movere, facilius etiam si Kanum haberes. O gulam insulsam! Pudet me patris. Rescribes si quid voles.

XXXII *Scr. in Tusculano iv Kal. Iun. an. 45.*

⟨CICERO ATTICO SALVTEM.⟩

Alteram a te epistulam cum hodie accepissem, nolui te 1
una mea contentum. Tu vero age, quod scribis, de Faberio. In eo enim totum est positum id quod cogitamus; quae cogitatio si non incidisset, mihi crede, istuc ut cetera non laborarem. Quam ob rem, ut facis (istuc enim addi nihil potest), urge, insta, perfice.

Dicaearchi *περὶ ψυχῆς* utrosque velim mittas et *κατα-* 2
βάσεως. *Τριπολιτικὸν* non invenio et epistulam eius quam ad Aristoxenum misit. Tris eos libros maxime nunc vellem;
apti essent ad id quod cogito. Torquatus Romae est. Misi ut 3

8 albanius *Mbm*: albanus *ds*: albinus *P*: Albinius *Corr.*, *fort. recte* ↀ*Mm*: cc *b*: v *ds*: o *P* 9 est mem- *P* |cxv| *T. Frank*: $\overline{\text{cxv}}$ *Mbm*: dcccxv *ds*: cxı *P*: çx *κ* 12 kanum *Mmλ codd. Faërn. Ant.* [*cf. p.* 202. 5]: ha- *b*: kavum *P*: canum *ds* 13 insulsam *b*²*ds*: -sum *P* [inf-] *Mb*¹*m* rescribes *s*: -bis *PMbm*: -b *d* 16 *novam ep. incipit b*² 22 utrosque *Pb*²: -oque *Mbm*: *om. ds* 23 et epistolam *Vict.*: te epistola *PΔ* ad *bms*: et *PMd* 25 misi *Z*ᵇ*λ*: iussi *OPΔ*

tibi daretur. Catulum et Lucullum, ut opinor, antea. His libris nova prohoemia sunt addita, quibus eorum uterque laudatur. Eas litteras volo habeas, et sunt quaedam alia. Et quod ad te ⟨de⟩ decem legatis scripsi parum intellexisti, credo quia διὰ σημείων scripseram. De C. Tuditano enim quaerebam, quem ex Hortensio audieram fuisse in decem. Eum video in Libonis praetorem P. Popilio P. Rupilio ⟨consulibus⟩. Annis XIIII ante quam praetor factus est legatus esse ⟨qui⟩ potuisset?—nisi admodum sero praetor est factus, quod noṇ arbitror. Video enim curulis magistratus eum legitimis annis perfacile cepisse. Postumium autem cuius statuam in Isthmo meminisse te dicis ⟨Aulum⟩ nesciebam fuisse. Is autem est qui ⟨consul⟩ cum ⟨L.⟩ Lucullo fuit; quem tu mihi addidisti sane ad illum σύλλογον personam idoneam. Videbis igitur, si poteris, ceteros, ut possimus πομπεῦσαι καὶ τοῖς προσώποις.

XXXIII *Scr. in Tusculano iii Non. Iun. an. 45.*

⟨CICERO ATTICO SALVTEM.⟩

1 Neglegentiam miram! Semelne putas mihi dixisse Balbum et Faberium professionem relatam? qui etiam eorum iussu miserim qui profiteretur. Ita enim oportere dicebant. Professus est Philotimus libertus. Nosti, credo, librarium. Sed

3 alia. et] aliae *Tyrrell*: et *cum anon. ap. Lamb. delendum vel* id *legendum putavit Orelli* 4 ad δ: a *PM* de *bms*: *om. PMd* intellexisti *Lamb.*: -lexi *PΔ*: -lexti *Pius* 7 P. [p.] *PZ*^{b}*λ*: L. [l.] *Δ* P. Rupilio ⟨Coss.⟩ annis *Rom.*: p. rupilio [-li *b*] annis *bs*: P. rupilian [-ilan *d*] *Mdm*: an *P* 9 qui *add. Castiglioni*: non *cod. Vrs.* praetor *Pighius*: qu(a)estor *RΔ* esset f- *cod. Vrs.* 10 magistratus b^2: -tum *s*: mage *Δ*: magis *P* eum *Δ*: cum *P* 12 Aulum nesc- [*i.e.* anesc-] *scripsi*: annis sc- *Z*^{β}: sc- *PΔ* [*ante* dicis s^1]: nesc- *Muretus* is *Pbm*: his M^1 [hic vel is *superscr.* M^2]: hic *ds* 13 cos. *et* L. *add. Wes.* 15 possimus *Rom.*: -semus *PΔ* 19 *novam ep. indicat* b^2 ⟨o⟩ neg- *Mueller* 20 qui *Wes.*: quin *PΔλ* eorum $Pb^2λ$: in e- *Md*: me- b^1[?]*ms* 21 miserim *PΔ*: -ram b^2

scribes, et quidem confectum. Ad Faberium, ut tibi placet, 2
litteras misi. Cum Balbo autem puto te aliquid fecisse †H†
in Capitolio. In Vergilio mihi nulla est δυσωπία. Nec enim
eius causa sane debeo et, si emero, quid erit quod postulet?
Sed videbis ne is, cum sit in Africa, ut Caelius.

De nomine tu videbis cum †cuspio†; sed si Plancus destinat, tum habet res difficultatem. Te ad me venire uterque
nostrum cupit; sed ista res nullo modo relinquenda est.
Othonem quod speras posse vinci, sane bene narras. De aestimatione, ut scribis, cum agere coeperimus; etsi nihil scripsit
nisi de modo agri. Cum Pisone, si quid poterit. Dicaearchi
librum accepi et καταβάσεως exspecto.

* * * negotium dederis, reperiet ex eo libro in quo sunt 3
senatus consulta Cn. Cornelio L. ⟨Mummio⟩ consulibus. De
Tuditano autem, quod putas εὔλογον est, tum illum, quoniam
fuit ad Corinthum (non enim temere dixit Hortensius), aut
quaestorem ⟨aut⟩ tribunum mil. fuisse, idque potius credo;
sed tu de Antiocho scire poteris. Vide etiam * * * quo anno
quaestor aut tribunus mil. fuerit; si neutrum †cadet,† in

1 scribes *OPλ*: -bis *Δ* 2 aliquid etiam f- *P* H *PΔ*: N b^1: HS b^2: HC. CC *cod. Vrs.*: H. 5. [*pro* H.s.?] *κ*, *quod pro hora secunda interpretatus est Corr.* H. *utique pro hora esse numerumque excidisse verisimile puto* 4 expost- *Lamb.* 5 cum *PΔ*: tum *Tyrrell* celius *P*: calius *Δ* [tal- *b*]: calvus M^4[?] 6 cuspio *Δ*: crispo *P*: Cispio *Man.* destinat tum b^2Z^l: -atum *PΔ cod. Faërn.*: -atam *s* 7 habet res PZ^l *cod. Ant.*: -eres *Δ*: habet haberes *cod. Faërn.*: -eres *s* 9 aest- *b*: ext- *PΔ*, *vulgari errore* 10 cepimus *P* 12 περὶ ψυχῆς *post* librum *excidisse coni. Lamb.* accepi et b^2C: -cipiet *PΔ* 13 *lacuna, quam agnovit Faërn., varie expleta* 14 Mummio *add. Man.* 16 aut q- ⟨aut⟩ *Man.*: ad q- *PΔ* 17 fuisse, idque p- *Ernesti*: i- p- f- *PΔ* [idque . . . tr- mil. *om.* b^1] credo sed tu b^2: sed cr- te *PΔ*: credo tu *Sal.–Reg.* 18 vide etiam *multis suspectum; ego lacunam indicavi, nomen proprium* [*fort.* Sp., *i.e. Spurius Mummius*] *excidisse ratus* 19 aut *PΔ*: an *κ*: Annius aut *Corr.* si neutrum *Z*: sive u- *PΔ* cadet in O^1PZ: ea de in *Md*: eadem O^2bms: eodem in *κ*: quadret in *Bos.*: *alii alia. equidem* in tempus *vel sim. cum* cadet *aut calamo aut animo supplendum censeo*

praefectis an in contubernalibus fuerit, modo fuerit in eo bello.

XXXIII a *Scr. in Tusculano vii Id. Quint. an. 45.*

⟨CICERO ATTICO SALVTEM.⟩

1 (4) De Varrone loquebamur: lupus in fabula. Venit enim ad me et quidem id temporis ut retinendus esset. Sed ego ita egi ut non scinderem paenulam. Memini enim tuum 'Et multi erant nosque imparati.' Quid refert? Paulo post C. Capito cum T. Carrinate. Horum ego vix attigi paenulam. Tamen remanserunt ceciditque belle. Sed casu sermo a Capitone de urbe augenda, a ponte Mulvio Tiberim perduci secundum montis Vaticanos, campum Martium coaedificari, illum autem campum Vaticanum fieri quasi Martium campum. 'Quid ais?' inquam; 'at ego ad tabulam ut, si recte possem, Scapulanos hortos.' 'Cave facias' inquit; 'nam ista lex perferetur; vult enim Caesar.' Audire me facile passus sum, fieri autem moleste fero. Sed tu quid ais? Quamquam quid quaero? Nosti diligentiam Capitonis in rebus novis perquirendis. Non concedit Camillo. Facies me igitur certiorem de Idibus. Ista enim me res adducebat. Eo adiunxeram ceteras, quas consequi tamen biduo aut triduo post facile potero. Te tamen in via confici
2 (5) minime volo; quin etiam Dionysio ignosco. De Bruto quod scribis, feci ut ei liberum esset, quod ad me attineret. Scripsi enim ad eum heri, Idibus [Maii] eius opera mihi nihil opus esse.

1 an Z^l: aut *PΔ* 5 *novam ep. agnovit Man.* loquebamur *Δ*: ne loquamur *P* 7 tuum $PM^1b^1m\lambda$: tui M^2b^2ds et *Δ*: *om. P*: *num* ii? 8 impar- δ: imper- PM^1 10 ceciditque $OZ^{(b)}$: -dique *P*: -di *Δ* 11 a p- M^2b: op- M^1dm: op [*spat.*] *P*: e p- *s* perduci *Bos.*: duci *C*: pauci *OPΔ* 12 coaed- *Lamb.*: etiam coaed- *cod. Ball.*: cum ed- $MdmZ^b$: tum (a)ed- *Pbsλ*: totum aed- *Man.* 13 agis *P* 14 si recte Pb^2: scire te *Δ* 17 sed nosti *bm* 21 aut] an *b* 22 bruto O^1[?]*PC*: hyuto *Md*: hyrcio *s*: hirc [-t-]io O^2bm 24 maii *Mds*: -iis *bm*: -ias *P*: *del. Man.* opera δ: -am PM^1

XXXIV *Scr. Asturae c. vii Kal. Sept. an. 45.*

⟨CICERO ATTICO SALVTEM.⟩

Asturam veni VIII Kal. H. XII. Vitandi enim caloris causa Lanuvi tris horas acquieveram. Tu velim, si grave non erit, efficias ne ante Nonas mihi illuc veniendum sit (id potes per Egnatium Maximum), illud in primis ut cum Publilio me [apene] absente conficias. De quo quae fama sit scribes.

'Id populus curat scilicet!'

Non me hercule arbitror; etenim haec decantata erat fabula. Sed complere paginam volui. Quid plura? ipse enim adsum, nisi quid tu prorogas. Scripsi enim ad te de hortis.

XXXV, XXXVI *Scr. in Tusculano iii Id. Quint. an. 45.*

⟨CICERO ATTICO SALVTEM.⟩

O rem indignam! Gentilis tuus urbem auget quam hoc 1
biennio primum vidit, et ei parum magna visa est quae
etiam ipsum capere potuerit. Hac de re igitur exspecto
litteras tuas. Varroni scribis te, simul ac venerit. Dati igitur 2
iam sunt nec tibi integrum est: hui, si scias quanto periculo
tuo! Aut fortasse litterae meae te retardarunt, si eas nondum
legeras cum has proximas scripsisti. Scire igitur aveo quo
modo res se habeat.

De Bruti amore vestraque ambulatione, etsi mihi nihil 3 (XXXVI)

3 *novam ep. incipit* b^2 Asturam *Iens.*: -r(a)e *PΔ* H. XII *scripsi* [*an* XI? *cf. p.* 253. 3]: Iullii *P*: iul. *Mbm*: iulias *ds*: vesperi *Schmidt* 6 illud [-us *m*] *PΔ*: -um *R* ut $Z^{(b)}\lambda$: *om. RΔ* publilio *M*: publio *Rδ* me *Schütz*: me apene *R*: mea pene *Δ*: me p(a)ene $bZ^{(b)}$ 9 mehercle *Vict.*: mercedem *RΔ* 17 litt- tuas *Δ*: t- l- *R* 18 hui si sc- *Δ*: hinc si sc- enim *R* 19 aut] at b^2[?] *in ras.* retardarunt *Δ*: -rent *R* si $RΔZ^{(b)}$: sed *Man.* 20 aveo *Δ*: habeo *R* 21 se habeat *PMbm*: se habeant *ds*: habeat *R* 22 de Bruti . . . dicitur *huic ep. adnexuit Crat., denuo Schütz* mihi *om. bm*

novi adfers sed idem quod saepe, tamen hoc audio libentius quo saepius, eoque mihi iucundius est quod tu eo laetaris, certiusque eo est quod a te dicitur.

XXXVII *Scr. in Tusculano c. xii Kal. Sept. an. 45.*

⟨CICERO ATTICO SALVTEM.⟩

1 Has alteras hodie litteras. De Xenonis nomine et de Epiro-
ticis $\overline{\text{xxxx}}$ nihil potest fieri nec commodius nec aptius quam
ut scribis. Is erat locutus mecum eodem modo. Balbus minor
2 mecum. Nihil novi sane, nisi Hirtium cum Quinto acerrime
pro me litigasse; omnibus eum locis †facere† maximeque in
conviviis; cum multa de me tum redire ad patrem; nihil
autem ab eo tam ἀξιοπίστως dici quam alienissimos nos esse
a Caesare, fidem nobis habendam non esse, me vero etiam
cavendum (φοβερὸν ἂν ἦν nisi viderem scire regem me animi
nihil habere), Ciceronem vero meum vexari; sed id quidem
3 arbitratu suo. Laudationem Porciae gaudeo me ante dedisse
Leptae tabellario quam tuas acceperim litteras. Eam tu
igitur, si me amas, curabis, si modo mittetur, isto modo
mittendam Domitio et Bruto.
4 De gladiatoribus, de ceteris quae scribis ἀνεμοφόρητα, facies
me cotidie certiorem. Velim, si tibi videtur, appelles Balbum

1 *post* affers *habent haec* δ [*exp. b*]: de fratris filio et contumeliosis litteris ab illo sibi missis hoc audio [-di *s*] *Δ*: audio hoc *R*: hoc ⟨eo⟩ audio *Wes.* 6 xen- *RMm*: zen- *bds* [*et sic alibi*] 8 is *Gronovius*: id *RΔ* erat *Pδ*: eras RM^1 iunior *bs* 9 mecum [*sc.* est] *vulgo delent, ut ita legatur*: id erat . . . modo B- minor. nihil *e.q.s. sed iam Gronovius* is erat . . . modo. B- minor nihil *e.q.s.* 10 eum] enim *bm* facere] furere *Faërn. equidem* verba *vel sim. excidisse potius credo* 11 tum *κ*: cum *RΔ*: eum *s* 12 ab eo *Corr.*: habeo *RΔ* [ab eo *om. b*] tam Rb^2: *om. Δ*: tamen *κ* 14 φοβερὸν ἂν ἦν *Baiter*: ΦΟΒΕΡΑΝΗΝ *RMm*: -ρὰν *bds* 15 vero meum $R^2P\delta$: m- v- R^1: v- m- v- M^1 [*post.* vero *del.* M^c] 16 portiae *b*: portitie *vel sim. RΔ* gaudeo . . . Leptae *om. R* 20 *novam ep. hinc incipere vult Taylor xix Kal. Sept. scriptam* facias *s*

et Offilium. De auctione proscribenda equidem locutus sum cum Balbo. Placebat (puto conscripta habere Offilium omnia; habet et Balbus)—sed Balbo placebat propinquum diem et Romae; si Caesar moraretur, posse diem differri. Sed is quidem adesse videtur. Totum igitur considera; placet enim Vestorio.

XXXVIII *Scr. in Tusculano c. xviii Kal. Sept. an. 45.*

⟨CICERO ATTICO SALVTEM.⟩

Ante lucem cum scriberem contra Epicureos, de eodem 1
oleo et opera exaravi nescio quid ad te et ante lucem dedi. Deinde cum somno repetito simul cum sole experrectus essem, datur mi epistula a sororis tuae filio quam ipsam tibi misi; cuius est principium non sine maxima contumelia. Sed fortasse *οὐκ ἐπέστησεν*. Est autem sic, 'Ego enim quicquid non belle in te dici potest —.' Posse vult in me multa dici non belle, sed ea se negat approbare. Hoc quicquam pote impurius? Iam cetera leges (misi enim ad te) iudicabisque. Bruti nostri cotidianis adsiduisque laudibus, [ne] quas ab eo de nobis haberi permulti mihi renuntiaverunt, commotum istum aliquando scripsisse aliquid ad me credo; ⟨credo⟩ et ad te, idque ut sciam facies. Nam ad patrem de me quid scripserit nescio, de matre quam pie! 'Volueram,' inquit 'ut quam plurimum tecum essem, conduci mihi domum et id ad te scripseram. Neglexisti. Ita minus multum una erimus. Nam

4 posse diem *Z*: -sem diem *O^1R*: -se in diem *b*: -se in diem diem *Δ*: [-se] in diem tertium *cod. Vrs.* 9 *novam ep. incipit b^2* epicureos de *Pb^2*: -ros deos *Δ* [*sed* -reos *bs*, -rus *m*]: -ros de eos *R* 10 ante δ: dante *M*: id ante *R* 12 mi *Mmsλ*: mihi *Pb*: in *Rd* sororis tu(a)e *M^2bms*: soris tum *RM^1d* 14 enim] vero *Schmidt*: *fort. delendum vel* egomet *legendum* 16 pote *RM*: -est δ 18 nostri *bms*: -is *RMd* ne *del. Hervagius* 20 scripsisse *anon. ap. Corr.*: -sisti *RΔ*: -si *P* credo *addidi* [*cf. p.* 164. 6]

ego istam domum videre non possum; qua de causa scis.'
2 Hanc autem causam pater odium matris esse dicebat. Nunc me iuva, mi Attice, consilio, 'πότερον δίκᾳ τεῖχος ὕψιον,' id est utrum aperte hominem asperner ac respuam, 'ἢ σκολιαῖς ἀπάταις.' Vt enim Pindaro sic 'δίχα μοι νόος ἀτρέκειαν εἰπεῖν.' Omnino moribus meis illud aptius, sed hoc fortasse temporibus. Tu autem quod ipse tibi suaseris idem mihi persuasum putato. Equidem vereor maxime ne in Tusculano opprimar. In turba haec essent faciliora. Vtrum igitur Asturae? Quid si Caesar subito? Iuva me, quaeso, consilio. Vtar eo quod tu decreveris.

XXXIX *Scr. in Tusculano c. xvii Kal. Sept. an. 45.*

⟨CICERO ATTICO SALVTEM.⟩

1 O incredibilem vanitatem! ad patrem domo sibi carendum propter matrem: ⟨ad matrem⟩ plena pietatis. Hic autem
2 iam languescit et ait sibi illum iure iratum. Sed utar tuo consilio; σκολιὰ enim tibi video placere. Romam, ut censes, veniam sed invitus; valde enim in scribendo haereo. 'Brutum' inquis 'eadem.' Scilicet; sed nisi hoc esset, res me ista non cogeret. Nec enim inde venit unde mallem neque diu afuit neque ullam litteram ad me. Sed tamen scire aveo qualis ei totius itineris summa fuerit. Libros mihi de quibus ad te antea scripsi velim mittas et maxime *Φαίδρου* †ΠΕΡΙΟCωΝ et ΠΛΛΙΔΟΣ†.

3 me iuva mi *RM^{2}bm*: me viuna mi *E*: me via mi *M^1*: iuva me *ds* 4 ac *Eδ*: et *RM^1* 8 putato *ORC*: puto *Δ* 9 Asturam *Wes.* 10 si *Z^b*: *om. RΔ* iuva *d*: via *M^1*: etiam iuva *R* 15 ad matrem *add. Orelli* plena *RZ$^{(b)}$λ*: plenam *Δ* 16 sibi *λ*: tibi *RΔ* [*post* illum *b*], *fort. recte* iratum *PM^{2}bms*: iur- *RM^{1}d* tuo *om. R* 17 tibi [sibi *λ*] video *ΔZ$^{(b)}$λ*: v- t- *R*: tibi *P* Romam] *hinc novam ep. incipit b^2* 21 aveo *Iens. Rom.*: habeo *RΔ* ei *Δ* [eiụș *d*]: *om. R* 23 *Graeca sic M et sim. RPm* [*sed* et CΙΑΛΙΑΟC, *ut vid., R*] *θεῶν Vict. pro* OCωN *probabiliter; sed nihil certi*

XL *Scr. in Tusculano c. xvi Kal. Sept. an. 45.*

⟨CICERO ATTICO SALVTEM.⟩

Itane? nuntiat Brutus illum ad bonos viros? *Εὐαγγέλια.* 1
Sed ubi eos? nisi forte se suspendit. Hic autem ut fultum est. Vbi igitur *φιλοτέχνημα* illud tuum quod vidi in Parthenone, Ahalam et Brutum? Sed quid faciat? Illud optime, 'Sed ne is quidem qui omnium flagitiorum auctor bene de nostro.' At ego verebar ne etiam Brutus eum diligeret; ita enim significarat iis litteris quas ad me: 'Ac vellem aliquid degustasses de fabulis.' Sed coram, ut scribis.

Etsi quid mi auctor es? advolone an maneo? Equidem et in 2
libris haereo et illum hic excipere nolo; ad quem, ut audio, pater hodie ad Saxa †acronoma.† Mirum quam inimicus ibat, ut ego obiurgarem. Sed ego ipse *κεκέπφωμαι.* Itaque posthac. Tu tamen vide quid de adventu meo censeas et *τὰ ὅλα* cras, si perspici potuerint, mane statim ut sciam.

XLI *Scr. in Tusculano c. xv Kal. Sept. an. 45.*

⟨CICERO ATTICO SALVTEM.⟩

Ego vero Quinto epistulam ad sororem misi. Cum ille 1
quereretur filio cum matre bellum et se ob eam causam domo cessurum filio diceret, dixi illum commodas ad matrem

4 ut fultum est *RΔ* [*sed* fulct- *b*, est *om. R*]: *haec pro corruptis habent omnes, num recte dubito* 5 ubi *Δ*: ibi *R* tum *ds* Parthenone Ahalam *Man.*: -no ne alia *R* [ala *P*]: -none Alani *C*: partenoneala *M*, *et sim.* δ 7 is *R*δ: his *M* ⟨est⟩ auctor *Wes.* 8 ac ego *bs* 9 me: 'Ac *Wes.*: mea est *RM*¹: me ast *M*²: me a se *ds*: meas. at *bm*: me: 'At *Orelli*, *Z false tribuens* degustasses *Gronovius*: -sse *RΔ* 11 mi δ: mei *M*¹: etiam mei *R* equidem *Δ*: et q- *R* 12 nolo *Δ*: volo *R* 13 acronoma *Z*: acrun- *C*: acrimonia *RΔ*: ⟨summa⟩ acr- *Schmidt* 14 *κεκέπφωμαι Bos.*: *κέκφωμα O*: ΚΕΦΦΩΜΑ *vel sim. RMbm* posthac. tu *Crat.*: post fac tu *Δ*: p- factum *R* 15 vide *om. R* et] *καὶ* *b* 19 *novam ep. incipit b*² 20 ⟨esse⟩ et se *Wes.*

litteras, ad te nullas. Ille alterum mirabatur, de te autem suam culpam quod saepe graviter ad filium scripsisset de tua in illum iniuria. Quod autem relanguisse se dicit, ego ei tuis litteris lectis *σκολιαῖς ἀπάταις* significavi me non fore * * *
2 tum enim mentio Canai. Omnino si id consilium placeret, esset necesse; sed, ut scribis, ratio est habenda gravitatis, et utriusque nostrum idem consilium esse debet, etsi in me graviores iniuriae et certe notiores. Si vero etiam Brutus aliquid adferet, nulla dubitatio est. Sed coram. Magna enim res et multae cautionis. Cras igitur, nisi quid a te commeatus.

XLII

Scr. in Tusculano ex. mense Dec. an. 45.

⟨CICERO ATTICO SALVTEM.⟩.

1 Venit ille ad me *καὶ μάλα κατηφής*. Et ego "*Σὺ δὲ δὴ τί σύννους;*" 'Rogas?' inquit, 'cui iter instet et iter ad bellum, idque cum periculosum tum etiam turpe!' 'Quae vis igitur?' inquam. 'Aes' inquit 'alienum, et tamen ne viaticum quidem.' Hoc loco ego sumpsi quiddam de tua eloquentia; nam tacui. At ille: 'Sed me maxime angit avunculus.' 'Quidnam?' inquam. 'Quod mihi' inquit 'iratus est.' 'Cur pateris?' inquam, 'malo enim ita dicere quam cur committis?' 'Non patiar' inquit; 'causam enim tollam.' Et ego: 'Rectissime quidem; sed si grave non est, velim scire quid sit causae.' 'Quia, dum dubitabam quam ducerem, non satis faciebam matri; ita ne illi quidem. Nunc nihil mihi tanti est. Faciam quod volunt.'

2 ad Q. f. scripsit *R* 3 se] *fort.* me 4 *post* fore *excidisse vid.* *ἄτεγκτον* [*Tyrrell–Purser*] *vel sim.* 5 tum *Δλ*: cum *R* canai *RΔλ* [*cf. p.* 193. 12]: -ae *Bos.* 6 ut *EΔ*: ut tu *R* 7 me Pb^2: mea *RΔ* 9 afferet *RMdm*: affert [adf-] *Pbs* 10 mult(a)e *Pbms*: -ta *RMd* 14 ille *EΔ*: i- enim *R* et ego *EΔ*: ergo *R* 15 quoi iter *λ*: quo iter *EP*: quo uter *RM*: quod iter δ et M^1b^2: est *ER*δ 17 inquit *om.* *bm* quidem *Ω*: q- habeo λ 21 cur [quur] *EΔ*: cur tu *R* 23 dum *EΔ* [*om. d*]: cum *R*

'Feliciter velim' inquam, 'teque laudo. Sed quando?' 'Nihil ad me' inquit 'de tempore, quoniam rem probo.' 'At ego' inquam 'censeo prius quam proficiscaris. Ita patri quoque morem gesseris.' 'Faciam' inquit 'ut censes.' Hic dialogus sic conclusus est.

Sed heus tu, diem meum scis esse III Non. Ian.; aderis 2
igitur. Scripseram iam: ecce tibi orat Lepidus ut veniam. 3
Opinor, augures vult habere ad templum effandum. Eatur;
μὴ σκόρδου. Videbimus te igitur.

XLIII *Scr. in Tusculano prid. Id. Quint. an. 45.*

⟨CICERO ATTICO SALVTEM.⟩

Ego vero utar prorogatione diei, tuque humanissime fecisti qui me certiorem feceris, atque ita ut eo tempore acciperem litteras quo non exspectarem, tuque ut ab ludis scriberes. Sunt omnino mihi quaedam agenda Romae, sed consequemur biduo post.

XLIV *Scr. in Tusculano xiii aut xii Kal. Sext. an. 45.*

⟨CICERO ATTICO SALVTEM.⟩

O suavis tuas litteras!—etsi acerba pompa. Verum tamen 1
scire omnia non acerbum est, vel de Cotta—populum vero praeclarum, quod propter malum vicinum ne Victoriae quidem ploditur! Brutus apud me fuit; cui quidem valde

2 probo. at *Vict.*: -bat *ERΔ* 3 -scaris *Eδ*: -sseris *M*¹: -sceris *R*: -scereris *P* 8 vult *Boot*: nil *Δ*: ni(c)hil *RP*: velle *Tyrrell* effandum *Beroaldus*: effla- λ: affla- [adf-] *RΔ* eatur *RΔZ*⁽ᵇ⁾λ: fatur *Z*ᵝ 9 *μὴ σκόρδου* *Tyrrell*: ΜΙΑΣΚΟΡΔΟΥ *vel sim.* *RΔZ*⁽ᵇ⁾λ 12 tuque etiam h- *R* 16 *post* biduo *novam ep. incipit b*² post *Δ*: posco *OR* [*sed* o *ad sequentia pertinet*] 19 o *om.* *Δ*: *de OR vide supra* 20 cotta *C*: cocta *R*: tota *Δ* 21 victori(a)e q- *RM*ᶜ*bms*: -ia eq- *M*¹: -ia q- *d* 22 cui] qui *M*¹*d*

placebat me aliquid ad Caesarem. Adnueram; sed pompa me
2 deterret. Tu tamen ausus es Varroni dare! Exspecto quid
iudicet. Quando autem pelleget? De Attica probo. Est quiddam etiam animum levari cum spectatione tum etiam reli-
3 gionis opinione et fama. Cottam mi velim mittas; Libonem
mecum habeo et habueram ante Cascam. Brutus mihi T.
Ligari verbis nuntiavit, quod appelletur L. Corfidius in oratione Ligariana, erratum esse meum. Sed, ut aiunt, *μνημονικὸν ἁμάρτημα*. Sciebam Corfidium pernecessarium Ligariorum; sed eum video ante esse mortuum. Da igitur, quaeso, negotium Pharnaci, Antaeo, Salvio ut id nomen ex omnibus libris tollatur.

XLV *Scr. in Tusculano iii Id. Sext. an. 45.*

⟨CICERO ATTICO SALVTEM.⟩

1 Fuit apud me Lamia post discessum tuum epistulamque ad me attulit missam sibi a Caesare. Quae quamquam ante data erat quam illae Diocharinae, tamen plane declarabat illum ante ludos Romanos esse venturum. In qua extrema scriptum erat ut ad ludos omnia pararet neve committeret ut frustra ipse properasset. Prorsus ex his litteris non videbatur esse dubium quin ante eam diem venturus esset, itemque Balbo cum eam epistulam legisset videri Lamia dicebat.

Dies feriarum mihi additos video sed quam multos fac, si me amas, sciam. De Baebio poteris et de altero vicino Egnatio.

1 adnueram *bs*: advene- *RMm*: vene- *P*: venerant *d* pompa me deterret *Orelli*: -pa videret *RΔ*: -pa deterret *C* 2 autem *post* quid *R* 3 probe *Otto* 4 cum *Rb*: tum *Δ* religionis opinione *Man.*: -ne -nis *RΔλ Schmidt* 5 fama δλ: flama *M*[1]: flammi *R*: flaminis *P*: famae *Schmidt* 6 cascam *Mms*: castam *Rd*: causam *b* [cascham *in marg. b*[2]] 7 corfi- *P* [*cf. pro Lig.* 33]: curfi- *RΔ*: cursi- *bκ* 9 corfi- *nescio quis*: curfi- *RΔ*: cursi- *P* 10 negotium *om. M* 15 *novam ep. incipit b*[2] 21 idemque *Vict.* 24 b(a)ebio *OR codd. Faërn. Ant.*: babio *Δ*

Quod me hortaris ut eos dies consumam in philosophia 2
explicanda, currentem tu quidem; sed cum Dolabella vivendum esse istis diebus vides. Quod nisi me Torquati causa teneret, satis erat dierum ut Puteolos excurrere possem et ad
tempus redire. Lamia quidem a Balbo, ut videbatur, audi- 3
verat multos nummos domi esse numeratos, quos oporteret quam primum dividi, magnum pondus argenti praeter praedia; auctionem primo quoque tempore fieri oportere. Scribas ad me velim quid tibi placeat. Equidem si ex omnibus esset eligendum, nec diligentiorem nec officiosiorem nec nostri studiosiorem facile delegissem Vestorio, ad quem accuratissimas litteras dedi; quod idem te fecisse arbitror. Mihi quidem hoc satis videtur. Tu quid dicis? Vnum enim pungit, ne neglegentiores esse videamur. Exspectabo igitur tuas litteras.

XLVI *Scr. in Tusculano prid. Id. Sext. an. 45.*

CICERO ATTICO SALVTEM.

Pollex quidem, ut dixerat ad Id. Sext., ita mihi Lanuvi 1
prid. Id. praesto fuit, sed plane pollex, non index. Cognosces
igitur ex ipso. Balbum conveni—Lepta enim de sua mune- 2
rum curatione laborans me ad eum perduxerat; in eo autem Lanuvino quod Lepido tradidit. Ex eo hoc primum: 'Paulo ante acceperam eas litteras in quibus magno opere se confirmat ante ludos Romanos.' Legi epistulam. Multa de meo

7 dividi b^2: die [dic *m*, dein *s*] vidi *Δ*: die *R*: di [?] *P* [*spat.*] pr- praedia: auct- *Mal.*: auct- pr- pr(a)edia [prandia *Δ*] *RΔC* 9 esset *Pbs*: esse *RΔ* 10 nec . . . stud- Z^bλ *Crat.* [mehercule *ante* nostri *add. Crat.*]: *om. Ω* 14 negligent- *Rbs*: neglegt- M^1: neglect- PM^2d: neglent- *m* 18 *novam ep. incipit* b^2 19 index δ: iudex PM^1: video *R* 20 munerum cur- *Schmidt*: vi in cur- [incur-] *Δ* [vi *om. bs*]: vini cur- *R*λ [*'aut hoc aut illud'* Z^l] 21 in eo *R*: meo *Mdm*: mea *bs* 22 hoc *ds*: h(a)ec *Mbm*: h' *R* 23 eas *RΔ* [eam s^1]: Caesaris *Schütz*: *fort.* has *vel* eius (*Watt*) se *OR*: *om. Δ*

Catone, quo saepissime legendo se dicit copiosiorem factum,
3 Bruti Catone lecto se sibi visum disertum. ⟨Tum⟩ ex eo cognovi cretionem Cluvi (o Vestorium neglegentem!), liberam cretionem testibus praesentibus sexaginta diebus. Metuebam ne ille arcessendus esset. Nunc mittendum est ut meo iussu cernat. Idem igitur Pollex. Etiam de hortis Cluvianis egi cum Balbo. Nil liberalius. Se enim statim ad Caesarem scripturum, Cluvium autem a T. Hordeonio legare et Terentiae HS ꟾↃↃↃ et sepulcro multisque rebus, nihil a nobis. Subaccusa, quaeso, Vestorium. Quid minus probandum quam Plotium unguentarium per suos pueros omnia tanto ante Balbo, illum mi ne
4 per meos quidem? De Cossinio doleo; dilexi hominem.

Quinto delegabo si quid aeri meo alieno superabit et emptionibus, ex quibus mi etiam aes alienum faciendum puto. De domo Arpini nil scio.

5 Vestorium nil est quod accuses. Iam enim obsignata hac epistula noctu tabellarius noster venit et ab eo litteras diligenter scriptas attulit et exemplum testamenti.

XLVII *Scr. in Tusculano Id. Sext. an. 45.*

⟨CICERO ATTICO SALVTEM.⟩

(1) 'Postea quam abs te, Agamemno,' non 'ut venirem' (nam id quoque fecissem nisi Torquatus esset) sed ut scriberem 'tetigit auris nuntius, extemplo' instituta omisi; ea quae in

1 quo $Z^{(\beta)}\lambda$: que *RΔ*: quem *b* 2 visum *Pbm*: iussum *RMd*: videri *s* tum *add. Graevius* 3 certiorem b^1s cluvii . . . cretionem [*v.* 4] Z^b [cretionem *om.* Z^β]: *om.* *Ω* 7 nil [nihil] lib- *Lamb.*: illib- *ORC*: lib- *Δ* 8 a tito *OC*: actito *R*: attico [act- *P*, ath- *d*] *PΔ* ʟↃↃↃ *RM*: ʟɪɪɪ *bms*: L [*spat.*] *d*: ʟɪɪɪɪ *P* 9 a *om.* *λ* 12 de cossinio doleo s^2 *in marg.* *C* [cosi-]: de cofinio d- *R* [corf- *P*]: deos in iodoleo *Δ* [in id- *d*, mi d- bs^1] 13 meo al- *Δ*: al- meo *P*: meo *R* 17 diligenter *PΔ*: sapienter *R* 18 et ex- test- RMb^2ds: et t- e- *P*: exemplum et *m*: et ex- *b* 21 *novam ep. incipit* b^2 23 tetigit . . . omisi $CZ^l\kappa$: tetigit [egit *b ex corr.*] omisi [*mediis omissis*] *Ω*

manibus habebam abieci, quod iusseras edolavi. Tu velim e Pollice cognoscas rationes nostras sumptuarias. Turpe est enim nobis illum, qualiscumque est, hoc primo anno egere. Post moderabimur diligentius. Idem Pollex remittendus est ut ille cernat. Plane Puteolos non fuit eundum cum ob ea quae ad te scripsi tum quod Caesar adest. Dolabella scribit se ad me postridie Idus. O magistrum molestum!

XLVII a *Scr. Asturae iii Kal. Sext. an. 45.*

⟨CICERO ATTICO SALVTEM.⟩

1 (2) Lepidus ad me heri vesperi litteras misit Antio. Nam ibi erat. Habet enim domum quam nos vendidimus. Rogat magno opere ut sim Kalendis in senatu; me et sibi et Caesari vehementer gratum esse facturum. Puto equidem nihil esse. Dixisset enim tibi fortasse aliquid Oppius, quoniam Balbus est aeger. Sed tamen malui venire frustra quam desiderari si opus esset ⟨et⟩ moleste ferre postea. Itaque hodie Anti, cras ante meridiem domi. Tu velim, nisi te impedivisti, apud nos prid. Kal. cum Pilia.

2 (3) Te spero cum Publilio confecisse. Equidem Kalendis in Tusculanum recurram; me enim absente omnia cum illis transigi malo. Quinti fratris epistulam ad te misi, non satis humane illam quidem respondentem meis litteris sed tamen quod tibi satis sit, ut equidem existimo. Tu videbis.

10 *novam ep. constituit Gruber* 15 malui v- *PMds*: malum v- *R*: malim v- [*om.* tamen] *m*: v- malim *b* 16 et *add. Wes.* ferre *RΔ*: -em *Vict.* antii M^{c}*bs*: anui *R*M^{1}*dm*: an. VI. *P* 19 publilio *Md*: publio *Rbms*

XLVIII *Scr. in Tusculano c. xii Kal. Sept. an. 45.*

⟨CICERO ATTICO SALVTEM.⟩

1 Heri nescio quid in strepitu videor ⟨ex te⟩ exaudisse, cum diceres te in Tusculanum venturum. Quod utinam! iterum utinam! tuo tamen commodo.

Lepta me rogat ut, si quid sibi opus sit, accurram; mortuus enim Babullius. Caesar, opinor, ex uncia, etsi nihil adhuc; sed Lepta ex triente. Veretur autem ne non liceat tenere hereditatem, *ἀλόγως* omnino, sed veretur tamen. Is igitur si accierit, accurram; si minus, ⟨haud⟩ ante quam necesse erit. Tu Pollicem, cum poteris.

2 Laudationem Porciae tibi misi correctam. Eo properavi ut, si forte aut Domitio filio aut Bruto mitteretur, haec mitteretur. Id si tibi erit commodum, magno opere cures velim, et velim M. Varronis et Olli mittas laudationem, Olli utique. Nam illam legi, volo tamen regustare. Quaedam enim vix mihi credo legisse me.

XLIX *Scr. in Tusculano c. xi Kal. Sept. an. 45.*

⟨CICERO ATTICO SALVTEM.⟩

1 Atticae primum salutem, quam equidem rure esse arbitror; multam igitur salutem, et Piliae. De Tigellio, si quid novi. Qui quidem, ut mihi Gallus Fabius scripsit, *μέμψιν ἀναφέρει* mihi quandam iniquissimam, me Phameae defuisse cum eius causam recepissem. Quam quidem receperam contra

3 *novam ep. incipit* b^2 ex te *addidi* 6 mortuus [-uos M^1d] *Δ*: -uo *R* 7 enim] enim est *Lamb.*: est enim *Orelli* babullius *Δ* [ball- *d*]: -l(l)io *RP*: Vibullius *Schiche* 9 is *Rs*: his *Δ* 10 haut *cod. Ball.*: *om. RΔ*: non *Graevius*: non veniam *Wes.* 12 correctam. eo *λ*: -ta aveo *R*: -tam. aveo M^1: -tam. ac eo *δ*: -tam. atque eo *Lamb.* 15 et olli mittas *Δ*: se colimitas *R* olli *Δ*: olim *R* 17 me *ORZ*$^{\beta}$*λ codd. Faërn. Ant.*: *om. Δ* 20 quidem *Mueller* rure *RΔλ*: ruri *Rom.* 22 Fadius *Orelli et vulg.* 23 me Ph- *Rom.*: eph- *RΔ*

pueros Octavios Cn. filios non libenter; sed et Phameae causa
volebam. Erat enim, si meministi, in consulatus petitione per
te mihi pollicitus si quid opus esset; quod ego perinde tuebar
ac si usus essem. Is ad me venit dixitque iudicem operam dare
sibi constituisse eo die ipso quo de Sestio nostro lege Pompeia
in consilium iri necesse erat. Scis enim dies illorum iudiciorum
praestitutos fuisse. Respondi non ignorare eum quid ego
deberem Sestio. Quem vellet alium diem si sumpsisset, me ei
non defuturum. Ita tum ille discessit iratus. Puto me tibi nar-
rasse. Non laboravi scilicet nec hominis alieni iniustissimam
iracundiam mihi curandam putavi. Gallo autem narravi, 2
cum proxime Romae fui, quid audissem, neque nominavi
Balbum minorem. Habuit suum negotium Gallus, ut scribit.
Ait illum me animi conscientia quod Phamean destituissem
de ⟨se⟩ suspicari. Qua re tibi hactenus mando, de illo nostro,
si quid poteris, exquiras, de me ne quid labores. Est bellum
aliquem libenter odisse et quem ad modum ⟨non omnibus
dormire, ita⟩ non omnibus servire. Etsi me hercule, ut tu
intellegis, magis mihi isti serviunt, si observare servire est.

L *Scr. in Tusculano c. x Kal. Sept. an. 45.*

⟨CICERO ATTICO SALVTEM.⟩

Admonitus quibusdam tuis litteris ut ad Caesarem ube- 1
riores litteras mittere instituerem, cum mihi Balbus nuper
in Lanuvino dixisset se et Oppium scripsisse ad Caesarem
me legisse libros contra Catonem et vehementer probasse,

1 octavios *vulg.* -ius *RΔ*: -ii *b ex corr.* [*pro* filios *habent* f. *vel* F. *codd.*] et ph- *RMds*: et eph- *bm*: ph- *Iens. Rom.* 3 etiam esset *R*: etiam iam e- *P* 4 dare sibi $M^{c}b$: -es ibi $RM^{1}dm$: -e tibi *s* 7 quid $M^{c}b$ [*ex corr.*] *ds*: quod $RM^{1}m$ 8 quem ipse v- *R* 11 narravi δ: -it RM^{1} 14 illum] i- ⟨dicere⟩ *Lamb.*: ille *Schmidt* 15 de ⟨se⟩ susp- *Crat.*: desusp- *RΔ* 17 aliquod *R* et *om. b*: *exp. m* non . . . ita *add. Erasmus ex Fam. vii. 24. 1* 19 enim magis *R* 22 *novam ep. incipit* b^{2} 23 mittere $M^{2}Z^{(b)}\lambda$: -rem *RΔ* instituerem $M^{1}Z^{(b)}\lambda$: -ram *R*δ

conscripsi de iis ipsis libris epistulam Caesari quae deferretur ad Dolabellam; sed eius exemplum misi ad Oppium et Balbum, scripsique ad eos ut tum deferri ad Dolabellam iuberent meas litteras si ipsi exemplum probassent. Ita mihi rescripserunt, nihil umquam se legisse melius, epistulamque meam iusserunt dari Dolabellae.

2 Vestorius ad me scripsit ut iuberem mancipio dari servo suo pro mea parte Hetereio cuidam fundum Brinnianum, ut ipse ei Puteolis recte mancipio dare posset. Eum servum, si tibi videbitur, ad me mittes; opinor enim ad te etiam scripsisse Vestorium.

3 De adventu Caesaris idem quod a te mihi scriptum est ab Oppio et Balbo. Miror te nihildum cum Tigellio, velut hoc ipsum, quantum acceperit: prorsus aveo scire, nec tamen
4 flocci facio. Quaeris quid cogitem de obviam itione. Quid censes nisi Alsium? Et quidem ad Murenam de hospitio scripseram, sed opinor cum Matio profectum. Silius tuus igitur urgebitur.

5 Scripto iam superiore versiculo Eros mihi dixit sibi Murenam liberalissime respondisse. Eo igitur utamur. Nam Silius culcitas non habet. Dida autem, opinor, hospitibus totam villam concessit.

LI *Scr. in Tusculano ix Kal. Sept. an. 45.*

⟨CICERO ATTICO SALVTEM.⟩

1 Ad Caesarem quam misi epistulam eius exemplum fugit me tum tibi mittere. Nec id fuit quod suspicaris, ut me

1 iis M^2*bm*: is *R*: his *Pds*: *om.* M^1 3 tum Δ: tamen *R* 13 et *om. bm* et miror *R* ni(c)hil dum Δ: ni(c)hil *RP* 14 quantum] quo animo *Boot* 17 Silius tuus *scripsi*: salustius [sall- *m*] *R*Δ: Silius *Muretus* 20 Sil-] Sallustius *Corr.* 21 dida *P*Δ: tita *R* 25 *novam ep. incipit* b^2

puderet tui †ne ridicule micillus†, nec me hercule scripsi aliter ac si *πρὸς ἴσον ὅμοιόν*que scriberem. Bene enim existimo de illis libris, ut tibi coram. Itaque scripsi et *ἀκολακεύτως* et tamen sic ut nihil eum existimem lecturum libentius.

De Attica nunc demum mihi est exploratum; itaque ei 2
de integro gratulare. Tigellium totum mihi, et quidem quam primum; nam pendeo animi. Narro tibi, Quintus cras; sed ad me an ad te nescio. Mi scripsit Romam VIII Kal. Sed misi qui invitaret. Etsi hercle iam Romam veniendum est, ne ille ante advolet.

LII *Scr. in Puteolano xiv Kal. Ian. an. 45.*

⟨CICERO ATTICO SALVTEM.⟩

O hospitem mihi tam gravem *ἀμεταμέλητον*! Fuit enim 1
periucunde. Sed cum secundis Saturnalibus ad Philippum vesperi venisset, villa ita completa a militibus est ut vix triclinium ubi cenaturus ipse Caesar esset vacaret; quippe hominum CIↃ CIↃ. Sane sum commotus quid futurum esset postridie; ac mihi Barba Cassius subvenit, custodes dedit. Castra in agro, villa defensa est. Ille tertiis Saturnalibus apud Philippum ad H. VII, nec quemquam admisit; rationes, opinor, cum Balbo. Inde ambulavit in litore. Post H. VIII in balneum. Tum audivit de Mamurra, vultum non mutavit. Vnctus est, accubuit. *Ἐμετικὴν* agebat. Itaque et edit et bibit *ἀδεῶς* et iucunde, opipare sane et apparate nec id solum sed

1 micillus [miti- *b*] *ΔZ*[(l)]: militibus *R*: *om. P* [*spat.*]: *anne μειλιχίως* [*cf. p.* 188. 14] ? nec etiam *R* aliter scripsi *R* 3 et *om. b* ἀκολ- δ: ΚΑΚΟΛ- *RM* et *om.* δ 5 mihi totum *R* 7 narro *OZ*[(βb)]λ *cod. Ant.*: varro *R*: narabo *M*: narrabo δ 9 herc(u)le iam *RΔ*: i- h- *E* ille *EΔ*: i- etiam *R* 13 tam gravem *ERΔλ*: g- tamen *Boot* 14 Phil-] me *bm* 17 .ꝏ. ꝏ. *R*: ꝏ ꝏ (overlined) *EMm*: xxx (overlined) *bs*: cccc M *b*[2] *in marg.*: *om. d* [*spat.*] 20 H. [h. *m*] VII. *EMm*: .VII. *R*: ħ. [horas] .VIII. *bs*: *om. d* 21 H. VIII] .VIII. .kl. *s*: haec *b*: HS. VIII *P* 22 tum *ORMdm*: cum *bs*: dum *Z*[l] vultum *Zκ*: *om. Ω* 24 iocunde *b*[2]: -di *Ω*

'bene cocto et condito, sermone bono et, si quaeris, libenter.'

2 Praeterea tribus tricliniis accepti *οἱ περὶ αὐτὸν* valde copiose. Libertis minus lautis servisque nihil defuit. Nam lautiores eleganter accepi. Quid multa? homines visi sumus. Hospes tamen non is cui diceres: 'Amabo te, eodem ad me cum revertere.' Semel satis est. *Σπουδαῖον οὐδὲν* in sermone, *φιλόλογα* multa. Quid quaeris? delectatus est et libenter fuit. Puteolis se aiebat unum diem fore, alterum ad Baias.

Habes hospitium sive *ἐπισταθμείαν* odiosam mihi, dixi, non molestam. Ego paulisper hic, deinde in Tusculanum. Dolabellae villam cum praeteriret, omnis armatorum copia dextra sinistra ad equum nec usquam alibi. Hoc ex Nicia.

1 et *del. Man.* [*cf. De Fin. ii.* 25] 2 libenter *om. bms* 4 libertis *bs*: -tus *ORMdm* 5 accepi *Ωλ*: -pti *b* visi *Oδ*: iussi *RM*^{1} 6 cui *Vict.*: qui *Ω* amabo *Rs*: ambo *Δ* eadem *Moricca* cum *om. R* 8 multum *P*: mul *R*

AD ATTICVM

LIBER QVARTVS DECIMVS

I *Scr. in suburbano Mati vii Id. Apr. an. 44.*

CICERO ATTICO SALVTEM.

Deverti ad illum de quo tecum mane. Nihil perditius; 1 explicari rem non posse. 'Etenim si ille tali ingenio exitum non reperiebat, quis nunc reperiet?' Quid quaeris? perisse omnia aiebat (quod haud scio an ita sit; verum ille gaudens) adfirmabatque minus diebus xx tumultum Gallicum. In sermonem se post Id. Mart. praeterquam Lepido venisse nemini. Ad summam, non posse istaec sic abire. O prudentem Oppium! qui nihilo minus illum desiderat, sed loquitur nihil quod quemquam bonum offendat. Sed haec hactenus.

Tu, quaeso, quicquid novi (multa autem exspecto) scri- 2 bere ne pigrere, in his de Sexto satisne certum, maxime autem de Bruto nostro. De quo quidem ille ad quem deverti, Caesarem solitum dicere, 'Magni refert hic quid velit, sed quicquid volet valde volet'; idque eum animadvertisse cum pro Deiotaro Nicaeae dixerit; valde vehementer eum visum et libere dicere; atque etiam (ut enim quidque succurrit libet scribere) proxime, cum Sesti rogatu apud eum fuissem exspectaremque sedens quoad vocarer, dixisse eum, 'Ego dubitem quin summo in odio sim, cum M. Cicero sedeat nec suo

3 perditius PM^2bdm^2s: -tus ERM^1m^1 5 non *om. E* 6 haud *Rδ*: aut EM^1 gaudens *ERΔλ*: -et *cod. Faërn.* 7 affirmabatque $Z^b λ$: -matque *Ω*: -abat *κ* 8 lepido *P cod. Faërn.*: -di *ERΔ* 9 ist(h)ec *Eδ* [-huc *d*]: ista et M^1[?]: ista RM^2 o *om. E* 11 haec hact-] h' act- *E* 15 ⟨non⟩ magni *Brandt* 16 volet . . . volet $ΩZ^{(t)}λ$: volt . . . volt Z^b ['*perspicue*'] cum δ: tum ERM^1 17 dix-] diceret *cod. Vrs.* 18 quicquam *bms* 19 sesti *R*: sexti *EPΔ* 20 vocaret *b* 21 cum *ERδ*: que M^1

commodo me convenire possit? Atqui si quisquam est facilis, hic est. Tamen non dubito quin me male oderit.' Haec et eius modi multa. Sed ad propositum. Quicquid erit, non modo magnum sed etiam parvum, scribes. Equidem nihil intermittam.

II

Scr. in suburbano Mati [?] *vi Id. Apr. an.* 44.

CICERO ATTICO SALVTEM.

1 Duas a te accepi epistulas heri. Ex priore theatrum Publi-
liumque cognovi, bona signa consentientis multitudinis. Plau-
sus vero L. Cassio datus etiam facetus mihi quidem visus est.
2 Altera epistula de Madaro scripta, apud quem nullum †*φαλά-
κωμα*, ut putas. Processit enim, sed minus diutius sermone
3 enim† sum retentus. Quod autem ad te scripseram, obscure
fortasse, id eius modi est: aiebat Caesarem secum, quo tempore Sesti rogatu veni ad eum, cum exspectarem sedens,
dixisse, 'Ego nunc tam sim stultus ut hunc ipsum facilem
hominem putem mihi esse amicum, qui tam diu sedens meum
commodum exspectet?' Habes igitur *φαλάκρωμα* inimicissimum oti, id est Bruti.
4 In Tusculanum hodie, Lanuvi cras, inde Asturae cogitabam. Piliae paratum est hospitium, sed vellem Atticam.
Verum tibi ignosco. Quarum utrique salutem.

1 me *om. R* [*post* conv- *P*] est *ERM*^{c}*b*: est si *Δ* 2 valde od- *s* et haec et *b* 3 eius *EPMbm*: huius *Rds* 4 modo enim *R* 8 epist- *Δ*: litteras *R* publili- *M*: publi- *Rδλ* 11 madaro *Mbm*: mand- *d*: mandato *s*: maclaro *R* ΦᐃΛ- *M*: ΚΑΛ- *R* [-ΟΜΑ *P*]: *σαλ- dm*: *φαλάκρωμα bsλ* 12 putat λλ at processi e- s- m-: d- enim serm- *b*^{2} *in marg.* processit *etiam* *Z*$^{(t)}$λλ minus *Δ*: sedimus *R* diutius *PΔZ*$^{(bt)}$: -us in *R*: diu eius *Man.* 13 obscure *PC*: -ro *b*^{2}*in marg.*: obsecro *RΔ* 15 expect- *RM*^{c}*b*^{2}: spect- *ΔC* 16 tam sim *RMdm*^{2}: tam sum *m*^{1}*s*: sum tam *b* 17 qui *R*: quin *M*^{1}: cum δ 18 amiciss- *bms*

III *Scr. in Tusculano vi aut v Id. Apr. an. 44.*

CICERO ATTICO SALVTEM.

Tranquillae tuae quidem litterae. Quod utinam diutius! 1
nam Matius posse negabat. Ecce autem structores nostri ad frumentum profecti, cum inanes redissent, rumorem adferunt magnum Romae domum ad Antonium frumentum omne portari. *Πανικὸν* certe; scripsisses enim. Corumbus Balbi nullus adhuc. Est mihi notum nomen; bellus enim esse dicitur architectus.

Ad obsignandum tu adhibitus non sine causa videris. 2
Volunt enim nos ita putare; nescio cur non animo quoque sentiant. Sed quid haec ad nos? Odorare tamen Antoni διάθεσιν; quem quidem ego epularum magis arbitror rationem habere quam quicquam mali cogitare.

Tu si quid πραγματικὸν habes rescribe; sin minus, populi ἐπισημασίαν et mimorum dicta perscribito. Piliae et Atticae salutem.

IV *Scr. Lanuvi v aut iv Id. Apr. an. 44.*

CICERO ATTICO SALVTEM.

Numquid putas me Lanuvi? At ego te istic cotidie aliquid 1
novi suspicor. Tument negotia. Nam cum Matius, quid censes ceteros? Equidem doleo, quod numquam in ulla civitate accidit, non una cum libertate rem publicam reciperatam. Horribile est quae loquantur, quae minitentur. Ac vereor

3 tue q- *RMd^2s cod. Faërn.*: q- t- *Pbd^1m* 4 matius b^2: maius *RΔ$Z^{(t)}$* 8 est *Wes.*: et *RΔ* 15 πραγματικον *b*: pragmaticon *R*: -cum *Δ* habes rescribe *bsZ^t*: habere scribe *M^c*: -re scribeses *M^1*: -re scribes *Rdm* sin *Mbs*: in *Rdm* 16 mimorum *b* [*in ras.*] *s*: minorum *Mdm*: minor *R* 20 nunquid *ds*: nunc q- *ERMbm* quot- ist(h)ic *ds* 21 novi *om. b* tument *EΔ*: tum etiam b^1: tument iam b^2: timent *R* 22 ceteros *PM^c*: -ro *ERΔ* nunc quam *M^1*

2 Gallica etiam bella, ipse Sextus quo evadat. Sed omnia licet concurrant, Idus Martiae consolantur. Nostri autem ἥρωες quod per ipsos confici potuit gloriosissime et magnificentissime confecerunt; reliquae res opes et copias desiderant, quas nullas habemus. Haec ego ad te. Tu, si quid novi (nam cotidie aliquid exspecto), confestim ad me, et, si novi nihil, nostro more tamen ne patiamur intermitti litterulas. Equidem non committam.

V *Scr. Asturae iii Id. Apr. an. 44.*

CICERO ATTICO SALVTEM.

1 Spero tibi iam esse ut volumus, quoniam quidem ἠσίτησας, cum leviter commotus esses; sed tamen velim scire quid agas. Signa bella, quod Calvena moleste fert se suspectum esse Bruto; illa signa non bona, si cum signis legiones veniunt ⟨e⟩ Gallia. Quid tu illas putas quae fuerunt in Hispania? nonne idem postulaturas? quid, quas Annius transportavit? Asinium volui, sed μνημονικὸν ἁμάρτημα. A balneatore φυρμὸς πολύς. Nam ista quidem Caesaris libertorum coniuratio facile op-
2 primeretur, si recte saperet Antonius. Meam stultam verecundiam! qui legari noluerim ante res prolatas, ne deserere viderer hunc rerum tumorem; cui certe si possem mederi,

3 ipsos $O^{1}M^{1}Z^{t}\lambda$: se i- *ERδ* potuerit *b* 4 reliqu(a)e δ: -qua ERM^{1} 5 ego *ERMm*: *om. bds* tu *Klotz*: ut *ERΔ*: *om. P* 7 equidem $ERM^{c}C$: si q- *Δ* 11 ἠσίτησας *Z*: ICEITHCAC [-ΔЄ *m*] *ORMm* 12 cum Z^{t}: quem *RΔ*: quam $b^{2}s$ leviter *Rds*: leni- *Mbm* 13 se *R*: *om. Δ* [*post* susp- *add.* b^{2}] 14 signis $RM^{c}bs$: ins- $M^{1}dm$ e *add.* b^{2} 16 quid] quidem b^{1}[?]*m*: quid eas b^{2} *cod. Ball.* quas annius λ *cod. Ball.*: qua s- *R* [qua *P*, *spat. rel.*]: quas anius [anñis *s*] *bms*: qua sanius *Md* -tavit? Asinium *scripsi*: -tavi [-tam $b^{1}m$, -tavit b^{2}] caninium [ea nimium *P*] *RΔ* 17 a balneatore [ab a- O^{1}] $O^{1}RCZ$ [*cf. Phil. xiii. 26 fin.?*]: ab alea- [aba-, a ba-] *Δ* 19 recte *P*: -ta *RΔ* sapere *R* meam *Ω*: ⟨o⟩ m- *Crat.* 20 qui *Δ*: ceperit qui *R* 21 mederi deesse *R*: -ri desse λ: -ri disse $M^{1}m$ [*sed* me derid- M^{1}]: -ri odisse b^{1} [-rer, od- b^{2}]: -ri ipse $M^{2}ds$

deesse non deberem. Sed vides magistratus, si quidem illi
magistratus, vides tamen tyranni satellites ⟨in⟩ imperiis, vides
eiusdem exercitus, vides in latere veteranos, quae sunt εὐρί-
πιστα omnia; eos autem qui orbis terrae custodiis non modo
saepti verum etiam magni esse debebant tantum modo laudari
atque amari, sed parietibus contineri. Atque illi quoquo modo
beati, civitas misera. Sed velim scire qui adventus Octavi, 3
num qui concursus ad eum, num quae νεωτερισμοῦ suspicio.
Non puto equidem, sed tamen, quicquid est, scire cupio.
Haec scripsi ad te proficiscens Astura III Id.

VI *Scr. Fundis prid. Id. Apr. an. 44.*

CICERO ATTICO SALVTEM.

Prid. Id. Fundis accepi tuas litteras cenans. Primum igitur 1
melius esse, deinde meliora te nuntiare. Odiosa enim illa
fuerant, legiones venire. Nam de Octavio susque deque. Exspecto quid de Mario; quem quidem ego sublatum rebar a
Caesare. Antoni conloquium cum heroibus nostris pro re
nata non incommodum. Sed tamen adhuc me nihil delectat
praeter Idus Martias. Nam quoniam Fundis sum cum Ligure
nostro, discrucior Sextili fundum a verberone Curtilio possideri. Quod cum dico, de toto genere dico. Quid enim miserius 2

1 illum *R* 2 tamen *etiam O* in *add.* b^{2} imperii $b^{1}s$ 4 custodiis $M^{c}b^{2}$: -dis *Δ*: -des *R* 5 magni esse debebant *bms codd. Ball. Helmst.* [*sed* debeant *bms*]: magnis sedebant M^{1} [*prius* s *del.*, esse *add.* M^{2}]: -nis aedebant *d*: -ni sedebant *R*: magisse *pro* magni esse Z^{b} 7 qui *Wes.*: quid *RΔ* 8 qui *Δ*: quid *R* num qu(a)e *PΔ*: factus sit que *R* -ισμῶν *bs* 10 III *RΔ*Z^{b}: IIII *s*$Z^{\beta}\lambda$ 14 enim illa *Obs*: i- e- *RMdm* 15 susque deque *C*: scis qu(a)e de qu(a)e $M^{1}dm$: scis quid de eo M^{c} [*corr. prima manus, ut vid.*] b^{1} [que *et* Quinto *pro* eo b^{2}]: scis quid ego *s*: que *R* 16 quid] aliquid *Wes.*: si q- *Otto* rebar a *Rom.*: -are [-ar e] *RΔ* 17 coll- *Rδ*: conquium *E*M^{1} 20 discrutior sest[ilii] *C*: distructor sesti [sexti *P*] illi *R*: destructo res est ulli *Δ*: structore est ulli *b in ras.* [t ulli *exp.*, Sestilii vel sestilianum *posuit in marg.* b^{2}]

quam ea nos tueri propter quae illum oderamus? etiamne consules et tribunos pl. in biennium quos ille voluit? Nullo modo reperio quem ad modum possim πολιτεύεσθαι. Nihil enim tam σόλοικον quam tyrannoctonos in caelo esse, tyranni facta defendi. Sed vides consules, vides reliquos magistratus, si isti magistratus, vides languorem bonorum. Exsultant laetitia in municipiis. Dici enim non potest quanto opere gaudeant, ut ad me concurrant, ut audire cupiant mea verba de re publica. Nec ulla interea decreta. Sic enim πεπολιτεύμεθα ut victos metueremus.

Haec ad te scripsi apposita secunda mensa; plura et πολιτικώτερα postea, et tu quid agas quidque agatur.

VII *Scr. in Formiano xvii Kal. Mai. an. 44.*

⟨CICERO ATTICO SALVTEM.⟩

1 Postridie Id. Paulum in Caieta vidi. Is mihi de Mario et de re publica aliqua, quaedam sane pessima. A te scilicet nihil; nemo enim meorum. Sed Brutum nostrum audio visum sub Lanuvio. Vbi tandem est futurus? Nam cum reliqua tum de hoc scire aveo omnia. Ego e Formiano exiens XVII Kal. ut inde altero die in Puteolanum scripsi haec.

2 A Cicerone mihi litterae sane πεπινωμέναι et bene longae. Cetera autem vel fingi possunt, πίνος litterarum significat doctiorem. Nunc magno opere a te peto, de quo sum nuper tecum locutus, ut videas ne quid ei desit. Id cum ad officium

4 cum tyranno et onus M^1*dm* 5 consules *P*: cos *Rm*: eos *Δ* 6 exultant b^2: -tat *RΔ*, *fort. recte* 9 re p. M^c*bs*: re RM^1*dm* 10 metueremus *Δ*: -res *R* 15 *novam ep. incipiunt* M^4b^2: *superiori coniungunt codd. et edd. vett.* in caieta $RΔZ^{(b)}$: caietae M^c: in caietano λ is RM^c*bm*: hic M^1 [*ut vid.*] *ds* 18 cum δ: quin RM^1: quoniam *P* 19 aveo *Δ*: ab eo nunc *R* 21 a cic-] *hic novam ep. incipit* M^4 ΠЄΠΙΝѠΜЄΝⲀΙ *RMZ*: *πεπυκν-* δ [*-νωμένα m, -νομέναι s*] 22 *πίνος Man.*: ΠЄΙΝΟϹ *Mms*: ΠЄΙΠΟϹ *R*: *πυκνῶc Obκ*

nostrum pertinet tum ad existimationem et dignitatem; quod idem intellexi tibi videri. Omnino si ego evolo mense Quintili in Graeciam, sunt omnia faciliora; sed cum sint ea tempora ut certi nihil esse possit quid honestum mihi sit, quid liceat, quid expediat, quaeso, da operam ut illum quam honestissime copiosissimeque tueamur.

Haec et cetera quae ad nos pertinebunt, ut soles, cogitabis, ad meque aut quod ad rem pertineat aut, si nihil erit, quod in buccam venerit scribes.

VIII *Scr. in Sinuessano xvii Kal. Mai. an. 44.*

⟨CICERO ATTICO SALVTEM.⟩

Tu me iam rebare, cum scribebas, in actis esse nostris; at **1**
ego accepi XVII Kal. in deversoriolo Sinuessano tuas litteras. De Mario probe, etsi doleo L. Crassi nepotem. Optime tamen etiam Bruto nostro probari Antonium. Nam quod Iuniam scribis moderate et amice scriptas litteras attulisse, at mihi Paulus dedit ad se a fratre missas; quibus in extremis erat sibi insidias fieri; se id certis auctoribus comperisse. Hoc nec mihi placebat et multo illi minus. Reginae fuga mihi non molesta est. Clodia quid egerit scribas ad me velim. De Byzantiis curabis ut cetera et Pelopem ad te arcesses. Ego, ut

2 videri *M*^{c}*bmsλ*: -re *RM*^{1}*d* omnino *PΔ*: omnes *R* ego *Rλ*: ergo *Δ* [r *in M superscr. manus prima, ut vid.*] evolo *scripsi*: est volo *PΔ*: 'st volo *λ*: volo [n-?] *R*: ut volo *Wes.* [ego, si est ut volo *e Michaelis Bruti ed. refert Graevius*] 4 certe *λ* quod *dλ* 8 ni(c)hil erit *Δ*: e- n- *R* 12 *novam ep. incipiunt M*^{4}*b*^{2}: *superiori coniungunt codd. et edd. vett.* rebare cum *M*^{2}*bm*: rebar equm *vel sim. RM*^{1}: -re cum (a)equum *ds* at *Crat.*: et *RΔ* 13 in dev- [div-] sin- *M*^{2}*b*^{2}*λλ*: inde versoliolos in vessano *vel sim. RΔ* 14 probe *M*^{c}: -bes *RM*^{1}*dm*: -bo *bs* nepotem *RM*^{c}: ne putem *Δ* 15 tamen *Corr.*: tam *RΔ*: iam *Moser* quod iun- *R* [quod *P*, *spat. rel.*]: quo divin- *M*^{1}: quod divin- [Cluviam *superscr. b*^{2}] δ 16 attulisse at *R* [at *etiam Z*^{t}]: -set *M*^{1}: -se δ 20 non *om. bm* est *Wes.*: sed *RM*^{1}: est. sed δ 21 et cet- ut *R*: ut *P* arcesses *Z*: arces *RΔ*: -esse *b*^{2}

postulas, Baiana negotia chorumque illum de quo scire vis,
2 cum perspexero, tum scribam, ne quid ignores. Quid Galli, quid Hispani, quid Sextus agat vehementer exspecto. Ea scilicet tu declarabis, qui cetera. Nauseolam tibi tamen causam oti dedisse facile patiebar. Videbare enim mihi legenti tuas litteras requiesse paulisper. De Bruto semper ad me omnia perscribito, ubi sit, quid cogitet. Quem quidem ego spero iam tuto vel solum tota urbe vagari posse. Verum tamen—.

IX *Scr. xv aut xvi Puteolis Kal. Mai. an. 44.*

⟨CICERO ATTICO SALVTEM.⟩

1 De re publica multa cognovi ex tuis litteris, quas quidem multiiuges accepi uno tempore a Vestori liberto. Ad ea autem quae requiris brevi respondebo. Primum vehementer me Cluviana delectant. Sed quod quaeris quid arcessierim Chrysippum, tabernae mihi duae corruerunt reliquaeque rimas agunt; itaque non solum inquilini sed mures etiam migraverunt. Hanc ceteri calamitatem vocant, ego ne incommodum quidem. O Socrate et Socratici viri! numquam vobis gratiam referam. Di immortales, quam mihi ista pro nihilo! Sed tamen ea ratio aedificandi initur, consiliario quidem et auctore Vestorio, ut hoc damnum quaestuosum sit.

2 Hic turba magna est eritque, ut audio, maior. Duo quidem quasi designati consules. O di boni! vivit tyrannis, tyrannus occidit! Eius interfecti morte laetamur cuius facta defendimus! Itaque quam severe nos M. †cutius† accusat, ut pudeat

2 scribam δ: ari- RM^1: *om.* P [*spat.*] 3 ea M^cbms: eas RM^1d 4 tu decl- Δ: tute dabis R tamen *scripsi*: tum R: tum in Δ: tui b: tuam *Schütz* 5 enim $P\Delta$: *om.* R 11 *novam ep. incipit* b^2: *superiori coniungunt codd. et edd. vett.* 13 brevi enim R 18 socrate ERM^1Z^t: -tes δ *codd. Mal.* 23 o *om.* E 25 cutius M^1 [cicius [?] *prius scr. sed del.*] Z^t: curt- $E\delta$: tut- R *cod. Faërn.*: tucius P: curius $Z^{\beta}\lambda$ *fort. recte*, M'. *pro* M. *posito*: mutius *cod. Ant.*

vivere, neque iniuria. Nam mori miliens praestitit quam haec pati; quae mihi videntur habitura etiam vetustatem.

Et Balbus hic est multumque mecum. Ad quem a Vetere **3**
litterae datae prid. Kal. Ian., cum a se Caecilius circumsederetur et iam teneretur, venisse cum maximis copiis Pacorum Parthum; ita sibi esse eum ereptum multis suis amissis. In qua re accusat Vulcatium. Ita mihi videtur bellum illud instare. Sed Dolabella et Nicias viderint. Idem Balbus meliora de Gallia. XXI die litteras habebat Germanos illasque nationes re audita de Caesare legatos misisse ad Aurelium, qui est praepositus ab Hirtio: se quod imperatum esset esse facturos. Quid quaeris? omnia plena pacis, aliter ac mihi Calvena dixerat.

X *Scr. in Cumano xiii Kal. Mai. an. 44.*

⟨CICERO ATTICO SALVTEM.⟩

Itane vero? hoc meus et tuus Brutus egit ut Lanuvi esset, **1**
ut Trebonius itineribus deviis proficisceretur in provinciam, ut omnia facta, scripta, dicta, promissa, cogitata Caesaris plus valerent quam si ipse viveret? Meministine ⟨me⟩ clamare illo ipso primo Capitolino die ⟨debere⟩ senatum in Capitolium a praetoribus vocari? Di immortales, quae tum opera effici potuerunt laetantibus omnibus bonis, etiam sat bonis, fractis latronibus! Liberalia tu accusas. Quid fieri tum potuit? iam pridem perieramus. Meministine te clamare causam perisse si funere elatus esset? At ille etiam in foro combustus laudatusque miserabiliter servique et egentes in tecta nostra cum

4 c(a)ecilius *RC*: catil- *Δ* 5 et iam *Pbs*: etiam *Mdm*: et *R* pacorum *bs*: pauc- *RMdm* 7 accusa *m* mihi *bs*: nihil *RMdm* illud *Δ*: istud *R* 10 ad *om.* M^1 13 dixerat *Rom.*: -rit *ERΔ* 16 *novam ep. incipit* b^2: *superiori coniungunt codd. et edd. vett.* 19 me b^2: *om. Ω* clamari *Corr.* 20 debere *hic add. Reid* [*post* vocari *iam Mueller*] 21 vocandum *Housman* qu(a)e tum *Eδ*: quant- RM^1 effici M^cbms: -caci ERM^1d 22 sat *RΔ* [sat b- *om. P*, *spat. rel.*]: sic *E* 25 in *om. E*

facibus immissi. Quae deinde? ut audeant dicere, 'Tune contra Caesaris nutum?' Haec et talia ferre non possum. Itaque "γῆν πρὸ γῆς" cogito; tua tamen ὑπηνέμιος.

2 Nausea iamne plane abiit? Mihi quidem ex tuis litteris coniectanti ita videbatur. Redeo ad Tebassos, Scaevas, Fangones. Hos tu existimas confidere se illa habituros stantibus nobis? in quibus plus virtutis putarunt quam experti sunt. Pacis isti scilicet amatores et non latrocini auctores. At ego, cum tibi de Curtilio scripsi Sextilianoque fundo, scripsi de Censorino, de Messalla, de Planco, de Postumo, de genere toto. Melius fuit perisse illo interfecto, quod numquam accidisset, quam haec videre.

3 Octavius Neapolim venit XIIII Kal. Ibi eum Balbus mane postridie, eodemque die mecum in Cumano; illum hereditatem aditurum. Sed, ut scribis, †ῥιζόθεμιν† magnam cum Antonio. Buthrotia mihi tua res est, ut debet, eritque curae. Quod quaeris iamne ad centena Cluvianum, adventare videtur; sed primo anno $\overline{\text{LXXX}}$ detersimus.

4 Quintus pater ad me gravia de filio, maxime quod matri nunc indulgeat cui antea bene merenti fuerit inimicus. Ardentis in eum litteras ad me misit. Ille autem quid agat si scis nequedum Roma es profectus, scribas ad me velim, et hercule si quid aliud. Vehementer delector tuis litteris.

1 quae *om.* M^1 2 talia ΣZ^t: alia Δ 5 coniect- *C cod. Sichardi*: conlect- *OR*: cum [tum b^2s] l(a)et- Δ videbatur *Rs*: -bitur Δ tebassos [te b-] $\Sigma Mm\lambda$: the- *bds* sc(a)evas $M^1\lambda$: sevas O^1 [*de litt.* a *dubitavit Lehmann*]: scenas. suevos *d*: scacuas *cod. Sichardi*: suevos EO^2Rbms: sic nos *P* Fango- *Ibm*: frango- $O\Delta\lambda$ *cod. Sichardi*: franco- *E*: fraco- *R*: fratico- *P* 9 de curt- Δ: detur t- *R* sextilia- *Man.*: sestulita- $O^2R\Delta$ [sext- *ds*, -sisses tul- O^1[?]*R*] 10 messal(l)a $R\Delta$: Mustela *Man.* genere toto Δ: t- g- *R* 11 nunc quam OM^1 15 ΡΙΞΟΘЄΜΙΝ Ω [-ΟΤЄΜΙΗ *P*]: ΡΙΖΟ- $Z^{(b)}\lambda$: ἐριζό- κ: ῥιζοτομίαν *conieci* 17 centena Cluv- b^2 *in marg.*: cenaclav- M^1dm: cenam clav- *OR*: c(a)enam cluv- M^cb^1s [-anam M^cb^1]: cenam *etiam* Z^t 18 sed] scilicet *Wes.* 19 gravia $P\Delta$: -iora *R* 22 roma es b^2: rome es *OR*: rome Δ 23 delector $P\delta$: -to ORM^1

XI

Scr. in Cumano xi Kal. Mai. an. 44.

CICERO ATTICO SALVTEM.

Nudius tertius dedi ad te epistulam longiorem; nunc ad ea 1
quae proxime. Velim me hercule Asturae Brutus. Ἀκολασίαν
istorum scribis. An censebas aliter? Equidem etiam maiora
exspecto. Cum [equidem] contionem lego 'de tanto viro, de
clarissimo civi', ferre non queo. Etsi ista iam ad risum. Sed
memento, sic alitur consuetudo perditarum contionum, ut
nostri illi non heroes sed di futuri quidem in gloria sempiterna
sint sed non sine invidia, ne sine periculo quidem. Verum
illis magna consolatio conscientia maximi et clarissimi facti,
nobis quae? qui interfecto rege liberi non sumus. Sed haec
fortuna viderit, quoniam ratio non gubernat.

De Cicerone quae scribis iucunda mihi sunt; velim sint 2
prospera. Quod vero curae tibi est ut ei suppeditetur ad usum
et cultum copiose, per mihi gratum est, idque ut facias te
etiam rogo. De Buthrotiis et tu recte cogitas et ego non
dimitto istam curam. Suscipiam omnem etiam actionem,
quam video cotidie faciliorem. De Cluviano, quoniam in re
mea me ipsum diligentia vincis, res ad centena perducitur.
Ruina rem non fecit deteriorem, haud scio an iam fructuosiorem.

Hic mecum Balbus, Hirtius, Pansa. Modo venit Octavius, et quidem in proximam villam Philippi, mihi totus deditus. Lentulus Spinther hodie apud me; cras mane vadit.

6 cum *Vict.*: quin *RΔ* equidem *RΔ*: et b^1[?]: etiam b^2: *secl. Wes.* 10 sine invidia ne *Z*: *om. Ω* 12 que *Δ*: quid *R* 13 ratio non *ORb*^{2}: -one *Δ* 15 vero cure *Rom.*: vere *RMdmZ*$^{(t)}$: cur(a)e *bs* 17 etiam ⟨atque etiam⟩ *Orelli* 18 etiam *PΔC*: tuam *R*: istam *Iens.* 21 ruina *Vict.*: una *Δ*: unam *R*: uni Z^t: nam b^2 an etiam *Lamb.* 25 me *om.* M^1

XII *Scr. Puteolis x Kal. Mai. an. 44.*

CICERO ATTICO SALVTEM.

1 O mi Attice, vereor ne nobis Idus Martiae nihil dederint praeter laetitiam et odi poenam ac doloris. Quae mihi istim adferuntur! quae hic video! Ὦ πράξεως καλῆς μέν, ἀτελοῦς δέ. Scis quam diligam Siculos et quam illam clientelam honestam iudicem. Multa illis Caesar, neque me invito (etsi Latinitas erat non ferenda. Verum tamen—). Ecce autem Antonius accepta grandi pecunia fixit legem 'a dictatore comitiis latam' qua Siculi cives Romani; cuius rei vivo illo mentio nulla. Quid? Deiotari nostri causa non similis? Dignus ille quidem omni regno, sed non per Fulviam. Sescenta similia. Verum illuc referor: tam claram tamque testatam rem tamque iustam, Buthrotiam, non tenebimus aliqua ex parte? et eo quidem magis quo ista plura?

2 Nobiscum hic perhonorifice et peramice Octavius. Quem quidem sui Caesarem salutabant, Philippus non, itaque ne nos quidem; quem nego posse ⟨esse⟩ bonum civem. Ita multi circumstant, qui quidem nostris mortem minitantur, negant haec ferri posse. Quid censes cum Romam puer venerit, ubi nostri liberatores tuti esse non possunt? ⟨Qui⟩ quidem semper erunt clari, conscientia vero facti sui etiam beati; sed nos, nisi me fallit, iacebimus. Itaque exire aveo 'ubi nec Pelopidarum', inquit. Haud amo vel hos designatos, qui etiam

4 et odii *ERΔZ*[l]: taedii *Woelfflin* p(a)enam *ERΔZ*: ple- *Pλ* istim *M*[1]*λ*: -inc *ERδ* 5 -λοὺς *s*: -ΛΟC *RM*[1]*m* 8 erat non *Ω*: n- e- *κ* 9 finxit *P* 11 non *ERM*[1]*bm*: num *M*[2]*ds* 12 non *om. bm* 13 referor *Z*[(β)]: -ro *EPΔ*: -rro *R*: ⟨me⟩ refero *Wes.* [⟨me⟩ illuc r- *Lamb.*] 15 ista *ERΔ*: iste *b*[2] 16 peramice *ΣCZ*[t]: am- *Δ* 17 non ⟨item⟩ *Moser* 18 esse *add. Lamb.* 19 qui *M*[1]: cui *ERδ* nostris *Vict.*: -ri *ERΔ* negant *Z*: -at *ERΔ* 20 ferri *EPΔ*: fieri *RZ*[(t)]*λ* romam puer *ERMm*: p- r- *bds* 21 tuti *ERMds*: tuto *bm* qui *add. Vict.* quidem semper *M*[1]: s- q- *ERδ* 23 ubi . . . quicquid [*p.* 225. 7] *om. ERP* -pidarum *bs*[2]: -pi clarum *Δ* 24 aut [haud *m*] hamo *M*[1]*m*

declamare me coegerunt, ut ne apud aquas quidem acquiescere liceret. Sed hoc meae nimiae facilitatis. Nam id erat quondam quasi necesse, nunc, quoquo modo se res habet, non est item.

Quam dudum nihil habeo quod ad te scribam! Scribo 3
tamen, non ut delectem his litteris sed ut eliciam tuas. Tu si quid erit de ceteris, de Bruto utique quicquid. Haec conscripsi x Kal., accubans apud Vestorium, hominem remotum a dialecticis, in arithmeticis satis exercitatum.

XIII *Scr. in Puteolano vel Cumano vi Kal. Mai. an. 44.*

⟨CICERO ATTICO SALVTEM.⟩

Septimo denique die litterae mihi redditae sunt quae erant 1
a te XIII Kal. datae; quibus quaeris, idque etiam me ipsum nescire arbitraris, utrum magis tumulis prospectuque an ambulatione ἁλιτενεῖ delecter. Est me hercule, ut dicis, utriusque loci tanta amoenitas ut dubitem utra anteponenda sit.

Ἀλλ' οὐ δαιτὸς ἐπηράτου ἔργα μέμηλεν,
ἀλλὰ λίην μέγα πῆμα, διοτρεφές, εἰσορόωντες
δείδιμεν· ἐν δοιῇ δὲ σαωσέμεν ἢ ἀπολέσθαι.

Quamvis enim tu magna et mihi iucunda scripseris de D. 2
Bruti adventu ad suas legiones in quo spem maximam video, tamen, si est bellum civile futurum (quod certe erit si Sextus in armis permanebit, quem permansurum esse certo scio), quid nobis faciendum sit ignoro. Neque enim iam licebit, quod Caesaris bello licuit, neque huc neque illuc. Quemcumque enim haec pars perditorum laetatum Caesaris morte

3 res se *b* 6 delectem *Mdλ*: -ter *bms*: ⟨te⟩ delectem *Lamb.* his] meis *Man.* 7 conscr- *ERMbm*: scr- *ds* 12 *novam ep. constituit Man.*: *cum superiore in codd. cohaeret* 13 idque *ER*: atq- *OΔ* 14 prospectuque [persp- *b*] *Δ*: -tioneque *ER* 15 est *ERM*: et δ 17 *graeca om. bds, spat. inter versus rel.* *ante* quamvis [*v.* 20] *novam ep. incipit* b^2 20 perscrips- *ds* 23 certo *Ebm*: -te *RMdsλ* 24 sit *Corr.*: est *ERΔ* 25 quidem. cumque M^1: quec- *d*

putabit (laetitiam autem apertissime tulimus omnes), hunc in hostium numero habebit; quae res ad caedem maximam spectat. Restat ut in castra Sexti aut, si forte, Bruti nos conferamus. Res odiosa et aliena nostris aetatibus, incerto exitu belli—et nescio quo pacto tibi ego possim, mihi tu dicere,

Τέκνον ἐμόν, οὔ τοι δέδοται πολεμήια ἔργα,
ἀλλὰ σύγ' ἱμερόεντα μετέρχεο ἔργα λόγοιο.

3 Sed haec fors viderit, ea quae talibus in rebus plus quam ratio potest. Nos autem id videamus quod in nobis ipsis esse debet, ut quicquid acciderit fortiter et sapienter feramus et accidisse hominibus meminerimus, nosque cum multum litterae tum non minimum Idus quoque Martiae consolentur.

4 Suscipe nunc meam deliberationem qua sollicitor. Ita multa veniunt in mentem in utramque partem. ⟨Si⟩ proficiscor, ut constitueram, legatus in Graeciam, caedis impendentis periculum non nihil vitare videor, sed casurus in aliquam vituperationem quod rei publicae defuerim tam gravi tempore. Sin autem mansero, fore me quidem video in discrimine, sed accidere posse suspicor ut prodesse possim rei publicae. Iam illa consilia privata sunt, quod sentio valde esse utile ad confirmationem Ciceronis me illuc venire; nec alia causa profectionis mihi ulla fuit tum cum consilium cepi legari a Caesare. Tota igitur hac de re, ut soles si quid ad me pertinere putas, cogitabis.

5 Redeo nunc ad epistulam tuam. Scribis enim esse rumores me ad lacum quod habeo venditurum, minusculam vero villam utique Quinto traditurum vel impenso pretio, quo

1 putabit *M²ds*: -avit *ERM¹bm*, *quod defendere licet* 3 nos *om.* *M¹* 4 incerto *R*: et in cetero *P*: et incerto *EΔ*, *quo retento sequentia alii aliter refingunt. aposiopesin post* belli *ego indicavi* 5 pacto *RΔ*: peccato *E* possim *ERΔ*: -sum *b* 8 ea qu(a)e *ERδZ^t*: ei qua quae *M¹* 11 multum *Iens.*: -t(a)e *ERΔ* 12 minimum *M¹*: minus *ERδ* 13 ita enim *R* 14 ⟨si⟩ prof- *Lamb.*: prof- *ERΔ* 15 cedis *Pb*: cre- *ERΔ* periculum *RM¹*: -li *Eδ* 18 fore me quidem *Z*: equidem *Ω* 26 utique *ORM¹*: *om.* *Eδ* quo *Ascensius*: quod *ERΔ*

introducatur, ut tibi Quintus filius dixerit, dotata Aquilia.
Ego vero de venditione nihil cogito, nisi quid quod magis me
delectet invenero. Quintus autem de emendo nihil curat hoc
tempore. Satis enim torquetur debitione dotis, in qua miri-
ficas Egnatio gratias agit; a ducenda autem uxore sic abhorret
ut libero lectulo neget esse quicquam iucundius. Sed haec 6
quoque hactenus.

Redeo enim ad miseram seu nullam potius rem publicam. M. Antonius ad me scripsit de restitutione Sex. Cloeli; quam honorifice, quod ad me attinet, ex ipsius litteris cognosces (misi enim tibi exemplum); quam dissolute, quam turpiter quamque ita perniciose ut non numquam Caesar desiderandus esse videatur, facile existimabis. Quae enim Caesar numquam neque fecit neque fecisset neque passus esset, ea nunc ex falsis eius commentariis proferuntur. Ego autem Antonio facillimum me praebui. Etenim ille, quoniam semel induxit animum sibi licere quod vellet, fecisset nihilo minus me invito. Itaque mearum quoque litterarum misi tibi exemplum.

A

Scr. Romae inter xii et viii Kal. Mai. an. 44.

⟨M.⟩ ANTONIVS COS. S. D. M. CICERONI.

Occupationibus est factum meis et subita tua profectione 1
ne tecum coram de hac re agerem. Quam ob causam vereor
ne absentia mea levior sit apud te. Quod si bonitas tua re-
sponderit iudicio meo quod semper habui de te, gaudebo.
A Caesare petii ut Sex. Cloelium restitueret; impetravi. 2
Erat mihi in animo etiam tum sic uti beneficio eius si tu

1 dixit *E* aquilia *EPδ* : -llia RM^1Z^t 5 egnatio *ERδ cod. Faërn.* : quae e- M^1 : Q. Gnatius M^2 [*sed deletum*] : Q. Egnatio *Vict.* 9 cloelii EZ^t : cellii M^1 : celii *R* : clodii δ 10 ipsis *E* 12 ita *bis E* : *om. ds* 14 numquam *om. ds* neque fecit *om.* M^1 neque passus esset *C* : *om. ERΔ* 15 autem *EPMds* : *om. Rbm* 20 M. *add. Rom.* 25 cloelium EZ^t : celium RM^1 : clodium δ

concessisses. Quo magis laboro ut tua voluntate id per me facere nunc ⟨liceat⟩. Quod si duriorem te eius miserae et adflictae fortunae praebes, non contendam ego adversus te, quamquam videor debere tueri commentarium Caesaris. Sed me hercule, si humaniter et sapienter et amabiliter in me cogitare vis, facilem profecto te praebebis et voles P. Claudium, optima in spe puerum repositum, existimare non te insecta-
3 tum esse, cum potueris, amicos paternos. Patere, obsecro, te pro re publica videri gessisse simultatem cum patre eius, non ⟨quod⟩ contempseris hanc familiam. Honestius enim et libentius deponimus inimicitias rei publicae nomine susceptas quam contumaciae. Me deinde sine ad hanc opinionem iam nunc dirigere puerum et tenero animo eius persuadere non esse tradendas posteris inimicitias. Quamquam tuam fortunam, Cicero, ab omni periculo abesse certum habeo, tamen arbitror malle te quietam senectutem et honorificam potius agere quam sollicitam. Postremo meo iure te hoc beneficium rogo; nihil enim non tua causa feci. Quod si non impetro, per me Cloelio daturus non sum, ut intellegas quanti apud me auctoritas tua sit atque eo te placabiliorem praebeas.

B

Scr. in Puteolano vel Cumano vi Kal. Mai. an. 44.

CICERO ANTONIO COS. S. D.

1 Quod mecum per litteras agis unam ob causam mallem coram egisses. Non enim solum ex oratione, sed etiam ex

1 ut *Sal.-Reg.*: et *ERΔZ*⁽ᵗ⁾ tuam -tem *M*¹ 2 liceat *Iens.* [*om.* nunc]: *om.* *ERΔZ*⁽ᵗ⁾ 6 claudium [*cf. C.I.L. vi. 1282*] *ER*: clod- *PΔ* 7 optima in *ERλ*: i- o- *Δ* 8 pat- am- *bs* 10 ⟨quod⟩ c- *Mueller*: ⟨quo⟩ c- *Wes.*: contempsisse *Baiter* 12 contumaci(a)e [-tie] *EΔ*: -iter in eis persistimus [*om.* me] *R*, *et sim. aliquid P. vulgatum in Ciceronis epistula vix probarem* iam *Eδ*: tam *M*¹: tuam *R* 19 cloelio *E*: clolio *M*¹: clodio *Rδ*

vultu et oculis et fronte, ut aiunt, meum erga te amorem
perspicere potuisses. Nam cum te semper amavi, primum
tuo studio, post etiam beneficio provocatus, tum his temporibus res publica te mihi ita commendavit ut cariorem
habeam neminem. Litterae vero tuae cum amantissime tum **2**
honorificentissime scriptae sic me adfecerunt ut non dare
tibi beneficium viderer sed accipere a te ita petente ut inimicum meum, necessarium tuum, me invito servare nolles,
cum id nullo negotio facere posses. Ego vero tibi istuc, mi **3**
Antoni, remitto atque ita ut me a te, cum his verbis scripseris, liberalissime atque honorificentissime tractatum existimem, idque cum totum, quoquo modo se res haberet, tibi
dandum putarem, tum do etiam humanitati et naturae
meae. Nihil enim umquam non modo acerbum in me fuit
sed ne paulo quidem tristius aut severius quam necessitas rei
publicae postulavit. Accedit ut ne in ipsum quidem Cloelium
meum insigne odium fuerit umquam, semperque ita statui,
non esse insectandos inimicorum amicos, praesertim humi-
liores, nec his praesidiis nosmet ipsos esse spoliandos.

Nam de puero Clodio tuas partis esse arbitror ut eius **4**
animum tenerum, quem ad modum scribis, iis opinionibus
imbuas ut ne quas inimicitias residere in familiis nostris
arbitretur. Contendi cum P. Clodio cum ego publicam causam, ille suam defenderet. Nostras concertationes res publica
diiudicavit. Si viveret, mihi cum illo nulla contentio iam
maneret. Qua re, quoniam hoc a me sic petis ut, quae tua **5**
potestas est, ea neges te me invito usurum, puero quoque hoc
a me dabis, si tibi videbitur, non quo aut aetas nostra ab illius
aetate quicquam debeat periculi suspicari aut dignitas mea

3 his *PΔ*: hiis *R*: is *E* 6 me affecerunt *EΔ*: ad me afferuntur [adf-] O^1R [-runt *P*] 10 his *PΔ*: iis *Em*: is *R* 16 cloelium *ER*: clolium [clel-?] M^1: clodium *Pδ* 20 *anne* Claudio? 21 iis *m*: his *ERΔ* 26 remaneret *bm* hoc *RMds*: h' *E*: hec *P*: *om. bm*

ullam contentionem extimescat, sed ut nosmet ipsi inter nos coniunctiores simus quam adhuc fuimus. Interpellantibus enim his inimicitiis animus tuus mihi magis patuit quam domus. Sed haec hactenus.

Illud extremum. Ego quae te velle quaeque ad te pertinere arbitrabor semper sine ulla dubitatione summo studio faciam. Hoc velim tibi penitus persuadeas.

XIV *Scr. in Puteolano vel Cumano iv aut iii Kal. Mai. an. 44.*

CICERO ATTICO SALVTEM.

1 'Iteradum eadem ista mihi.' Coronatus Quintus noster Parilibus! Solusne? Etsi addis Lamiam. Quod demiror equidem, sed scire cupio qui fuerint alii; quamquam satis scio nisi improbum neminem. Explanabis igitur hoc diligentius. Ego autem casu, cum dedissem ad te litteras VI Kal. satis multis verbis, tribus fere horis post accepi tuas et magni quidem ponderis. Itaque ioca tua plena facetiarum de haeresi Vestorina et de †pherionum more† Puteolano risisse me satis nihil est necesse rescribere. *Πολιτικώτερα* illa videamus.

2 Ita Brutos Cassiumque defendis quasi eos ego reprehendam; quos satis laudare non possum. Rerum ego vitia conlegi, non hominum. Sublato enim tyranno tyrannida manere video. Nam quae ille facturus non fuit ea fiunt, ut de Cloelio, de quo mihi exploratum est illum non modo non facturum sed etiam ne passurum quidem fuisse. Sequetur Rufio Vestorianus,

3 mihi *Σ*: *om. Δ* 5 extremum sit *R* 10 iteradum *Z^t*: itira d- *R*: littera d- *P*: iterand- *OΔ* istaec *Faërn.* 11 parilibus *semel RbdsZ^tλ codd. Ant. Vrs.*: *bis Mm* p- solus ne p- *O* solusne? ⟨solus⟩ *Lamb.* demiror *Δ*: e- *R* 16 ioca *EM²bms*: loca *ORM¹d*: 17 vestorina *ΣδZ^(t)λ*: -tirina *M¹*: -toriana *Rom.* pherionum more *RΔ*: phacr- m- *E*: pherio mummore *Z^t* 18 ni(c)hil est *ERδ*: est n- *M¹*: est. n- est *P*: et si n- *O¹* 22 cloelio *Σ*: clolio [clel-?] *M¹*: clodio *Pδ* 24 etiam *om. ds* Rufio *Man.*: rufo *EOΔZ^tλ*: ruffo *R*

Victor numquam scriptus, ceteri, quis non? Cui servire ipsi non
potuimus, eius libellis paremus. Nam Liberalibus quis potuit
in senatum non venire? Fac id potuisse aliquo modo; num
etiam, cum venissemus, libere potuimus sententiam dicere?
nonne omni ratione veterani qui armati aderant, cum praesidi
nos nihil haberemus, defendendi fuerunt? Illam sessionem
Capitolinam mihi non placuisse tu testis es. Quid ergo? ista
culpa Brutorum? Minime illorum quidem, sed aliorum brutorum, qui se cautos ac sapientis putant; quibus satis fuit laetari,
non nullis etiam gratulari, nullis permanere. Sed praeterita **3**
omittamus; istos omni cura praesidioque tueamur, et, quem ad
modum tu praecipis, contenti Idibus Martiis simus; quae quidem nostris amicis, divinis viris, aditum ad caelum dederunt,
libertatem populo Romano non dederunt. Recordare tua.
Nonne meministi clamare te omnia perisse si ille funere elatus
esset? Sapienter id quidem. Itaque ex eo quae manarint vides.

Quae scribis Kal. Iun. Antonium de provinciis relaturum, **4**
ut et ipse Gallias habeat et utrisque dies prorogetur, lice-
bitne decerni libere? Si licuerit, libertatem esse reciperatam
laetabor; si non licuerit, quid mihi attulerit ista domini
mutatio praeter laetitiam quam oculis cepi iusto interitu
tyranni? Rapinas scribis ad Opis fieri; quas nos quoque tum **5**
videbamus. Ne nos et liberati ab egregiis viris nec liberi
sumus. Ita laus illorum est, culpa nostra. Et hortaris me ut
historias scribam, ut conligam tanta eorum scelera a quibus
etiam nunc obsidemur! Poterone eos ipsos non laudare qui
te obsignatorem adhibuerunt? Nec me hercule me rauduscu-
lum movet, sed homines benevolos, qualescumque sunt, grave

1 ipsi *om. bs* 2 qui potui *Boot* 4 libere *EPδ*: -rare $O^{1}RM^{1}$ 10 etiam *EΔ*: in *R* 12 pr(a)ecipis *EOδC*: p̄cis *R*: petis PM^{1} 14 P.R. [p.r.] *ERMdm*: rei p. *bs* 15 non ne *EΔ*: non *b*: ne *R* 20 domini(i) *EPδ*: domi ORM^{1} 23 et *om. λ* 25 colligam $b^{2}s$: cui legam *Ω* 27 me raud- $Mb^{1}m$ [raud- *etiam C*]: me rand- [mir- *R*] *ERs*: rand- $b^{2}d$ 28 beniv- *RΔλ*

6 est insequi contumelia. Sed de omnibus meis consiliis, ut scribis, existimo exploratius nos ad Kal. Iun. statuere posse. Ad quas adero, et omni ope atque opera enitar, adiuvante me scilicet auctoritate tua et gratia et summa aequitate causae, ut de Buthrotiis senatus consultum quale scribis fiat. Quod me cogitare iubes, cogitabo equidem, etsi tibi dederam superiore epistula cogitandum. Tu autem quasi iam reciperata re publica vicinis tuis Massiliensibus sua reddis. Haec armis, quae quam firma habeamus ignoro, restitui fortasse possunt, auctoritate non possunt.

7 Epistula brevis quae postea a te scripta est sane mihi fuit
(xv. 1) iucunda de Bruti ad Antonium et de eiusdem ad te litteris. Posse videntur esse meliora quam adhuc fuerunt. Sed nobis ubi simus et quonam nunc nos conferamus providendum est.

XV

Scr. in Cumano Kal. Mai. an. 44.

⟨CICERO ATTICO SALVTEM.⟩

1 (2) O mirificum Dolabellam meum! iam enim dico meum; antea, crede mihi, subdubitabam. Magnam ἀναθεώρησιν res habet: de saxo, in crucem, columnam tollere, locum illum sternendum locare! Quid quaeris? heroica. Sustulisse mihi videtur simulationem desideri, adhuc quae serpebat in dies et inveterata verebar ne periculosa nostris tyrannoctonis esset.

2 (3) Nunc prorsus adsentior tuis litteris speroque meliora. Quamquam istos ferre non possum qui, dum se pacem velle simulant, acta nefaria defendunt. Sed non possunt omnia simul. Incipit res melius ire quam putaram. Nec vero discedam, nisi cum

3 me *OMbm*: etiam me *R*: te *Eds* 7 iam iam *ds* 9 possunt . . . -sunt *EΔ*: -sent . . . -sent *R* 11 epistula] *hinc novam ep. incipit Sal.–Reg.* a *RM*^{c}*bm*^{2}*s*: ad *EM*^{1}*dm*^{1} 14 quonam *b*: quo iam *ERΔ* nunc *om. s* iam nunc *ante* provid- *Wes.* 17 *novam ep. fecit Crat.*: *superiori coniungunt codd.* o *om. E* 18 ante [añ] *E* 19 illum] istum *s* 20 ἡρωικά *Orelli* 21 adhuc *Δ*: educ *ER* 22 τυραννοκτόνοις *b* 26 descendam *E*

tu me id honeste putabis facere posse. Bruto certe meo nullo loco deero, idque, etiam si mihi cum illo nihil fuisset, facerem propter eius singularem incredibilemque virtutem.

3 (4) Piliae nostrae villam totam quaeque in villa sunt trado, in Pompeianum ipse proficiscens Kal. Mai. Quam velim Bruto persuadeas ut Asturae sit!

XVI *Scr. in hortis Cluvianis vi Non. Mai. an. 44.*

CICERO ATTICO SALVTEM.

1 vi Non. conscendens ab hortis Cluvianis in phaselum epicopum has dedi litteras, cum Piliae nostrae villam ad Lucrinum, vilicos, procuratores tradidissem. Ipse autem eo die in Paeti nostri tyrotarichum imminebam; †perpaucis diebus in Pompeianum†, post in haec Puteolana et Cumana regna †renavigare†. O loca ceteroqui valde expetenda, interpellantium autem multitudine paene fugienda!

2 Sed ad rem ut veniam, o Dolabellae nostri magnam *ἀριστείαν*! Quanta est *ἀναθεώρησις*! Equidem laudare eum et hortari non desisto. Recte tu omnibus epistulis significas quid de re, quid de viro sentias. Mihi quidem videtur Brutus noster iam vel coronam auream per forum ferre posse. Quis enim audeat violare proposita cruce aut saxo, praesertim tantis plausibus, tanta approbatione infimorum?

3 Nunc, mi Attice, me fac ut expedias. Cupio, cum Bruto

5 bruto *RΔ*: -o ipse *b*: sibi *E* 9 *novam ep. faciunt PM^{c}bms* [*salut. om. m*]: *superioribus coniungunt RM^{1}d* vi *Corr.*: .v. [.v°., quinto] *RΔ* 10 epicopum *RΔCλ*: *ἐπίκωπον Tyrrell–Purser* cum *Δ*: quin *R* 12 perpaucos dies in Pompeiano *Wes.*, *nescio an recte*, *nisi* diebus *idem quod* dies *significare licuerit* 13 h(a)ec *ERbs*: hac *Mdm*: hoc *P* 14 regna *EOΔ*: *om. R* renavigare. o *RΔ* [-reo *M^1*] *λ*: -are *EO*: -aturus. o *Lamb.*: -are ⟨cogitabam⟩. o *Wes.* cetero qui *M^1*: -ra qui *ER*: -ra quam *δ* 17 *ἀριστείαν b*: aristian *EMms*: -am *Rd* [*ex* -an, *ut vid.*] 21 violare *ERM^{c}bms*: laudare *M^{1}dZ$^{(b)}$*: laedere *Orelli* 22 infim- *bm^{2}s*: infirm- *ERMdm^1*

nostro adfatim satis fecerim, excurrere in Graeciam. Magni interest Ciceronis vel mea potius vel me hercule utriusque me intervenire discenti. Nam epistula Leonidae quam ad me misisti quid habet, quaeso, in quo magno opere laetemur? Numquam ille mihi satis laudari videbitur cum ita laudabitur, 'quo modo nunc est.' Non est fidentis hoc testimonium, sed potius timentis. Herodi autem mandaram ut mihi κατὰ μίτον scriberet. A quo adhuc nulla littera est. Vereor ne nihil habuerit quod mihi, cum cognossem, iucundum putaret fore.

4 Quod ad Xenonem scripsisti, valde mihi gratum est; nihil enim deesse Ciceroni cum ad officium tum ad existimationem meam pertinet. Flammam Flaminium audio Romae esse. Ad eum scripsi me tibi mandasse per litteras ut de Montani negotio cum eo loquerere, et velim cures epistulam quam ad eum misi reddendam, et ipse, quod commodo tuo fiat, cum eo conloquare. Puto, si quid in homine pudoris est, praestaturum eum, ne sero cum damno dependatur. De Attica pergratum mihi fecisti quod curasti ut ante scirem recte esse quam non belle fuisse.

XVII *Scr. in Pompeiano v vel iv Non. Mai. an. 44.*

⟨CICERO ATTICO SALVTEM.⟩

1 In Pompeianum veni v Non. Mai., cum pridie, ut antea ad te scripsi, Piliam in Cumano conlocavissem. Ibi mihi cenanti litterae tuae sunt redditae quas dederas Demetrio liberto

3 ep- *Δ*: in ep- *R* 5 cum *Δ*: quin *R* 7 *κατὰ μίτον Vict.*: ΚΑΤΑΜΙΤΩΝ *RMmC* 8 adhuc nulla *Δ*: n- a- *R* 9 cognossem *Iens.*: -scem *RM*: -scerem δ 15 cum eo *om. bm* 16 colloquare *Man.*: -uere *ERΔ* 17 sero cum damno *Orelli*: spero [sero *b*²] quodammodo *Δ*: se pro quodam modo *R* pergratum mihi *PΔ*: m- p- *Rb* 18 ut *Z*⁽ᵇ⁾λ: *om. Ω* 22 *novam ep. incipiunt M*ᶜ*b*²: *superiori coniungunt RΔ et edd. vett. ante Cratandrinam* ante *bm* 24 liberto *R*δ: liboto *P*: libet *M*¹: *om. E*

prid. Kal.; in quibus multa sapienter, sed tamen talia, quem
ad modum tute scribebas, ut omne consilium in fortuna
positum videretur. Itaque his de rebus ex tempore et coram.
De Buthrotio negotio, utinam quidem Antonium conveni- 2
am! Multum profecto proficiam. Sed non arbitrantur eum
a Capua declinaturum; quo quidem metuo ne magno rei
publicae malo venerit. Quod idem L. Caesari videbatur, quem
pridie Neapoli adfectum graviter videram. Quam ob rem
ista nobis ad Kal. Iun. tractanda et perficienda sunt. Sed
hactenus.

Quintus filius ad patrem acerbissimas litteras misit, quae 3
sunt ei redditae cum venissemus in Pompeianum. Quarum
tamen erat caput Aquiliam novercam non esse laturum. Sed
hoc tolerabile fortasse, illud vero, se a Caesare habuisse omnia,
nihil a patre, reliqua sperare ab Antonio—o perditum hominem! Sed *μελήσει*.

Ad Brutum nostrum, ad Cassium, ad Dolabellam epistulas 4
scripsi. Earum exempla tibi misi, non ut deliberarem red-
dendaene essent; plane enim iudico esse reddendas, quod non
dubito quin tu idem existimaturus sis.

Ciceroni meo, mi Attice, suppeditabis quantum videbitur 5
meque hoc tibi onus imponere patiere. Quae adhuc fecisti
mihi sunt gratissima. Librum meum illum *ἀνέκδοτον* non- 6
dum, ut volui, perpolivi; ista vero quae tu contexi vis aliud
quoddam separatum volumen exspectant. Ego autem, credas
mihi velim, minore periculo existimo contra illas nefarias
partis vivo tyranno dici potuisse quam mortuo. Ille enim
nescio quo pacto ferebat me quidem mirabiliter; nunc,
quacumque nos commovimus, ad Caesaris non modo acta

7 quem *ERM*: q- quidem δ 10 ⟨haec⟩ hact- *Orelli* 13 esse ⟨se⟩ *Baiter* 15 o *om. E* 16 *μελήσει* δ: MꝺΛ- *vel sim. RM*^{1}: *μεταμελ- Z*^{t} [?] 23 meum illum *Popma*: illum eum illum *M*: eum i- δ: illum *ER* 24 contexi [vis] *C*: con(n)exi vis *ER*: convexius *Δ* [conne- *b*^{1}*dm*]: connecti vis *b*^{2}*κ* 25 credas *bs*: pred- *ERM*^{1}: prod- *M*^{2}*dm*

verum etiam cogitata revocamur. De Montano, quoniam Flamma venit, videbis. Puto rem meliore loco esse debere.

A

Scr. in Pompeiano v Non. Mai. an. 44.

CICERO DOLABELLAE COS. SVO SALVTEM.

1 Etsi contentus eram, mi Dolabella, tua gloria satisque ex
ea magnam laetitiam voluptatemque capiebam, tamen non
possum non confiteri cumulari me maximo gaudio quod vulgo
hominum opinio socium me ascribat tuis laudibus. Neminem
conveni (convenio autem cotidie plurimos. Sunt enim permulti optimi viri qui valetudinis causa in haec loca veniant;
praeterea ex municipiis frequentes necessarii mei) quin omnes,
cum te summis laudibus ad caelum extulerunt, mihi continuo maximas gratias agant. Negant enim se dubitare quin
tu meis praeceptis et consiliis obtemperans praestantissimum
2 te civem et singularem consulem praebeas. Quibus ego quamquam verissime possum respondere te quae facias tuo iudicio
et tua sponte facere nec cuiusquam egere consilio, tamen
neque plane adsentior, ne imminuam tuam laudem si omnis
a meis consiliis profecta videatur, neque valde nego; sum enim
avidior etiam quam satis est gloriae. Et tamen non alienum
est dignitate tua, quod ipsi Agamemnoni, regum regi, fuit
honestum, habere aliquem in consiliis capiendis Nestorem,
mihi vero gloriosum te iuvenem consulem florere laudibus
3 quasi alumnum disciplinae meae. L. quidem Caesar, cum ad

1 -tata revocamur ERM^2: -tare voc- M^1: -tata voc- δ 6 *haec ep. deest in b, exstat in epp. ad Fam.* [*ix. 14*]. *F = consensus codd. Medicei 49. 9* [M^f], *Harleiani 2682* [*H*], *Palatini 598* [*D*] 11 qui *F*: *om. Ω* in haec loca veniant *F* [conv- *H*]: in [*om. s*] his [is *R*, *sed* his *P*] locis conveniunt *ΩCλ codd. Faërn. Ant.* 12 quin *HD*: qui M^f*Ω* 14 agant *F*: agunt *Ω* 17 te M^f*H*: *om. DΩλλ* 22 est *om. F* 23 habere *FO*: *post* nestorem ERM^2*dms*: *om.* M^1

eum aegrotum Neapolim venissem, quamquam erat oppressus
totius corporis doloribus, tamen, ante quam me plane salutavit, 'O mi Cicero' inquit, 'gratulor tibi cum tantum vales
apud Dolabellam quantum si ego apud sororis filium valerem,
iam salvi esse possemus. Dolabellae vero tuo et gratulor et
gratias ago, quem quidem post te consulem solum possumus
vere consulem dicere.' Deinde multa de facto ac de re gesta
tua; nihil magnificentius, nihil praeclarius actum umquam,
nihil rei publicae salutarius. Atque haec una vox omnium
est. A te autem peto ut me hanc quasi falsam hereditatem **4**
alienae gloriae sinas cernere meque aliqua ex parte in societatem tuarum laudum venire patiare. Quamquam, mi Dolabella (haec enim iocatus sum), libentius omnis meas, si modo
sunt aliquae meae, laudes, ad te transfuderim quam aliquam
partem exhauserim ex tuis. Nam cum te semper tantum
dilexerim quantum tu intellegere potuisti, tum his tuis factis
sic incensus sum ut nihil umquam in amore fuerit ardentius.
Nihil est enim, mihi crede, virtute formosius, nihil pulchrius,
nihil amabilius. Semper amavi, ut scis, M. Brutum propter **5**
eius summum ingenium, suavissimos mores, singularem probi-
tatem atque constantiam; tamen Idibus Martiis tantum accessit ad amorem ut mirarer locum fuisse augendi in eo quod
mihi iam pridem cumulatum etiam videbatur. Quis erat qui
putaret ad eum amorem quem erga te habebam posse aliquid accedere? Tantum accessit ut mihi nunc denique amare
videar, antea dilexisse. Qua re quid est quod ego te horter ut **6**

3 o *om. E* cum *FEΔ*: qui *R* 5 iam *HDEO*^{1}[?]*ms*: tam *M*^{f}*O*^{2}*Md*: *om. R* et [ei *M*^{f}*H*] gr- *FEOΔ*: congr- *R* 6 possumus *Fκ*: pos-sum *Ω* 7 deinde *FEP*: dein *O*^{2}*RΔ cod. Faërn.* ac] et *s* re gesta tua *Wes.*: re g- tum [cum *D*] *FO*[?]*PΔ*: rege est actum *ER* 10 ut me] uti ne *M*^{1}: uti me *m* 14 transfuderim *F*: trans *M*^{1}: transtul(l)erim *ΣM*^{2}*dms*: transferam *Z*^{l} 17 amore *ERΔ*: -rem *F*: -re me *κ* 18 crede mihi *ds* famosius *R* 23 mihi iam *FΔ*: i- m- *R*: iam *E* 24 te *FOM*^{2}*dms Nonius* [*p. 682 Lindsay*]: illum *ER*: *om. M*^{1} 25 demum *s* 26 antea] ante *Nonius*: añ antea [?] *E*: te antea *P*

dignitati et gloriae servias? Proponam tibi claros viros, quod facere solent qui hortantur? Neminem habeo clariorem quam
7 te ipsum. Te imitere oportet, tecum ipse certes. Ne licet quidem tibi iam tantis rebus gestis non tui similem esse. Quod cum ita sit, hortatio non est necessaria, gratulatione magis utendum est. Contigit enim tibi, quod haud scio an nemini, ut summa severitas animadversionis non modo non invidiosa sed etiam popularis esset et cum bonis omnibus tum infimo cuique gratissima. Hoc si tibi fortuna quadam contigisset, gratularer felicitati tuae, sed contigit magnitudine cum animi tum etiam ingeni atque consili. Legi enim contionem tuam. Nihil illa sapientius. Ita pedetemptim et gradatim tum accessus a te ad causam facti, tum recessus, ut res ipsa maturitatem tibi animadvertendi omnium con-
8 cessu daret. Liberasti igitur et urbem periculo et civitatem metu neque solum ad tempus maximam utilitatem attulisti sed etiam ad exemplum. Quo facto intellegere debes in te positam esse rem publicam tibique non modo tuendos sed etiam ornandos esse illos viros a quibus initium libertatis profectum est. Sed his de rebus coram plura prope diem, ut spero. Tu, quoniam rem publicam nosque conservas, fac ut diligentissime te ipsum, mi Dolabella, custodias.

XVIII *Scr. in Pompeiano vii Id. Mai. an. 44.*

CICERO ATTICO SALVTEM.

1 Saepius me iam agitas quod rem gestam Dolabellae nimis in caelum videar efferre. Ego autem, quamquam sane probo factum, tamen ut tanto opere laudarem adductus sum tuis et unis et alteris litteris. Sed totum se a te abalienavit Dolabella

3 ipsum te *FO*: ipsum *ΣMdm*: te i- *s* imitere $M^{f}O$: -tari *HDRΔ*: -tari re *E* 11 cum $M^{f}DH^{2}ΣM^{c}$[?]: quam M^{1}: quadam M^{2} [*sed del.*]: quadam cum *dms*: *om.* H^{1} 12 et [ac *D*] gradatim *Fκ*: *om.* *Ω* 13 tum [*prius*] *FRMdm*: cum *Es*: tamen *P* 19 esse *F*: *om.* *Ω* 28 te a se *Ernesti*

ea de causa qua me quoque sibi inimicissimum reddidit. O
hominem impudentem! Kal. Ian. debuit, adhuc non solvit,
praesertim cum se maximo aere alieno Faberi manu liberarit et
opem ab Ope petierit. Licet enim iocari, ne me valde conturbatum putes. Atque ego ad eum viii Id. litteras dederam bene
mane, eodem autem die tuas litteras vesperi acceperam in Pompeiano sane celeriter tertio abs te die. Sed, ut ad te eo ipso die
scripseram, satis aculeatas ad Dolabellam litteras dedi; quae si
nihil profecerint, puto fore ut me praesentem non sustineat.

Albianum te confecisse arbitror. De Patulciano nomine, 2
quod mihi †suspendiatus est† gratissimum est et simile
tuorum omnium. Sed ego Erotem ad ista expedienda factum
mihi videbar reliquisse; cuius non sine magna culpa vacil-
larunt. Sed cum ipso videro.

De Montano, ut saepe ad te scripsi, erit tibi tota res 3
curae. Servius proficiscens quod desperanter tecum locutus
est minime miror neque ei quicquam in desperatione con-
cedo. Brutus noster, singularis vir, si in senatum non est Kal. 4
Iun. venturus, quid facturus sit in foro nescio. Sed hoc ipse
melius. Ego ex iis quae parari video non multum Idibus
Martiis profectum iudico. Itaque de Graecia cotidie magis et
magis cogito. Nec enim Bruto meo exsilium, ut scribit ipse,
meditanti video quid prodesse possim. Leonidae me litterae
non satis delectarunt. De Herode tibi adsentior. Saufei legisse
vellem. Ego ex Pompeiano vi Id. Mai. cogitabam.

1 o *RΔλ*: *om. E* 2 impud- *ΣZ^b λ*: pud- *Mms*: prud- *bd* 4 Ope *Cobet*: eo *ERΔ* 7 sane] satis *s* 11 suspendiatus est *RM¹m¹Z^l*: suppeditatus es *M^c b* [*in ras.*] *dm²s*: ⟨abs te⟩ . . . -tatum est *Lamb.*: suppeditavisti [*mallem* -asti] *Wes.*: *fort.* suppeditatur, et 12 (h)erotem *ORb* [*in ras.*] *C*: errorem *Δ*: ero tunc *P* ad illa expetenda *s* 13 vacillatum *κ* 15 scripsi erit *Rs*: -serit *Δ*: -seram *b²* 19 sit in foro *EΔ*: in f- s- *R* hoc *EPΔ*: hec *R* 21 et magis *ERMdm*: ac m- *s*: *om. b* 22 scribit *Corr.*: -is *ERΔ* 23 quid . . . possim *EΔ*: qui . . . possum *R* 24 saufeii *RΔZ^{(b)}λ*: -eium *Sal.–Reg.* 25 ego] *hic novam ep. incipiunt Sal.–Reg.*

XIX

Scr. in Pompeiano viii Id. Mai. an. 44.

⟨CICERO ATTICO SALVTEM.⟩

1 Non. Mai., cum essem in Pompeiano, accepi binas a te litteras, alteras sexto die, alteras quarto. Ad superiores igitur prius. Quam mihi iucundum opportune tibi Barnaeum litteras reddidisse! Tu vero cum Cassio ut cetera. Quam commode autem quod id ipsum quod me mones quadriduo ante ad eum scripseram exemplumque mearum litterarum ad te miseram! Sed cum ex Dolabellae ἀριστείᾳ (sic enim tu ad me scripseras) magna †desperatione adfectus† essem, ecce tibi et Bruti et tuae litterae! Ille exsilium meditari. Nos autem alium portum propiorem huic aetati videbamus; in quem mallem equidem pervehi florente Bruto nostro constitutaque re publica. Sed nunc quidem, ut scribis, non utrumvis. Adsentiris enim mihi nostram aetatem a castris, praesertim civilibus, abhorrere.

2 M. Antonius ad me tantum de Cloelio rescripsit, meam lenitatem et clementiam et sibi esse gratam et mihi voluptati magnae fore. Sed Pansa furere videtur de Cloelio itemque Deiotaro et loquitur severe, si velis credere. Illud tamen non belle, ut mihi quidem videtur, quod factum Dolabellae
3 vehementer improbat. De coronatis, cum sororis tuae filius

3 *novam ep. incipiunt* $M^c b^2$: *superiori coniungunt RΔ et edd. vett. praeter Sal.–Reg.* [*v. supra*] 4 alteras . . . quarto *Mbm*: alt- s- [.VI.] alt- q- [.IIII.] die *ds*: .IIII°. *R* 6 ut] et *d* 9 ex λκ: *om. Ω* ἀριστείᾳ *coni. nec intellexit Fr. Schmidt, intellexit* [*sed* aristia] *nec coni. Vict.*: aritia [-cia Pb^1] $RΔZ^{(β)}λ$: avaricia b^2 *in marg.*: *multa praeterea multi, ne dicam stulta stulti* 10 desp- refectus *Tyrrell–Purser, fort. recte, se ipsi tamen revocantes* [e *ante* desp- *desideres*]: de re p. spei elatione *temptavi* ecce tibi *om. R* 15 assentiris $Z^β$: -res *RΔ* a castris pr- *Lamb.* (*marg.*): p- a c- *RΔ* 17 M. *Rδ*: *om.* M^1 Cloelio resc- *scripsi*: cloelio sc- *R*: cloclio vale. sc- *P*: cloliore resc- M^1: clodio resc- δ 18 et sibi *Δ*: sibi *R* 19 cloelio *R*: cloclio *P*: clelio *M*: celio *ds*: clodio *bm* 20 deiot(h)aro *Rbm*: de Iotariō *M*: de deiotaro *ds* 21 belle M^2: velle *RΔ*: vele *P*

a patre accusatus esset, rescripsit se coronam habuisse honoris Caesaris causa, posuisse luctus gratia; postremo se libenter vituperationem subire quod amaret etiam mortuum Caesarem.
Ad Dolabellam, quem ad modum tibi dicis placere, scripsi **4**
diligenter. Ego etiam ad Siccam; tibi hoc oneris non impono. Nolo te illum iratum habere. Servi orationem cognosco; in qua plus timoris video quam consili. Sed quoniam perterriti omnes sumus, adsentior Servio. Publilius tecum tricatus est. Huc enim Caerellia missa ab istis est legata ad me; cui facile persuasi mihi id quod rogaret ne licere quidem, non modo non libere. Antonium si videro, accurate agam de Buthroto.
Venio ad recentiores litteras; quamquam de Servio iam **5**
rescripsi. 'Me facere magnam πρᾶξιν Dolabellae.' Mihi me hercule ita videtur, non potuisse maiorem tali re talique tempore. Sed tamen quicquid ei tribuo, tribuo ex tuis litteris. Tibi vero adsentior maiorem πρᾶξιν eius fore si mihi quod
debuit dissolverit. Brutus velim sit Asturae. Quod autem **6**
laudas me quod nihil ante de profectione constituam quam ista quo evasura sint videro, muto sententiam. Neque quicquam tamen ante quam te videro. Atticam meam gratias mihi agere de matre gaudeo; cui quidem ego totam villam cellamque tradidi eamque cogitabam v Id. videre. Tu Atticae salutem dices. Nos Piliam diligenter tuebimur.

1 coronam se *bm* 6 servii *s*: -vil͟l͟i *M*: -villi ł *m*: -vili *d*: -vilii *Rb* [*in ras.*] 8 publilius *Man.*: publius *RΔ* tricatus *Δ*: altercatus *R* 9 est *om. R* legata] alleg- *Lamb.* 11 sed ant- *R* 14 potuisse maiorem . . . tempore *scripsi*: p- m- . . . tempore fuisse *R*: p- maior . . . tempore *Δ*: potuit esse maior . . . t- *Orelli*: potuisset esse maior . . . t- *Wes.* 16 πραξιν *b*: praxin *RM*[1]: -im *M*[2]*dms* 17 debuit *Pδ*: debui *RMZ*[l]: debet *Mal.*, *fort. recte* autem] vero *s* 18 const- de prof- *bm* 20 tamen quicq- *bm* te *om. R* 21 de matre *om. bm*

XX *Scr. in Puteolano v Id. Mai. an. 44.*

⟨CICERO ATTICO SALVTEM.⟩

1 E Pompeiano navi advectus sum in Luculli nostri hospitium VI Id. hora fere tertia. Egressus autem e navi accepi tuas litteras quas tuus tabellarius in Cumanum attulisse dicebatur Non. Mai. datas. A Lucullo postridie eadem fere hora veni in Puteolanum. Ibi accepi duas epistulas, alteram Nonis,
2 alteram VII Id. Lanuvio datas. Audi igitur ad omnis. Primum, quae de re mea gesta et in solutione et in Albiano negotio, grata. De tuo autem Buthrotio, cum in Pompeiano essem, Misenum venit Antonius. Inde ante discessit quam illum venisse audissem. A quo †in Samnium† vide quid speres. Romae igitur de Buthroto. L. Antoni horribilis contio, Dolabellae praeclara. Iam vel sibi habeat nummos, modo numeret Idibus. Tertullae nollem abortum. Tam enim Cassii sunt iam quam Bruti serendi. De regina velim atque etiam de Caesare illo. Persolvi primae epistulae, venio ad secundam.
3 De Quintis, Buthroto, cum venero, ut scribis. Quod Ciceroni suppeditas, gratum. Quod errare me putas qui rem publicam putem pendere in Bruto, sic se res habet. Aut nulla erit aut ab isto istisve servabitur. Quod me hortaris ut scriptam contionem mittam, accipe a me, mi Attice, *καθολικὸν θεώρημα* earum rerum in quibus satis exercitati sumus. Nemo umquam neque poeta neque orator fuit qui quemquam meliorem quam se arbitraretur. Hoc etiam malis contingit;

3 *novam ep. incipiunt* M^cb^2: *superioribus coniungunt RΔ et edd. vett. ante Sal.–Reg.* advectus *PMbm*: adduc- *Rds* 6 a Luc- . . . datas [*v.* 8] *om. P* 7 in . . . no. alteram *C*: *om. RΔ* 8 .VII. *RMb*: .VI. *dms* 10 buthrotio *b*: -to *RΔ* cum . . . Buthroto [*v.* 13] *om.* b^1, *add. in marg.* b^2 12 a quo in samnium *RΔ*: a quo insom [*spat.*] *P*: in samnium. a quo *Wes.*: in samnium *secl. Moricca*, *fort. recte* 13 -bilius *Md* contio b^2: contentio *ERΔ* 16 iam *om. ds* 19 ciceroni *Eδ*: -nis RM^1 20 in *λ*: ex *bs*: *om. ERMdm*: e *Rom.*: est *Sal.–Reg.* 21 istis ve *b*: istius ve [ne *E*] *ERΔ* 23 satis *om. ds* 25 contingit *Mbmλ*: -igit *ERds*

quid tu Bruto putas et ingenioso et erudito? De quo etiam experti sumus nuper in edicto. Scripseram rogatu tuo. Meum mihi placebat, illi suum. Quin etiam cum ipsius precibus paene adductus scripsissem ad eum de optimo genere dicendi, non modo mihi sed etiam tibi scripsit sibi illud quod mihi placeret non probari. Qua re sine, quaeso, sibi quemque scribere.

'Suam quoíque sponsam, míhi meam; suum quoíque
amorem, míhi meum.'

Non scite. Hoc enim Atilius, poeta durissimus. Atque utinam liceat isti contionari! Cui si esse in urbe tuto licebit, vicimus. Ducem enim novi belli civilis aut nemo sequetur aut ii sequentur qui facile vincantur.

Venio ad tertiam. Gratas fuisse meas litteras Bruto et 4
Cassio gaudeo. Itaque iis rescripsi. Quod Hirtium per me meliorem fieri volunt, do equidem operam et ille optime loquitur, sed vivit habitatque cum Balbo, qui item bene loquitur. Quid credas videris. Dolabellam valde placere tibi video; mihi quidem egregie. Cum Pansa vixi in Pompeiano. Is plane mihi probabat se bene sentire et cupere pacem. Causam armorum quaeri plane video. Edictum Bruti et Cassi probo. †Quaeris† ut suscipiam cogitationem quidnam istis agendum putem, consilia temporum sunt, quae in horas commutari vides. Dolabellae et prima illa actio et haec contra Antonium contio mihi profecisse permultum videtur. Prorsus ibat res; nunc autem videmur habituri ducem, quod unum

1 et ing-] ut ing- *d*: ing- *s* etiam mee [?] expertissimum M^1 8 quoique [*bis*] *nescio quis*: quoque [*bis*] M^1: cuique [*bis*] *ERδ* mihi meam *om. ds* 9 morem *bm* 11 esse δ: -em *ERM*^{1} urbe *EPbds*: -em *RMm* tute *E* 12 ii *Ebm*: hii *R*: hi *PMds* 15 iis *Sal.–Reg.*: is *R*: his *EPΔλ* 17 loquetur M^1 20 bene sentire s^2: ne sen- *RΔ*: assen- *b* [*in ras.*] *κ* 22 qu(a)eris *RΔ*: quod hortaris *Lamb.*: quod vis *Madvig* 24 video *b* 25 *anne* prorsus ⟨melius⟩?

5 municipia bonique desiderant. Epicuri mentionem facis et audes dicere μὴ πολιτεύεσθαι? Non te Bruti nostri vulticulus ab ista oratione deterret? Quintus filius, ut scribis, Antoni est dextella. Per eum igitur quod volemus facile auferemus. Exspecto, si, ut putas, L. Antonius produxit Octavium, qualis contio fuerit.

Haec scripsi; statim enim Cassi tabellarius. Eram continuo Piliam salutaturus, deinde ad epulas Vestori navicula. Atticae plurimam salutem.

XXI *Scr. in Puteolano v Id. Mai. an. 44*

⟨CICERO ATTICO SALVTEM.⟩

1 Cum paulo ante dedissem ad te Cassi tabellario litteras,
v Id. venit noster tabellarius et quidem, portenti simile, sine
tuis litteris. Sed cito conieci Lanuvi te fuisse. Eros autem
festinavit ut ad me litterae Dolabellae perferrentur, non de
re mea (nondum enim meas acceperat) sed rescripsit ad eas
2 quarum exemplum tibi miseram sane luculente. Ad me autem,
cum Cassi tabellarium dimisissem, statim Balbus. O dei boni,
quam facile perspiceres timere otium! Et nosti virum quam
tectus. Sed tamen Antoni consilia narrabat; illum circumire
veteranos ut acta Caesaris sancirent idque se facturos esse
iurarent, ut arma omnes haberent eaque duumviri omnibus
mensibus inspicerent. Questus est etiam de sua invidia eaque
omnis eius oratio fuit ut amare videretur Antonium. Quid

2 dicere *R*δ: dicerem M^1: dicere mi M^c 3 antoni(i) Z^bλκ: *om.* Ω 7 scripsi ⟨citatim⟩ *Bos., alii alia* 12 *novam ep. faciunt bms* [*salut. om. bm*]: *superioribus coniungunt RMd* 13 simile sine CZ^l: -les in Ω 15 litter(a)e δ: -ras *RM*: *om. P* 16 acceperat Δ: recep- *R* rescripsit Δ [-si *s*]: dolabella resc- *E* [*sed excerptum incipiens*] *R* 17 luc- ad me *bs*: luc- a me *EPMdm*: lentule me *R* 18 denniss- M^1 [demi- M^2] 19 virum M^c*bms*: utrum RM^1d: utri *E* 21 se *om. E* 22 ut arma *anon. ap. Vict.*: utram *ER*Δ: una *s*: ut iam M^c: ut tam λ duumviri M^2b^2m [-unv-]: dum v- M^1: divini v- ERb^1s: *om. d* [*spat.*]

quaeris? nihil sinceri. Mihi autem non est dubium quin res 3
spectet ad castra. Acta enim illa res est animo virili, consilio
puerili. Quis enim hoc non vidit, regni heredem relictum?
Quid autem absurdius?

'Hoc métuere, alterum ín metu non pónere'!

Quin etiam hoc ipso tempore multa ὑποσόλοικα. Ponti Nea-
politanum a matre tyrannoctoni possideri! Legendus mihi
saepius est Cato maior ad te missus. Amariorem enim me
senectus facit. Stomachor omnia. Sed mihi quidem βεβίωται;
viderint iuvenes. Tu mea curabis, ut curas.

Haec scripsi seu dictavi apposita secunda mensa apud 4
Vestorium. Postridie apud Hirtium cogitabam et quidem
πεντέλοιπον. Sic hominem traducere ad optimatis paro. Λῆρος
πολύς. Nemo est istorum qui otium non timeat. Qua re
talaria videamus. Quidvis enim potius quam castra.

Atticae salutem plurimam velim dicas. Exspecto Octavi contionem et si quid aliud, maxime autem ecquid Dolabella tinniat an in meo nomine tabulas novas fecerit.

XXII

Scr. in Puteolano prid. Id. Mai. an. 44.

⟨CICERO ATTICO SALVTEM.⟩

Certior a Pilia factus mitti ad te Idibus tabellarios statim 1
hoc nescio quid exaravi. Primum igitur scire te volui me hinc
Arpinum XVI Kal. Iun. Eo igitur mittes si quid erit posthac;
quamquam ipse iam iamque adero. Cupio enim ante quam

3 videt *Corr.* 7 tyrannoctoni b^2s: tiranno CTONЄI *vel sim. ERM*: -no ctonei *m*: tyranno b^1d [*spat. d*] 8 s(a)epius est *EΔ*: e- s- *R* 12 et quidem *Δ*: eq- *EP*: quidem *R* 13 ΠЄΝΤЄΛΟΙΠΟΝ [πέντε λοιπὸν] *R* [A *pro* Λ] *ΔC*, *quod nec damno nec intellego*: πᾶν τὸ λοιπόν *Reid* λῆρος πολύς *Crat.*: ΔЄΡΟϹΠΟΛΟⲁϹ *vel sim. RMm* 15 induamus $b^2\kappa$ 18 tinniat: an b^2: tinniatam [tinna- *s*, tiniria- *R*] *RΔ*: *om. P* [*spat.*] meo nomine *Δ*: n- m- *R* 21 *novam ep. faciunt* M^cbms [*salut. om. bm*]: *superioribus coniungunt RMd* -or a pilia δ: -ora pi'ie RM^1 22 scire te *Δ*: t- s- *R* 23 .xv. *bm*

Romam venio odorari diligentius quid futurum sit. Quamquam vereor ne nihil ⟨a⟩ coniectura aberrem. Minime enim obscurum est quid isti moliantur; meus vero discipulus qui hodie apud me cenat valde amat illum quem Brutus noster sauciavit. Et si quaeris (perspexi enim plane), timent otium; ὑπόθεσιν autem hanc habent eamque prae se ferunt, clarissimum ⟨virum⟩ interfectum, totam rem publicam illius interitu perturbatam, inrita fore quae ille egisset simul ac desisteremus timere, clementiam illi malo fuisse, qua si usus non esset, nihil
2 ei tale accidere potuisse. Mihi autem venit in mentem, si Pompeius cum exercitu firmo veniat, quod est εὔλογον, certe fore bellum. Haec me species cogitatioque perturbat. Nec enim quod tibi tum licuit nobis nunc licebit. Nam aperte laetati sumus. Deinde habent in ore nos ingratos. Nullo modo licebit quod tum et tibi licuit et multis. *Φαινοπροσωπητέον* ergo et ἰτέον in castra? Miliens mori melius, huic praesertim aetati. Itaque me Idus Martiae non tam consolantur quam antea. Magnum enim mendum continent. Etsi illi iuvenes

ἄλλοις ἐν ἐσθλοῖς τόνδ' ἀπωθοῦνται ψόγον.

Sed si tu melius quippiam speras, quod et plura audis et interes consiliis, scribas ad me velim simulque cogites quid agendum nobis sit super legatione votiva. Equidem in his locis moneor a multis ne in senatu Kalendis. Dicuntur enim occulte milites ad eam diem comparati et quidem in istos, qui mihi videntur ubivis tutius quam in senatu fore.

1 orari *M*¹ 2 a *add. Crat.* 4 ille *R* 5 et si quaeris *om. M*¹ timent *PM*¹: -ens *R*: -et δ 7 virum *b*: *om. RΔ* totam *om. s* 8 desisteremus *bm*¹*s*: -temus *RMdm*² 10 potuisse *RM*¹*b*: -set *M*ᶜ*dms* 12 nec enim *scripsi*: ne gemam *RΔ*: neque [nec *Buecheler*] enim iam *Vict.* 13 tibi tum *s*: ibi tum *PΔ*: ibi tunc *R* licuit *P*δ: liquit *RM*¹ 14 deinde *Δ*: demum *R* 20 quicquam *ds* 22 votiva. equidem *Vict.*: -ve quidem *RΔ*: -va quod *b*²[?]κ 24 comparari *Corr.*, *fort. recte*

AD ATTICVM

LIBER QVINTVS DECIMVS

I *Scr. in Puteolano xvi Kal. Iun. an. 44.*

CICERO ATTICO SALVTEM.

O FACTVM male de Alexione! Incredibile est quanta me **1**
molestia adfecerit, nec me hercule ex ea parte maxime quod plerique mecum, 'Ad quem igitur te medicum conferes?' Quid mihi iam medico? Aut si opus est, tanta inopia est? Amorem erga me, humanitatem suavitatemque desidero. Etiam illud. Quid est quod non pertimescendum sit, cum hominem temperantem, summum medicum, tantus improviso morbus oppresserit? Sed ad haec omnia una consolatio est quod ea condicione nati sumus ut nihil quod homini accidere possit recusare debeamus.

De Antonio, iam antea tibi scripsi non esse eum a me con- **2**
ventum. Venit enim Misenum cum ego essem in Pompeiano. Inde ante profectus est quam ego eum venisse cognovi. Sed casu, cum legerem tuas litteras, Hirtius erat apud me in Puteolano. Ei legi et egi. Primum, quod ⟨ad te⟩ attinet, nihil mihi concedebat, deinde ad summam arbitrum me statuebat non modo huius rei sed totius consulatus sui. Cum Antonio autem sic agemus ut perspiciat, si in eo negotio nobis satis fecerit, totum me futurum suum. Dolabellam spero domi esse.

Huius libri epistulae praeter 1, 2, 3, 27, *item Hirtii et Dolabellae epistulas, in codd. cohaerent, nisi quod nonnullae a M et b correctoribus distinguuntur*
3 quanta *EΔ*: -tum *R* 9 sum- med- *om.* M^1 13 a me *Eδ*: me RM^1 14 essem *ERΔ*: irem *b* pompeiano PM^cs: -num *ERΔ* 17 puteolano ei M^c: -num ei *ERδ* [*sed* eum d^1]: -num mei M^1: -no *P* quid b^1 ad te *addere noluit Boot* 18 mihi] enim *P* concedebat *Pδ*: -as ERM^1 summam b^2: -mum *ERΔC*

3 Redeamus ad nostros. De quibus tu bonam spem te significas habere propter edictorum humanitatem. Ego autem perspexi, cum a me XVII Kal. de Puteolano Neapolim Pansae conveniendi causa proficisceretur Hirtius, omnem eius sensum. Seduxi enim et ad pacem sum cohortatus. Non poterat scilicet negare se velle pacem, sed non minus se nostrorum arma timere quam Antoni, et tamen utrosque non sine causa praesidium habere, se autem utraque arma metuere. Quid quaeris? *οὐδὲν ὑγιές.*

4 De Quinto filio tibi adsentior. Patri quidem certe gratissimae et bellae tuae litterae fuerunt. Caerelliae vero facile satis feci; nec valde laborare mihi visa est, et si illa, ego certe non laborarem. Istam vero quam tibi molestam scribis esse auditam a te esse omnino demiror. Nam quod eam conlaudavi apud amicos, audientibus tribus filiis eius et filia tua, *τί ἐκ τούτου;* [quid est hoc] Quid est autem cur ego personatus ambulem? Parumne foeda persona est ipsius senectutis?

5 Quod Brutus rogat ut ante Kalendas, ad me quoque scripsit et fortasse faciam. Sed plane quid velit nescio. Quid enim illi adferre consili possum, cum ipse egeam consilio et cum ille suae immortalitati melius quam nostro otio consuluerit? De regina rumor exstinguitur. De Flamma, obsecro te, si quid potes.

5 seduxi *M*[c]: sed vix *ERΔZ*[(t)] 10 patri *bs*: -re *RM*[1]*dm* 11 -m(a)e et bell(a)e *bms*: -ma et belli *RM*[c]*dλ*: -ma et bella [?] *M*[1]: -mae bellae *Baiter* 14 quod] cum *b* 15 *τί ἐκ τούτου; Kayser*: TOЄCTOΥOΥ *RMm* [TЄCT- *m*[1]]: *τὸ ἐκ του ου Z*[β]: *τὸ ἐκ τοῦ οὔ Z*[l] [*an. 1584; sed τού ου an. 1573, τούτου an. 1565*]: *τί ἐστι τοῦτο; Corr.* 16 quid est hoc *del. Lamb.* [*habuit et O*] quid . . . ambulem *poetae veteris fuisse putavit Palmer* cur] ut *ds* est pers- *Ps* 22 exstinguitur *Wes.*: -uetur *ERΔ*

Ia *Scr. in Sinuessano xv Kal. Iun. an. 44.*

⟨CICERO ATTICO SALVTEM.⟩

Heri dederam ad te litteras exiens e Puteolano deverte- 1
ramque in Cumanum. Ibi bene valentem videram Piliam.
Quin etiam paulo ⟨post⟩ Cumis eam vidi. Venerat enim in
funus; cui funeri ego quoque operam dedi. Cn. Lucceius,
familiaris noster, matrem efferebat. Mansi igitur eo die in
Sinuessano atque inde mane postridie Arpinum proficiscens
hanc epistulam exaravi. Erat autem nihil novi quod aut 2
scriberem aut ex te quaererem, nisi forte hoc ad rem putas pertinere: Brutus noster misit ad me orationem suam habitam in contione Capitolina petivitque a me ut eam ne ambitiose corrigerem ante quam ederet. Est autem oratio scripta elegantissime sententiis, verbis, ut nihil possit ultra. Ego tamen si illam causam habuissem, scripsissem ardentius. Ὑπόθεσις vides quae sit ⟨et⟩ persona dicentis. Itaque eam corrigere non potui. Quo enim in genere Brutus noster esse vult et quod iudicium habet de optimo genere dicendi, id ita consecutus est in ea oratione ut elegantius esse nihil possit; sed ego secutus aliud sum, sive hoc recte sive non recte. Tu tamen velim orationem legas, nisi forte iam legisti, certioremque me facias quid iudices ipse. Quamquam vereor ne

3 *novam ep. incipiunt* $M^c b^2$ heri *Lamb.* [*ed. alt.*]: here *RCλ*: hercle *Δ* 4 ibi M^c*bms*: tibi RM^1d: ubi *κ* bene *Sal.–Reg.*: pene *RΔ*: plane *cod. Vrs.* 5 paullo ⟨post⟩ *Lamb.*: paul(l)o $RΔZ^b$: paulo ante b^2: paullum *Iunius* cumis b^2Z^b: clam iis *Δ*: damus *R* 6 Lucceius *scripsi*: lucul(l)us *RΔ* 7 efferebat M^2b *ex corr.*: efferat *RΔ* 11 noster M^2: non *ERΔ* [vel noster *in marg. s*] $Z^{(t)}λ$: *rasura est in b* 15 ego tamen *ERδ*: cogitamen M^1 16 et *add. Orelli* eam M^c: iam *EΔ* [*post* corr- *b*]: iam enim *R* 18 id ita M^cZ^t: edita M^1: et ita ERM^2dm: ita *b* [*post ras.*] *s* 19 in ea or- EM^c [*ut vid.*] *bms*: in ea or- est *R*: sine ea or- est M^1: sine ea or- *d* 20 secutus *Pius*: solus *ERΔ* sive [*prius*] M^c: spe *ERMdm*: s(a)epe *bs* 21 or- leg- ER^2PM^cds: leg- or- R^1: tu mor- [tum or- M^2] leg- M^1: eam or- leg- *bm* iam *ERδ*: eam M^1Z^t: *om. P*

cognomine tuo lapsus ὑπεραττικὸς sis in iudicando. Sed si recordabere Δημοσθένους fulmina, tum intelleges posse et ἀττικώτατα ⟨et⟩ gravissime dici. Sed haec coram. Nunc nec sine epistula nec cum inani epistula volui ad te Metrodorum venire.

II *Scr. in Vesciano xiv Kal. Iun. an. 44.*

⟨CICERO ATTICO SALVTEM.⟩

1 xv Kal. e Sinuessano proficiscens cum dedissem ad te litteras devertissemque †acutius† in Vescino accepi a tabellario tuas litteras; in quibus nimis multa de Buthroto. Non enim tibi ea res maiori curae aut est aut erit quam mihi. Sic enim decet te mea curare, tua me. Quam ob rem id quidem sic susceptum est mihi ut nihil sim habiturus antiquius.

2 L. Antonium contionatum esse cognovi tuis litteris et aliis sordide, sed id quale fuerit nescio; nihil enim scripti. De Menedemo probe. Quintus certe ea dictitat quae scribis. Consilium meum a te probari quod ea non scribam quae tu a me postularis facile patior, multoque magis id probabis, si orationem eam de qua hodie ad te scripsi legeris. Quae de legionibus scribis, ea vera sunt. Sed non satis hoc mihi videris tibi persuasisse qui de Buthrotiis nostris per senatum speres confici posse †quod puto tantum enim video non videmur esse victori† sed, ut iam nos hoc fallat, de Buthroto te non fallet.

1 ὑπεραττικὸς *Crat.*: hyperatticus *C*: hypar att- *E et sim. RΔ* 2 ἀττικώτατα b^2: attico tota *vel sim. ERΔC* 3 et *add. Lamb.* 7 *novam ep. faciunt* δ [*salut. om. bdm*]: *superioribus coniungunt RM* 8 acutius *PΔ* Z^t: accu- *R*: ad *cum nomine proprio latere opinatus est Klotz* vescino $Z^t\lambda$: vesciano *vel sim. RΔ* 12 habiturus *R*δ: -rum M^1 antiquius *P*δ: -quis RM^1 13 l(ucium) antonium δ: -us -us $RM^1\lambda$ 14 sordide *Δ*: -dibus *R* scripti M^1: -psti M^2m: -psisti *bds*: -psi *R* 15 probo b^2 16 te b^2: se *RΔ* 17 probabis δ: probis M^1: -bes *R* 18 eam M^c: meam *RΔ* hodie M^cC: hoc die *Ω* 20 tibi *b ex corr.*: sibi $R\Delta Z^t$ qui *RZ*: quid *Δ* 22 victori *RΔZ*: -turi b^2s^2 *quae inter obelos reliqui eiusmodi fuisse suspicor*: quod ⟨vix⟩ puto. tantum e- v-, non videmur ⟨otiose⟩ esse victuri. *alii aliter* sed *RMdm*: si *bs* ut iam *Klotz*: etiam $R\Delta Z^{(t)}$: etiam ⟨si⟩ *Iens.* nos *om. bm* fallat *RΔ*: -lit Z^t te *om. b*

De Octavi contione idem sentio quod tu, ludorumque eius 3
apparatus et Matius ac Postumus mihi procuratores non placent; Saserna conlega dignus. Sed isti omnes, quem ad modum sentis, non minus otium timent quam nos arma. Balbum levari invidia per nos velim, sed ne ipse quidem id fieri posse confidit. Itaque alia cogitat.

Quod prima disputatio Tusculana te confirmat sane gaudeo; 4
neque enim ullum est perfugium aut melius aut paratius. Flamma quod bene loquitur non moleste fero. Tyndaritanorum causa, de qua [causa] laborat, quae sit ignoro. †Hos tamen† *Πεντέλοιπον* movere ista videntur, in primis erogatio pecuniae. De Alexione doleo, sed quoniam inciderat in tam gravem morbum, bene actum cum illo arbitror. Quos tamen secundos heredes scire velim et diem testamenti.

III *Scr. in Arpinati xi Kal. Iun. an. 44.*

⟨CICERO ATTICO SALVTEM.⟩

XI Kal. accepi ⟨in Arpi⟩nati duas epistulas tuas, quibus 1
duabus meis respondisti. Vna erat XV Kal., altera XII data. Ad superiorem igitur prius. Accurres in Tusculanum, ut scribis; quo me VI Kal. venturum arbitrabar. Quod scribis parendum victoribus, non mihi quidem, cui sunt multa potiora. Nam illa quae recordaris Lentulo et Marcello consulibus acta a me in aede Apollinis, nec causa eadem est nec

2 marius [va-] *bs* ac *EΔ* : et *R* post(h)umus *ERM¹b* : -mius *PM^c dms* 5 invidiam *M¹* 10 causa laborat *R* [*sed* -ant] *PMdWλ* : tam l- *bms* : pansa l- *cod. Vrs.* : Casca l- *Boot* : laboras *Man.* hos *RMb¹m* : hoc *ds* : nos *b^a* : *fort.* vos 11 ΠЄΤΝЄΑΟΙΝΟΝ *R et sim. P* [*vide ad p.* 245. 13] 13 tam *EPδ* : ira *RM¹W* : ita *Vict.* 14 velim *Orelli* : vellem *RΔ* 17 *novam ep. faciunt M^c bms* [*salut. om. bm*] : *superioribus coniungunt RMd* ⟨in Arpi⟩nati *Lamb.* : nati [-cti *P*] *ORZ* : *om. Δ* quibus duabus *Δ* : *om. R* 19 accurres [-ures *M¹d*] *Δ* : accusares *R* 20 .VI. *RMbm* : .VII. *ds* 23 a me *Z^t cod. Helmst.* : me *RM¹dmZ^β λλ cod. Ant.* : sine me *P cod. Faërn.* : *om. M^c s* : *rasura est in b*

simile tempus, praesertim cum Marcellum scribas aliosque discedere. Erit igitur nobis coram odorandum et constituendum tutone Romae esse possimus. Novi conventus habitatores sane movent; in magnis enim versamur angustiis. Etsi ista parvi pendimus, qui vel maiora contemnimus. Calvae testamentum cognovi, hominis turpis ac sordidi. Tabula Demonici quod tibi curae est gratum. De Manlio scripsi iam pridem ad Dolabellam accuratissime, modo redditae litterae sint. Eius causa et cupio et debeo.

2 Venio ad propiorem. Cognovi de Alexione quae desiderabam. Hirtius est tuus. Antonio quam iam est volo peius esse. De Quinto filio, ut scribis, ἄλις. De patre coram agemus. Brutum omni re qua possum cupio iuvare. Cuius de oratiuncula idem te quod me sentire video. Sed parum intellego quid me velis scribere quasi a Bruto habita oratione, cum ille ediderit. Qui tandem convenit? an sic ut in tyrannum iure optimo caesum? Multa dicentur, multa scribentur a nobis, sed alio modo et tempore. De sella Caesaris bene tribuni; praeclaros etiam XIV ordines! Brutum apud me fuisse gaudeo, modo et libenter fuerit et sat diu.

2 erat *d* coram odor- *C* : cura moder- *RΔ* [nobis *post* cura *b*] 3 tutine Z^tλ habitatores *Rom.* : -ris *RΔ*Z^t 4 sane *Rom.* : an ne *RΔ* : an me Z^t : sane me *κ* monent *M*[?]b^2*d* 5 etsi *Peerlkamp* : sed si *RΔ*$Z^{(t)}$: sed sunt *Rom.* parvipendimus *Rbs* : parvi *Mdm* qui vel *scripsi* : quin et *RMdm* : num et *bs* : certe *κ* : quin etiam *Baiter* : quin vel *Mueller* contemnemus *bs* 7 Manlio *Shuckburgh* : malo *RΔZ* 8 reddit(a)e lit(t)er(a)e sint [sunt *Mm*] *Mm Rom.* : r- sunt l- *ds* : r- sunt b^1 [litt- *ante* redd- *add.* b^2] : mihi l- r- sunt *R* [r- m- l- s- *P*] : l- m- r- s- *κ* 9 eius enim causa omnia *R* 11 quam iam *Orelli* : quoniam *RΔ*Z^t : quam *s* 12 filio ut *Man.* : fui *RΔ* : [fil. *s*, F. *b*. ut *non habuit* Z^t] ἄλις *Turnebus* : ΑΜC Z^t : Α. [Λ. *d*] M.C. [S. *P*] *RMd* : a [ad b^2] M.Q. *bms* : ἄλας *cod. Vrs.* : Ἰλιάς *Bos.* 13 omni re qua δ : omniṣ reṣ qua *M* : in omnis [-nes *P*] res quas *R* 15 quasi *Δ* : iam q- *R* : q- iam *P* habitam orationem *Gronovius* ille iam eam ed- *R* 16 convenitur *R* 19 praeclare *Jordan* ordines *Sal.–Reg.* : -nis *RΔ* Brutum] *hinc novam ep. incipit* b^2

IV *Scr. in Arpinati ix Kal. Iun. an. 44.*

⟨CICERO ATTICO SALVTEM.⟩

IX Kal. H. VIII fere a Q. Fufio venit tabellarius. Nescio 1
quid ab eo litterularum, uti me sibi restituerem; sane insulse,
ut solet, nisi forte quem non ames omnia videntur insulse
fieri. Rescripsi ita ut te probaturum existimo. Idem mihi duas
a te epistulas reddidit, unam XI, alteram X. Ad recentiorem
prius et leviorem: * * * laudo; si vero etiam Carfulenus, ἄνω
ποταμῶν. Antoni consilia narras turbulenta. Atque utinam
potius per populum agat quam per senatum! quod quidem
ita credo. Sed mihi totum eius consilium ad bellum spectare
videtur, si quidem D. Bruto provincia eripitur. Quoquo
modo ego de illius nervis existimo, non videtur fieri posse sine
bello. Sed non cupio, quoniam cavetur Buthrotiis. Rides?
at per senatus consultum doleo, non mea potius adsiduitate,
diligentia, gratia perfici. Quod scribis te nescire quid nostris 2
faciendum sit, iam pridem me illa ἀπορία sollicitat. Itaque
stulta iam Iduum Martiarum est consolatio. Animis enim

3 IX *Schiche*: XI Z^t: .X. *RΔ* H. VIII. $Z^{(b)}$: .VIII. *RMm*: iuñ. *ds*: iunñ *in ras. b*: H. X. *Buecheler et edd. recc.*, *codd. lectionum ignari* a Q. *Vict.*: ea que M^1: ea qu(a)e a *Rδ* 4 ab eo *Mds*: habeo *R*: *om. bm* litterarum b^1ms 5 solet M^cbs: solum RM^1dm quem] quae *Bos.*: quom *Reid* insulse *Iens.*: -lsa *RΔ* 6 fieri *Pδ*: -re RM^1 rescripsi *Wes.*: scr- *RΔ* idem Z^t: *om. RΔ* 7 reddidit [reddit *d*] unam *δ*: -didi tu nam RM^1: -didi unam *P* .X. *RMbm*: .XI. *d*: .XII. *s*: x datam *Wes.* 8 leviorem *Pbs*: leni- *RMdmZ*: legi- *cod. Graevii* *lacunam statuit Wes.*: ⟨Egnatuleium⟩ laudo *Reid*: *anne* ⟨legionem⟩ laudo? carf- *κ* [*item* cars-]: calf- *RΔC*: calphurnius *s* 10 per populum *δ*: perpolutum RM^1 quod *δ*: cui RM^1CZ^t 11 eius *om. s* 12 quoquom- $ΔZ^{(t)}$: quom- *R* 13 ego *om. R* 14 cavetur b^1 [ur *eras.*] *s*: caretur *PMdmWZ*: carent *R* 15 at per senatus consultum doleo *scripsi* [at sco. d- *Tyrrell–Purser*]: abscondo [*del.*] aps condoleo *M*: aps. condoleo *d*: abscon d- $mZ^β$ [b *exp. m*]: abscond- $Z^{l(t)}$: abst [*spat.*] cond- *s*: absconse d- *R*: ab cordolio $b^2κ$ [*de* b^1 *non liquet*]: at ego doleo *Lamb.* 16 profici *P*: -cisci *R* 18 stulta iam *δ*: iste luta iam [-ayam M^1] RM^1 est *post* iam *bm*

usi sumus virilibus, consiliis, mihi crede, puerilibus. Excisa enim est arbor, non evulsa. Itaque quam fruticetur vides. Redeamus igitur, quod saepe usurpas, ad Tusculanas disputationes. Saufeium de te celemus; ego numquam indicabo. Quod te a Bruto scribis, ut certior fieret quo die in Tusculanum essem venturus, ut ad te ante scripsi, VI Kal., et quidem ibi te quam primum per videre velim. Puto enim nobis Lanuvium eundum et quidem non sine multo sermone. Sed μελήσει.

3 Redeo ad superiorem. Ex qua praetereo illa prima de Buthrotiis; quae 'mihi sunt inclusa medullis,' sit modo, ut scribis, locus agendi. De oratione Bruti prorsus contendis, cum iterum tam multis verbis agis. Egone ut eam causam quam is scripsit? ego scribam non rogatus ab eo? Nulla παρεγχείρησις fieri potest contumeliosior. 'At' inquis 'Ἡρακλείδειον aliquod'. Non recuso id quidem, sed et componendum argumentum est et scribendi exspectandum tempus maturius. Licet enim de me ut libet existimes (velim quidem quam optime), si haec ita manant ut videntur (feres quod dicam), me Idus Martiae non delectant. Ille enim numquam revertisset, nos timor confirmare eius acta non coegisset, aut, ut in Saufei eam relinquamque Tusculanas disputationes ad quas tu etiam Vestorium hortaris, ita gratiosi eramus apud illum

2 frut- *Nonius* [*Lindsay*, *p.* 769]: fruct- *RΔ*: fructificetur *d* 3 quod *scripsi*: quoniam *RΔ* 4 de te *anon. ap. Lamb.*: pete *RΔ* celemus *Δ*: et lenius [levius *P*] *R* indicabo *bms*: iud- *RM*[?]*d* 5 Bruto ⟨rogari⟩ *Michael Brutus* scribis *ΔR* [*RP quae habent interpolata praetereo*]: -bit *O* Tusculano *Baiter* 6 venturus *R codd. Faërn. Ant.*: fut- *Δλ* *Baiter*: it- *Corr.* ad te ante *RΔ*: ante ad te *Os* 7 per v- *Gronovius*: perv- *RΔ* 10 sup- epistolam *R* 13 cum iterum Z^b*λ*: committere M^1: mecumque iterum *Rδ* 14 ego *Mbs*: egi *Rdm* nulla *bs*: -am *RMdm* 15 potest M^c*bms*: potes M^1*d*: petis *R* -*είδειον* *Rom.*: -ЄΙΔΙΟΝ *Δ*: -ЄΙΑΤΟΝ *R* 16 aliquid *Wes.* 19 manant *RMdmλ*: -neant *bs*: -nent *cod. Ball.* feres *δ*: fieres RM^1 22 saufei eam Z^t: saufeleam $RΔZ^{lb}$: -liam $Z^β$ relinquamque RZ^b: reliq- $MdmZ^{lt}$: reliquasque *bs*

(quem di mortuum perduint!) ut nostrae aetati, quoniam interfecto domino liberi non sumus, non fuerit dominus ille fugiendus. Rubeo, mihi crede, sed iam scripseram; delere nolui.

De Menedemo vellem verum fuisset. De regina velim **4**
verum sit. Cetera coram, et maxime quid nostris faciendum
sit, quid etiam nobis, si Antonius militibus obsessurus est
senatum. Hanc epistulam si illius tabellario dedissem, veritus
sum ne solveret. Itaque misi dedita. Erat enim rescribendum tuis.

IV a *Scr. in Arpinati c. viii Kal. Iun. an. 44.*

⟨CICERO ATTICO SALVTEM.⟩

Quam vellem Bruto studium tuum navare potuisses! Ego (5)
igitur ad eum litteras. Ad Dolabellam Tironem misi cum
mandatis et litteris. Eum ad te vocabis et si quid habebis
quod placeat scribes. Ecce autem de traverso L. Caesar ut
veniam ad se rogat in Nemus aut scribam quo se venire
velim; Bruto enim placere se a me conveniri. O rem odiosam
et inexplicabilem! Puto me ergo iturum et inde Romam,
nisi quid mutaro. Summatim haec ad te; nihildum enim
a Balbo. Tuas igitur exspecto, nec actorum solum sed etiam
futurorum.

1 perduint *C*Z^{t}λ: tu M^{1} [per dii inter *in marg. add.; hoc del.*, perdant *superscr.* M^{2}]: perdant. tu [tu *eras. in b*] δ: perdant *R* 9 solveret *b*: -rit *RΔ* dedita *RΔ*$Z^{(t)}$: d- opera b^{2} 13 *novam ep. agnovit Mongaltius* potuisses *R*: -sse δZ^{t}: potius se M^{1} 16 transv- *bms* 19 iturum *Pb* [*ex corr.*] *s*: iterum *RMdm* 20 haec *scripsi*: ad d [*del.*] h^{c} *R*: at hec *P*: adhuc *Δ* a te *s*

V

Scr. in Tusculano vi vel v Kal. Iun. an. 44.

⟨CICERO ATTICO SALVTEM.⟩

1 A Bruto tabellarius rediit; attulit et ab eo et Cassio. Consilium meum magno opere exquirunt, Brutus quidem utrum de duobus. O rem miseram! plane non habeo quid scribam. Itaque silentio puto me usurum, nisi quid aliud tibi videtur; sin tibi quid venit in mentem, scribe, quaeso. Cassius vero vehementer orat ac petit ut Hirtium quam optimum faciam. Sanum putas? ὅτε ναῦς ἄνθρακες. Epistulam tibi misi.

2 Vt tu de provincia Bruti et Cassi per senatus consultum, ita scribit et Balbus et * * * Hirtius quidem se afuturum (etenim iam in Tusculano est) mihique ut absim vehementer auctor est, et ille quidem periculi causa, quod sibi etiam fuisse dicit, ego autem, etiam ut nullum periculum sit, tantum abest ut Antoni suspicionem fugere [non] curem ne videar eius secundis rebus non delectari ut mihi causa ea sit

3 cur Romam venire nolim ne illum videam. Varro autem noster ad me epistulam misit sibi a nescio quo missam (nomen enim delerat) in qua scriptum erat veteranos eos qui reiciantur (nam partem esse dimissam) improbissime loqui, ut magno periculo Romae sint futuri qui ab eorum partibus dissentire

3 *novam ep.* *incipit* b^2 attulit et *RΔ*: et att- *m*: att- etiam *E* cassio RM^1: c- litteras *Eδ* [a c- *bds*] 5 o *om. E* 8 vero *RΔ*: autem *E* orat [rogat *s*] ac petit *Ω*: errat: petit *Lamb.* 9 facias *E* ὅτε ν- ἄ- *C et simillima ORMm*: ΟΓΝΑΥΕϹ ΑΝΘΡΑΚΕΥϹ Z^b: ἄνθρακες *bd*: ὁ θησαυρὸς ἄ- *Vict.* 11 per s.c. ita s^2: perscita *RΔ*: persica *P*: per cita *Zλ* 12 et etiam balbus *R* et ⟨Oppius⟩; H- quidem *Mueller*: et H- ⟨qui⟩ quidem *Bos.* quidem se] se q- *m* afuturum *Orelli*: act- *RΔ* 13 et enim *EΔ*: et is *R*: et *P* 14 est $b^2\lambda$[?]: *om. ERΔ* ille $EP\Delta Z^{(\beta)}\lambda$: illi *R* sibi *Eδ*: si RM^1 16 non *del. Lamb.* (*marg.*): nunc b^2 curem *om.* b^1m 17 ea sit *Wes.*: esset $\Delta Z^{(t)}$: esse *EP*: esse videatur *R* 18 cur *ER*: ut *Δ* [*om. m*] romam *Ebds*: rome *RMm* velim *E* 20 delerat $ERMb^2dmC$: deerat b^1s 22 Romae *om. ds*

videantur. Quis porro noster itus, reditus, vultus, incessus inter istos? Quod si, ut scribis, L. Antonius in D. Brutum, reliqui in nostros, ego quid faciam aut quo me pacto geram? Mihi vero deliberatum est, ut nunc quidem est, abesse ex ea urbe in qua non modo florui cum summa verum etiam servivi cum aliqua dignitate; nec tam statui ex Italia exire, de quo tecum deliberabo, quam istuc non venire.

VI *Scr. in Arpinati c. iv Non. Quint. (?) an. 44.*

⟨CICERO ATTICO SALVTEM.⟩

1 Cum ad me Brutus noster scripsisset et Cassius, ut Hirtium, qui adhuc bonus fuisset ⟨meliorem facerem, quem neque adhuc bonum fuisse⟩ sciebam, neque eum confidebam fore mea auctoritate meliorem; Antonio est enim fortasse iratior, causae vero amicissimus—tamen ad eum scripsi eique dignitatem Bruti et Cassi commendavi. Ille quid mihi rescripsisset scire te volui, si forte idem tu quod ego existimares, istos etiam nunc vereri ne forte [ipsi] nostri plus animi habeant quam habent.

'HIRTIVS CICERONI SVO SALVTEM.

2 Rure⟨ne⟩ iam redierim quaeris. An ego, cum omnes caleant, ignaviter aliquid faciam? Etiam ex urbe sum profectus, utilius enim statui abesse. Has tibi litteras exiens in Tusculanum scripsi. Noli autem me tam strenuum putare ut ad

2 scribis *κ*: -bit *ERΔ* in [?] .d. *E*: inde .D. *R*: vide *P*: inde cum in .D. *Δ* 3 pacto *Vict.*: facto *RM*^{1}*msC*: fato *EM*^{2}*b* [*ex* facto?] *d* 11 qui adhuc bonus fuisset *M*^{1}: quem a- bonum fuisse *ERδ* [bonum civem *s*] meliorem . . . fuisse *addidi*, *haec Madvig*: confirmarem et excitarem, etsi alieno a causa animo fuisse 12 sciebam . . . confidebam *M*^{1}: -ant . . . -ant *ERδ* 13 meliorem *M*^{1}: m- facerem *ERδ* 14 caus(a)e *RΔ*: panse *E* 16 isto *M*^{1} 17 ipsi *seclusi* [*an* illi *scribendum?*] habeant quam *EPδ*: quam *M*^{1}: habeat quod *R* 20 rurene *Wes.*: rure *ERΔZ*^{t} tam *Z*^{t} redieram *b*^{1}*ms* 22 utilius *PM*^{c}*s*^{2}: ut illius *ERΔ* statui *PM*^{c}*b*[?]*s*: -us *ERM*^{1}*dm*

Nonas recurram. Nihil enim iam video opus esse nostra cura, quoniam praesidia sunt in tot annos provisa. Brutus et Cassius utinam quam facile a te de me impetrare possunt ita per te exorentur ne quod calidius ineant consilium! Cedentis
3 enim haec ais scripsisse: quo aut qua re? Retine, obsecro te, Cicero, illos et noli sinere haec omnia perire, quae funditus ⟨medius⟩ fidius rapinis, incendiis, caedibus pervertentur. Tantum si quid timent caveant, nihil praeterea moliantur. Non medius fidius acerrimis consiliis plus quam etiam inertissimis, dum modo diligentibus, consequentur. Haec enim, quae fluunt per se, diuturna non sunt; in contentione praesentis ad nocendum habent viris. Quid speres de illis in Tusculanum ad me scribe.'

4 Habes Hirti epistulam. Cui rescripsi nil illos calidius cogitare idque confirmavi. Hoc qualecumque est te scire volui.

Obsignata iam Balbus ad me Serviliam redisse, confirmare non discessuros. Nunc exspecto a te litteras.

VII *Scr. in Tusculano c. iv Kal. Iun. an. 44.*

⟨CICERO ATTICO SALVTEM.⟩

Gratum quod mihi epistulas; quae quidem me delectarunt, in primis Sexti nostri. Dices, 'quia te laudat'. Puto me hercule id quoque esse causae, sed tamen etiam ante quam ad eum locum veni, valde mihi placebat cum sensus eius de re publica †cum tum† scribendi. Servius vero pacificator cum librariolo

2 quoniam *RΔ*: quin *E* 3 de me *EPMb²ds*: de me ate *R*: de *m*: *om. b¹* 4 calidius *Z⁽ˡ⁾ᵗκ cod. Vrs.*: cald- *Eλ*: callid- *RΔ* 7 medius *Pb²*: *om. ERΔZᵗ* pervertentur *scripsi*: -tuntur *ERΔ* tamen si *ds* 14 nil *Δ*: ni(c)hil *RP* calidius *M¹*: call- *Rδ* 15 est *scripsi*: esset *RΔ* 20 *novam ep. incipit b²* gratum *Δ*: g- est *R* 21 in *Δ*: sed in *R* Sexti(i) nostri *b² Rom.*: sex. [ti *superscr. R*] .N. [.N̄. *Mm*] *RMbm*: sex. noñ. *ds* 24 cum tum scr- *Mdm*: tum cura scr- *bs*: tum scr- *Z⁽ᵗ⁾* [*ut vid.*]: tamen etiam scr- genus *R*, *unde* tum genus scr- *Fr. Schmidt*, *fort. recte*: cum tamen scr- *P*: tum scr- causa *κ* pacificator *Man.*: -to *RΔZ⁽ᵗ⁾* librariolo *b²*: liberiolo *RΔ*: tabellario *b¹*

suo videtur obisse legationem et omnis captiunculas pertimescere. Debuerat autem non 'ex iure manum consertum' sed quae sequuntur; tuque scribes.

VIII *Scr. in Tusculano prid. Kal. Iun. an. 44.*

⟨CICERO ATTICO SALVTEM.⟩

Post tuum discessum binas a Balbo (nihil novi) itemque 1
ab Hirtio, qui se scribit vehementer offensum esse veteranis. Exspectat animus quidnam agam de Kalendis [Mart.]. Misi igitur Tironem et cum Tirone pluris quibus singulis, ut quidque accidisset, dares litteras, atque etiam scripsi ad Antonium de legatione, ne, si ad Dolabellam solum scripsissem, iracundus homo commoveretur. Quod autem aditus ad eum difficilior esse dicitur, scripsi ad Eutrapelum ut is ei meas litteras redderet; legatione mihi opus esse. Honestior est votiva, sed licet uti utraque.

De te, quaeso, etiam atque etiam vide. Velim possis coram; 2
si minus possis, litteris idem consequemur. Graeceius ad me scripsit C. Cassium sibi scripsisse homines comparari qui armati in Tusculanum mitterentur. Id quidem mihi ⟨vix veri simile⟩ videbatur; sed cavendum tamen, villaeque plures visendae. Sed ⟨debet⟩ aliquid crastinus dies ad cogitandum nobis dare.

1 videtur *Rom.*: -entur $RΔZ^{(t)}$ captiones *b* 2 manum λ [?]: -nu *RΔ* 3 tuque $ΔZ^{(t)}$: tu *R*: tu quoque *Sal.–Reg.* 6 item ab *s* 8 mart(iis) *RΔ*: *del. Corr.* misi δ: nisi RM^1 10 quidque [quicq-] *Zκ*: quisq- *RΔ* 15 est *Δ*: et *R* sed *om. R* 17 possis *del. Wes.* consequemur *Rb*: -uimur *Mdm*: -uamur *s* greceius *Δ*: g̃teius *R*: gract- *P* 18 comparari *bms*: -re *RMd* [-pare *R*] 19 vix veri s- *addidi* [*cf. p.* 27. 5, *Phil.* 13. 36, *Liv.* 26. 22. 15]: *alii alia* 20 villaeque *Bos.*: ut ille qu(a)e $RΔZ^l$ 21 visendae *Wes.*: vidend(a)e *RΔZ* [-dum *P*] sed ⟨debet⟩ *scripsi*: sed *RΔZ*: debet *Lamb.* 22 dare $RΔZ^b$: dabit Pb^2 *cod. Vrs.*

IX

Scr. in Tusculano iv aut iii Non. Iun. an. 44.

⟨CICERO ATTICO SALVTEM.⟩

1 IIII Non. vesperi a Balbo redditae mihi litterae fore Nonis senatum, ut Brutus in Asia, Cassius in Sicilia frumentum emendum et ad urbem mittendum curarent. O rem miseram! primum ullam ab istis, dein, si aliquam, hanc legatoriam provinciam! Atque haud scio an melius sit quam ad Eurotam sedere. Sed haec casus gubernabit. Ait autem eodem tempore decretum iri ut et iis et reliquis praetoriis provinciae decernantur. Hoc certe melius quam illa *Περσικὴ* porticus; †nolo enim Lacedaemonem longinquo quo in Lanuvium existimavit†. 'Rides' inquies 'in talibus rebus?' Quid faciam? Plorando fessus sum.

2 Di immortales! quam me conturbatum tenuit epistulae tuae prior pagina! quid autem iste in domo tua casus †armorum†? Sed hunc quidem nimbum cito transisse laetor. Tu quid egeris tua cum tristi tum etiam difficili ad consiliandum legatione vehementer exspecto; est enim inexplicabilis. Ita circumsedemur copiis omnibus. Me quidem Bruti litterae quas ostendis a te lectas ita perturbarunt ut, quamquam ante egebam consilio, tamen animi dolore sim tardior. Sed plura, cum ista cognoro. Hoc autem tempore quod

3 *novam ep. incipit* b^2 IIII noñ. *bs*: munon *Mdm*: minon *R* redd- m- l- *PMm*: m- redd- l- *Rb*: m- l- redd- *ds* 6 ullam RM^1bm: nu- M^2ds dein *Δ*: dem *b*: demum *R* legatoriam *RΔZ*: -tariam b^2 9 decernantur δ [-atur *s*]: -nentur RM^1 10 illa persice PM^1 [persicae *etiam* Z^t]: ille p- *Rbs*: illa per sicc(a)e M^cdm nolo *PΔ*: nullo *R* 11 longinquo quo in RM^1: l- quom M^cmsZ^b [longinquum Z^t; *sed quaere*]: l- cum *b*: quin [n *ex corr.*] *d*: exilio magis l- exulare quam in *P* existimavit *RΔZ*: -ant *P* *potuit certe sic*: nullam e- L- longinquiorem quam Lanuvinam existimaris. *nam priorum coniecta feles rideant, non homines* 15 quid] qui *Wes.*, *fort. recte* armorum *vix sanum*: armariorum *Tyrrell–Purser*, *haud illepide* 17 ⟨de⟩ tua *anon. ap. Corr.* etiam *RΔ*: et *E* concil- *P* 18 legatione *ERbs*: -nem $MdmZ^{(t)}$ 21 consilio *EΔ*: -iis *R*

scriberem nihil erat, eoque minus quod dubitabam tu has ipsas litteras essesne accepturus. Erat enim incertum visurusne te esset tabellarius. Ego tuas litteras vehementer exspecto.

X *Scr. in Tusculano (?) Non. Iun. aut postridie an. 44.*

⟨CICERO ATTICO SALVTEM.⟩

O Bruti amanter scriptas litteras! O iniquum tuum tempus qui ad eum ire non possis! Ego autem quid scribam? ut beneficio istorum utantur? Quid turpius? Vt moliantur aliquid? Nec audent nec iam possunt. Age, quiescant auctoribus nobis; quis incolumitatem praestat? Si vero aliquid de Decimo gravius, quae nostris vita, etiam si nemo molestus sit? Ludos vero non facere! quid foedius? Frumentum imponere! quae est alia Dionis legatio aut quod munus in re publica sordidius? Prorsus quidem consilia tali in re ne iis quidem tuta sunt qui dant; sed possim id neglegere proficiens; frustra vero quid ingrediar? Matris consilio cum utatur vel etiam precibus, quid me interponam? Sed tamen cogitabo quo genere utar litterarum; nam silere non possum. Statim igitur mittam vel Antium vel Circeios.

XI *Scr. in Antiati v (?) Id. Iun. an. 44.*

⟨CICERO ATTICO SALVTEM.⟩

Antium veni ante H. vi. Bruto iucundus noster adventus. 1
Deinde multis audientibus, Servilia, Tertulla, Porcia, quaerere

3 vehem- *om. R* 6 *novam ep. incipit b²* 9 audent *Ps*: audient *RΔ* [i *eras. in b*] λλ possunt δ: posunt *P*: possum *RM¹*λλ 11 gravius quae *Corr.*: graciisque *M¹*: gracc(h)isq- δ [-s quae *d*]: graccus [*hoc et Zᵗ*] que *R* 14 iis *bm*: is *R*: his *PMds* 15 possum *bms* proficiscens *Rb²* 16 quid *bs*: quin *RM¹Zᵗ*: qui *Mᶜdmκ*: qm̄ *P* consilio *Man.*: -ium *RΔZ⁽ᵗ⁾* 17 vel *M¹*: om. *Rδ* 18 nam silere *C*: *om. RΔ* 22 *novam ep. incipit b²* ante H. vi *scripsi*: ante K. [kł., kal.] vi. *ORM¹*: ante .vi. kł. [kal., caleñ.] *Eδ*: a.d. vi Idus *Baiter* [vi Idus *iam Stroth*] 23 servilia *EPδ*: deinde s- *ORM¹* portia *codd.*

quid placeret. Aderat etiam Favonius. Ego, quod eram meditatus in via, suadere ut uteretur Asiatica curatione frumenti; nihil esse iam reliqui quod ageremus nisi ut salvus esset; in eo etiam ipsi rei publicae esse praesidium. Quam orationem cum ingressus essem, Cassius intervenit. Ego eadem illa repetivi. Hoc loco fortibus sane oculis Cassius (Martem spirare diceres) se in Siciliam non iturum. 'Egone ut beneficium accepissem contumeliam?' 'Quid ergo agis?' inquam. At ille in Achaiam se iturum. 'Quid tu,' inquam, 'Brute?' 'Romam,' inquit, 'si tibi videtur.' 'Mihi vero minime; tuto enim non eris.' 'Quid? si possem esse, placeretne?' 'Atque ut omnino neque nunc neque ex praetura in provinciam ires; sed auctor non sum ut te urbi committas.' Dicebam ea quae tibi profecto in mentem
2 veniunt cur non esset tuto futurus. Multo inde sermone querebantur, atque id quidem Cassius maxime, amissas occasiones Decimumque graviter accusabant. ⟨Ad⟩ ea negabam oportere praeterita, adsentiebar tamen. Cumque ingressus essem dicere quid oportuisset, nec vero quicquam novi sed ea quae cotidie omnes, nec tamen illum locum attingerem, quemquam praeterea oportuisse tangi, sed senatum vocare, populum ardentem studio vehementius incitare, totam suscipere rem publicam, exclamat tua familiaris, 'Hoc vero neminem umquam audivi!' Ego repressi. Sed et Cassius mihi videbatur iturus (etenim Servilia pollicebatur se curaturam ut illa frumenti curatio de senatus consulto tolleretur) et

2 asiatica *ER* [asy-] δ: hac attica M^1Z^t: achaica O^2 3 salvus esset *cod. Vrs.*: -vos esse *Ω*: -vos *d* 6 mortem *d*: matrem b^2 *cod. Ball.* spirare *Vict.*: sper- *Ω*: spectare *b ex corr.* diceres se O^2M: -re se *Σ*δ [-rese *m*] 7 accepissem $\Sigma MdsCZ^t$: -se in bmZ^bZ^l [*ed. prima*]λ 8 ages *cod. Vrs.* at *ER*δ: ut OM^1 13 committam *d* 15 occas- *bms*: occis- *ΣMd* 16 accusabant *Z*: -bat *Ω* ⟨ad⟩ ea *scripsi*: ego *Vict.* 17 cumque *Man.*: quamquam *Ω* 18 dicere *ERs*: -rem *OΔ* [m *eras. in b*] 19 attingerem *Gronovius*: -ere ΩZ^l 20 vocare Z^b: -ri *ERΔ* 21 incitare *Z*: -ri *ERΔ* suscipere *Ω* [-pe *Rm*]Z^β : -pi *Orelli* 23 ego *om. bm* ⟨me⟩ repr- *Mal.*, *fort. recte* 24 curaturam *E*δ: -ra *R*: -rum *P* M^1

noster Brutus cito deiectus est de illo inani sermone ⟨quo se Romae⟩ velle esse dixerat. Constituit igitur ut ludi absente se fierent suo nomine. Proficisci autem mihi in Asiam videbatur ab Antio velle. Ne multa, nihil me in illo itinere praeter **3**
conscientiam meam delectavit. Non enim fuit committendum ut ille ex Italia prius quam a me conventus esset discederet. Hoc dempto munere amoris atque offici sequebatur ut mecum ipse,

Ἡ δεῦρ' ὁδός σοι τί δύναται νῦν, θεοπρόπε;

Prorsus dissolutum offendi navigium vel potius dissipatum. Nihil consilio, nihil ratione, nihil ordine. Itaque etsi ne antea quidem dubitavi, tamen nunc eo minus, evolare hinc idque quam primum, 'ubi nec Pelopidarum facta neque famam audiam'.

Et heus tu! ne forte sis nescius, Dolabella me sibi legavit **4**
a. d. III Non. [Apriles]. Id mihi heri vesperi nuntiatum est. Votiva ne tibi quidem placebat; etenim erat absurdum, quae si stetisset res publica vovissem, ea me eversa illa vota dissolvere. Et habent, opinor, liberae legationes definitum tempus lege Iulia nec facile addi potest †adeo† genus legationis ut, cum velis, introire exire liceat; quod nunc mihi additum est. Bella est autem huius iuris quinquenni licentia. Quamquam

1 brutus $\Sigma\delta Z^{(t)}$: *om.* M^1, *fort. recte* deiectus $P\delta$ [*praeter d*]: dele- ΣM^1: dile- *d* quo se Romae *addidi, praeeuntibus Boot* [se R-] *et Tyrrell* [quo R-] 4 preterquam *s* 5 conscientiam meam Σ: -tiam *b*: -tia mea Δ 11 ne ORM^1bms^2: *om.* EM^cds^1 12 dubitavi tamen s^2: -taveram tamen *b ex corr.* κ: -tabit [-tavi *s*, -tabas *P*] habitam [ab-] Ω 15 et $\Omega Z^{(t)}$: sed *Vict.* legavit *Sal.-Reg.*: -abit Ω 16 a.d. [ad] III. $OR\lambda$: adivi M^1: ad .IIII. δ Non. *Corr.*: nonas [noñ.] apriles [apr̄. *et sim.*] Ω [*num ex* non as?] 18 vovissem ea me ev- *Vict.*: bonis si meam et v- [meam et ev- O^1, m- ev- *b ex corr.*, me amet v- *C*] ΩC disolv- *M*: diis solv- b^2 19 liber(a)e *ORbs*: -rare *Mdm* -onis O^2M^cbms defin- O^1: difin- *M*: diffin- $R\delta$ 20 adeo $\Omega Z^{(lt)}$ ['*MSS. non habent* idque' *Lamb.*]: idque adeo b^2Z^β: ad id *cod. Vrs.*: idque aveo *Iac. Gronovius*: aveo *vulg.*: *multo malim* idque adeo . . . ⟨ne⟩ liceat. *sed vide ne talibus praestet cod. Vrs. lectio* 22 licentia *Pbs*: -iam *ORMdm*

⟨quid de⟩ quinquennio cogitem? Contrahi mihi negotium videtur. Sed βλάσφημα mittamus.

XII *Scr. in Antiati c. iii Id. Iun. an. 44.*

⟨CICERO ATTICO SALVTEM.⟩

1 Bene me hercule de Buthroto. At ego Tironem ad Dolabellam cum litteris, quia iusseras, miseram. Quid nocet? De nostris autem Antiatibus satis videbar plane scripsisse, ut non dubitares quin essent otiosi futuri usurique beneficio Antoni contumelioso. Cassius frumentariam rem aspernabatur; eam Servilia sublaturam ex senatus consulto se esse dicebat. Noster vero καὶ μάλα σεμνῶς in Asiam, postea quam mihi est adsensus tuto se Romae esse non posse (ludos enim absens facere malebat), statim autem se iturum simul ac ludorum apparatum iis qui curaturi essent tradidisset. Navigia conligebat; erat animus in cursu. Interea in isdem locis erant futuri. Brutus
2 quidem se aiebat Asturae. L. quidem Antonius liberaliter litteris sine cura me esse iubet. Habeo unum beneficium, alterum fortasse, si in Tusculanum venerim. O negotia non ferenda! quae feruntur tamen. *Τὰν δ' αἰτίαν τῶν Βρούτων τις ἔχει.* In Octaviano, ut perspexi, satis ingeni, satis animi, videbaturque erga nostros ἥρωας ità fore ut nos vellemus animatus. Sed quid aetati credendum sit, quid nomini, quid hereditati, quid κατηχήσει, magni consili est. Vitricus quidem

1 quid de [*om. et* $Z^{(t)}$] *add. Vict.* quinquennium $b^2\kappa$ 5 *novam ep. incipit* b^2 at *Pbms*: ad *RMd* 7 vestris *d* 8 dubitares quin essent *b*: -ris [*hoc et* Z^t] essent quin *Δ*: -ris esset cum *R* 9 -oso *Δ*: -ose *ER* 11 καὶ μάλα σεμνῶς *C*: KⲀIMⲀMCMNOC *RMm*: kł. *ds*: *om. b* [*sed* Brutus *post* vero *add.* b^2]: *μεμνός pro σεμνῶς* Z^t 13 autem ait *P* iis *Em*: is *R*: his *PΔ* 14 tradidissent M^1Z^t si *ER*: *om. Δ* 18 venerim *scripsi*: -it *ERΔ* [*cf. p.* 259. 17, *Phil. 12. 20*] o *om. E* 19 τὰν δ' *Vict.*: TⲀNΔЄ *PMm*: TNAЄ *R*: τῶν δὲ *Bos.*: τῶνδε *Boot* τίς *Man.* 20 ἔχει. in *Wes.*: ЄX. en RM [?]: ЄXЄN mZ^t: ЄX. GN. *P*: en *Ed* [*post spat.*]: *om. bs* [*pro Graecis habet E, ut solet,* Gr̄., *spat. bds*] ut p- ut satis M^1 23 κατηχήσει *Crat.*: KⲀΘHXHCE [KⲀO-] *ERMm*

nihil censebat; quem Asturae vidimus. Sed tamen alendus est et, ut nihil aliud, ab Antonio seiungendus. Marcellus praeclare, si praecipit nostra [nostri]. Cui quidem ille deditus mihi videbatur. Pansae autem et Hirtio non nimis credebat. Bona indoles, ἐὰν διαμείνῃ.

XIII *Scr. in Puteolano viii Kal. Nov. an. 44.*

⟨CICERO ATTICO SALVTEM.⟩

VIII Kal. duas a te accepi epistulas. Respondebo igitur 1
priori prius. Adsentior tibi ut nec duces simus nec agmen
cogamus, faveamus tamen. Orationem tibi misi. Eius custodiendae et proferendae arbitrium tuum. Sed quando illum
diem cum tu edendam putes? Indutias quas scribis non 2
intellego fieri posse. Melior est ἀναντιφωνησία, qua me usurum arbitror. Quod scribis legiones duas Brundisium venisse, vos
omnia prius. Scribes igitur quicquid audieris. Varronis διά- 3
λογον exspecto. ⟨Non⟩ improbo Ἡρακλείδειον, praesertim cum tu tanto opere delectere; sed quale velis velim scire. Quod ad te antea atque adeo prius scripsi (sic enim mavis), ad scribendum, ⟨si licet⟩ tibi vere dicere, fecisti me acriorem. Ad tuum enim iudicium, quod mihi erat notum, addidisti Peducaei auctoritatem, magnam eam quidem apud me et in

1 cessabat b^1 3 nostra *scripsi; cf. p.* 177. 9, *Q. Fr.* [*Watt*] *p. 92. 22*: nostro nostri *RΔ* : nostro nostra *Kayser* : *alii alia* 4 nimis *Mb²d* : minus *Rb¹ms* [u *in* i *corr.*] 5 διαμ- δλ : ΔΙΜ- *M* : ΑΙΜ- *R* 8 *novam ep. incipiunt M^c b²* Kal. *vel sim. RΔλ* : Kal. quintilis *P* epistolas *m* : literas [*del.*] epistolas [*exp.*] *M* : litteras *Rbs* : *om. d* 10 ⟨et⟩ cust- *Orelli* 11 aut prof- *Mueller* 12 cum *PΔ* : tu *R* tu tuendum vel tu edendam *b² in marg.* : tuenda *Δ* : -as *R* 14 quod δ : quo *M* : quos *R* legiones *O¹* [*ut vid.*] *RC* : legati- *Δ* 15 scribes *Δ* : -betur *d* : -beres *R* 16 ⟨non⟩ impr- *scripsi* : impr- *RΔZ^(t)* : nec impr- *b²* : iam pr- *Man.* -ειδειον *Rom.* : -είδιον δ : -ЄΙΔPONI *RM¹* 17 delectere δ : -tare *RM¹* 19 si licet *addidi* [*similia alii*] 20 ad tuum enim *b* : ut tuum [tum *d*] e- *ΔZ^(t)* : ut tuum *R* 21 eam *scripsi* : meam *R* : *om. Δ* me *bms* : te *R* : *om. Md*

primis gravem. Enitar igitur ne desideres aut industriam meam aut diligentiam. Vettienum, ut scribis, et Faberium foveo. Cloelium nihil arbitror malitiose; quamquam—sed quod egerit. De libertate retinenda, qua certe nihil est dulcius, tibi adsentior. Itane Gallo Caninio? ⟨O⟩ hominem nequam! quid enim dicam aliud? Cautum Marcellum! me sic, sed non tamen cautissimum.

4 Longiori epistulae superiorique respondi. Nunc breviori propiorique quid respondeam nisi eam fuisse dulcissimam? Res Hispanienses valde bonae, modo Balbillum incolumem videam, subsidium nostrae senectutis. De Anniano item, quod me valde observat Visellia. Sed haec quidem humana. De Bruto te nihil scire dicis, sed Selicia venisse M. Scaptium eumque non †qua pompa† ad se tamen clam venturum sciturumque me omnia; quae ego statim. Interea narrat eadem Bassi servum venisse qui nuntiaret legiones Alexandrinas in armis esse, Bassum arcessi, Cassium exspectari. Quid quaeris? videtur res publica ius suum reciperatura. Sed ne quid ante. Nosti horum exercitationem in latrocinio et amentiam.

XIII a *Scr. in Puteolano c. v Kal. Nov. an. 44.*

⟨CICERO ATTICO SALVTEM.⟩

1 (5) Dolabella vir optimus, etsi, cum scribebam secunda mensa apposita, venisse eum ad Baias audiebam, tamen ad me ex

1 enitar *Δ*: scribis incenitar *R*: scribis. me en- *P* 3 faveo *R* [-rio fa, *spat. rel.*, *P*] cloelium *RMdZ^tλ*: clodium *Pbms* sed quod *PMdZ^tλ*: sed *R*: siquid *bms* 5 ita *om. Z^t* Caninio *Corr.*: aninio *Z^(l)*: animo *RΔ* [anim *eras. in b*, *exp. in s*, *ita ut* o *exclamationi accedat*]: *om. d* o *om. RΔ* 6 catum *m*¹ 9 eam *PΔ*: *om. R* 10 Balbillum *Mongaltius*: -ilium *RΔ* 13 selicia [sael- *b*, sil- *P*, se litia *R*] *RΔλ*: servilia *cod. Vrs.* 14 qua ⟨solet⟩ pompa *b*²: ⟨anti⟩qua p- *Reid*: *fort.* qua ⟨quondam⟩ p- 17 expectari δ: -re *RM*¹ 23 *novam ep. auctore Graeter statuit Ruete* etsi *bs*: sed si *RMdm*

Formiano scripsit, quas litteras cum e balineo exissem accepi, sese de attributione omnia summa fecisse. Vettienum accusat (tricatur scilicet ut monetalis), sed ait totum negotium Sestium nostrum suscepisse, optimum quidem illum virum nostrique amantissimum. Quaero autem quid tandem Sestius in hac re facere possit quod non quivis nostrum. Sed si quid praeter spem erit, facies ut sciam; sin est, ut arbitror, negotium perditum, scribes tamen, neque ista res commovebit.

Nos hic φιλοσοφοῦμεν (quid enim aliud?) et τὰ περὶ τοῦ **2** (6)
καθήκοντος magnifice explicamus προσφωνοῦμένque Ciceroni; qua de re enim potius pater filio? Deinde alia. Quid quaeris? exstabit opera peregrinationis huius. Varronem hodie aut cras venturum putabant; ego autem in Pompeianum properabam, non quo hoc loco quicquam pulchrius sed interpellatores illic minus molesti. Sed perscribe, quaeso, quae causa sit Myrtilo (poenas quidem illum pependisse audivi) et satisne pateat unde corruptus.

Haec cum scriberem, tantum quod existimabam ad te **3** (7)
orationem esse perlatam. Hui, quam timeo quid existimes! Etsi quid ad me? quae non sit foras proditura nisi re publica reciperata. De quo quid sperem non audeo scribere.

1 e *om. bm*: a *P* accepi sese de attr- *M*[c]*bms*: accepisse [-cip- *M*[1] [?], accepi *P*] sedeat tributio ne *RMd* 2 summa vi *cod. Vrs.* 3 tricatur *b*[2]*s*: triga- *Δ*: et riga- *R* monetalis *Schütz*: homo talis *RΔ* 6 quivis *Mal.*: quis *RΔ* 8 scribes *Iens.*: -bis *Md*: -bas *Rbms* 9 φιλοσοφουμεν *Rom.*: *-φούμενα b*: *-φούμεθα κ*: ph'm ena *R*: philosophumena *λ*: -phimena [-phym- *d*] *Δ*: populum [*spat.*] *P* τὰ *om. bd*: ḍẹ *s* 10 καθήκοντος δ: KΑΘON[-OH-]TOC *RM* 15 myrtilo *vel sim. RΔ*: -li *Moser*: in myrtilo *codd. Faërn. Ball.* 16 illum *om. s* pateat *Ernesti*: -et *RΔ* 17 corruptus *Δ*: -reptus [*hoc et cod. Faërn.*] sit *R* 18 quod ego *R* 19 perlatam. hui *C*: perhui *O*[1]*R*: per [*spat.*] *P*: pr(a)ebui *Δ* 20 quae] quum *κ*

XIV *Scr. in Tusculano vi vel v Kal. Quint. an. 44.*

⟨CICERO ATTICO SALVTEM.⟩

1 vi Kal. accepi a Dolabella litteras, quarum exemplum tibi misi. In quibus erat omnia se fecisse quae tu velles. Statim ei rescripsi et multis verbis gratias egi. Sed tamen, ne miraretur cur idem iterum facerem, hoc causae sumpsi quod ex te ipso coram antea nihil potuissem cognoscere. Sed quid multa? litteras hoc exemplo dedi:

2 'CICERO DOLABELLAE COS. SVO.

Antea cum ⟨per⟩ litteras Attici nostri de tua summa liberalitate summoque erga se beneficio certior factus essem cumque tu ipse etiam ad me scripsisses te fecisse ea quae nos voluissemus, egi tibi gratias per litteras iis verbis ut intellegeres nihil te mihi gratius facere potuisse. Postea vero quam ipse Atticus ad me venit in Tusculanum huius unius rei causa tibi ut apud me gratias ageret, cuius eximiam quandam et admirabilem in causa Buthrotia voluntatem et singularem erga me amorem perspexisset, teneri non potui quin tibi apertius illud idem his litteris declararem. Ex omnibus enim, mi Dolabella, studiis in me et officiis ⟨tuis⟩, quae summa sunt, hoc scito mihi et amplissimum videri et gratissimum esse quod perfeceris ut Atticus intellegeret quantum ego se, quantum

3 tu me amares. Quod reliquum est, Buthrotiam et causam et civitatem, quamquam a te constituta est (beneficia autem nostra tueri solemus), tamen velim receptam in fidem tuam a meque etiam atque etiam tibi commendatam auctoritate et auxilio tuo tectam velis esse. Satis erit in perpetuum

10 ⟨per⟩ litteras *Rom.*: lit(t)eras *EMd*: -ris *Rbms* 12 ipse *om. Es* 13 iis *bm*: his *ERMds* 16 ageret ERM^2bms: -res M^1d cuius ERM^cbm: ut tum [tuam M^c] M^1: ut cuius *ds* 18 me amorem M^cdsZ^t: ea m- M^1: se am- ERM^cbm 20 tuis *add. Wes.* 22 se *scripsi*: te *ERΔ* 25 tamen *RΔ*: tu *E*: tam *P* 26 etiam atque etiam ERM^cbm: etiam M^1ds et auct- et bm^1 27 tuo $PM^cbds\kappa$: tua ERM^1m tectam *P*: -ta ERM^1b^1m: tuta *d*: tutam $M^cb^2s\kappa$ esse velis *ds* erunt *E*

Buthrotiis praesidi magnaque cura et sollicitudine Atticum et me liberaris, si hoc honoris mei causa susceperis ut eos semper a te defensos velis. Quod ut facias te vehementer etiam atque etiam rogo.'

His litteris scriptis me ad *συντάξεις* dedi; quae quidem 4
vereor ne miniata cerula tua pluribus locis notandae sint. Ita sum *μετέωρος* et magnis cogitationibus impeditus.

XV

Scr. Asturae Id. Iun. an. 44.

⟨CICERO ATTICO SALVTEM.⟩

L. Antonio male sit, si quidem Buthrotiis molestus est! 1
Ego testimonium composui quod cum voles obsignabitur. Nummos Arpinatium, si L. Fadius aedilis petet, vel omnis reddito. Ego ad te alia epistula scripsi ⟨de⟩ HS $\overline{\text{cx}}$ quae Statio curarentur. Si ergo petet Fadius, ei volo reddi, praeter Fadium nemini. Apud †me item† puto depositum. Id scripsi ad Erotem ut redderet.

Reginam odi. Id me iure facere scit sponsor promissorum 2
eius Ammonius, quae quidem [promissorum eius] erant *φιλόλογα* et dignitatis meae, ut vel in contione dicere auderem. Saran autem, praeterquam quod nefarium hominem, cognovi praeterea in me contumacem. Semel eum omnino domi meae vidi. Cum *φιλοφρόνως* ex eo quaererem quid opus esset,

1 praesidii] consilii *bm* atticum et me *ERδ*: att- et M^1: *anne* et me et Att-? 2 oneris *bds* ate semper *R* 6 cerula *Politianus*: cervia *RΔ* notanda *bm* 10 *novam ep. incipit* M^c 11 obsignabitur nummos $O^1λ$: -avi. turnum mos M^1d: -avi. tu nummos $O^2M^cb^2ms$: -avi. tu mimo b^1: -avi nummos *R* 12 Arpinatium *Lamb.*: -tum *RΔ* 13 alia epistola *Vict.*: -as -las $RΔZ^{(t)}$ de *add. Vict.* [*om. et* $Z^{(t)}$] $\overline{\text{cv}}$ b^1 ⟨a⟩ Statio *Boot* 15 me item] Monetam *temptavi, sed nihil certi* 17 odi. id Z^t: odit *RΔ* scit b^2: sit *RΔ*: si b^1 18 promissorum eius *RΔ* $Z^{(t)}$: *del. Man.* 19 auderem δ: -direm RM^1 20 saran *Md*: -am *Rbms* 21 eum] enim *bm*: cum *P* 22 opus esset OM^2dms: e- o- M^1: ei o- e- *b*: o- esse *R*

Atticum se dixit quaerere. Superbiam autem ipsius reginae, cum esset trans Tiberim in hortis, commemorare sine magno dolore non possum. Nihil igitur cum istis; nec tam animum me quam vix stomachum habere arbitrantur.

3 Profectionem meam, ut video, Erotis dispensatio impedit.
Nam cum ex reliquis quae Non. Apr. fecit abundare debeam,
cogor mutuari, quodque ex istis fructuosis rebus receptum
est, id ego ad illud fanum sepositum putabam. Sed haec
Tironi mandavi, quem ob eam causam Romam misi; te nolui
4 impeditum impedire. Cicero noster quo modestior est eo me
magis commovet. Ad me enim de hac re nihil scripsit ad quem
nimirum potissimum debuit; scripsit hoc autem ad Tironem,
sibi post Kal. Apr. (sic enim annuum tempus confici) nihil
datum esse. ⟨Scio⟩ tibi pro tua natura semper placuisse
teque existimasse id etiam ad dignitatem meam pertinere
eum non modo perliberaliter a nobis sed etiam ornate cumula-
teque tractari. Qua re velim cures (nec tibi essem molestus, si
per alium hoc agere possem) ut permutetur Athenas quod sit
in annuum sumptum ei. Scilicet Eros numerabit. Eius rei
causa Tironem misi. Curabis igitur et ad me si quid tibi de
eo videbitur scribes.

1 superbiam δ: super viam *RM*[1] 2 in ortis *M* [*ex corr.*] *bms*: martis *d*: in artis *P*: in arcis *R* 4 quam vix stomachum *Z*[(b)]λ [*'L. ex v.c.'*]: quam iuste stom- *Z*[t]: quamvis homac(h)um [om- *P*, stom- *d*] *RM*[1]*d*: quam stomac(h)um *M*[c]*bms*, *quo fort. recepto* arbitrentur *legendum* 6 habundare *Rs*: vel [l] ab- *bm* 7 ex istis δ: existes *RM*[1] 9 quem *PM*[c]*bms*: quam *RM*[1]*d* 14 scio *add. Baiter* 15 existimasseṭ *M* 16 perlib- *ERM*[c]*bdmZ*[(t)]: lib- *s*: per aliter *M*[1] 17 nec] ne *M*[1] 19 ei *bms*: et *RMd*: id *veterum nescio quis*: *secl. Kayser* numerabit *b*[2]: -avit *RΔ*

XVI

Scr. Asturae iii Id. Iun. an. 44.

⟨CICERO ATTICO SALVTEM.⟩

Tandem a Cicerone tabellarius; sed me hercule litterae *πεπινωμένως* scriptae, id quod ipsum *προκοπὴν* aliquam significaret, itemque ceteri praeclara scribunt. Leonides tamen retinet suum illud 'adhuc'; summis vero laudibus Herodes. Quid quaeris? vel verba mihi dari facile patior in hoc meque libenter praebeo credulum. Tu velim, si quid tibi est a tuis scriptum quod pertineat ad me, certiorem me facias.

XVI a

Scr. Asturae prid. Id. Iun. an. 44.

⟨CICERO ATTICO SALVTEM.⟩

Narro tibi, haec loca venusta sunt, abdita certe et, si quid scribere velis, ab arbitris libera. Sed nescio quo modo *οἶκος ὃς φίλος*. Itaque me referunt pedes in Tusculanum. Et tamen haec *ῥωπογραφία* ripulae videtur habitura celerem satietatem. Equidem etiam pluvias metuo, si Prognostica nostra vera sunt; ranae enim *ῥητορεύουσιν*. Tu, quaeso, fac sciam ubi Brutum nostrum et quo die videre possim.

3 a cicerone *bms*: a ciceronem M^1: ad c- RM^2d sed *RΔ*: se *s*: et *Vict.* 4 *πεπινωμένως* [*περι-* b^1s] δλ: -ΜΕΛΚΟϹ M^1, *et sim. R* id quod *Baiter*: quod id *RΔ*: quod *Iens.* *προκοπὴν C*: -ΚΑΠΑΝ *vel sim. RMm* significat *Schütz* 5 pr(a)eclara δ: -ras RM^1: -ros *P* 8 est a tuis *Vict.*: es statius RM^1W [*sed* es *ex* est *corr.*]: constantius *P*: est a statio δ 12 *novam ep. statuit Man.* 13 libera sed PM^cbms: -rasse M^1d: -ra se *R* *οἶκος ὃς* [*sc. ἑκάστῳ*] *scripsi*: *OIKOCOC MmW*: *οἶκος σὸσ O*: *OIKOOCOC R*: *οἶκος Crat.* 15 videtur b^2m: -entur *RΔW* habitura M^cbms: -ram RM^1d 16 progn- *Iens.*: pron- *RΔ*: pren- *s* 17 tu *Rds*: tuque *Mbm* fac *Δ*: fac ut *R* 18 possim *b*: -sem *RΔ*

XVII

Scr. Asturae xviii Kal. Quint. an. 44.

⟨CICERO ATTICO SALVTEM.⟩

1 Duas accepi postridie Id., alteram eo die datam, alteram Idibus. Prius igitur superiori. De Bruto, cum scies. De consulum ficto timore cognoveram. Sicca enim *φιλοστόργως* ille quidem sed tumultuosius ad me etiam illam suspicionem pertulit. Quid tu autem "*τὰ μὲν διδόμενα*—"? Nullum enim verbum a †Siregio†. Non placet. De Plaetorio vicino tuo permoleste tuli quemquam prius audisse quam me. De Syro prudenter. L. Antonium per Marcum fratrem, ut arbitror, facillime deterrebis. Antroni †vel vi†; sed nondum acceperas litteras, ne cuiquam nisi L. Fadio aedili. Aliter enim nec caute nec iure fieri potest. Quod scribis tibi deesse HS c̄ quae Ciceroni curata sint, velim ab Erote quaeras ubi sit merces insularum. Arabioni de Sittio nihil irascor. Ego de itinere nisi
2 explicato *Λ* nihil cogito; quod idem tibi videri puto. Habes ad superiorem.

Nunc audi ad alteram. Tu vero facies ut omnia quod Serviliae non dees, id est Bruto. De regina gaudeo te non laborare, testem etiam tibi probari. Erotis rationes et ex Tirone cognovi et vocavi ipsum. Gratissimum quod polliceris Ciceroni nihil defuturum; de quo mirabilia Messalla, qui

3 *novam ep. incipiunt* $M^{c}b^{2}$ 4 ⟨D.⟩ Bruto *Schmidt* 5 sicca *Rbms*: sic. ea *Md* 7 tu *PΔ*: *om. R* *post* autem *interrogationis signum ponunt vulgo* *τὰ μὲν* *Vict.*: tamen *RMdm*: *om. bs* 8 asiregio [a si r-] *ΔZ*ᵗλ: asi regi *R* [asi *om. P*, *spat. rel.*] nen Z^{t} 9 me. de *Δ*: metu *R* 11 antroni MZ^{b}: antoni δZ^{t}: -nii *R* vel vi ΔZ^{b}: vel .VI. *R*: vetui *Bos.*: *fort.* velim sed *PΔ*: vel *R* 12 ne *Nipperdey*: nec *RΔ* (a)edili. aliter $M^{c}bms$: ediliariter $RM^{1}d$: edili [*spat.*] *P* 13 deesse *bs*: desere *MdmZ*: deserere *R* 14 sunt *s* 16 .Λ. *RMdm*: .A. bsZ^{t}: Λt [*i.e.* At] *P* [*recte Gronovium* Λ *pro λοιπῷ accepisse nunc credo; cf. λοιπία, et pp.* 276. 21, 292. 5] 18 facies *Δ* [fat- *M*]: -ces *R*: -cis *Rom.* 19 dees, id est *Vict.*: des id est $O^{1}R$ [id est *etiam C*]: desit est $O^{2}Mdm$: desit et *bs* 20 testem *Lamb.*: teste *RMdmλ*: certe *bs* 21 vocavi *Δ*: -avit *R*: -abo Z^{t}

Lanuvio rediens ab illis venit ad me, et me hercule ipsius litterae sic et φιλοστόργως et εὐπινῶς scriptae ut eas vel in acroasi audeam legere. Quo magis illi indulgendum puto. De Buciliano Sestium puto non moleste ferre. Ego, si Tiro ad me, cogito in Tusculanum. Tu vero, quicquid erit quod me scire par sit, statim.

XVIII *Scr. iter faciens in Tusculanum xvii Kal. Quint. an. 44*

⟨CICERO ATTICO SALVTEM.⟩

xvii Kal., etsi satis videbar scripsisse ad te quid mihi opus **1**
esset et quid te facere vellem, si tibi commodum esset, tamen
cum profectus essem et in lacu navigarem, Tironem statui ad
te esse mittendum, ut iis negotiis quae agerentur interesset,
atque etiam scripsi ad Dolabellam me, si ei videretur, velle
proficisci petiique ab eo de mulis vecturae. Vt in his, cum **2**
intellego te distentissimum esse qua de Buthrotiis qua de
Bruto, cuius etiam ludorum suorum curam et administrationem suspicor ex magna parte ad te pertinere—, ut ergo in eius modi re, tribues nobis paulum operae; nec enim multum opus est.

Mihi res ad caedem et eam quidem propinquam spectare

2 et εὐπινῶς *Lamb.*: et [*om. d*] πινῶς *vel sim.* $RΔZ^{(t)}λ$ eas δ: eos RM^1 3 acroasi *Vict.*: agro si [sic *s*] *RΔ* illi δ: ille RM^1 4 non *b* [*ex corr.*] Z^t: nam *RΔ* fert *bs* 9 *novam ep. incipit* b^2 10 esset *Ernesti*: sit *RΔ* et quid te *bs*: te quid te *RMm*: quid te *P*: te quid *d*: teque quid *cod. Ball.* 11 in lacu navigarem b^2: in lacuna vigilarem *RΔZ* 12 iis *bm*: is *R*: his *PMds* interesset δ: -esse RM^1 14 petiique δ: petiq- RM^1: petq- *W* eo de *Δ*: eodem *W*: eodem de *R* mulis $δZ^l$: vilis *W*: mullis RM^1: multis *P* vectur(a)e *PbsW*: nect- *R*: vict- $MdmZ^l$ ut in his *Gronovius*: et in eis *vel* et meis *ORWZ*: itineris etineis [et ineis, et in eis] *Δ* cum *RΔW*: quoniam *Bos.* 15 distent- b^2W[?]: discent- *R*: distant- *Δ* 16 suorum *RΔW*: *del. Lamb.*, *fort. recte* et *P*: etiam *RΔW* [iam *eras. in b*]: et iam *Tyrrell–Purser* [*ed. pr.*], *fort. recte* -ationum *W* 17 pertinere *RΔW*: vertere $Z^bλ$: *anne* vergere? ergo *Rom.*: ego *RΔW* 18 huiusmodi *ds* 20 spectare *bs*: exp- *RMdmW*

videtur. Vides homines, vides arma. Prorsus non mihi videor esse tutus. Sin tu aliter sentis, velim ad me scribas. Domi enim manere, si recte possum, multo malo.

XIX *Scr. in Tusculano inter xvi et xiii Kal. Quint. an. 44.*

⟨CICERO ATTICO SALVTEM.⟩

1 Quidnam est quod audendum amplius de Buthrotiis? †stetisse† enim te frustra scribis. Quid autem se refert Brutus? Doleo me hercules te tam esse distentum, quod decem hominibus referendum est acceptum. Est illud quidem ἐργῶδες sed ἀνεκτόν, mihique gratissimum. De armis nihil vidi apertius. Fugiamus igitur et, ut ais, coram. Theophanes quid velit nescio. Scripserat enim ad me. Cui rescripsi ut potui. Mihi autem scribit venire ad me se velle ut et de suis rebus et quaedam quae ad me pertinerent. Tuas litteras exspecto. Vide, quaeso, ne quid temere fiat.

2 Statius scripsit ad me locutum secum esse Q. Ciceronem valde adseveranter se haec ferre non posse; certum sibi esse ad Brutum et Cassium transire. Hoc enim vero nunc discere aveo; [hoc] ego quid sit interpretari non possum. Potest aliquid iratus Antonio, potest gloriam iam novam quaerere, potest totum esse σχεδίασμα; et nimirum ita est. Sed tamen

2 sin tu *Vict.*: in tuum *RM*^{1}*dm*: ni tu *M*^{c}*b*^{1}*s*: si tu *b*^{2} 3 possum *RM*^{1}*m*: -sim *M*^{c}*bds*   6 audendum *RMm*: audie- *bds*: age- *Schütz*: videndum *scriberem* [*cf. p.* 114. 12, *i. 13. 2 f., i. 15. 1 init.*], *nisi illa* quidnam . . . amplius *scaenicum sonare viderentur*   stetisse] sit? Egisse *Wes.*: sit? Sat eg- *Mueller*: *quidni* sit? Petisse?   8 hercules *Mb*^{1}[?]*m*: -le *Rb*^{2}*ds*   distentum *Lamb.*: desce- *R*: dete- *Δλ*: d [*spat.*] *P*   9 ἐργῶδες *Od*: ЄΡΚѠΘΔЄC *vel sim. RMmZ*^{t} 11 et] sed *anon. ap. Corr.*   12 cui . . . ad me *om. bm*   13 ut et *Man.*: ut ei *RΔ*   16 Statius] *hinc novam ep. incipit b*^{2} esse secum *bm*   17 se h(a)ec *Δ*: se hoc *P*: hec se *R*   posse δ: -em *RM*^{1} 18 ad δ: a *M*^{1}: *om. R*   cassium δ: -us *RM*^{1} nunc d- aveo *Rom.*: nec [me *Z*$^{(t)}$] d- habeo *RΔZ*$^{(t)}$ 19 hoc *seclusi*   20 iratus *Iens.*: -tius *RΔZ*$^{(t)}$*λ*   iam *secl. Wes.*   21 σχεδίασμα δ: -ACAM *RM*^{1}

et ego vereor et pater conturbatus est. Scit enim quae ille de hoc; mecum quidem ἄφατα olim. Plane quid velit nescio. A Dolabella mandata habebo quae mihi videbuntur, id est nihil. Dic mihi, C. Antonius voluitne fieri septemvir? Fuit certe dignus. †De meo domi† est ut scribis. Facies omnia mihi nota.

XX *Scr. in Tusculano inter xv et xii Kal. Quint. an. 44.*

⟨CICERO ATTICO SALVTEM.⟩

Egi gratias Vettieno; nihil enim potuit humanius. Dola- 1
bellae mandata sint quaelibet, modo aliquid, vel quod Niciae
nuntiem. Quis enim haec, ut scribis, †anteno†? Nunc dubitare quemquam prudentem quin meus discessus desperationis
sit, non legationis? Quod ais extrema quaedam iam homines 2
de re publica loqui et eos quidem viros bonos, ego quo die
audivi illum tyrannum in contione clarissimum virum appellari subdiffidere coepi. Postea vero quam tecum Lanuvi
vidi nostros tantum spei habere ad vivendum quantum ac-
cepissent ab Antonio, desperavi. Itaque, mi Attice (fortiter
hoc velim accipias, ut ego scribo), genus illud interitus †quo
causurus est† foedum ducens et quasi denuntiatum nobis ab
Antonio ex hac nassa exire constitui non ad fugam sed ad
spem mortis melioris. Haec omnis culpa Bruti.

Pompeium Carteia receptum scribis; iam igitur contra 3

1 *anne* scis? 2 olim *Vict.*: nolim *RΔ* ad dolabellam *R* 4 septemvir δ: -em viri RM^1 5 de meo domi $RΔZ^{(t)}$: demea domi b^2: de menedemo s^2 9 sint *Δ*: sin *s*: sunt *R* modo *Muretus*: mihi *RΔZ* 10 anteno [-e no] *ΔZ*: ante nos *P*: aut eno *R*: *Graecum aliquid latere multi putaverunt, quod* ἂν κινοῖ *fuisse conieci* dubitarem Z^t 11 quamquam *Md* leg- sit non desp- b^1m 17 itaque RM^2dsC: itq- M^1: idq- *bm* 18 quo $ΔZ^l$: qua Z^b: quod *R* 19 causurus M^1: casurus δ: cāu rursus *R*: casu cesus *P*: caus(s)a cursus *Z*: Catulus [Cato *R. Ellis*] usus *Madvig, sed aliud latere suspicor quale* Casca usurus est, *quod quorsus pertineat ut nobis obscurum sit ita Attico perspicuum esse potuit* ducens *Lamb.*: duces *RΔ* 20 nassa *Sal.–Reg.*: naxa *RΔλ*: noxa s^2[?]: rixa *P* constitui] decrevi *ds* 22 cartheia $Z^tλκ$: -thela *Δ*: -tella *R*

hunc exercitum. Vtra ergo castra? Media enim tollit Antonius. Illa infirma, haec nefaria. Properemus igitur. Sed iuva me consilio, Brundisione an Puteolis. Brutus quidem subito, sed sapienter. *Πάσχω τι.* Quando enim illum? Sed humana ferenda. Tu ipse eum videre non potes. Di illi mortuo qui umquam Buthrotum! Sed acta missa; videamus quae agenda sint.

4 Rationes Erotis, etsi ipsum nondum vidi, tamen et ex litteris eius et ex eo quod Tiro cognovit prope modum cognitas habeo. Versuram scribis esse faciendam mensum quinque, id est ad Kal. Nov., HS $\overline{cc}$; in eam diem cadere nummos qui a Quinto debentur. Velim igitur, quoniam Tiro negat tibi placere me eius rei causa Romam venire, si ea te res nihil offendet, videas unde nummi sint, mihi feras expensum. Hoc video in praesentia opus esse. Reliqua diligentius ex hoc ipso exquiram, in his de mercedibus dotalium praediorum. Quae si fideliter Ciceroni curabuntur, quamquam volo laxius, tamen ei prope modum nihil deerit. Equidem video mihi quoque opus esse viaticum; sed id ex praediis ut cadet ita solvetur, mihi autem opus est universo. Equidem etsi mihi videtur iste qui umbras timet ad caedem spectare, tamen nisi explicata solutione non sum discessurus. Sitne autem explicata necne tecum cognoscam. Haec putavi mea manu scribenda, itaque

1 utra *b*^{2}: utar *RΔ* tulit *Cκ* 2 iuva *bs*: tua *RMdm* 3 -sio ne an *b in ras.*: -sio. nam *RΔ* 5 di(i) illi *bs*^{2}: dulli *Δ*: illi *R* 9 cognovit *bms*: -vi *RMd* cognitas *b*^{2}: cogitans *RΔ* 10 fitiendam *M* mensum *MdZ*^{t}*λ*: -sium *Rbms* 11 nov̄. *Rom.*: non. *vel* noñ. *RΔ* eam diem *PMbms*^{2}: eadem d- *R*: eadem die *ds*^{1} cadere *Rs*^{2}: ea de re *Δ* 12 qui a Quinto *cod. Ball.*: qui Quinto *Z*^{t}: quinque *RΔ* 13 ea te res *λ*: fateres *MmZ*$^{(t)}$: face- *O* [*an* fate-?] *Rbds* 14 offendet *RMm*: -deret *b*: -deres *s*: -das *d* videas *R*: v- [*bis Mdm*] enim *PΔZ*$^{(t)}$ 15 hoc *secl. Orelli* 17 nolo *R* laxius *RΔλ*, *iniuria suspectum* 19 id *RΔ*: et *cod. Faërn.*: ei *Mal.* cadet *Rb*^{2}*s*^{2}: ea det *Δ* 20 equidem *Wes.*: quidem *RΔ* 21 spectare *b*: exp- *RΔ* 22 sic ne *R* explicata *codd. Memmi*: excitata *Δ*: ex acta *R*: exc tata *Z*^{t} nunc ne *R* 23 h(a)ec *bsZ*^{t}: hanc *RMdm* scribenda *RΔZ*$^{(t)}$: -dam *Iens. Rom.*

feci. De Fadio, ut scribis, utique alii nemini. Rescribas velim hodie.

XXI

Scr. in Tusculano xi Kal. Quint. an. 44.

⟨CICERO ATTICO SALVTEM.⟩

Narro tibi, Quintus pater exsultat laetitia. Scripsit enim 1
filius se idcirco profugere ad Brutum voluisse quod, cum sibi negotium daret Antonius ut eum dictatorem efficeret, praesidium occuparet, id recusasset; recusasse autem se ne patris animum offenderet; ex eo sibi illum hostem. 'Tum me' inquit 'conlegi, verens ne quid mihi ille iratus tibi noceret [patris scilicet]. Itaque eum placavi. Et quidem $\overline{\text{cccc}}$ certa, reliqua in spe.' Scribit autem Statius illum cum patre habitare velle (hoc vero mirum) et id gaudet. Ecquem tu illo certiorem nebulonem?

'Ἐποχὴν vestram de re Cani (deliberationis ⟨enim⟩) probo. 2
Nihil eram suspicatus de tabulis, ἀκεραίως restitutam arbitrabar. Quae differs ut mecum coram, exspectabo. Tabellarios quoad voles tenebis; es enim occupatus. Quod ad Xenonem, probe. Quod scribo, cum absolvero. Quinto scripsisti te ad
eum litteras. Nemo attulerat. Tiro negat iam tibi placere 3
Brundisium et quidem dicere aliquid de militibus. At ego iam destinaram, Hydruntem quidem. Movebant me tuae quinque horae. Hic autem quantus πλοῦς! Sed videbimus.

1 rescribas *bs*: -bis *RMdm* 5 *novam ep. incipit* b^2 6 se *bm*: te *RMds*: et *P* 7 efficeret *Δ*: -re et *R*: -ret et *P* 9 sibi illum *Rbs*: si bul- [sibul-] *Mdm* hostem. tum b^2s: hostentum *Mm*: ost- Rb^1d 11 patris [-ri $bmsZ^{(t)}$] sci- [si- *M*] $R\Delta Z^{(t)}$: *del. Man.* 12 illum b^2: -ud *RΔ* 13 ecquem *Z*: et q- *OR*: q- *Δ* cerritiorem *Tyrrell* 15 ἐποχὴν *Crat.*: ΗΠ- *RMdm* de re canii s^2: de recani *Md*: derecam b^1ms [dez-]: de re causam b^2: decretam *R* deliberationis *secl. Ernesti*: -rantium *Moser* enim *addidi* 16 ἀκεραίως *Crat.*: ἀκερίως Z^t, *sim.* *R*: ἀκενιωε *vel sim.* *Mdm* 18 es *C*: eos *Δ*: *om.* *R* occupatus *C*: -tos *RΔ* 19 probo *R* absolvero b^2: -ret *Rd*: -rit *s*: ad solveret *Mm* 23 hinc *Gronovius*

Nullas a te XI Kal. Quippe, quid enim iam novi? Cum primum igitur poteris, venies. Ego propero ne ante Sextus, quem adventare aiunt.

XXII *Scr. in Tusculano x aut ix Kal. Quint. an. 44.*

⟨CICERO ATTICO SALVTEM.⟩

Gratulor nobis Quintum filium exisse. Molestus non erit. Pansam bene loqui credo. Semper enim coniunctum esse cum Hirtio scio; amicissimum Bruto et Cassio puto, si expediet (sed quando [illos videbit]?), inimicum Antonio, quando aut cur? Quousque ludemur? Ego autem scripsi Sextum adventare, non quo iam adesset, sed quia certe id ageret ab armisque nullus discederet. Certe, si pergit, bellum paratum est. Hic autem noster Cytherius nisi victorem neminem victurum. Quid ad haec Pansa? utro [erit], si bellum erit? quod videtur fore. Sed et haec et alia coram, hodie quidem, ut scribis, aut cras.

XXIII *Scr. in Tusculano ix aut viii Kal. Quint. an. 44.*

⟨CICERO ATTICO SALVTEM.⟩

Mirifice torqueor, sine dolore tamen; sed permulta mihi de nostro itinere in utramque partem occurrunt. 'Quousque?' inquies. Quoad erit integrum; erit autem usque dum ad navem. Pansa si quae rescripserit, et meam tibi et illius epistulam mittam. Silium exspectabam; cui hypomnema

3 aiunt *Rbs*[2]: audiunt *Δ* 7 pansam *Δ*: et p- *R* 9 illos videbit *damnavit Reid* 11 non quod *d* 14 utro *RΔλ*: vero *P*: cum utro *cod. Vrs.*: utrobi *Lamb.*: utra *temptavi* erit *secl. Fraenkel* 21 inquies? quoad erit *Pb*[2] [*in ras.*] *s*: -esco aderit *RΔ* usque *R*: his qu(a)e *Mdm*: iis que *s*: hucusque *b*[2] *in ras.* 22 si quae rescripserit *scripsi*: sic vere sc- *R*: si tuere sc- *Md*: sitvero sc- *m*: sic vero [vero si *b*[2]] scripsit *b*[1][?]*s*: si tibi rescripserit *Z*[t]: si tuae resc- *Vitrioli*: si mihi resc- *Wes.* 23 cui *Δ*: cum *R* hiponema *vel sim. RΔ*: ὑπόμνημα *Ald.*

compositum. ⟨Tu⟩ si quid novi. Ego litteras misi ad Brutum. Cuius de itinere etiam ex te velim si quid scies cognoscere.

XXIV *Scr. in Tusculano vii Kal. Quint. an. 44.*

⟨CICERO ATTICO SALVTEM.⟩

Tabellarius quem ad Brutum miseram ex itinere rediit VII Kal. Ei Servilia dixit eo die Brutum H. II s profectum. Sane dolui meas litteras redditas non esse. Silius ad me non venerat. Causam composui; eum libellum tibi misi. Te quo die exspectem velim scire.

XXV *Scr. in Tusculano inter v et iii Kal. Quint. an. 44.*

⟨CICERO ATTICO SALVTEM.⟩

De meo itinere variae sententiae; multi enim ad me. Sed tu incumbe, quaeso, in eam curam. Magna res est. An probas, si ad Kal. Ian. cogitamus? Meus animus est aequus, sic tamen ut, si nihil offensionis sit, ⟨velim⟩. Et velim etiam scire quo die Olympia, tum mysteria. Scilicet, ut tu scribis, casus consilium nostri itineris iudicabit. Dubitemus igitur. Est enim hiberna navigatio odiosa, eoque ex te quaesieram mysteriorum diem. Brutum, ut scribis, visum iri a me puto. Ego hinc volo prid. Kal.

1 compositum. ⟨Tu⟩ si *scripsi*: -tum si *Rδ*: compoῑtu si *M* 5 *novam ep. incipit* b^2 6 ei *R*: et *Δ* H. II s *Boot*: HNIS Z^b: Hnis $Z^{(l)}$ [*ed. alt.*]: Hi-iis $Z^β$: hiis Z^t: Hns $Z^{(l)}$ [*ed. pr.*]: his *Δ cod. Vrs.*: hi(i)s locis *RP* 13 in eam PM^cbms: meam RM^1d 14 sic $bsZ^bλ$: si *Mdm*: ita RZ^t *codd. Faërn. Ant.* 15 ut *del. Faërn.* si *del. Iens. Rom.* ⟨velim⟩. et velim *scripsi*: et tu *RΔ*: et ve tu Z^t: aveo *cod. Vrs.*: velim *anon. ap. Lamb.* scire $RΔZ^{(t)}$: scite $Z^β$ 16 Olympia, tum *scripsi*: -piatum *bs*: -piacum [-pia cum] RM^1dm *cod. Faërn.*: olim piaculum $Z^β$ ut tu scribis *Man.*: ut tu scires *RΔ*: ut ut sit [*melius* est *vel* erit *Moser*] res *Bos.* 17 iudicabit *bms* [ind-]: -avit *RMd* [ind-] dubitemus RM^cbsZ^b: -emus his M^1: -em. his *dm* est $Z^bλ$: *om. RΔ* 18 odiosa RZ^b: eo od- *Δ*: est od- *s*

XXVI

Scr. in Arpinati vi Non. Quint. an. 44.

⟨CICERO ATTICO SALVTEM.⟩

1 De Quinti negotio video ⟨a⟩ te omnia facta. Ille tamen dolet, dubitans utrum morem gerat Leptae an fidem infirmet filio. Inaudivi L. Pisonem velle exire legatum ψευδεγγράφῳ senatus consulto. Velim scire quid sit. Tabellarius ille quem tibi dixeram me ad Brutum esse missurum in Anagninum ad me venit ea nocte quae proxima ante Kalendas fuit litterasque ad me attulit; in quibus unum alienum summa sua prudentia, idem illud, ut spectem ludos suos. Rescripsi scilicet primum me iam profectum, ut ⟨non⟩ integrum sit; dein ἀτοπώτατον esse me, qui Romam omnino post haec arma non accesserim neque id tam periculi mei causa fecerim quam dignitatis, subito ad ludos venire. Tali enim tempore ludos facere illi honestum est cui necesse est, spectare mihi ut non est necesse sic [neminem] ne honestum quidem est. Equidem illos celebrari et esse quam gratissimos mirabiliter cupio idque ita futurum esse confido et tecum ago ut iam ab ipsa commissione ad me quem ad modum accipiantur hi ludi, deinde omnia reliquorum ludorum in dies singulos persequare. Sed
2 de ludis hactenus. Reliqua pars epistulae est illa quidem in utramque partem, sed tamen non nullos interdum iacit

3 a b^2: *om. RΔ* te *et* facta *om. s* 4 an *bs*: in *RMdmZ*$^{(t)}$ 5 inaudivi *Bos.*: inaudibili *vel* mand- *RΔZ* velle *Bos.*: -em *RΔ* exire *bms*: -ri *RMd* -φῳ [-ΦѠ] .S. [G. *P*] C. *RC*: -ΦѠS M^1: -φως δ 7 dixeram *Δ*: dicere [-em *P*] *R* me *RMdmZ*$^{(t)}$: a me *bs* missurum Z^t: missum *RΔ*: misisse missum *m* 9 me *Rom.*: te *Ω* sua] tua m^1 10 idem *RMdm*λ: idest *bs* 11 non *Vict.*: *om. RΔZ*$^{(t)}$ 12 dein *Vict.*: de me *RΔ* esse me *Vict.*: me esse *RΔ* 13 tam M^c*bms*: iam *R*M^1*d* 14 venire. tali *Rom.*: -ret [-rem b^2*s*]. alio *RΔ* 16 ne *Man.*: nec s^2: neminem ne *RΔZ*$^{(l)}$ est. eq- *bms*: est [*del.*]. est q- *M*: est. eṭ q- *d*: est q- *R* 17 celebrari b^2: -re *RΔ* 18 ita δ: ista *R*M^1 ago *b* [*ex corr.?*]: ego *RΔ* 19 hi *PΔZ*$^{(t)}$: hii *R*: ii $Z^β$λ 20 in $Z^β$λ: *om. RΔ* proseq- *bms* 21 est *O*[?]*RZ cod. Ant.*: *om. Δ* quidem O^1*RCZ*: namque *Δ* 22 partem *CZ*: *om. RΔ* tamen non *bms*Z^b: tam enim *Md*: tamen *R* int- iac- *Δ*Z^b: iac- int- *R*

igniculos virilis. Quod quale tibi videretur ut posses interpretari, misi ad te exemplum epistulae; quamquam mihi tabellarius noster dixerat tibi quoque se attulisse litteras a Bruto easque ad te e Tusculano esse delatas.

Ego itinera sic composueram ut Non. Quint. Puteolis 3
essem; valde enim festino, ita tamen ut quantum homo possit quam cautissime navigem. M. Aelium cura liberabis: me 4
paucos specus in extremo fundo et eos quidem subterraneos servitutis putasse aliquid habituros; id me iam [iam] nolle neque mihi ⟨quic⟩quam esse tanti. Sed ut mihi dicebas, quam lenissime, potius ut cura liberetur quam ut me suscensere aliquid suspicetur. Item de illo Tulliano capite libere cum Cascellio loquere. Parva res est, sed tu bene attendisti. Nimis callide agebatur. Ego autem si mihi imposuisset aliquid, quod paene fecit nisi tua malitia adfuisset, animo iniquo tulissem. Itaque, ut ut erit, rem impediri malo. Octavam partem †tuli luminarum† aedium ad Streniae. Memineris cum Caerelliam videris mancipio dare ad eam summam quae sub praecone fuit maxima. Id opinor esse $\overline{\text{CCCLXXX}}$.

1 videtur *R* 4 ad te e Z^b: ad te *ORZ*^{t}*λ*: a *Δ* 6 posset *s* 7 liberabis. me *Vict.*: -ra vis [-rav-] me *Mb*^{2}*dmZ*: -ra sine *b*^{1}[?]: -ravi sine *s*: -rarius me [-rali- *P*] *R* 8 paucos specus Z^l: -cos pe Z^t*RM*^{1} [*sed* spem *R*, in *om.*]: -co spe M^c*m*: -ca spe *bds*: -cos pedes *Turnebus* 9 putasse aliquid *Madvig*: apud tale quid *RΔZ* iam *Lamb.*: iam iam *RΔ* 10 quicquam *Vict.*: quam *RMdmZ*$^{(t)}$: iam *bs*: aquam *Turnebus* 11 susce- *M*^{1}*d*[?]*λ*: suste- *P*: consce- *R*: succe- M^c*bms* 12 item *Man.*: idem *RΔ* capite *Bos.*: cupide *RΔ* libere *Rb*^{2}: -ro *PΔ* 13 loquere *Orelli*: -uare *RΔ* bene *RΔ*: vere Z^t*λ* 14 callide *Pδ*: calide *RM* agebatur *b*^{2}: -bantur *RΔZ*$^{(t)}$*λ* 15 nisi *RM*^{1}*bm*: vel ubi *superscr.* *M*^{2}: ubi nisi *ds* fuisset *Schütz* tulisset *bms* 16 ut ut erit Z^t*λ* *codd. Faërn. Ant.*: ut erit *Δ*: ut uterque *R* *locum* tuli . . . Caerellia(m) *cruce notant plerique. Ego quae sana crederem indicavi, totum autem dubium reliqui* tuli [-lli *R*, -lii *Mm*: -llii *bds*] luminarum [-rium *cod. Ball.*] *RΔZ*: Tullianarum *anon. ap. Vrs.* 17 edium *b*^{2}: medium *RΔZ*: in aedium *cod. Graevii* ad streniae Z^t: ad strane [r *del.* M^c] *Δ*: ad stimie *b*[?]: asturene *R*: astra $Z^β$ cum Caerelliam *Boot*: cui c(a)erel(l)ia *vel sim.* *RΔC* 18 mancipio *Δ* [-cup- *Md*]: si nam cupio *R*

5 Novi si quid erit atque etiam si quid prospicies quod futurum putes, scribas ad me quam saepissime velim, Varroni, quem ad modum tibi mandavi, memineris excusare tarditatem litterarum mearum. Mundus †istum M. enius† quid egerit de testamento (curiosus ⟨sum⟩ enim) facias me velim certiorem. Ex Arpinati VI Non.

XXVII *Scr. in Arpinati v Non. Quint. an. 44.*

⟨CICERO ATTICO SALVTEM.⟩

1 Gaudeo id te mihi suadere quod ego mea sponte pridie
feceram. Nam cum ad te VI Non. darem, eidem tabellario
dedi etiam ad Sestium scriptas *πάνυ φιλοστόργως*. Ille autem,
quod Puteolos persequitur, humane, quod queritur, iniuste.
Non enim ego tam illum exspectare dum de Cosano rediret
debui quam ille aut non ire ante quam me vidisset aut citius
reverti. Sciebat enim me celeriter velle proficisci seseque ad
2 me in Tusculanum scripserat esse venturum. Te, ut a me
discesseris, lacrimasse moleste ferebam. Quod si me praesente
fecisses, consilium totius itineris fortasse mutassem. Sed illud
praeclare, quod te consolata est spes brevi tempore congrediendi; quae quidem exspectatio me maxime sustentat.
Meae tibi litterae non deerunt. De Bruto scribam ad te
omnia. Librum tibi celeriter mittam de gloria. Excudam ali-
3 quid *Ἡρακλείδειον* quod lateat in thesauris tuis. De Planco

2 scribe *R* 3 excusare tard- *bms* [*sed* memineris *post* exc- *s*]: ex causa retard- *RMd* 4 istum M. enius [enn- *Rbms*] *RΔ*: iste cum M. Ennio *Wes.* 5 de *Δ*: ex *R* curiosius b^2ds sum *add. Tyrrell* [*post* enim *iam Wes.*]: *om. etiam* $Z^{(t)}λ$ 9 *novam ep. incipiunt b* [*salut. om.*] *s* id te *PΔ*: te id *R* 11 dedi bm^2s: -it $RMdm^1$ *πάνυ φιλοστόργως* [*-γουσ dms*] δ: ΠΑΝΕΦΙΛΟΣΤΡΚΟΡΣ *vel sim. RM* 12 quod *Δ*: quid *R*: *om. E* perseq- *Ωλ* [*de M erratur vulgo*]: proseq- *b*: seq- *Reid* 13 expectare Eb^2s: -rem *RΔ* dum *Wes.*: cum *ERΔ* 14 debuit *Mdm* 16 te ut *ERδ*: tu M^1 a $ERbd^2ms$: ad Md^1 17 ferebo M^1[?]*λ*: fero *Lamb.* 18 fec- *EPΔ*: id fec- *R* 22 mittam ORM^1: -am tibi *Eδ* excludam *R* 23 *Ἡρ-* *C*: ΑΡΗΚΛΕΙΛΕΟΙΝ *vel sim. RMm*

memini. Attica iure queritur. Quod me de Bacchide ⟨et de⟩ statuarum coronis certiorem fecisti, valde gratum; nec quicquam posthac non modo tantum sed ne tantulum quidem praeterieris. Sed de Herode et †mecio† meminero et de omnibus quae te velle suspicabor modo. O turpem sororis tuae filium! Cum haec scriberem adventabat *αὐτῇ βουλύσει* cenantibus nobis.

XXVIII *Scr. in Arpinati v Non. Quint. an. 44.*

⟨CICERO ATTICO SALVTEM.⟩

Ego, ut ad te pridie scripseram, Nonis constitueram venire in Puteolanum. Ibi igitur cotidie tuas litteras exspectabo et maxime de ludis; de quibus etiam ad Brutum tibi scribendum est. Cuius epistulae, quam interpretari ipse vix poteram, exemplum pridie tibi miseram. Atticae meae velim me ita excuses ut omnem culpam in te transferas et ei tamen confirmes me immutatum amorem meum mecum abstulisse.

1 m emini attica s^2: in emineatica *vel sim.* *RΔ* et de *addidi*: et *Moricca* 2 staturarum Mb^1 [sc-] *m* certiorem *bs*: -em me *RMdm* valde est mihi gr- *R* 3 post hoc *bds* ne *om.* b^1m 4 sed *RΔC* [de *om.*]: et *Vict.* mecio *Mdm*: metio *bsλ*: macio *P*: maetis *R* 5 suspicabor $ORZ^b\lambda$ *cod. Ant.*: -cor *Δ* o $Z^{(b)}$: *om.* *RΔλ* 6 *αὐτῇ* *Boot*: autem *Δ*: auti [*ut vid.*] *R*: aut *P* 10 ut *om.* *R* 11 Puteolanum *Mongaltius*: tuscul- *RΔ* [*hoc labente calamo scribere potuit Cicero, illud certe voluit*] ibi $RsCZ^t$: ibo *Δ* 14 pridie tibi *Δ*: t- p- *R* 15 transferas O^1R: -res O^2: -rens *Δ* confirmes *Iens.*: -em $R\Delta Z^{(t)}$ 16 immutatum amorem meum *Wes.*: minuo [-nus *s*] tutam [mimio tutam $Z^{(t)}$] amore meo *Δ*: minuo totum amorem eo *R*: minime totum amorem ab ea $b^2\kappa$ abstul(l)isse O^1Rb^2: att- *Δλ*

XXIX *Scr. in Formiano prid. Non. Quint. an. 44.*

⟨CICERO ATTICO SALVTEM.⟩

1 Bruti ad te epistulam misi. Di boni, quanta ἀμηχανία! Cognosces cum legeris. De celebratione ludorum Bruti tibi adsentior. Ad M. Aelium nullus tu quidem domum sed sicubi inciderit. De Tulliano semisse †maxianam† adhibebis, ut scribis. Quod cum Cosano egisti, optime. Quod non solum mea verum etiam tua expedis, gratum. Legationem probari meam gaudeo. Quod promittis di faxint! Quid enim mihi meis iucundius? Sed istam quam tu excipis metuo. Brutum cum convenero, perscribam omnia. De Planco et Decimo sane velim. Sextum scutum abicere nolebam. De Mundo, si quid

2 scies. Rescripsi ad omnia tua; nunc nostra accipe.

Quintus filius usque Puteolos (mirus civis, ut tu Favonium Asinium dicas), et quidem duas ob causas, et ut mecum et [ut] σπείσασθαι vult cum Bruto⟨et⟩Cassio. Sed tu quid ais? Scio enim te familiarem esse Othonum. Ait hic sibi Tutiam ferre; constitutum enim esse discidium. Quaesivit ex me pater qualis esset fama. Dixi nihil sane me audisse (nesciebam enim

3 bruti *RΔ*Z^bλ: *del. Man., fort. recte* 5 nullus *Rds*: nulus *Mm*: milus *b* domum O^1[?]Rb^2 [*in ras.*] *ds* [*spat. seq.*]: dōum [?] M^1: dot^{s}er *m*: dotermi O^2 sic ubi *Mbm*: sic ut *ds*: sit ubi *P*: sit tibi *R* 6 maxianam *MbmC*: -ima nam *P*: -imam dsZ^t: -ima ad *R*: M. Axianum *Man.*: Maximum *Corr.* 7 Cosano *Schütz*: coziano *Δ*: cot[coc- *P*, cott- Z^t]iano RZ^t 8 tua Rb^2: tua me *Δ* [*anne* meam ⟨rem⟩ v- e- tuam?] expeditis *R* 9 di(i) faxint O^1[?]Pb^2s^2: ḍii fas sint *R*: dif[diff- δ]use sint *Δ* 10 ista *R* quam tu b^2s: quantum *RΔ* 12 nolebam CZ^bλ: *om. RΔ* mundo *R*: mondo *Δ* 13 tua RZ^bλ: *om. Δ* 14 usque Rb^2s^2: his qu(a)e *Δ* Put- venit *R* favonium b^2s^2: -us *RΔ* 15 asinium *vulgo damnatum, iure necne dubito; mihi et* asinum *et* Maximum *in animum venerunt, aliis alia* me dicas *R* 16 ut *exp.* b^2 bruto et Pb^2s: -to *RΔ* 17 sibi *Δ*λ: mihi Rb^2 Tutiam *anon. ap. Lamb.*: iuliam *RΔ*: iull- *P* 18 ferre *PΔ*: non velle amplius f- Rb^2 esse discidium Rb^2s^2 [dissi- b^2s^2] λ: esses sed exci- *Δ* 19 me ad aud- *R*

cur quaereret) nisi de ore et patre. 'Sed quorsus?' inquam. At ille filium velle. Tum ego, etsi ἐβδελυττόμην, tamen negavi putare me illa esse vera. Σκοπὸς †hoc est enim† huic nostro nihil praebere. Illa autem *οὐ παρὰ τοῦτο*. Ego tamen suspicor hunc, ut solet, alucinari. Sed velim quaeras (facile autem potes) et me certiorem.

Obsecro te, quid est hoc? Signata iam epistula Formiani **3**
qui apud me cenabant Plancum se aiebant hunc Buthrotium pridie quam haec scribebam, id est III Non., vidisse demissum, sine phaleris; servulos autem dicere eum et agripetas eiectos a Buthrotiis. Macte! Sed, amabo te, perscribe mihi totum negotium.

1 querereretur *R* quorsus λ [*'L. ex v.c.'*]: -um *cod. Vrs.*: cursus $\Delta Z^{(t)}$: rursus *R* at *Pbms*: ad *RMd* 3 putare me illa [*i.e.* puta^s me i-?] Z^bλ: putam [illa?] Z^t: putavi i- *R*: pubabulla *Mbm*: pabul(l)a *ds* hoc *RΔ*: hic *Lamb.*: *secl. Mueller* est *bis* M^1 4 *παρὰ* δ: ΠΑΚΑ RM^1 ΤΟΥΤΟΝ $Z^{(b)}$ 7 signata Rb^2: -tam *Δ*: signa [*spat.*] *P*: obsignata *Lamb.* iam *Δ*: iam tam *P*: tam *R* epistola Rb^2: -lam *Δ* 8 se aiebant *Vict.*: sineb- *RΔ* buthrotum *bms* 9 h(a)ec *bms*: hoc *RMd* vidisse $b^2Z^{(b)}$λ: vidi esse *Δ*: vidi se *R*: inde se *P*: audisse κ 10 phal- b^2s: fal(l)- *RΔ* 11 eiectos b^2: el(l)e- *RΔ*

AD ATTICVM

LIBER SEXTVS DECIMVS

I *Scr. in Puteolano viii Id. Quint. an. 44.*

CICERO ATTICO SALVTEM.

1 NON. QVINT. veni in Puteolanum. Postridie iens ad Brutum
in Nesidem haec scripsi. Sed eo die quo veneram cenanti Eros
tuas litteras. Itane? 'Nonis Iuliis'? Di hercule istis! Sed stomachari totum diem licet. Quicquamne turpius quam Bruto
'Iuliis'? Nihil vidi. Redeo ad meum igitur †ЄΤЄѠΜЄΝ†
2 Sed quid est, quaeso, quod agripetas Buthroti concisos audio?
Quid autem Plancus tam cursim (ita enim audiebam) diem
3 et noctem? Sane cupio scire quid sit. Meam profectionem
laudari gaudeo. Videndum est ut mansio laudetur. Dymaeos
agro pulsos mare infestum habere nil mirum. *'Εν ὁμοπλοίᾳ*
Bruti videtur aliquid praesidi esse, sed, opinor, minuta navi-
4 gia. Sed iam sciam et ad te cras. De Ventidio *πανικὸν* puto.
De Sexto pro certo habebatur [ad arma]. Quod si verum est,

3 *Huius etiam libri epistulae praeter* 1, 2, 3, 7, 16–16F *cohaerent in codd., demptis* $M^c b^2$ postridie *CZ* : *om.* *Ω* iens $Z^b λ$: flens $RΔCZ^{(t)}$ 4 in nesidem [-de $Z^β$] $RM^c Z^{bt} λ$: ines. i- M^1: in esi- [mes- *b*] δ: in eisdem PM^c eo die *bs*: ego de $RMdmZ^{(t)}$ -ti (h)eros *bms*: -tifros *RMd* 5 nonis *b*: nobis *RΔ* di *Bos.*: de *Δ*: *om. R* istos b^1 [*eras.*] 6 quam δ: qua *RM* 7 iul. $RM^1 dsZ^t$: nil $PM^c bm$ nihil vidi *hic posuit Boot, post Graeca RΔ* ЄΤЄѠΜЄΝ $PM^1 Z^{(b)}$: ЄΤЄΥΘ[?]Ѡ- *R*: ἔλθωμεν δ [-ομεν *s*]: *θέωμεν Lamb., 'cod. Turn. secutus, quamquam ex eodem licet legere ἔτ' ἐῶμεν, sive ἐῶμεν'* : *ἀπίωμεν Turnebus* 8 conscisos *R* 9 cursim *Δ*: -sum *R* audiebam λ: mediebam Z^t: mediabam *Δ* [-bar *m*]: meditabar *b*: mediam *R* 11 videndum . . . laudetur *hic posuit Ernesti, post* nimirum *RΔ* dymaeos agro *R*: -aco sagro M^1: -ac(h)os agro [-os *d*] *P*δ 12 nil mirum *Vict.*: nim- *RΔ*: mirum b^2 ἐν] *fort.* in 13 al- vid- *R* 14 iam omnia sc- *R* ad te cras b^2: attecr- [-tr-] *RΔ* 15 ad arma *seclusi, ex eodem illo glossemate tractum arbitratus quod infra* [*post* somno, *p.* 287. 2] *in R irrepsisse video*: abicere arma *Klotz*

sine bello civili video serviendum. Quid ergo? ad Kal. Ian. in Pansa spes? Λῆρος πολύς. In vino et in somno ⟨animi⟩ istorum.

De CCX optime. Ciceronis rationes explicentur. Ovius enim 5
recens. Is multa quae vellem, in his ne hoc quidem malum in mandatis, sibi abunde HS LXXX satis esse, adfatim prorsus, sed Xenonem perexigue et γλίσχρως praebere [id est minutatimque]. Quo plus permutasti quam ad fructum insularum, id ille annus habeat in quem itineris sumptus accessit. Hic ex Kal. Apr. ad HS LXXX accommodetur. Nunc enim insulae tantum. Videndum [enim] est quid, cum Romae erit. Non enim puto socrum illam ferendam. Pindaro de Cumano negaram. Nunc cuius rei causa tabellarium miserim accipe. 6
Quintus filius mihi pollicetur se Catonem. Egit autem et pater et filius ut tibi sponderem, sed ita ut tum crederes cum ipse cognosses. Huic ego litteras ipsius arbitratu dabo. Eae te ne moverint. Has scripsi in eam partem ne me motum putares. Di faxint ut faciat ea quae promittit! Commune enim gaudium. Sed ego—nihil dico amplius. Is hinc VII Id.

1 non sine *cod. Vrs.* ad Z^{t}λ: *om.* *RΔ* 2 spes *PΔ*: -s est *R* somno ⟨animi⟩ *scripsi*: somno *P*δ: sumpno *M*: sompno quod manus non movebit ad arma *R* 4 de .CCX. *Δ*: de cōe [e *eras.*] *R*: DC CCX Z^{t}, *sim. P*: de [De λ] CCCX Z^{b}λ ovius *Z*: ob ius *RΔ*: obvus b^{1}: obvius b^{2}*C*κ *cod. Vrs.* 5 recens. is λ [*'L ex v.c.'*]: reces is $Z^{(l)}$: recesis Z^{t}: recessi *R*: -ssis *Δ*: -ssit *s*: -ssis si b^{2} 6 sibi [*sc.* Marco filio] ab- *scripsi*: si ab- *Ω*Z^{t} [hab- *PMs*]: sit ab- $Z^{b(l)}$ *codd. Mal.* in m- s- a- *om.* λ [*'L. ex v.c.'*], *pro glossemate habent vulgo* LXXX *scripsi*: LXXII *OMbm*λ [*' L. ex v.c.'*]: LXXV *R cod. Ant.*: LXX [*lineam omissam praetereo*] *ds* 7 γλισχρῶς *Crat.*: TΑTCXPΩC *RMm* id est minutatim [-not- *R*] qu(a)e *RΔ*$Z^{(t)}$λ [*sed* que, *ut vid.*, *om.* λ]: id est m [*spat.*] que *P*: *glossema esse intellexit Corr.*, *quid fuerit glossema neque is neque, ut opinor, posteri* 8 quo *RΔ*: quod *Ernesti* ad fructum $M^{c}bs^{2}$: ad er- $RM^{1}m$: eruptum ds^{1} 9 id *om.* *R* habebat *ds* hinc *Man.* 11 enim *seclusi*, *quod tamen vel in etiam* *vel in* autem [*Watt*] *mutare potueram* 13 miseram *Pbm* 16 cognosses *Rom.*: -sces *RΔ*: -sceres *d* eae te *Ascensius*: ea et te *Δ*: ea etenim *R*: ea te b^{2} 18 fas sint M^{1}: fass- $M^{2}m$ faciat *PΔ*: -as *R* 19 enim] erit *b* ego *om. ds* is] his PM^{1} .VI. *bm*

Ait enim attributionem in Idus, se autem urgeri acriter. Tu ex meis litteris quo modo respondeas moderabere. Plura, cum et Brutum videro et Erotem remittam. Atticae meae excusationem accipio eamque amo plurimum; cui et Piliae salutem.

II *Scr. in Puteolano v Id. Quint. an. 44.*

CICERO ATTICO SALVTEM.

1 vi Id. duas epistulas accepi, unam a meo tabellario, alteram ⟨a⟩ Bruti. De Buthrotiis longe alia fama in his locis fuerat, sed cum aliis multis hoc ferendum. Erotem remisi citius quam constitueram, ut esset qui Hordeonio et Oviae, quibus, quidem ait se Idibus constituisse. Hordeonius vero impudenter. Nihil enim debetur ei nisi ex tertia pensione, quae est Kal. Sext.; ex qua pensione ipsa maior pars est ei soluta aliquanto ante diem. Sed haec Eros videbit Idibus.

De Publilio autem, quod perscribi oportet, moram non puto esse faciendam. Sed cum videas quantum de iure nostro decesserimus qui de res. $\overline{\text{cccc}}$ HS $\overline{\text{cc}}$ praesentia solverimus, reliqua rescribamus, loqui cum eo, si tibi videbitur, poteris eum commodum nostrum exspectare debere, cum tanta sit a
2 nobis iactura facta iuris. Sed amabo te, mi Attice (videsne quam blande?), omnia nostra, quoad eris Romae, ita gerito,

1 se [sed *Md*] autem urg- *Δ*: sed ante murig- [urg- *P*] *R* 2 moderabere *PM^2ds*: -avere *M^1*: -ate *R*: meditabere *bm* 8 *novam ep. faciunt* δ [*salut. om. bm*]: *superiori coniungunt RM^1* 9 a *add. Lamb.* locum *Md* 10 misi *R* 11 qui *RMdZλ*: cum *bms* Hord- *Schütz*: hortensio *RΔZ* Oviae quibus *Gurlitt*: quia eq- *RΔ* [eq- *et* $Z^{(t)}$, equitibus b^2s^2] 12 se δ: sed *RM^1* Hord- *Schütz*: hortensius *RΔ* vero] enim *d* 13 ei deb- *R* 15 Idibus *Vict.*: idus *RMdm*: *om. bs* 16 publilio *Mdm*: publio *Rbs* perscribi *RMd*: pros- *bms* 18 qui de res. [*nimirum pro* residuis, *quod scripsit Man.*] λ: quid eres *Δ* [heres *bs*] $Z^{(t)}$: quidem res *R* 19 loqui cum eo *Vict.*: loci qua [quam *R*] meo [in eo *bs*] *RΔ*: lo [*spat.*] meo *d* 20 eum *RMd*: cum *bms*: tum [incom·] *P* 22 nostra *om. ds*

regito, gubernato ut nihil a me exspectes. Quamquam enim reliqua satis apta sunt ad solvendum, tamen fit saepe ut ii qui debent non respondeant ad tempus. Si quid eius modi acciderit, ne quid tibi sit fama mea potius. Non modo versura verum etiam venditione, si ita res coget, nos vindicabis.

Bruto tuae litterae gratae erant. Fui enim apud illum **3** multas horas in Neside, cum paulo ante tuas litteras accepissem. Delectari mihi Tereo videbatur et habere maiorem Accio quam Antonio gratiam. Mihi autem ⟨quo⟩ laetiora sunt, eo plus stomachi et molestiae est populum Romanum manus suas non in defendenda re publica sed in plaudendo consumere. Mihi quidem videntur istorum animi incendi etiam ad repraesentandam improbitatem suam. Sed tamen

'dúm modo doleant áliquid, doleant quídlibet.'

Consilium meum quod ais cotidie magis laudari non moleste **4** fero exspectabamque si quid de eo ad me scriberes. Ego enim in varios sermones incidebam. Quin etiam idcirco trahebam ut quam diutissime integrum esset. Sed quoniam furcilla extrudimur, Brundisium cogito. Facilior enim et exploratior devitatio legionum fore videtur quam piratarum qui apparere dicuntur.

Sestius VI Id. exspectabatur sed non venerat, quod sciam. Cassius cum classicula sua venerat. Ego cum eum vidissem, V [k.] in Pompeianum cogitabam, inde Aeculanum. Nosti reliqua. De Tutia ita putaram. De Aebutio non credo, nec **5** tamen curo plus quam tu. Planco et Oppio scripsi equidem

2 fit *Rb*: sic *Δ* ii *m*: .II. *M*: hii *R*: hi *Pds*: *om. b* 4 sit tibi *R* 5 venditione b^{2}: -nis *RΔ* 8 et] *argutius, opinor*, nec 9 quo b^{2}: quoque omnia *P*: *om. ERΔ* 11 plaudendo $CZ^{l(b)}\lambda$ [-da Z^{l}, *sc. errore typogr.*]: laudando *Ω* 14 quod lubet *bms* [lib-] 18 furcilla *Z*: furo i- $O^{1}\Delta$: furia i- O^{2}: furore i- [illo Pb^{2}] Rb^{2} 19 extrud- ΔZ^{b}: extend- *R* cogito *PΔ*: ire c- *R*: pergere c- *κ* 24 k. [kl., cał.] *seclusi*: Id. *Corr.* cogitabam *EΔ*: ire c- *R*: ne c- *P* aeculanum $Z^{t}\lambda\lambda$: accu- *ER*: actu- *P*: acu- *Δ* 25 tutia *P*: tucia *RΔ*: tacia bs^{2} de $\Delta Z^{b}\lambda$: inde *OR* (a)ebutio *ORZ*: enictio [evi- *bms*] *Δ*

quoniam rogaras, sed, si tibi videbitur, ne necesse habueris reddere (cum enim tua causa fecerint omnia, vereor ne meas litteras supervacaneas arbitrentur), Oppio quidem utique, quem tibi amicissimum cognovi. Verum ut voles.

6 Tu quoniam scribis hiematurum te in Epiro, feceris mihi gratum si ante eo veneris quam mihi in Italiam te auctore veniendum est. Litteras ad me quam saepissime; si de rebus minus necessariis, aliquem nactus; sin autem erit quid maius, domo mittito.

Ἡρακλείδειον, si Brundisium salvi, adoriemur. 'De gloria' misi tibi. Custodies igitur, ut soles, sed notentur eclogae duae quas Salvius bonos auditores nactus in convivio dumtaxat legat. Mihi valde placent, mallem tibi. Etiam atque etiam vale.

III *Scr. in Pompeiano xvi Kal. Sext. an. 44.*

⟨CICERO ATTICO SALVTEM.⟩

1 Tu vero sapienter (nunc demum enim rescribo iis litteris quas mihi misisti convento Antonio Tiburi), sapienter igitur quod manus dedisti quodque etiam ultro gratias egisti. Certe enim, ut scribis, deseremur ocius a re publica quam a re familiari. Quod vero scribis te ⟨magis et⟩ magis delectare 'O Tite, si quid,' auges mihi scribendi alacritatem. Quod Erotem

1 ne *ERM*^{2}*bms*: *om. M*^{1}*d*: nec *Moser* 2 fecerunt *P*^{1}*b* 4 amicissimum *Vict.*: ampliss- *RΔZ*$^{(t)}$ 7 si *EZ*^{b}*λ cod. Ant.*: sed *ORΔ* 8 nanctus *M*^{1}*Z*^{t} maius *Eδ*: malus *M*^{1}: malius *R*: in al- *P* 10 *-είδειον Aldus*: -ЄΙΔΙΟΝ *vel sim. ERΔ* brundusi *R* 11 custodi *ds* eclogae duae [*i.e.* -gae II] *scripsi*: eglogari *RΔ* [-ii *b*]: elog- *EP*: *ἐκλογαὶ Reid* 12 quas *ERMdZ*^{t}: quos *bms* 13 legat *ERb*^{2}*s*: -ant *ΔZ*$^{(t)}$ 17 *novam ep. faciunt δ* [*salut. om. bm*]: *superiori coniungunt RM* 19 quod *Rbs*: quid *Mdm* certe enim *EΔC*: -tum enim est *R* 21 magis et *add. Bos.* delectare *Baiter*: -ri *RΔC* o tite *C*: ot[oc-]io te *RMdm*: ot[oc-]io *bs* 22 auges *Lamb.*: ages *RM*^{1}*Z*^{t}: addis *E*: ages addis [-des *ds*] *δ*

non sine munusculo exspectare te dicis, gaudeo non fefellisse eam rem opinionem tuam; sed tamen idem σύνταγμα misi ad te retractatius, et quidem ἀρχέτυπον ipsum crebris locis inculcatum et refectum. Hunc tu tralatum in macrocollum lege in arcano convivis tuis sed, si me amas, hilaris et bene acceptis, ne in me stomachum erumpant cum sint tibi irati.

De Cicerone velim ita sit ut audimus. De Xenone coram 2
cognoscam; quamquam nihil ab eo arbitror neque indiligenter
neque inliberaliter. De Herode faciam ut mandas et ea quae
scribis ex Saufeio et e Xenone cognoscam. De Quinto filio 3
gaudeo tibi meas litteras prius a tabellario meo quam ab ipso redditas; quamquam te nihil fefellisset. Verum tamen—. Sed exspecto quid ille tecum, quid tu vicissim, nec dubito quin suo more uterque. Sed eas litteras Curium mi spero redditurum. Qui quidem etsi per se est amabilis a meque diligitur, tamen accedet magnus cumulus commendationis tuae.

Litteris tuis satis responsum est; nunc audi quod, etsi 4
intellego scribi necesse non esse, scribo tamen. Multa me movent in discessu, in primis me hercule quod diiungor a te. Movet etiam navigationis labor alienus non ab aetate solum nostra verum etiam a dignitate tempusque discessus subabsurdum. Relinquimus enim pacem ut ad bellum revertamur, quodque temporis in praediolis nostris et belle aedificatis et satis amoenis consumi potuit in peregrinatione consumimus.

1 te *ΣZ*[t] : *om. Δ* 4 hoc tu *Reid* lege . . . tuis] *bis adfert Charisius, G. L.* [*Keil*] *i. pp. 192, 199, hoc exemplo*: tu convivis tuis arcano legis [rhetoris *ante* tu *in loco priore*] lege in *b*[2]*s*: legi *Mb*[1]*dmZ*[(t)] [in *om. et Z*[l]]: lege *ER* 5 convivis *Eb*[2]*s*: -viviis *RMb*[1]*m*: -viis *d* 6 ne *Eδ*: me *RM*[1]: *om. P* 8 nihil ab eo *PΔ*: ab eo n- *R* 9 faciam *δ*: factam *RM* 10 saufeio *Ps*: auf- *RΔ* exenone *M*: ex xe- [ze- *b*, se- *R*] *Rbm*: zenone *ds* 13 sed *om. bs* 14 curium *RΔ*: -ii mei *P* mi [mihi *P*] spero *Rbs*: in isp- [ysp- *M*] *Mm*: in hyp- *d* 20 me her- *ERM*[2]*bds*: mer- *M*[1]*mλ* 23 relinquamus *P*[1]: -quemus *κ* 25 -atione *E*: -ationem *RΔ*: -a cum *P* consumemus *κ*

Consolantur haec: aut proderimus aliquid Ciceroni aut quantum profici possit iudicabimus. Deinde tu iam, ut spero et ut promittis, aderis. Quod quidem si acciderit, omnia nobis
5 erunt meliora. Maxime autem me angit ratio reliquorum meorum. Quae quamquam explicata sunt, tamen, quod et Dolabellae nomen in his est et †attributione† mihi nomina ignota, conturbor, nec me ulla res magis angit ex omnibus. Itaque non mihi videor errasse quod ad Balbum scripsi apertius ut, si quid tale accidisset ut non concurrerent nomina, subveniret meque tibi etiam mandasse ut, si quid eius modi accidisset, cum eo communicares. Quod facies, si tibi videbitur, eoque magis, si proficisceris in Epirum.

6 Haec ego conscendens e Pompeiano tribus actuariolis decemscalmis. Brutus erat in Neside etiam nunc, Neapoli Cassius. Ecquid amas Deiotarum et non amas Hieram? Qui, ut Blesamius †venit ad me†, cum ei praescriptum esset ne quid sine Sesti nostri sententia ageret, neque ad illum neque ad quemquam nostrum rettulit. Atticam nostram cupio absentem suaviari. Ita mi dulcis salus visa est per te missa ab illa. Referes igitur ei plurimam itemque Piliae dicas velim.

IV

Scr. in Puteolano vi Id. Quint. an. 44.

⟨CICERO ATTICO SALVTEM.⟩

1 Ita ut heri tibi narravi vel fortasse hodie (Quintus enim altero die se aiebat), in Nesida VIII Id. Ibi Brutus. Quam ille

1 aut proderimus *EM*^{2}*bms*: autem p- *Rd*: a viro *M*^{1} [*spat.*] 2 tu iam *E*δ: viam *M*^{1}: tu etiam iam *R* 6 his *PΔ*: is *R*: iis *Rom.* attr- *RΔZ*: ⟨in⟩ attr- *Ernesti*: ⟨ex⟩ attr- *Boot* 10 ut *bms*: fui *RM* [*sed del.*, ut *add.*]*d* 11 eo *om. Md* si *Pbms*: sed *RMd* 13 tribus *anon. ap. C*: tribui *EPΔ*: tribum [?] *R*: tributi *C* decem scalmis *O*^{1}: d- [.x.] scalmi [-mii *EP*] *ERΔ* 15 et *Δ*: *om. R* hieram λ: (h)eram *RΔ* ut *om. R* 16 venit ad me *vix sana*: *fort.* ad me [*sc.* scripsit] ei *Rom.*: et *RΔ* 17 sesti *Rdm*: sexti *PMbs*λ 18 absentem *Z*: *om. Ω* 20 ei *E*δ: et *RM*^{1} 23 *novam ep. incipit b*^{2} 24 aiebat *P*δ: ale- *O*^{1}*RM*^{1} nesida *O*^{2}*b*^{2} [-dia]: es- *Ω* ibi *Sal.–Reg.*: tibi *Ω*

doluit de 'Nonis Iuliis'! mirifice est conturbatus. Itaque sese
scripturum aiebat ut venationem eam quae postridie ludos
Apollinaris futura est proscriberent in 'II Idus Quintilis'. Libo
intervenit. Is Philonem Pompei libertum et Hilarum suum
libertum venisse a Sexto cum litteris ad consules sive quo alio
nomine sunt. Earum exemplum nobis legit, si quid videretur.
Pauca παρὰ λέξιν, ceteroqui et satis graviter et non contuma-
citer. Tantum addi placuit, quod erat 'coss.' solum, ut esset
'pr., tr. pl., senatui', ne illi non proferrent eas quae ad se ipsos
missae essent. Sextum autem nuntiant cum una solum legione **2**
fuisse Carthagine eique eo ipso die quo oppidum Baream
cepisset nuntiatum esse de Caesare, capto oppido miram
laetitiam commutationemque animorum concursumque undique; sed illum ad sex legiones quas in ulteriore reliquisset
revertisse. Ad ipsum autem Libonem scripsit nihil esse nisi
ad larem suum liceret. Summa postulatorum ut omnes exercitus dimittantur qui ubique sint. Haec fere de Sexto.

De Buthrotiis undique quaerens nihil reperiebam. Alii **3**
concisos agripetas, alii Plancum acceptis nummis relictis illis
aufugisse. Itaque non video sciturum me quid eius sit ni
statim aliquid litterarum.

Iter illud Brundisium de quo dubitabam sublatum videtur. **4**
Legiones enim adventare dicuntur. Haec autem navigatio
habet quasdam suspiciones periculi. Itaque constituebam uti
ὁμοπλοΐᾳ. Paratiorem enim offendi Brutum quam audiebam.

2 alebat M^1 eam *Ernesti*: etiam *Ω* 3 in II *scripsi*: .III. *Ω*: in III *Wes.* 4 hilarum [hyl-] *Δ*: -rium *Σ* 6 si *Ω*: dixi Z^b*λ* 7 ceteroqui *Vict.*: -roque OM^1: -raque ERM^2d: -ra *bms* 8 coss. solum *Rom.*: cons. [cos. *Mm*] s- *ERMb*: consul s- *d*: consul *s* 9 se ipsos *Σδ*: ipsos M^1 10 sola *bm* 11 eique b^2: ii qu(a)e *Ω*: ii quoque *s*: que *P* Baream *Boot*: bor- *ERΔλ*: borr- *Ps* 12 cepisset *Obs*: celi- *EMm*: celli- *d*: coli- *R*: *om. P* 18 buthrotiis O^1[?]: -ticis [-ti eis M^1] O^2Mm [*num recte?*]: -oci eis *R*: -ociis *P*: -octis *d*: -otis *bs* 20 ni O^2bms: ne O^1RMd 22 Brundusinum *Pius* 25 -πλοία *Oδ* [-ᾳ M^c]: -ΠΛΟΔΙ *vel sim.* RM^1 enim *OR*: *om. Δ*

Nam et ipse ⟨et⟩ Domitius bona plane habet dicrota suntque navigia praeterea luculenta Sesti, Buciliani, ceterorum. Nam Cassi classem quae plane bella est non numero ultra fretum. Illud est mihi submolestum quod parum Brutus properare videtur. Primum confectorum ludorum nuntios exspectat; deinde, quantum intellego, tarde est navigaturus consistens in locis pluribus. Tamen arbitror esse commodius tarde navigare quam omnino non navigare; et si, cum processerimus, exploratiora videbuntur, etesiis utemur.

V

Scr. in Puteolano vii Id. Quint. an. 44.

⟨CICERO ATTICO SALVTEM.⟩

1 Tuas iam litteras Brutus exspectabat. Cui quidem ego [non] novum attuleram de Tereo Acci. Ille Brutum putabat. Sed tamen rumoris nescio quid adflaverat commissione Graecorum frequentiam non fuisse, quod quidem me minime fefellit; scis enim quid ego de Graecis ludis existimem.

2 Nunc audi quod pluris est quam omnia. Quintus ⟨filius⟩ fuit mecum dies compluris et, si ego cuperem, ille vel pluris fuisset; sed quantum fuit, incredibile est quam me in omni genere delectarit in eoque maxime in quo minime satis faciebat. Sic enim commutatus est totus et scriptis meis quibusdam quae in manibus habebam et adsiduitate orationis et praeceptis ut tali animo in rem publicam quali nos volumus futurus sit. Hoc cum mihi non modo confirmasset sed etiam persuasisset, egit mecum accurate multis verbis tibi

1 et *add. Hofmann* plane habet *Δ*: h- p- *R* 4 est *om. E* 9 etesiis Z^{l}: et estis [etes-, et escis] $O^{1}RZ^{(b)t}\lambda$: et testis ΔZ^{β}: et [*spat.*] *P* 13 non *del. Corr.* acci ille *Δ*: accii *C*: ac si *R* 15 quod $Z^{(b)}\lambda$: qu(a)e *RΔ* 16 existimem $PM^{2}ds$: -tionem RM^{1}: -timarem *bm* 17 filius [f.] *add. Tyrrell* 19 quantum *ERΔ*: quam diu *Lamb.* 20 minime *ERΔ*: -me putabam *bκ*: *fort.* -me putaram, *sed vulgatum retinere licet* 24 mihi *om. E*

ut sponderem se dignum et te et nobis futurum; neque se postulare ut statim crederes sed, cum ipse perspexisses, tum ut se amares. Quod nisi fidem mihi fecisset iudicassemque hoc quod dico firmum fore, non fecissem id quod dicturus sum. Duxi enim mecum adulescentem ad Brutum. Sic ei probatum est quod ad te scribo ut ipse crediderit, me sponsorem accipere noluerit eumque laudans amicissime mentionem tui fecerit, complexus osculatusque dimiserit. Quam ob rem etsi magis est quod gratuler tibi quam quod te rogem, tamen etiam rogo ut, si quae minus antea propter infirmitatem aetatis constanter ab eo fieri videbantur, ea iudices illum abiecisse mihique credas multum adlaturam vel plurimum potius ad illius iudicium confirmandum auctoritatem tuam.

Bruto cum saepe iniecissem de ὁμοπλοίᾳ, non perinde atque **3** ego putaram adripere visus est. Existimabam μετεωρότερον esse, et hercule erat et maxime de ludis. At mihi, cum ad villam redissem, Cn. Lucceius, qui multum utitur Bruto, narravit illum valde morari, non tergiversantem sed exspectantem si qui forte casus. Itaque dubito an Venusiam tendam et ibi exspectem de legionibus. Si aberunt, ut quidam arbitrantur, Hydruntem, si neutrum erit ἀσφαλές, eodem revertar. * * * Iocari me putas? Moriar si quisquam me tenet praeter te. Etenim circumspice, sed ante quam erubesco. O dies in **4**

1 ut sponderem *EM^c ds*: resp- *M*¹: ut resp- *Rbm* 3 ut *om. R* 4 dicturus *EPΔ*: fact- *R* 6 me *EPΔ*: *om. R* 7 voluerit *E* 11 ab eo fieri *EΔ*: f- ab eo *R* 14 Bruto] *hinc novam ep. incipit b*² sepe *RMdm*: spem *bs* iniecissem de *Δ* [de *om. d*]: in locis se inde *R* perinde *PΔ*: proi- *R* 15 accipere *bκ*: erip- *R* 16 et hercule *Δ*: me h- *P* [esse . . . Cn. *om. R*] at] ac *b* 19 si δ: sed *RM*¹ 20 si aberunt *Vict.*: stabe- *O*¹*Δ*: scabe- *O*²*s*: scribe- *R*: scripse- *P*: statue- *b*²: strave- *Z*^t[?] quidam *bs*: -dem *RMdm* 21 *post* revertar *Ep. xii. 3* [unum . . . plurimum] *iterum habent RΔ* [*sed* vacat *in marg. scripsit, ante* iocari *novam ep. incipit b*²]. *hoc loco pauca excidisse puto, multa Reid* 22 me *b*²: te *RΔ* puta *b*¹[?]*ms* te nec *M*¹*dm* 23 circumspice *C*: -ces *Md*: -cies *Rbms* quam *ORC*: *om. Δ*

†yspiciis lepidi† discriptos et apte ad consilium reditus nostri! Magna ῥοπὴ ad proficiscendum ⟨in⟩ tuis litteris. Atque utinam te illic! Sed ut conducere putabis.

5 Nepotis epistulam exspecto. Cupidus ille meorum, qui ea quibus maxime γαυριῶ legenda non putet? Et ais "μετ' ἀμύμονα"! Tu vero ἀμύμων, ille quidem ἄμβροτος. Mearum epistularum nulla est συναγωγή; sed habet Tiro instar septuaginta, et quidem sunt a te quaedam sumendae. Eas ego oportet perspiciam, corrigam; tum denique edentur.

VI *Scr. Vibone viii Kal. Sext. an. 44.*

⟨CICERO ATTICO SALVTEM.⟩

1 Ego adhuc (perveni enim Vibonem ad Siccam) magis commode quam strenue navigavi; remis enim magnam partem, prodromi nulli. Illud satis opportune, duo sinus fuerunt quos tramitti oporteret, Paestanus et Vibonensis. Vtrumque pedibus aequis tramisimus. Veni igitur ad Siccam octavo die e Pompeiano, cum unum diem Veliae constitissem; ubi quidem fui sane libenter apud Talnam nostrum nec potui accipi, illo absente praesertim, liberalius. VIIII Kal. igitur ad Siccam. Ibi tamquam domi meae scilicet. Itaque obduxi posterum diem.

1 yspiciis [hys- *d*, aus- *bms*] lepidi *Δ*: ispitiis hoc lepidi *R*: auspiciis Lepidi ⟨lepide⟩ *Faërn.*: *num* hospitiis lepide? discr- *Reid*: descr- *RΔ* 2 in *add. Orelli* 3 conducere p- *Rb*[2] [cumd-] *s*[2]: cum duce rep- *Δ* 4 cupidus *bms*: -dius *RMd* 5 legenda *Vict.*: ale- *RMbm*: ad le- *ds*: omnino le- *Schmidt*: *num* perle-? non potuit putet *b*[1]*m*[1]*s* 6 tu *om. ds*[1] 8 et q- *R*: eq- *Mbm*: q- *ds* sumende *R*: -da *Δ* ego opersp- *Δ*: op- ut ego prosp- *R* 12 ad *Crat.*: et *ERΔ* 14 -mi nulli δ: -mi in illi *M*[1]: -mii illi *R*: -mi ulli *E* 15 oporteret *E*: -tet et *ORΔ* pestanus *b*[2][?]: pr(a)e- *ERM*[c]*ms* [-amus *P*, -amis *s*]: prestanii sed *M*[1]*d* 16 aequis *om. bm* 17 Veliae *Iens.*: vellie *b*[2]: velleni *M*[1][?]*m*: vellem *ERM*[c]*ds*: velem *P* constitissem *ER*δ [-isse *s*, -uisse *b*[1]]: -tituissem *P*: constissem *M* 18 Talnam *Rom.*: talvam κ: tal(l)anam *EPΔ*: tullānam *R*: tullianam *Z*[t]: Thalnam *nonnulli*

Sed putabam, cum Regium venissem, fore ut illic "δολιχὸν πλόον ὁρμαίνοντες" cogitaremus corbitane Patras an actuariolis ad Leucopetram Tarentinorum atque inde Corcyram; et, si oneraria, statimne freto an Syracusis. Hac super re scribam ad te Regio. ⟨Sed⟩ me hercule, mi Attice, saepe mecum, 2

Ἠ δεῦρ' ὁδός σοι τί δύναται;

Cur ego tecum non sum? cur ocellos Italiae, villulas meas, non video? Sed id ⟨satis⟩ superque tecum me non esse, quid fugientem? periculumne? At id nunc quidem, nisi fallor, nullum est. Ad ipsum enim revocat me auctoritas tua. Scribis enim in caelum ferri profectionem meam, sed ita si ante Kal. Ian. redeam; quod quidem certe enitar. Malo enim vel cum timore domi esse quam sine timore Athenis tuis. Sed tamen perspice quo ista vergant mihique aut scribe aut, quod multo malim, adfer ipse. Haec hactenus.

Illud velim in bonam partem accipias me agere tecum 3
quod tibi maiori curae sciam esse quam ipsi mihi. Nomina mea, per deos, expedi, exsolve. Bella reliqua reliqui; sed opus est diligentia coheredibus pro Cluviano Kal. Sext. persolutum ut sit. Cum Publilio quo modo agendum sit videbis. Non debet urgere, quoniam iure non utimur. Sed tamen ei quoque satis fieri plane volo. Terentiae vero quid ego dicam? Etiam ante diem, si potes. Quin si, ut spero, celeriter in Epirum, hoc quod satis dato debeo peto a te ut ante provideas planeque

1 ut illic δ- *Hervagius*: ut illi. [utibi *M*, utili *m*] ICΔ- [-A-] *RMm*: utili [*gr. om.*] *bds* 2 -olis *bms*: -olus *RMd* [*om. P*] 3 Leucopetram *Aldus*: -as *RΔ* atque *Lamb.*: ast *RΔ* 5 sed *addidi* 6 δύναται νῦν *vel sim.* δ 7 villas *d* 8 satis b^2: *om. RΔ* super M^1 quid *Z*: *om. RΔ* 9 at id *Z*: ad id *ERΔ*: [ne]c ad id *m*: [ne]c id b^2: ad *P* 12 quod quidem *bm*: quodque i- *ERMds* 14 prospice *R* 15 ⟨sed⟩ haec *Wes.* 17 ipsi b^2s: ipse *ERΔ* 18 exolve *C*: ex(s)olvi *RΔ* reliqua *ORCZ*: *om. Δ* 19 persolutum $M^c bms$: persotum RM^1: perstum *d*: per s [*spat.*] *P* 20 publilio *Mm*: publio *Rbds* 21 debetur gerere *R* ei *bs*: et *RMdm* 22 plane volo Rbm^2s: p- nolo *P*: plavolo *Md*: mavolo m^1 23 quin si *om. R*

4 expedias et solutum relinquas. Sed de his satis, metuoque ne tu nimium putes.

Nunc neglegentiam meam cognosce. De gloria librum ad te misi, et in eo prohoemium id quod est in Academico tertio. Id evenit ob eam rem quod habeo volumen prohoemiorum. Ex eo eligere soleo cum aliquod *σύγγραμμα* institui. Itaque iam in Tusculano, qui non meminissem me abusum isto prohoemio, conieci id in eum librum quem tibi misi. Cum autem in navi legerem Academicos, adgnovi erratum meum. Itaque statim novum prohoemium exaravi et tibi misi. Tu illud desecabis, hoc adglutinabis. Piliae salutem dices et Atticae, deliciis atque amoribus meis.

VII *Scr. navigans ad Pompeianum xiv Kal. Sept. an. 44.*

⟨CICERO ATTICO SALVTEM.⟩

1 VIII Id. Sext. cum a Leucopetra profectus (inde enim tramittebam) stadia circiter CCC processissem, reiectus sum austro vehementi ad eandem Leucopetram. Ibi cum ventum exspectarem (erat enim villa Valeri nostri, ut familiariter essem et libenter), Regini quidam illustres homines eo venerunt Roma sane recentes, in iis Bruti nostri hospes, qui Brutum Neapoli reliquisset. Haec adferebant, edictum Bruti et Cassi, et fore frequentem senatum Kalendis, a Bruto et Cassio litteras missas ad consularis et praetorios, ut adessent rogare. Summam spem nuntiabant fore ut Antonius cederet, res

4 missum λ et *ERΔ*λ: at *Bos.* id quod est *scripsi* [*quod false R tribuerat Moricca*]: .i. [*i.e.* id est] quod est *R*: id est q- *EΔ*: idem q- *P*: idem est q- *Wes.* 7 qui non] quom *s* 8 id meum *Md* 11 desecabis *Mdm*: desica- *P*: desecca- *R*: desicca- *bs* 15 *novam ep. faciunt Pδ* [*salut. om. bm*] 17 ab austro *bm* 19 regini δ: regni *ERM*[1] 20 romam *R* recentes. in [sin *d*] iis [his *bs*] δ: regentes in his *E*: -te [-tem *R*] sinus *RM*[1]: -te [*spat.*] *P* 22 bruto cassio *M*[1] 23 adessent *E*δ: adcess- *R*: adcens- *PM*[1] rogare *del. Reid* 24 nuntiabant *ERbms*: -bam *Md*: negabant *P*

conveniret, nostri Romam redirent. Addebant etiam me desiderari, subaccusari.

Quae cum audissem, sine ulla dubitatione abieci consilium profectionis, quo me hercule ne antea quidem delectabar.
Lectis vero tuis litteris admiratus equidem sum te tam 2
vehementer sententiam commutasse, sed non sine causa arbitrabar. Etsi, quamvis non fueris suasor et impulsor profectionis meae, at probator certe fuisti, dum modo Kal. Ian. Romae essem. Ita fiebat ut, dum minus periculi videretur, abessem, in flammam ipsam venirem. Sed haec, etiam si non prudenter, tamen ἀνεμέσητα sunt, primum quod de mea sententia acta sunt, deinde etiam si te auctore, quid debet qui
consilium dat praestare praeter fidem? Illud mirari satis non 3
potui quod scripsisti his verbis: 'Bene igitur tu qui εὐθανασίαν, bene! relinque patriam.' An ego relinquebam aut tibi tum relinquere videbar, tu id non modo non prohibebas verum etiam adprobabas? Graviora quae restant: 'Velim σχόλιον aliquod elimes ad me, oportuisse te istuc facere.' Itane, mi Attice? defensione eget meum factum, praesertim apud te qui id mirabiliter adprobasti? Ego vero istum ἀπολογισμὸν συντάξομαι, sed ad eorum aliquem quibus invitis et dissuadentibus profectus sum. Etsi quid iam opus est σχολίῳ? si perseverassem, opus fuisset. 'At hoc ipsum non constanter.' Nemo doctus umquam (multa autem de hoc genere scripta

1 nostri *EPΔ*: iri *R* 2 subaccusarique [-aque m^{1}] *bms* 5 sum equidem *ds* 6 mutasse *ds* 8 at probator *scripsi*: ad pr- [adpr- *M*]*EM*: appr- *Rδ* fuisti *Crat.*: -sti id δ: -sse id *ERM*^{1} 10 hec *M*: hoc δ: *om. R* 12 acta sunt $O^{1}Rb^{2}$: accasum [*prius* a *exp.*, o *superscr.*] *M*: occas(s)um δ 13 mirari *ER*: adm- *Δ* 14 bene . . . bene *ERΔ*: veni . . . veni λ: tene . . . tene *Housman* [*om.* tu] 15 relinque p- *RΔ*: reliqui p- *EP*: relinques p- *Lamb.*: relinquere p-? *Housman* an . . . adprobabas? *ita distinxi*: *vulgo* an . . . videbar? Tu . . . adprobabas. tum *Δ*: tunc *ER*: cum *b cod. Vrs.* 16 prohib- *ERδ*: iub- *M*^{1} 17 qu(a)e *Eδ*: qu(a)e .x. *RM*^{1} 23 at *bs*: ad *RMdm* 24 autem *Rs*: aut *Δ*

4 sunt) mutationem consili inconstantiam dixit esse. Deinceps igitur haec: 'Nam si a Phaedro nostro esses, expedita excusatio esset; nunc quid respondemus?' Ergo id erat meum factum quod Catoni probare non possim? flagiti scilicet plenum et dedecoris. Vtinam a primo ita tibi esset visum! tu mihi,

5 sicut esse soles, fuisses Cato. Extremum illud vel molestissimum: 'Nam Brutus noster silet,' hoc est, non audet hominem id aetatis monere. Aliud nihil habeo quod ex iis a te verbis significari putem, et hercule ita est. Nam XVI Kal. Sept. cum venissem Veliam, Brutus audivit; erat enim cum suis navibus apud Haletem fluvium citra Veliam mil. pass. III. Pedibus ad me statim. Di immortales, quam valde ille reditu vel potius reversione mea laetatus effudit illa omnia quae tacuerat! ut recordarer illud tuum 'Nam Brutus noster silet.' Maxime autem dolebat me Kal. Sext. in senatu non fuisse. Pisonem ferebat in caelum; se autem laetari quod effugissem duas maximas vituperationes, unam, quam itinere faciendo me intellegebam suscipere, desperationis ac relictionis rei publicae (flentes mecum vulgo querebantur quibus de meo celeri reditu non probabam), alteram, de qua Brutus et qui una erant (multi autem erant) laetabantur, quod eam vituperationem effugissem, me existimari ad Olympia. Hoc vero nihil turpius quovis rei publicae tempore, sed hoc ἀναπολόγητον. Ego vero austro gratias miras qui me a tanta infamia averterit.

6 Reversionis has speciosas causas habes, iustas illas quidem

1 dixit *Rom.*: dixi *RΔ*   2 hec *RM*: hoc δ   esses Z^t: esse *RMdm*: *om. Pbs*   3 respondemus *PΔ*: -deremus *R*   4 possim *ERMdm*: -sum *bs*: -sem *Ernesti*   5 esset visum *EΔ*: v- e- *R*   8 movere *ds* ex *Iens.*: et *ERΔ* [*ras. in b*] $Z^{(t)}$: *om. Lamb.*   his *E*δ: hiis *M*: is *R*: iis *P*Z^t 10 manibus *E*   11 Haletem *Lamb.*: hel- *ERΔ*Z^tλ   fluvium *Vict.*: frutum *ERMm*: fretum *ds*: brutus *b*: functum *P*   circa M^2*bms* mil. pass. *b*: milia [mi̲ll- *M*, mil. *m*] passus *ERΔ*: millia passuum *Iens.*   18 intelligebant Z^t[?]   relictionis b^2 *cod. Ball.*: religi- *ER*δ: relegi- M^1 19 euntes λ   celeri *E*b^2*ds*: -re *RM*b^1*m*   21 quod . . . effugissem *del. Mal.*

et magnas; sed nulla iustior quam quod tu idem aliis litteris, 'Provide, si cui quid debetur, ut sit unde par pari respondeam. Mirifica enim δυσχρηστία est propter metum armorum.' In freto medio hanc epistulam legi, ut quid possem providere in mentem mihi non veniret nisi ut praesens me ipse defenderem. Sed haec hactenus; reliqua coram.

Antoni edictum legi a Bruto * * * et horum contra scri- 7
ptum praeclare; sed quid ista edicta valeant aut quo spectent plane non video. Nec ego nunc, ut Brutus censebat, istuc ad rem publicam capessendam venio. Quid enim fieri potest? Num quis Pisoni est adsensus? num rediit ipse postridie? Sed abesse hanc aetatem longe a sepulcro negant oportere.

Sed obsecro te, quid est quod audivi de Bruto? Piliam 8
πειράζεσθαι παραλύσει te scripsisse aiebat. Valde sum commotus. Etsi idem te scribere sperare melius. Ita plane velim, et ⟨ei⟩ dicas plurimam salutem et suavissimae Atticae. Haec scripsi navigans cum Pompeianum accederem XIIII Kal.

VIII *Scr. in Puteolano Kal. Nov. vel postridie an. 44.*

⟨CICERO ATTICO SALVTEM.⟩

Cum sciam quo die venturus sim, faciam ut scias. Impedi- 1
menta exspectanda sunt quae Anagnia veniunt et familia aegra est. Kalendis vesperi litterae mihi ab Octaviano. Magna molitur. Veteranos qui Casilini et Calatiae ⟨sunt⟩ perduxit ad

1 se in ulla M^1: sin n- Z^t 2 provide *Vict.*: -es *ERΔ*   si cui quid [quod *Δ*] *RΔ*Z^t: sic enim quid *E*   respondeam *ER*: -eatur *Δ*   3 mirifica *Rbds*: mirica [*ex* -ce *corr.* M^c] *EMm*   est δ- *ds*   5 ut *ORZ*: quod *Δ*   7 a bruto b^2: ab utro *ERΔ*   et Cassio missum *vel sim. supplendum putavit Purser*   11 num [nunc *E*M^1, nun *d*] . . . num *EMbdm*: nunc . . . nunc *R*: nun . . . nun *s*   rediit *Rom.*: redit *Ω*: redii O^2 13 piliam *bms*: pilam *PMd*: palam *R*   16 et ei *Baiter*: et *RMd*m^1: ei *b*m^2*sλ*   hoc *ds*   17 in *vel* ad *vel* prope *post* cum *add. viri docti*   21 Anagnia *Ascensius* [*marg.*]: anania b^2*κ*: annua *vel sim.* *Ω*Z^t 22 Kalendis] *hinc novam ep. incipiunt* b^2 *codd. Graevii*   mihi litt- *bm*   23 qui *OPbsλ*: quiqui *ERMdm*: qui quidem *Boot*   sunt b^2*s*: *om.* *Ω*

suam sententiam. Nec mirum, quingenos denarios dat. Cogitat reliquas colonias obire. Plane hoc spectat ut se duce bellum geratur cum Antonio. Itaque video paucis diebus nos in armis fore. Quem autem sequamur? Vide nomen, vide aetatem. Atque a me postulat primum ut clam conloquatur mecum vel Capuae vel non longe a Capua. Puerile hoc quidem, si id putat clam fieri posse. Docui per litteras id nec
2 opus esse nec fieri posse. Misit ad me Caecinam quendam Volaterranum, familiarem suum; qui haec pertulit, Antonium cum legione Alaudarum ad urbem pergere, pecunias municipiis imperare, legionem sub signis ducere. Consultabat utrum Romam cum ↀ ↀ ↀ veteranorum proficisceretur an Capuam teneret et Antonium venientem excluderet an iret ad tris legiones Macedonicas quae iter secundum mare superum faciunt; quas sperat suas esse. Eae congiarium ab Antonio accipere noluerunt, ut hic quidem narrat, et ei convicium grave fecerunt contionantemque reliquerunt. Quid quaeris? ducem se profitetur nec nos sibi putat deesse oportere. Equidem suasi ut Romam pergeret. Videtur enim mihi et plebeculam urbanam et, si fidem fecerit, etiam bonos viros secum habiturus. O Brute, ubi es? quantam *εὐκαιρίαν* amittis! Non equidem hoc divinavi, sed aliquid tale putavi fore. Nunc tuum consilium exquiro. Romamne venio an hic maneo an Arpinum (*ἀσφάλειαν* habet is locus) †fugam Romam†, ne desideremur si quid actum videbitur. Hoc igitur explica. Numquam in maiore *ἀπορίᾳ* fui.

5 clam *om. ds* 6 vel [*post.*] . . . capua Z^bλ: *om.* Ω 7 docui . . . posse *om. Ebm* per litteras O^1*R*λ: per literis M^1: lit(t)eris O^2M^c*ds* 8 quendam *P* [*ex corr.*] *bs*: quondam Σ*dm* 9 volaterranum δ [volo- *d*]: voloternum *P*: volo terrarum ΣM^1 h(a)ec *RM*λ: h' *E*: hoc *P*δ pertuli tanto cum M^1: -lit tantum antonium cum M^2*d* 11 sub signis Z^b: suis s- Ω: sub s- suis *b* 12 cum *om.* M^1 ∞ ∞ ∞ ΣM^1*m*: *om. d* [*spat.*]: manu M^2*bs* [*sed post* vet- *bs*] 15 e(a)e *ERMm*: hae *ds*: et *b*: *om. P* 16 ut hic Σδ: vel ut M^1 24 fugam Ω*Z*: -giam b^2: -gio? ⟨malo⟩ *Boot* 25 hoc Δ: h(a)ec O^1*R codd. Faërn. Ant.* 26 nunquam *OP*: nunc q- Δ: nunc quod *R*

IX

Scr. in Puteolano prid. Non. Nov. an. 44.

⟨CICERO ATTICO SALVTEM.⟩

Binae uno die mihi litterae ab Octaviano, nunc quidem ut Romam statim veniam; velle se rem agere per senatum. Cui ego non posse senatum ante Kal. Ian., quod quidem ita credo. Ille autem addit 'consilio tuo.' Quid multa? ille urget, ego autem σκήπτομαι. Non confido aetati, ignoro quo animo. Nil sine Pansa tuo volo. Vereor ne valeat Antonius, nec a mari discedere libet. At metuo ne quae ἀριστεία me absente. Varroni quidem displicet consilium pueri, mihi non. Firmas copias habet, Brutum habere potest; et rem gerit palam, centuriat Capuae, dinumerat. Iam iamque video bellum. Ad haec rescribe. Tabellarium meum Kalendis Roma profectum sine tuis litteris miror.

X

Scr. in Sinuessano vi Id. Nov. an. 44.

⟨CICERO ATTICO SALVTEM.⟩

vii Id. veni ad me in Sinuessanum. Eodem die vulgo lo- 1
quebantur Antonium mansurum esse Casilini. Itaque mutavi consilium; statueram enim recta Appia Romam. Facile me ille esset adsecutus. Aiunt enim eum Caesarina uti celeritate. Verti igitur me a Minturnis Arpinum versus. Constitueram

3 *novam ep. incipit* b^2 uno [in M^1] die mi(c)hi *RMbm*: m- u- d- *ds* octaviano *Mbm*: -vio non O^1: -vio O^2Rds 5 senatum *PΔ*: *om. R* 6 addit *Man.*: adiit RM^1dm^2: ut utar M^2bm^1s 7 σκήπτομαι *Mal.*: CKЄΠ- *RΔ* 8 volo *PΔ*: *om. R* 9 at *scripsi*: et *RΔ* qu(a)e *RΔλ*: qui *d*: qua Z^t 10 firmas *Ω*: si f- $Z^b\lambda$ 11 *fort.* ⟨D.⟩ Brutum et *del. Boot, sed distinctione medendum est, quod feci* 12 ad *bms*: at *RMd* 13 tabellarium M^cbms: -ius RM^1d. *hinc novam ep. incipit* b^2 14 miror *bms*: meror *PMd*: mereor *R* 17 vii Id. *Lallemand*: .vi. *Rκ*: cii *d*: cn. *Mms*: Gn. *b*: vi. Kal. *Z* veni *RMdλ*: nevi *m*: venit *bs* 19 facile δ: -em *M*: ire facilem [-le *P*] *R* ille me *ds* 20 Caesarina *RΔ*: -iana *Rom.* 21 menturnis *Mm*

2 ut v Id. aut Aquini manerem aut in Arcano. Nunc, mi Attice, tota mente incumbe in hanc curam; magna enim res est. Tria sunt autem, maneamne Arpini an propius accedam an veniam Romam. Quod censueris faciam. Sed quam primum. Avide exspecto tuas litteras. vi Id. mane in Sinuessano.

XI *Scr. in Puteolano Non. Nov. an. 44.*

⟨CICERO ATTICO SALVTEM.⟩

1 Nonis accepi a te duas epistulas quarum alteram Kal. dederas, alteram pridie. Igitur prius ad superiorem. Nostrum opus tibi probari laetor; ex quo *ἄνθη* ipsa posuisti. Quae mihi florentiora sunt visa tuo iudicio; cerulas enim tuas miniatulas illas extimescebam. De Sicca ita est ut scribis; ab ista causa aegre me tenui. Itaque perstringam sine ulla contumelia Siccae aut Septimiae, tantum ut sciant *παῖδες παίδων* sine †vallo† Luciliano eum ex C. Fadi filia liberos habuisse. Atque utinam eum diem videam cum ista oratio ita libere vagetur ⟨ut⟩ etiam in Siccae domum introeat! Sed illo tempore opus est quod fuit illis triumviris. Moriar nisi facete! Tu vero leges Sexto eiusque iudicium mihi perscribes. *Εἷς ἐμοὶ μύριοι.* Caleni interventum et Calvenae cavebis.

1 v Idus Z^t: .II. id(us) *Δλ*: ut indiis [iud- *P*] *R* aut aquini δ: ut a- *R*: *om.* M^1 mi . . . mente *ita* δ: mi. ΑΠΙϹЄΤΟ. tamen te M^1: mi. ΑΠΙϹЄΤΟ [ΑϹΗϹ- *P*] actice tota mente *R* 3 arpini *PΔ*: -num *R* an propius *R*δ: pocius M^1 5 expecto Rb^2: -tem *Δ* sinuessano *bm*: suess- *s*: suasseno *RMd* 8 *novam ep. incipiunt* $M^c b^2$ 10 *ἄνθη Turnebus*: ante $RΔZ^l$: an *P* 11 florentiora *C*: -tia *RΔ* 12 illas *om. bm* ab ista causa *scripsi*: asta ea M^1 *codd. Mal.*: hasta ea δ: astaga R^1: -aca R^2P: aste Z^l: ast $Z^{t(b)}$: asturae *C* 13 (a)egre *RM bdmZ*: erga *s* 14 aut Z^tλ: ut *RΔ* septimie Mb^2dm: -time *Ps*: -tumae *R*: timi b^1 sciant *Vict.*: -am *RΔ* 15 vallo *RΔ*: ullo $Z^{(b)}$: felle *Orelli*: *alii alia* lucili- *Vict.*: luculi- *RΔ*: liculli- Z^t eum *bs*: tum *RMdm* gaii fadii f- *bs*: galifa dif- *Mdm*: galli ([gali *P*] fadi(i) f- *R*λ 17 ut etiam b^2: etiam RMb^1dm: ut *s* 18 triumviris b^2: .III. vir. *RΔ*: *om. P* [*spat.*]. *locus obscurior quam ut corruptum adseverem* nisi facete RZ^l: f- n- $ΔZ^b$ 20 caleni Rb^2: talem *Δ*

Quod vereris ne ἀδόλεσχος mihi tu, quis minus? Cui, ut 2
Aristophani Archilochi iambus, sic epistula ⟨tua⟩ longissima quaeque optima videtur. Quod me admones, tu vero etiam si reprenderes, non modo facile paterer sed etiam laetarer, quippe cum in reprensione sit prudentia cum εὐμενείᾳ. Ita libenter ea corrigam quae a te animadversa sunt, 'eodem iure quo Rubriana' potius quam 'quo Scipionis', et de laudibus Dolabellae deruam cumulum. Ac tamen est isto loco bella, ut mihi videtur, εἰρωνεία, quod eum ter contra civis in acie. Illud etiam malo 'indignissimum est hunc vivere' quam 'quid
indignius?' Πεπλογραφίαν Varronis tibi probari non moleste 3
fero; a quo adhuc Ἡρακλείδειον illud non abstuli. Quod me hortaris ad scribendum, amice tu quidem, sed me scito agere nihil aliud. Gravedo tua mihi molesta est. Quaeso, adhibe quam soles diligentiam. 'O Tite' tibi prodesse laetor. 'Anagnini' sunt Mustela ταξιάρχης et Laco qui plurimum bibit. Librum quem rogas perpoliam et mittam.

Haec ad posteriorem. Τὰ περὶ τοῦ καθήκοντος, quatenus 4
Panaetius, absolvi duobus. Illius tres sunt; sed cum initio divisisset ita, tria genera exquirendi offici esse, unum, cum deliberemus honestum an turpe sit, alterum, utile an inutile, tertium, cum haec inter se pugnare videantur, quo modo iudicandum sit, qualis causa Reguli, redire honestum, manere utile, de duobus primis praeclare disseruit, de tertio pollicetur

1 ἀδόλεσχος *Vict.*: ΔΙΔΟΕΔΕC- *vel sim.* *RMm* 2 tua *add.* *Lamb.* 3 vero] me *bm* 5 sit *Corr.*: et *RΔ* 7 -oni. sed te *R* 8 ac *Wes.*: at *RΔ* isto *bs*: ista *RMdm*^{2}*Z*$^{(t)}$: ita *m*^{1} 9 ter *Corr.*: per *RΔ* [*ras. in b*] *Z*$^{(t)}$ 10 indignissimum *Z*: -gnius *Δ*: -gnus *R*: dignius *P* est *Z*^{b}: esse *RΔZ*$^{l\beta}$ 12 -IAЄION *vel sim.* *RM*^{1}: -ίδιον δ 13 tu *om.* *E* 14 gravido λ: -itudo *R* 15 o tite *EOPΔ*: librum meum illum o tite *Z*^{l}: *om.* *R* l(a)etor *Δ*: iactor *P*: *om.* *R* 16 et laco [-to *b*^{1}] *Δ*: eclato *R*: celato que *P* 17 et *om.* *d* 18 hec *RM*: h' *E*: hoc δ: haec ⟨ad superiorem; nunc⟩ [*vel sim.*] *Wes.* 19 absolvi *Man.*: -vit *ERΔZ*$^{(t)}$ 20 divisisset δ: divisset *M*^{1}: divisissem *ER* 21 an *E*δ: aut *RM*^{1} *fort.* ⟨cum⟩ utile 24 disseruit *Δ*: -rit *R*: dixerit *P*

se deinceps scripturum sed nihil scripsit. Eum locum Posidonius persecutus ⟨est⟩. Ego autem et eius librum arcessivi et ad Athenodorum Calvum scripsi ut ad me *τὰ κεφάλαια* mitteret; quae exspecto. Quem velim cohortere et roges ut quam primum. In eo est *περὶ τοῦ κατὰ περίστασιν καθήκοντος*. Quod de inscriptione quaeris, non dubito quin *καθῆκον* 'officium' sit, nisi quid tu aliud; sed inscriptio plenior 'de officiis'. *Προσφωνῶ* autem Ciceroni filio. Visum est non *ἀνοίκειον*.

5 De Myrtilo dilucide. O qualis tu semper istos! Itane? in D.
6 Brutum? Di istis! Ego me, ut scripseram, in Pompeianum
non abdidi, primo tempestatibus quibus nil taetrius; deinde ab Octaviano cotidie litterae ut negotium susciperem, Capuam venirem, iterum rem publicam servarem, Romam utique statim.

Αἴδεσθεν μὲν ἀνήνασθαι δεῖσαν δ' ὑποδέχθαι.

Is tamen egit sane strenue et agit. Romam veniet cum manu magna, sed est plane puer. Putat senatum statim. Quis veniet? Si venerit, quis incertis rebus offendet Antonium? Kal. Ian. erit fortasse praesidio, aut quidem ante depugnabitur. Puero municipia mire favent. Iter enim faciens in Samnium venit Cales, mansit Teani. Mirifica *ἀπάντησις* et cohortatio. Hoc tu putares? Ob hoc ego citius Romam quam constitueram. Simul et constituero, scribam.

7 Etsi nondum stipulationes legeram (nec enim Eros venerat), tamen rem prid. Id. velim conficias. Epistulas Catinam, Tauromenium, Syracusas commodius mittere potero si Valerius interpres ad me nomina gratiosorum scripserit. Alii

1 scripturum *Eδ* : *om. RM*[1]*λλ* 2 est *add. Orelli* arcess- *R* : ac(c)ers- *EPΔ* 3 scripsi *om. ds* 6 ΚΑΘΗΚΟΝ *vel sim. EMm* : *τὸ κ- b* : ΠΡΟCΦωΝω *R* 10 dii *Bos.* : de *RΔ* ego] *hinc novam ep. incipit b*[2] 12 octaviano *EPΔZ*[(t)] : -vio *R* 16 et agit *EΔ* : et ait *R* : ut ait *P* 17 est *PΔ* : est enim *R* : ex *E* veniet *ERb*[2] : veniit *M*[1] : venit δ 22 ob *bs* : ab *ERMdmZ*[t] hoc *ERΔ* : haec *Wes.* 23 et *RMdm* : ut *bs* 24 etsi] *novam ep. hinc incipit Crat.* 25 conficias vale *R* 27 interpres *Vict.* : in tres [int-] *RMdm* : mitres *bs*

enim sunt alias, nostrique familiares fere demortui. Publice tamen scripsi, si uti vellet eis Valerius; aut mihi nomina mitteret.

De Lepidianis feriis Balbus ad me usque ad III Kal. **8** Exspectabo tuas litteras meque ⟨de⟩ Torquati negotiolo sciturum puto. Quinti litteras ad te misi ut scires quam valde eum amaret quem dolet a te minus amari. Atticae, quoniam, quod optimum in pueris est, hilarula est, meis verbis suavium des volo.

XII *Scr. in Puteolano viii Id. Nov. an. 44.*

⟨CICERO ATTICO SALVTEM.⟩

Oppi epistulae, quia perhumana erat, tibi misi exemplum. De Ocella, dum tu muginaris nec mihi quicquam rescribis, cepi consilium domesticum, itaque me prid. Id. arbitror Romae futurum. Commodius est visum frustra me istic esse, cum id non necesse esset, quam, si opus esset, non adesse, et simul ne intercluderer metuebam. Ille enim iam adventare potest. Etsi varii rumores multique quos cuperem veros, nihil tamen certi. Ego vero, quicquid est, tecum potius quam animi pendeam, cum a te absim, et de te et de me. Sed quid tibi dicam? Bonum animum. De Ἡρακλειδείῳ Varronis negotia salsa. Me quidem nihil umquam sic delectavit. Sed haec et alia maiora coram.

2 si uti Δ : sicuti Rb^{2} eis Valerius *Vict.* : ei valerium $RΔZ^{(t)}$ 4 lepidianis [-ped- *Mm*] *RΔ* : -danis *Ps* feriis *Corr.* : -ris *RΔ* 5 neque $Z^{β}$ de *add. anon. ap. Lamb.* sciturum *Rom.* : sit- *RΔ* : fut- *s* : it- P^{1} 7 a me *s* 8 *prius* est *om. bm* 9 des volo. Oppi *nescio quis* : des. valoppi [de sua l- M^{1}] *RΔ* 12 epistolae *Sal.–Reg.* : -lam *RΔ* 17 intercluderer *Δ* : -ere *d* : -eretur *R* 20 sed *Δλ* : sed si *R* : si *P* tibi *om. ds* 21 bonum animum. de *Vict.* : bonam enim unde *RΔ* [bonam enim *etiam* Z^{t}] : bonum enim [*sic et* Z^{b}] de *λ* 22 salsa me $M^{c}bs$: -sam e- M^{1} : -sam me *m* : -sam *d* : -sam et *R* : -sa mihi et *P* hoc *ds* 23 talia $M^{1}m^{1}$

XIII *Scr. Aquini iv Id. Nov. an. 44.*

⟨CICERO ATTICO SALVTEM.⟩

1 O casum mirificum! v Id. cum ante lucem de Sinuessano surrexissem venissemque diluculo ad pontem Tirenum qui est Minturnis, in quo flexus est ad iter Arpinas, obviam mihi fit tabellarius, qui me offendit *δολιχὸν πλόον ὁρμαίνοντα*. Ego statim 'Cedo' inquam 'si quid ab Attico.' Nondum legere poteramus; nam et lumina dimiseramus nec satis lucebat. Cum autem luceret, ante scripta epistula ex duabus tuis prior mihi legi coepta est. Illa omnium quidem elegantissima. Ne sim salvus si aliter scribo ac sentio. Nihil legi humanius. Itaque veniam quo vocas, modo adiutore te. Sed nihil tam *ἀπροσδιόνυσον* mihi primo videbatur quam ad eas litteras quibus ego a te consilium petieram te mihi ista rescribere.

2 Ecce tibi altera, qua hortaris "*παρ' ἠνεμόεντα Μίμαντα, νήσου ἐπὶ Ψυρίης*," Appiam scilicet "*ἐπ' ἀριστέρ' ἔχοντα*". Itaque eo die mansi Aquini. Longulum sane iter et via mala. Inde postridie mane proficiscens has litteras dedi.

3 * * * et quidem, ut a me dimitterem invitissimus fecerunt

xiii. a. 1) Erotis litterae. Rem tibi Tiro narrabit. Tu quid faciendum sit videbis, praeterea possimne propius accedere (malo enim esse in Tusculano aut uspiam in suburbano). An etiam longius discedendum putas? Crebro ad me velim scribas: erit autem

3 *novam ep. incipit* b^2 cum *EPδ*: tum RM^1 de sin- *ERMbm*: sin- *ds*: *del. Reid* 4 tirenum [tyr-] *ΣZ*: tiret[-ec-]ium *Δ* 5 mi(c)hi fit *EPΔ* [fuit *b*, fit *bis P*]: fit m- *R* 6 ego *Δ*: et ego *R*: at ego *Crat.* 10 quidem omn- *ds* 12 te *EΔ*: te utar *R* 13 ad *M* [*ex* ade] *bs*: inde ad *R*: de *m*: *om. d* eas *Man.*: has *RΔ* 15 altera ERb^2s: -as *Δ* 16 scilicet $ER\delta Z^{(t)}\lambda$: *om.* M^1 ЄΠ- *R*: ЄN- *ΔC* 17 mala *Turnebus*: mata *EZ*: inata RM^1[?]*dm* [n *exp.*]: viata $M^c s$: iniqua *P*: inepta b^2 19 *novam ep. statuunt Crat. duce, lacunam Mongaltio. sed fort.* Tironi *tantum ante* dedi *addendum* -issimum b^2d 20 tiro] cito *b* tu ... des [*p.* 309. 1] *haec ordinavi, veteres partim secutus; recentiorum ineptias apud ipsos requiras* 21 sit *Pδ*: si RM^1 22 an etiam *bms*: ante [an *P*] tam *RMd* 23 putas *RΔ*: putes *Corr.*

cotidie cui des. Quod praeterea consulis, quid tibi censeam **4** (2)
faciendum, difficile est cum absim. Verum tamen si pares aeque inter se, quiescendum : sin latius manabit et quidem ad nos, deinde communiter.

XIII a (b) *Scr. in Arpinati iii Id. Nov. an. 44.*

⟨CICERO ATTICO SALVTEM.⟩

Avide tuum consilium exspecto. Timeo ne absim cum ad- **1**
esse me sit honestius; temere venire non audeo. De Antoni itineribus nescio quid aliter audio atque ut ad te scribebam. Omnia igitur velim explices et ad me certa mittas.

De reliquo quid tibi ego dicam? Ardeo studio historiae **2**
(incredibiliter enim me commovet tua cohortatio), quae quidem nec institui nec effici potest sine tua ope. Coram igitur hoc quidem conferemus. In praesentia mihi velim scribas quibus consulibus C. Fannius M. f. tribunus pl. fuerit. Videor mihi audisse P. Africano L. Mummio censoribus. Id igitur quaero. Tu mihi de iis rebus quae novantur omnia certa, clara. III Id. ex Arpinati.

XIV *Scr. in Arpinati prid. (?) Id. Nov. an. 44.*

⟨CICERO ATTICO SALVTEM.⟩

Nihil erat plane quod scriberem. Nam cum Puteolis essem, **1**
cotidie aliquid novi de Octaviano, multa, etiam falsa, de Antonio. Ad ea autem quae scripsisti (tris enim acceperam III Id. a te epistulas), valde tibi adsentior, si multum possit Octavianus, multo firmius acta tyranni comprobatum iri

3 manabit b^2: manebit $R\Delta Z^{(t)}$ et Δ: qui R 4 deinde ad nos R 7 *novam ep. incipit* κ 8 me *om.* E temere Z: timere M: *om.* $ER\delta$ 15 consulibus [cos., cōs.] $ER\Delta$: censoribus $Z^{(b)}$ M.F. [f. *s*, fr. *d*] $E\delta$: ME RM^1 16 censoribus Z: *om.* Ω 17 iis *m*: hiis R: his $EP\Delta$ 21 *novam ep. incipit* b^2 24 adsentior [ass-] $P\Delta$: -io R

quam in Telluris, atque id contra Brutum fore. Sin autem
vincitur, vides intolerabilem Antonium, ut quem velis ne-
2 scias. O Sesti tabellarium hominem nequam! Postridie Puteolis
Romae se dixit fore. Quod me mones ut pedetemptim, adsentior; etsi aliter cogitabam. Nec me Philippus aut Marcellus
movet. Alia enim eorum ratio; et, si non est, tamen videtur.
Sed in isto iuvene, quamquam animi satis, auctoritatis parum
est. Tamen vide, si forte in Tusculano recte esse possum, ne
id melius sit. Ero libentius; nihil enim ignorabo. An hoc cum
Antonius venerit?
3 Sed, ut aliud ex alio, mihi non est dubium quin quod
Graeci *καθῆκον*, nos 'officium.' Id autem quid dubitas quin
etiam in rem publicam praeclare caderet? Nonne dicimus
'consulum officium, senatus officium'? Praeclare convenit;
4 aut da melius. Male narras de Nepotis filio. Valde me hercule
moveor et moleste fero. Nescieram omnino esse istum puerum.
Caninium perdidi, hominem, quod ad me attinet, non ingratum. Athenodorum nihil est quod hortere. Misit enim
satis bellum *ὑπόμνημα*. Gravedini, quaeso, omni ratione sub-
veni. Avi tui pronepos scribit ad patris mei nepotem se ex
Nonis iis quibus nos magna gessimus aedem Opis explicaturum, idque ad populum. Videbis igitur et scribes. Sexti
iudicium exspecto.

2 ut *Δ*: ita ut *R* quem δ: quam M^1: que Rb^2 3 sexti *Ps* 6 monet *R* ratio ⟨est⟩ *Wes.* 8 Tusculano *Ascensius*: -num *RΔ* recte *Δ*: ratione [rõe] *R*: rome *P* possim *Rom.* 9 ignorabo. vale *R* hoc *Rbms*: hec *PM*: hic *Orelli* 13 quadret *Mueller* 14 consulum bm^2s: -ltum $RMdm^1$ imperatoris officium *post* sen- off- *add. Crat.* [*O quoque non habuit*] 15 male mihi *R* 17 canium *R* 20 avi *Muretus*: qui *RM*: Q. δ [*sed* gravedini . . . magna *om. d*] 21 Opis] iovis *s* explicaturum O^2bm^2s: -torem O^1RMdm^1C 22 scribes bm^2s: -bis $RMdm^1$ sexti *PΔ*: sesti *R*

XV *Scr. in Arpinati post prid. Id. Nov. an. 44.*

⟨CICERO ATTICO SALVTEM.⟩

Noli putare pigritia me facere quod non mea manu scribam 1
—sed me hercule pigritia. Nihil enim habeo aliud quod
dicam. Et tamen in tuis quoque epistulis Alexim videor
agnoscere. Sed ad rem venio.

Ego, si me non improbissime Dolabella tractasset, dubi-
tassem fortasse utrum remissior essem an summo iure con-
tenderem. Nunc vero etiam gaudeo mihi causam oblatam in
qua et ipse sentiat et reliqui omnes me ab illo abalienatum,
idque prae me feram et quidem me facere et ⟨mea et⟩ rei
publicae causa ut illum oderim, quod, cum eam me auctore
defendere coepisset, non modo deseruerit emptus pecunia sed
etiam, quantum in ipso fuerit, everterit. Quod autem quaeris 2
quo modo agi placeat cum dies venerit, primum velim eius
modi sit ut non alienum sit me Romae esse; de quo ut de ceteris faciam ut tu censueris. De summa autem agi prorsus vehementer et severe volo. Etsi sponsores appellare videtur habere
quandam δυσωπίαν, tamen hoc quale sit consideres velim.
Possumus enim, ut sponsores ⟨non⟩ appellentur, procuratores
in ius ducere; neque enim illi litem contestabuntur. Quo
facto non sum nescius sponsores liberari. Sed et illi turpe
arbitror eo nomine quod satis dato debeat procuratores eius
non dissolvere, et nostrae gravitatis ius nostrum sine summa

3 *novam ep. incipit* b^2 4 enim *Δ*: est *R* quod *b*: quid *RΔ* 7 non *om.* b^1s 11 me [*post.*] *RM¹dm*: mea causa *M²bs* mea et *add. Lamb.* (*marg.*) 12 causa ut *Sal.–Reg.*: -sa cui *R*: cui *Mdm*: ut *bs* 13 deseruerit *Rom.*: -ruit *RΔ* 14 fuerit *RMdλλ*: fuit *bms cod. Ant.* 16 *prius* sit *om. R* 17 autem] igitur *ds* 19 δυσωπίαν δ: ΔΥΩΠ- *M*: ΑΥυΠ- *R* 20 non *cod. Vrs.*: *om. RΔ* appellentur *bs cod. Vrs.*: -emur *RMdmZ*$^{(t)}$: -emus *Orelli* procuratores *Bos.*, *tacite*: -rem *RΔ* 21 in ius ducere Z^t: intus d- *R*: interd- *Δ*: introd- b^2

illius ignominia persequi. De hoc quid placeat rescribas velim; nec dubito quin hoc totum lenius administraturus sis.

3 Redeo ad rem publicam. Multa me hercule a te saepe ἐν πολιτικῷ genere prudenter, sed his litteris nihil prudentius. Quamquam enim †postea† in praesentia belle iste puer retundit Antonium, tamen exitum exspectare debemus. At quae contio! nam est missa mihi. Iurat 'ita sibi parentis honores consequi liceat' et simul dextram intendit ad statuam. *Μηδὲ σωθείην ὑπό γε τοιούτου*! Sed, ut scribis, certissimum video esse discrimen Cascae nostri tribunatum, de quo quidem ipso dixi Oppio, cum me hortaretur ut adulescentem totamque causam manumque veteranorum complecterer, me nullo modo facere posse, ⟨nisi⟩ mihi exploratum esset eum non modo non inimicum tyrannoctonis verum etiam amicum fore. Cum ille diceret ita futurum, 'Quid igitur festinamus?' inquam. 'Illi enim mea opera ante Kal. Ian. nihil opus est, nos autem eius voluntatem ante Id. Dec. perspiciemus in Casca.' Valde mihi adsensus est. Quam ob rem haec quidem hactenus. Quod reliquum est, cotidie tabellarios habebis et, ut ego arbitror, etiam quid scribas habebis cotidie. Leptae litterarum exemplum tibi misi, ex quo mihi videtur στρατύλλαξ ille deiectus de gradu. Sed tu, cum legeris, existimabis.

4 Obsignata iam epistula litteras a te et a Sexto accepi. Nihil

1 rescribas *PΔ*: sc- *R* 2 nec *CZ cod. Faërn.*: nec ne *R cod. Ant.*: et *Δ*: et non b^{2} lenius *bd*: levius *Rms* [*de M non liquet*] 3 quia multa *R* 5 postea *RΔ*$Z^{(t)}$λ: *om. P*: *hoc vel secludendum, quod fecerunt nonnulli, vel desperandum* retundit *RMdsC*$Z^{(t)}$λ: -tudit *m*: -trudit *b* 6 spectare *R* 10 video esse *R*Z^{l}: e- v- *Δ* 11 oppio *b*: ap- *RΔ*$Z^{(t)}$ 13 nullo $b^{2}s^{2}$: ullo *RΔ* nisi s^{2}: ni b^{2}: *om. RΔ* esset *Δ*: est *R* 15 cum *Δ*: tamen *R*: tum *P* ita *om. R* 16 enim mea *Δ*: mea etiam *R* 17 perspiciemus *Vict.*: perscie- *RMdC*: scie- *bm*: pernosce- *s* 18 mihi valde *ds* hoc *bm* 19 -quom est *m*: -quo inest *Md* tabellarios *Pbms*: -ius *RMd* 21 στρατύλλαξ $Z^{(b)}$: stratyllax $O^{1}Z^{t}$ [stat-]: -tillax O^{2}*RΔ*: -tilax *P* 22 deiectus *bms*: dilectus [-tiis M^{1}] *RMd* gradu $bm^{2}s$: -us $O^{1}RMdm^{1}$ 23 sexto . . . sexti *EPΔ*: sesto . . . sesti *Rd*

iucundius litteris Sexti, nihil amabilius. Nam tuae breves erant litterae, priores uberrimae. Tu quidem et prudenter et amice suades ut in his locis potissimum sim, quoad audiamus haec quae commota sunt quorsus evadant. Sed me, mi At- **5**
tice, non sane hoc quidem tempore movet res publica, non quo aut sit mihi quicquam carius aut esse debeat, sed desperatis etiam Hippocrates vetat adhibere medicinam. Qua re ista valeant; me res familiaris movet. Rem dico? immo vero existimatio. Cum enim tanta reliqua sint mihi, ne Terentiae quidem adhuc quod solvam expeditum est. Terentiae dico? scis nos pridem iam constituisse Montani nomine HS $\overline{XXV}$ dissolvere. Pudentissime hoc Cicero petierat ut fide sua. Liberalissime, ut tibi quoque placuerat, promiseram Erotique dixeram ut sepositum haberet. Non †modo† sed iniquissimo faenore versuram facere Aurelius coactus est. Nam de Terentiae nomine Tiro ad me scripsit te dicere nummos a Dolabella fore. Male eum credo intellexisse, si quisquam male intellegit, potius nihil intellexisse. Tu enim ad me scripsisti Coccei responsum et isdem paene verbis Eros. Veniendum est igitur **6**
vel in ipsam flammam. Turpius est enim privatim cadere quam publice. Itaque ceteris de rebus quas ad me suavissime scripsisti perturbato animo non potui, ut consueram, rescribere. Consenti in hac cura ubi sum, ut me expediam; quibus

2 erant litterae, priores *scripsi*: p- e- [erat *m*] l- *ERΔ* litterae *del. Man.* 3 his *Pδ*: hiis *R*: iis *E*: is *M* 4 commota b^2: -oda *ERΔ* 6 quo *PΔ*: quod *ER* aut sit *λ*: ausit M^1: ea sit *ERδ* 8 -ares movent *λ* 9 mi(c)hi *OR*: *om. Δ* 10 solvam *Man.*: solum *RΔ* Terentiae *Lamb.*: -iam *RΔ* 11 nos iam pridem *R*: iamp- nos *b* $\overline{XXV}$ *vel* xxv $RMZ^{(b)}\lambda$: xxii dsZ^t: $\overline{xxxv}$ *bm* 12 pud- hoc Pb^2: prud- hoc *Δ*: hoc pud- *R* ut fide sua Z^{lt}: uti de suo *bsλ*: ut inde [*vel* vide] suo *OMdm*: ut nude [ut unde suo *P*] aliquod conferrem *R* 13 Erotique *Vict.*: pro [per *bm*] te qu(a)e $R\Delta Z^t$ 14 modo *Ω*: modo illa alia *P*: modo ⟨non fecit⟩ *Lamb.* 15 facere *Δ*: facere me facerem [factum *P*] *R* 18 intellexisset *R* 21 de ceteris *ds* suavis scripsisti summe *M* 23 constituti b^1s ubi sum *b*: uvi s- *Mm*: uni s- *Rds*: mecum *Boot*

autem rebus, venit quidem mihi in mentem, sed certi constituere nihil possum prius quam te videro. Qui minus autem ego istic recte esse possim quam est Marcellus? Sed non id agitur neque id maxime curo; quid curem vides. Adsum igitur.

XVI *Scr. in Arpinati c. iv Non. Quint. an. 44.*

CICERO ATTICO SALVTEM.

1 Iucundissimas tuas legi litteras. Ad Plancum scripsi, misi. Habes exemplum. Cum Tirone quid sis locutus cognoscam
2 ex ipso. Cum sorore ages attentius, si te occupatione ista relaxaris.

A

Scr. in Arpinati eodem tempore.

M. CICERO L. PLANCO PR. DESIG. SALVTEM.

3 Attici nostri te valde studiosum esse cognovi, mei vero ita cupidum ut me hercule paucos aeque observantis atque amantis me habere existimem. Ad paternas enim magnas et veteres et iustas necessitudines magnam attulit accessionem tua voluntas erga me meaque erga te par atque mutua.

4 Buthrotia tibi causa ignota non est. Egi enim saepe de ea re tecum tibique totam rem demonstravi, quae est acta hoc modo. Vt primum Buthrotium agrum proscriptum vidimus, commotus Atticus libellum composuit. Eum mihi dedit ut darem Caesari; eram enim cenaturus apud eum illo die. Eum

1 venit δ: veni *RM* mihi quidem venit *s*: v- m- q- *d* certi *Orelli*: -te *RΔλ* 3 possum *ds* 7 Attico salutem *s*: SVO [*om. bm*] SAL' DIC [sal. d. *m*, S.D. *b*] ATTICO [-IO *M*] *Δ*: *salut. om. ER* 8 misi *ORM*¹*Z*ᵗ: *om. E*δλλ 9 sis *Corr.*: sit *RΔ*: sim *P* 11 relaxaris *b*: -xares *PΔ*: -xes *R* 19 meaque *EPΔ*: mea *R* 20 de ea re *Z*⁽ᵇ⁾: de ea λ[‘*L. ex v.c.*’]: *om. Ω*

libellum Caesari dedi. Probavit causam, rescripsit Attico
aequa eum postulare, admonuit tamen ut pecuniam reliquam
Buthrotii ad diem solverent. Atticus, qui civitatem conserva- 5
tam cuperet, pecuniam numeravit de suo. Quod cum esset
factum, adiimus ad Caesarem, verba fecimus pro Buthrotiis,
liberalissimum decretum abstulimus; quod est obsignatum
ab amplissimis viris. Quae cum essent acta, mirari equidem
solebam pati Caesarem convenire eos qui agrum Buthrotium
concupissent, neque solum pati sed etiam ei negotio te prae-
ficere. Itaque et ego cum illo locutus sum et saepius quidem,
ut etiam accusarer ab eo quod parum constantiae suae con-
fiderem, et M. Messallae et ipsi Attico dixit ut sine cura
esset aperteque ostendebat se praesentium animos (erat enim
popularis, ut noras) offendere nolle; cum autem mare transissent, curaturum se ut in alium agrum deducerentur. Haec 6
illo vivo. Post interitum autem Caesaris, ut primum ex senatus consulto causas consules cognoscere instituerunt, haec
quae supra scripsi ad eos delata sunt. Probaverunt causam
sine ulla dubitatione seque ad te litteras daturos esse dixerunt.
Ego autem, mi Plance, etsi non dubitabam quin et senatus
consultum et lex et consulum decretum ac litterae apud te
plurimum auctoritatis haberent teque ipsius Attici causa
velle intellexeram, tamen hoc pro coniunctione et benevolentia nostra mihi sumpsi ut id a te peterem quod tua singularis
humanitas suavissimique mores a te essent impetraturi. Id
autem est ut hoc quod te tua sponte facturum esse certo scio
honoris nostri causa libenter, prolixe, celeriter facias. Mihi 7
nemo est amicior nec iucundior nec carior Attico; cuius antea

1 Caesaris *λ* 2 pecuni(a)e reliquum *P cod. Faërn.* 5 adimus [-icimus *d*] ad *ΔCλ*: adimus *ER*: adivimus b^2 facimus *λ* 7 equidem *Lamb.*: quidem *ERΔ* 12 et [*prius*] *Δλ*: *om. ER* 13 essent *Rom.* 14 transissent b^2: -et *ERΔ* 15 se ut *ΣM^c bm*: se M^1: se ne O^2ds hoc *bm* 18 causam *Crat.*: -as *ERΔ* 20 quin et] qui nec M^1: qui et M^2d 24 id *om. bm* 26 certo *EΔ*: -te *R* 28 amitior *R*: -icitior [-cicior *P*] *Pdλ*

res solum familiaris agebatur eaque magna, nunc accessit etiam existimatio, ut quod consecutus est magna et industria et gratia et vivo Caesare et mortuo id te adiuvante obtineat. Quod si a te erit impetratum, sic velim existimes, me de tua liberalitate ita interpretaturum ut tuo summo beneficio me adfectum iudicem. Ego quae te velle quaeque ad te pertinere arbitrabor studiose diligenterque curabo. Da operam ut valeas.

B

Scr. paulo post ep. 16 A.

CICERO PLANCO PR. DESIG. SALVTEM.

8 Iam antea petivi abs te per litteras ut, cum causa Buthrotiorum probata a consulibus esset, quibus et lege et senatus consulto permissum erat ut 'de Caeṣaris actis cognoscerent, statuerent, iudicarent', eam rem tu adiuvares Atticumque nostrum, cuius te studiosum cognovi, et me, qui non minus laboro, molestia liberares. Omnibus enim rebus magna cura, multa opera et labore confectis in te positum est ut nostrae sollicitudinis finem quam primum facere possimus. Quamquam intellegimus ea te esse prudentia ut videas, si ea decreta consulum quae de Caesaris actis interposita sunt non serven-
9 tur, magnam perturbationem rerum fore. Equidem cum multa (quod necesse erat in tanta occupatione) non probentur quae Caesar statuerit, tamen oti pacisque causa acerrime illa soleo defendere. Quod tibi idem magno opere faciendum censeo; quamquam haec epistula non suasoris est sed rogatoris. Igitur, mi Plance, rogo te et etiam rogo sic medius

2 et *EΔ*: *om. Rs*   5 interpretaturum *Δ* [-petra- *M*, -peta- m^1]: -tatur *E*: impetraturum *Pd*: -tramur *R*   7 arbitrabor *EPΔ*: -tror *R*   10 M. Cicero *R*   13 ut] et M^1: ne *d*   20 consulum O^1bs: -les EO^2RMdm sunt λ: sint *ERΔ*   21 magnam] *hic deficit M*   23 Caesar *om. s*   25 censeo *om. ds*   26 et etiam $ERbd^2ms^2$: etiam etiam d^1: et iterum s^1: et etiam ⟨atque etiam⟩ *Mueller*   rogo sic *Ems*: rogo *d*: ago sic b^1: sic oro *R*: oro sic b^2 *Mueller, fort. recte*

fidius ut maiore studio magisque ex animo agere non possim, ut totum hoc negotium ita agas, ita tractes, ita conficias ut, quod sine ulla dubitatione apud consules obtinuimus propter summam bonitatem et aequitatem causae, id tu nos obtinuisse non modo facile patiare sed etiam gaudeas. Qua quidem voluntate ⟨te⟩ esse erga Atticum saepe praesens et illi ostendisti et vero etiam mihi. Quod si feceris, me, quem voluntate et [quem] paterna necessitudine coniunctum semper habuisti, maximo beneficio devinctum habebis, idque ut facias te vehementer etiam atque etiam rogo.

C

Scr. eodem tempore quo ep. 16 B.

CICERO CAPITONI SVO SALVTEM.

Numquam putavi fore ut supplex ad te venirem; sed **10**
hercule facile patior datum tempus in quo amorem experirer
tuum. Atticum quanti faciam scis. Amabo te, da mihi et hoc,
obliviscere mea causa illum aliquando suo familiari, adversario
tuo, voluisse consultum, cum illius existimatio ageretur. Hoc
primum ignoscere est humanitatis tuae; suos enim quisque
debet tueri: deinde si me amas (omitte Atticum), Ciceroni
tuo, quem quanti facias prae te soles ferre, totum hoc da ut
quod semper existimavi nunc plane intellegam, me a te multum amari. Buthrotios cum Caesar decreto suo quod ego **11**
obsignavi cum multis amplissimis viris liberavisset ostendissetque nobis se, cum agrarii mare transissent, litteras missurum quem in agrum deducerentur, accidit ut subito ille

6 te *add. Lamb.* 7 me quem δ: me quam *E*: quem me *R* 8 et *Rom.*: et quem *R*δ: et quam *E* 18 tuo *P*δ: *om. R* illius *Rm*: ipsius *bds* 20 debet *Rm*: habet *bds* 21 tuo *P*δλ: tu *R* da Z^{b}λ: des b^{2}: *om. R*δ 24 clarissimis *s* ostendissetque *P*δ: -isset *R*

interiret. Deinde, quem ad modum tu scis (interfuisti enim), cum consules oporteret ex senatus consulto de actis Caesaris cognoscere, res ab iis in Kal. Iun. dilata est. Accessit ad senatus consultum lex quae lata est a. d. IIII Non. Iun., quae lex earum rerum quas Caesar statuisset, decrevisset, egisset, consulibus cognitionem dedit. Causa Buthrotiorum delata est ad consules. Decretum Caesaris recitatum est et multi praeterea libelli Caesaris prolati. Consules de consili sententia decreverunt secundum Buthrotios * * * Plancum dederunt.
12 Nunc, mi Capito (scio enim quantum semper apud eos quibuscum sis posse soleas, eo plus apud hominem facillimum atque humanissimum, Plancum), enitere, elabora vel potius eblandire, effice ut Plancus, quem spero optimum esse, sit etiam melior opera tua. Omnino res eius modi mihi videtur ut sine cuiusquam gratia Plancus ipse pro ingenio et prudentia sua non sit dubitaturus quin decretum consulum, quorum et lege et senatus consulto cognitio et iudicium fuit, conservet, praesertim cum hoc genere cognitionum labefactato acta Caesaris in dubium ventura videantur, quae non modo ii quorum interest sed etiam ii qui illa non probant oti causa
13 confirmari velint. Quod cum ita sit, tamen interest nostra Plancum hoc animo libenti prolixoque facere; quod certe faciet, si tu nervulos tuos mihi saepe cognitos suavitatemque qua tibi nemo par est adhibueris. Quod ut facias te vehementer rogo.

1 interfuisti enim δ: quia int- *R* 3 iis δ: is *R*: his *P* in *RmC*: .III. *bds* dilata *Rmλ*: del- *bds* accessit [*hoc etiam* λ] . . . lata est *C*: *om.* *R*δ 4 ad IIII. *C*: ad .III. *R*δ non. iun. [*vel sim.*] *Pbm*: Iūñ. nōn *R*: noñ. iul. *ds* 8 prolati *Rm*: probati *bds* 9 litteras ad *ante* Plancum *add. Man.*, arbitrum *Mueller*, *alii alia* 14 omnino *Rb²*: omnis δ ut δ: esse ut *R* 19 videantur δ: -entur *R* modo ii *bms*: -o hi *b*: video *R*: modo *P* 20 hi qui *b* 21 confirmari *Pius*: -re *R*δ 23 nervulos δ: vultus etiam *R* 24 tibi nemo δ: n- t- *R*

D

Scr. eodem tempore quo ep. 16 C.

M. CICERO C. CVPIENNIO SALVTEM.

Patrem tuum plurimi feci meque ille mirifice et coluit 1
et amavit, nec me hercule umquam mihi dubium fuit quin a te diligerer; ego quidem id facere non destiti. Quam ob rem peto a te in maiorem modum ut civitatem Buthrotiam sublevès decretumque consulum quod ii secundum Buthrotios fecerunt, cum et lege et senatus consulto statuendi potestatem haberent, des operam ut Plancus noster quam primum confirmet et comprobet. Hoc te vehementer, mi Cupienni, etiam atque etiam rogo.

E

Scr. post ep. 16 B.

CICERO PLANCO PR. DESIG. SALVTEM.

Ignosce mihi quod, cum antea accuratissime de Buthrotiis 15
ad te scripserim, eadem de re saepius scribam. Non me hercule, mi Plance, facio quo parum confidam aut liberalitati tuae aut nostrae amicitiae, sed, cum tanta res agatur Attici nostri, nunc vero etiam existimatio, ut id quod probavit Caesar nobis testibus et obsignatoribus qui et decretis et responsis Caesaris interfueramus videatur obtinere potuisse, ⟨iterum te puto rogandum esse,⟩ praesertim cum tota potestas eius rei tua sit, ut ea quae consules decreverunt secundum Caesaris decreta et responsa non dicam comprobes sed studiose

4 plurimi *Pδ*: -mum *R* 5 mihi *Rm*: *om. bds* 6 diligerer. ego *δ*: -rer. quoniam *P*: -retur *R* 8 ii *dms*: hii *R*: hi *Pb* 11 comprobet *Cλ*: probet *Rδ* 15 Cicero *s*: M. C- *Rbd*: MARCUS C- *m* 17 scripserim *m*: -ram *Rbds* 18 quo *R codd. Faern. Ant.*: quod *δ* 19 tanta *Rb²d* [*sed* antea *superscr.*] *m*: antea *b¹s* 21 Caesar *Man.*: consul [cos., cons.] *Rδ* 23 iterum . . . esse *addidi*

16 libenterque comprobes. Id mihi sic erit gratum ut nulla res gratior esse possit. Etsi iam sperabam, cum has litteras accepisses, fore ut ea quae superioribus litteris a te petissemus impetrata essent, tamen non faciam finem rogandi quoad nobis nuntiatum erit te id fecisse quod magna cum spe exspectamus. Deinde enim confido fore ut alio genere litterarum utamur tibique pro tuo summo beneficio gratias agamus. Quod si acciderit, velim sic existimes, non tibi tam Atticum, cuius permagna res agitur, quam me, qui non minus laboro quam ille, obligatum fore.

F

Scr. paulo post ep. 16 C.

CICERO CAPITONI SUO SALVTEM.

17 Non dubito quin mirere atque etiam stomachere quod tecum de eadem re agam saepius. Hominis familiarissimi et mihi omnibus rebus coniunctissimi permagna res agitur, Attici. Cognovi ego tua studia in amicos, etiam in te amicorum. Multum potes nos apud Plancum iuvare. Novi
18 humanitatem tuam; scio quam sis amicis iucundus. Nemo nos in hac causa plus iuvare potest quam tu. Etsi res ita est firma ut debet esse, quam consules de consili sententia decreverint cum et lege et senatus consulto cognoscerent, tamen omnia posita putamus in Planci tui liberalitate; quem quidem arbitramur cum offici sui et rei publicae causa decretum consulum comprobaturum tum libenter nostra causa esse facturum. Adiuvabis igitur, mi Capito; quod ut facias te vehementer etiam atque etiam rogo.

5 magna cum *Rm* : c- m- *bds* 8 non tibi tam *bds* : non tibi *m* : ut tibi *R* : non magis tibi *P* 9 permagna *Rbm* : magna *ds* 13 M. Cicero *R* suo *R* : *om. E* 20 etsi *Wes.* : et *ER*δ ita $b^2dsZ^b\lambda$: ista ERb^1m 21 decreverint *ER* : -runt δ 22 *alterum* et *om.* b^1d 24 sui Pb^2 : tui *ER*δ

INDICES

[*Numeri paginas et versus designant. Vncis* [ ] *inclusa in apparatu critico reperientur.*]

A. INDEX NOMINVM

B. INDEX GRAECITATIS

[Cf. etiam 71. 17; 73. 22; 75. 6; 182. 1; 200. 23; 214. 11; 222. 15; 286. 7.]

APPARATVI CRITICO ADDENDA

56. 4 recitet et] *legendum censeo* recte sit (*cf.* 71. 21, 73. 12, 75. 2).
8 fit] *fort.* fiet (*cf.* 57. 15).

67. 15 saepissime] *seclusum velim.*

88. 12 *melius fort. sic:* ⟨ad Balbum haec scripsi et⟩ ad Oppium; et quoniam *sqq.*